Alexander Trost

Bindungswissen für die systemische Praxis
Ein Handbuch

Mit 30 Abbildungen und 5 Tabellen

Vandenhoeck & Ruprecht

Bibliografische Information der Deutschen Nationalbibliothek:
Die Deutsche Nationalbibliothek verzeichnet diese Publikation in der
Deutschen Nationalbibliografie; detaillierte bibliografische Daten sind
im Internet über http://dnb.de abrufbar.

© 2018, Vandenhoeck & Ruprecht GmbH & Co. KG, Theaterstraße 13, D-37073 Göttingen
Alle Rechte vorbehalten. Das Werk und seine Teile sind urheberrechtlich
geschützt. Jede Verwertung in anderen als den gesetzlich zugelassenen Fällen
bedarf der vorherigen schriftlichen Einwilligung des Verlages.

Umschlagabbildung: Lightspring/shutterstock.com

Umschlag: hawemannundmosch, Berlin
Satz: SchwabScantechnik, Göttingen
Druck und Bindung: Beltz Grafische Betriebe GmbH, Bad Langensalza
Printed in the EU

Vandenhoeck & Ruprecht Verlage | www.vandenhoeck-ruprecht-verlage.com
E-Mail: info@v-r.de

ISBN 978-3-525-45208-0

Inhalt

Vorwort 11

1 Einleitung 13
   1.1 »Bindung ist alles – ist ohne Bindung alles nichts?« 13
   1.2 Mein Weg zu diesem Buch 16
   1.3 Themeneingrenzung, Ziel und Aufbau des Buches 20

2 Geschichte(n) zur systemischen Arbeit 25
   2.1 Die Anfänge 25
   2.2 Das systemische Paradigma 27
   2.3 Kurze Einführung in die konstruktivistische Systemtheorie 33
      2.3.1 Kybernetik 2. Ordnung 33
      2.3.2 Autopoiese 36
      2.3.3 Nicht-Instruierbarkeit 36
      2.3.4 Strukturelle Kopplung 37
      2.3.5 Radikaler Konstruktivismus 38
      2.3.6 Sozialer Konstruktivismus 38
   2.4 Konstruktivistisches Denken und die systemische Praxis 39
      2.4.1 Sozialer Konstruktionismus 40
      2.4.2 Synergetik 40
      2.4.3 Dissipative Strukturen 41
      2.4.4 Lösungsorientierte Kurzzeittherapie 42
      2.4.5 Narrative Therapie 43
      2.4.6 Das reflektierende Team 44
   2.5 »Das Ende der großen Entwürfe und das Blühen
       systemischer Praxis« 45
   2.6 Systemische Arbeit heute 46

| 3 | Neurobiologische Grundlagen von Entwicklung und Bindung | 48 |

3.1 Evolutionsbiologische Aspekte 49
3.2 Hirnentwicklung: von Anfang an biologisch
    und sozial-konstruktiv 50
    3.2.1 Exkurs: Genom und Epigenetik 51
    3.2.2 Erste Schritte in der Hirnentwicklung 53
    3.2.3 Gliazellen und die Myelinisierung 54
    3.2.4 Entwicklung der Sinnesorgane 55
3.3 Organisationsprinzipien von Hirnaufbau und -funktion 57
    3.3.1 Das Hierarchieprinzip und der Hirnstamm 58
    3.3.2 Das autonome Nervensystem und die Polyvagal-Theorie . 59
    3.3.3 Oxytocin 61
    3.3.4 Das limbische System und die vier Ebenen
          der Persönlichkeitsentwicklung 63
    3.3.5 Das Prinzip der nutzungsabhängigen Ausdifferenzierung 68
    3.3.6 Neuronale Netzwerke und neuronale Gruppenselektion .. 69
    3.3.7 Das Prinzip der Entwicklungsfenster –
          »Windows of Opportunity« 70
    3.3.8 Plastizität, Reifung, Gefühle 72
    3.3.9 Psychoneuronale Grundsysteme 74
    3.3.10 Spiegelneurone 77
    3.3.11 Gedächtnisorganisation 78
3.4 Neurobiologie und Stressverarbeitung 81
3.5 Bindung und Neurobiologie 86

4 Systemische Verhaltensbiologie und -psychologie 89
4.1 Prolog: Kooperation ist menschlich 89
4.2 Vorphase und Differenzierung der Bindungsentwicklung:
    Entwicklungsaufgaben und förderliche Beelterung –
    Interaktionsdiagnostik 91
    4.2.1 Die Mutterschaftskonstellation 92
    4.2.2 Die Dominanz der rechten Hemisphäre
          in den ersten Lebensjahren 94
    4.2.3 Feinfühligkeit und intuitive elterliche Kompetenzen .. 96
    4.2.4 Misslingende Co-Regulation 100
    4.2.5 Interaktionsdiagnostik 102
4.3 Ausgeprägtes Bindungsverhalten 105
    4.3.1 Der Fremde-Situation-Test 107
    4.3.2 Organisiertes Bindungsverhalten 109
    4.3.3 Desorganisiertes Bindungsverhalten 113

5 Bindungsentwicklung im weiteren Lebensverlauf ... 115
5.1 Kleinkind- und Vorschulalter ... 115
5.1.1 Spielfeinfühligkeit, Exploration und die Väter ... 115
5.1.2 Zielkorrigierte Partnerschaft und Bindungsdiagnostik ... 119
5.1.3 Entwicklung des Mentalisierens ... 121
5.2 Innere Arbeitsmodelle – die Bindungsrepräsentation ... 132
5.3 Schulkindalter und Adoleszenz ... 137
5.3.1 Mittlere und späte Kindheit ... 137
5.3.2 Adoleszenz – Bindung und Autonomie ... 140
5.4 Bindung im Erwachsenenalter ... 144
5.4.1 Das Adult Attachment Interview (AAI) ... 145
5.4.2 Weitere Interviewverfahren ... 151
5.4.3 Fragebogenverfahren ... 152
5.5 Bindung im Alter ... 156
5.6 Bindung und familiäre Narrative ... 158
5.7 Veränderungen im Lebenslauf, transgenerationale und transkulturelle Perspektive ... 159
5.7.1 Veränderungen der Bindungsrepräsentation im Lebenslauf ... 159
5.7.2 Transgenerationale Perspektive ... 161
5.7.3 Transkulturelle Muster ... 162

6 Bindung und Trauma ... 165
6.1 Entwicklungs- und Bindungstraumatisierung ... 167
6.2 Familiäre Traumatisierung ... 171
6.3 Desorganisation und unverarbeitete Traumata ... 175
6.4 Bindungsstörungen ... 179
6.5 Bindung und Psychopathologie ... 183
6.5.1 Diagnose und Psychopathologie ... 183
6.5.2 Angststörungen ... 186
6.5.3 Depression ... 187
6.5.4 Persönlichkeitsstörungen ... 187
6.5.5 Suchtstörungen ... 188
6.5.6 Schizophrene Psychosen ... 189
6.5.7 ADHS ... 191

7 Beziehungsaspekte einer bindungsorientierten systemischen Arbeit 195
   7.1 Menschenbild, Haltung und professionelle Ethik 195
       7.1.1 Atomismus versus Dialog 195
       7.1.2 »All You Need Is Love« 198
       7.1.3 Kooperation 198
       7.1.4 Altruismus 199
       7.1.5 Kollaboration/Mutualität 201
       7.1.6 Achtsamkeit 201
       7.1.7 Übung 203
       7.1.8 Neutralität 203
   7.2 Zur Arbeitsbeziehung 204

8 Praxisnahes Bindungswissen im systemischen Arbeitskontext 207
   8.1 Binden-Halten-Lösen in dynamischer Balance:
       Eine Navigationshilfe 208
   8.2 Bindungsrepräsentation und Kommunikation 216
   8.3 Containing und Asymmetrie der Arbeitsbeziehung 221
   8.4 Analoge und affektive Kommunikation, Körpersprache
       und körperorientiertes Vorgehen 222
   8.5 Bindungsdiagnostik im systemischen Prozess 226
   8.6 Mentalisieren in der systemischen Arbeit 227
       8.6.1 Epistemisches Vertrauen 228
       8.6.2 Mentalisierungsdiagnostik 228
       8.6.3 Mentalisierungsbasierte Therapie (MBT) 229
       8.6.4 Mentalisieren im systemischen Kontext 230
       8.6.5 Mentalisieren in der Familienarbeit 232
       8.6.6 Das Metamodell der Sprache 236
   8.7 Weitere bindungsbasierte Verfahren in der Familienarbeit 237
       8.7.1 Attachment Narrative Therapy (ANT) 238
       8.7.2 Attachment-Based Family Therapy (ABFT) 241
   8.8 Eine systemisch-bindungsorientierte Behandlung:
       Paul, seine Familie und das Umfeld 243
   8.9 Bindungsprävention und Evaluation 260
       8.9.1 Ansätze zur Bindungsprävention 260
       8.9.2 Effekte bindungsorientierter Behandlung und Prävention 264
   8.10 Handlungsmaximen für bindungsorientiertes Denken
       und Handeln in der systemischen Arbeit 265

9 Bindungsstile und Bindungswissen in helfenden Professionen
(unter Mitwirkung von Diana Kreutz-Kielwein) 267
   9.1 Bindungsstile in der Sozialen Arbeit und
       bei Psychotherapeutinnen/-therapeuten 267
   9.2 Bindungsstile und Bindungswissen bei systemischen
       Beraterinnen und Therapeuten 270
       9.2.1 Bindungsstile 270
       9.2.2 Bindungswissen 273
       9.2.3 Diskussion der Ergebnisse 274
   9.3 Sekundärtraumatisierung 275
   9.4 Unsichere Bindungsmuster und Hilfeprozess 276

10 Ökonomische und politische Aspekte der Bindungsförderung 278

11 Fazit und Ausblick: Bindungsorientierung
    für die systemische Arbeit 285

Literatur 290

Anhänge: Skalen zur Interaktions- und Bindungsdiagnostik 311
   Anhang 1: Ainsworth-Feinfühligkeitsskala 311
   Anhang 2: Beurteilungsskala für eine Mutter-Kind-Spielsituation 314
   Anhang 3: Cooperative Principle: Conversational Maxims (Grice) ... 316
   Anhang 4: AAI-Fragen in Kurzform 317
   Anhang 5: Bielefelder Fragebogen zu
              Partnerschaftserwartungen (BFPE) 320
   Anhang 6: The Reflective Functioning Questionnaire (RFQ) 323

Person- und Sachregister 324

Verzeichnis der Abbildungen und Tabellen 328

Abkürzungsverzeichnis 330

Vorwort

Bindungswissenschaft und Systemtheorie sind nach dem Zweiten Weltkrieg, der bis dato größten von Menschen initiierten, ausgeweiteten und beendeten Katastrophe auf unserem Planeten, entstanden. Die Protagonisten beider Konzepte erforschten systematisch auf sehr unterschiedliche Weise Beziehungen zwischen Einzelnen, Paaren, Familien und in gesellschaftlichen Gruppierungen. Beide sind vom Geist der Menschenrechte getragen, die ja als Konsequenz aus dieser Katastrophe erstmals formuliert und als ideales, utopisches Vorbild für einen zukünftigen Umgang miteinander etabliert wurden. Heute, im ersten Fünftel des 21. Jahrhunderts, sind wir – erstmals in der Menschheitsgeschichte – in der Lage, das Geschehen auf der Erde in Echtzeit global zu verfolgen. Menschengemachter Schrecken, aber auch die Errungenschaften erfahren ihre Resonanz in Milliarden von Menschenhirnen. Der Paläontologe und Theologe *Pierre Teilhard de Chardin* sagte bereits zu Beginn des 20. Jahrhunderts diese informationelle Globalisierung als evolutionären Quantensprung für die Entwicklung der Menschheit voraus (Teilhard de Chardin, 1959/2000; 1967). Auch wenn wir von der Verwirklichung der Menschenrechte noch weit entfernt sind, liefert die Möglichkeit, zu wissen, was geschieht und wie es anderen geht, eine Basis für die Fähigkeit zu Empathie und Perspektivenübernahme. Bindungs- und Systemwissenschaft, unterfüttert von den neurobiologischen Erkenntnissen der vergangenen Jahrzehnte, steuern weitere Elemente dazu bei. Anliegen dieses Buches ist es daher, das Verständnis für die Themen Bindung und System zu fördern – zunächst auf mikrosozialer Ebene betrachtet, aber immer auch im Blick auf größere soziale und politische Zusammenhänge.

Ich habe das Schreiben dieses Buches als große Herausforderung erlebt und insbesondere die erneute Beschäftigung mit der systemischen Theorie und Praxis anhand unzähliger Quellen als sehr bereichernd empfunden, nachdem ich mich in den letzten zwanzig Jahren mehr mit der Bindungstheorie auseinandergesetzt hatte. Die vielen aus den systemischen Lebenswelten entstandenen faszinierenden, kontroversen, humorvollen und weitenden Diskurse und Diskussionen haben mir oft Vergnügen bereitet und neue Erkenntnisse beschert. Gleichzeitig erlebte ich eine Reise nicht nur durch meine persönliche professionelle Entwicklung, sondern auch noch einmal durch meine ganz private Bindungs- und Systemgeschichte.

An dieser Stelle möchte ich mich herzlich bei den vielen Menschen bedanken, die dieses Projekt mit Wohlwollen, Ermunterung und Unterstützung begleitet haben. Dazu gehört neben meiner Familie vor allem Diana Kreutz-Kielwein, meine langjährige wissenschaftliche Mitarbeiterin, und Sandra Englisch, »meine« Lektorin, auf deren Initiative dieses Buch zurückgeht und deren Zuspruch und Unterstützung für mich stets ermutigend war. In der »Endstrecke« wurde ich dann von Imke Heuer freundlich und fachkundig begleitet. Jana Simons danke ich für die kritische Durchsicht des Manuskriptes und die hilfreichen Rückmeldungen.

Besondere Dankbarkeit empfinde ich gegenüber vielen Patienten bzw. Patientenfamilien, Studierenden, Kollegen und meinen Lehrern, die mich immer wieder in lebendiger und dialogischer Resonanz herausgefordert und dadurch zu neuen Erkenntnissen geführt haben.

1 Einleitung

1.1 »Bindung ist alles – ist ohne Bindung alles nichts?«

John Bowlby, Begründer der Bindungstheorie wie der wissenschaftlichen Bindungsforschung, betonte im ersten Band, »Attachment« (Bowlby, 1970), seiner einflussreichen Trilogie »Attachment and Loss«, dass eine interdisziplinäre Perspektive essenziell dafür sei, Entwicklungsprozesse bei Menschen zu erforschen. Dies schloss bereits damals seine originär psychoanalytische Denkweise, die ethologische Perspektive der Tierverhaltensforscher und das systemische Paradigma mit ein. Er war davon überzeugt, dass die Wissensbasis dieser Denk- und Handlungsansätze synergetisch für ein weitergehendes Verständnis des Zusammenhangs zwischen einerseits biologischen Grundmustern des Überlebens und andererseits der Modifikation dieser Muster durch die menschliche Kommunikation sei, beginnend mit der ganz frühen Mutter-Kind-Beziehung. Damals steckte die systemische Theorie noch in ihren Anfängen der Kybernetik 1. Ordnung, und Bowlby ist für ihre Protagonisten über lange Jahre ein Fremder geblieben. Heute, mehr als 77 Jahre nach Bowlbys erster Publikation haben sich beide Wissenschaften hoch ausdifferenziert und verfügen über einen sowohl quantitativ und qualitativ großen Schatz an theoretischem wie auch empirischem Material.

Ich glaube, und werde in diesem Buch zeigen, dass Systemtheorie wie Bindungstheorie die Kriterien für wertvolle und bedeutsame Konzepte erfüllen:
- Sie sind klar definiert.
- Sie sind nützlich.
- Sie sind dauerhaft, d. h., sie werden aller Wahrscheinlichkeit nach nicht in wenigen Jahrzehnten überholt sein und last, not least:
- Sie sind selbst entwicklungsfähig, geben Raum für Erweiterungen und neue Aspekte, die das Ursprungskonzept noch wirkmächtiger machen (Yudofsky, 2016).

In den 1960er Jahren entwickelte John Bowlby aus seiner Arbeit mit hochbelasteten, verelendeten Familien heraus erste bindungstheoretische Konzepte, die der Verbindung von klinisch-psychoanalytischem Wissen und dem damals aktuellen ethologischem Diskurs entsprangen. Durch die seinerzeit ungewöhnliche Verknüpfung von empirischer Wissenschaft einerseits und dem psychoanalytischen, hermeneutischen Zugang andererseits wurde er zunächst in beiden Disziplinen als fremd identifiziert. Obwohl selbst kein »Systemiker«, verstand er es, Bindungsbeziehungen systemisch, d.h. als zirkulären Prozess zwischen der in einen sozioökonomischen Kontext eingebetteten primären Bezugsperson, damals in aller Regel der Mutter, und dem sich entwickelnden Säugling zu beschreiben. Es dauerte allerdings Jahrzehnte nach seinen bahnbrechenden Publikationen, bis Psychoanalyse (Mertens, 2014) und Systemtheorie (Loth u. von Schlippe, 2004) die bindungstheoretisch gestützten Aspekte der therapeutischen Beziehung jeweils für sich assimilierten:

- Die Psychoanalyse betont heute die Bedeutung der therapeutischen Aktualbeziehung. Zugewandtheit, Authentizität und kontrollierte Offenheit bestimmen mittlerweile die Begegnung.
- In der systemischen Beratung und Therapie fanden die bindungstheoretischen Begriffe »affektive Rahmung« und »sichere Basis« einen Platz in der Konzeption des Behandlungsprozesses (Loth u. von Schlippe, 2004, S. 342).

Seit Bowlby hat die Bindungsforschung einen rasanten Aufschwung genommen, und in der Verschränkung mit neueren neurobiologischen Erkenntnissen einen Wissensschatz generiert, der die Bindungstheorie heute als die wohl am besten fundierte menschliche Entwicklungstheorie kennzeichnet.

Die Bindungsforschung zentrierte sich längere Zeit auf die Mutter-Kind-Dyade und den ersten Lebensabschnitt. Heute gilt aber, dass in jedem Alter Bindungsgefühle und Bindungsverhalten eng mit der gesamten Entwicklung verbunden sind. Dazu gehören die Gestaltung sozialer Beziehungen ebenso wie Verhaltens- und Impulskontrolle, Denken, Planen, Wollen sowie die Entfaltung kognitiver und emotionaler Fähigkeiten.

Die Erkenntnisse der Bindungstheorie werden durch die moderne neurobiologische Forschung durchweg gestützt. Für den Erwerb von Urvertrauen in die Welt und in die Menschen, für die Entfaltung jeglicher Kompetenzen und den Erwerb von Resilienz wurde die sichere Bindung zu einer primären Bezugsperson als wichtigste Ressource erkannt. Sicher gebundene Kinder haben es bereits im Kita- und Schulalter sowohl in Bezug auf die sozio-emotionale und kognitive Kompetenz wie auch in Bezug auf die Selbst- und Persönlichkeitsentwicklung gegenüber den unsicher gebundenen Kindern wesentlich leichter.

1.1 »Bindung ist alles – ist ohne Bindung alles nichts?«

Die Klientel der systemisch Arbeitenden, insbesondere, wenn es um die vielen Arbeitsfelder der Sozialen Arbeit und der Psychiatrie geht, deckt sich allerdings weitgehend mit der Gruppe der bindungsgestört-desorganisiert gebundenen Menschen. Von Kindheit an leben sie mit einem erhöhten Risiko des Scheiterns. So finden wir beispielsweise in der stationären Jugendhilfe kaum sicher gebundene Kinder und Jugendliche. Viele wurden früh und chronisch traumatisiert. Auch in der Psychiatrie, der Suchthilfe, der Arbeit mit Geflüchteten, Obdachlosen und straffällig gewordenen Menschen finden sich große Anteile hoch unsicher gebundener Menschen.

Bindungsunsicherheit wirkt sich in allen Bereichen des Lebens aus, keineswegs nur auf die Beziehungsfähigkeit und -gestaltung. Besonders bedeutsam sind Effekte des Bindungsstils auf die Fähigkeit, zu explorieren, in Schule und Berufsausbildung zu lernen und einen Arbeitsplatz auszufüllen. Gesundheitsrisikoverhalten, Sucht- und Delinquenzentwicklung ebenso wie schwere Erkrankungen im Lebensverlauf finden sich bei früh beziehungstraumatisierten und bindungsgestörten Menschen signifikant häufiger als bei sicher gebundenen.

Nicht allein aus diesen Gründen ist die Bindungstheorie bedeutsam und nützlich für jeden systemisch Arbeitenden[1]. Wir können heute davon ausgehen, dass – durch die asymmetrische Arbeitsbeziehung zwischen Klienten und jeglichem Professionellen unter der stressvollen Bedingung einer Konsultation, sozialpädagogischen Familienhilfe oder einer anderen Intervention – insbesondere bei mittel- oder längerfristiger Arbeit beim Klienten das Bindungssystem aktiviert wird und sich eine charakteristische Übertragung zu dem Professionellen einstellt. Auch der zweite Akteur in dieser – modellhaften – Dyade oder Polyade bringt seine eigenen Bindungserfahrungen mit, die sich im Zusammenspiel mit dem Klienten in günstiger oder ungünstiger Weise auswirken. Aus diesem Grund wird den Bindungsmustern der Helfer ein eigenes Kapitel gewidmet.

Bindung ist natürlich nicht »alles«. Heute wissen wir, dass neben dem Schutz vermittelnden Bindungssystem das System Exploration, d. h. die aktive Anregung bei Erkundungs- und Spielaktivitäten, wesentliche Beiträge zu einer gesamtpersonalen psychischen Sicherheit in der Wahrnehmung von und im Umgang mit sich selbst, anderen Personen und der Umwelt liefert. Auch sind die Beiträge von Peers, außerfamiliären Bezugspersonen, kulturellen und zeitgeistlichen Einflüssen auf die Werte- und Moralentwicklung, auf soziale Einstellungen keineswegs zu unterschätzen.

---

1 Wenn ich im Folgenden nur die männliche oder auch die weibliche Form verwende, dann meine ich damit in der Regel alle Geschlechter. Ebenfalls spreche ich abwechselnd von Beratern und Therapeuten oder Sozialarbeitern und meine damit alle Angehörige helfender Berufe, die sich angesprochen fühlen.

Aufgrund der neurobiologischen Bedeutung von frühen Bindungsprozessen für die lebenslange Gehirnorganisation eines Menschen kommt aber den im allerersten Lebensabschnitt erworbenen Bindungsmustern für die Entwicklung der gesamten Persönlichkeit eine kaum zu überschätzende Bedeutung zu. Eine aus den Fühl-, Denk- und Handlungsmustern gelingender Primärbeziehungen gespeiste Haltung dem Leben, den Menschen, der Welt gegenüber ist ausgesprochen segensreich, heute sagt man Resilienz fördernd. Daraus folgt, dass die Unterstützung einer sicheren Bindungsentwicklung eine ganz wesentliche gesellschaftliche Aufgabe darstellt, insbesondere in Volkswirtschaften wie z. B. der deutschen, bei denen das »Humankapital« die entscheidende Quelle für Wohlstand und Fortentwicklung darstellt.

Bindungsorientierung grenzt sich mit ihrem ganzheitlichen Ansatz ausdrücklich gegen die unreflektierte Ökonomisierung des »Psychomarktes« (König, 2017) ab, obwohl – paradoxerweise – eine utopisch gedachte weltweite, echte Bindungsorientierung die ökonomische, ökologische und Menschenrechtssituation erheblich verbessern würde. Den philosophischen, ethischen und ökonomischen Implikationen der bindungstheoretischen Erkenntnisse wird daher ein eigenes Kapitel (10) gewidmet.

Die Bindungstheorie unterscheidet sich in epistemologischen, methodischen und sprachlichen Konventionen von »der« Systemtheorie. Dies hat zu einem gewissen »Fremdeln« seitens der klassischen Systemiker geführt, ablesbar an bislang nur wenigen bindungstheoretischen Beiträgen in systemischen Publikationen, die dann gelegentlich mit ironisierenden oder leicht apologetischen Einleitungen versehen werden (z. B. Schindler, 2008; Köhler-Saretzki, 2015). Immerhin finden sich in den meistverbreiteten Lehrbüchern zur systemischen Therapie und Beratung im deutschsprachigen Raum mittlerweile Begriffe aus dem Vokabular der Bindungstheorie, Säuglings- und Emotionsforschung.

Mit diesem Buch möchte ich zu einer (noch) besseren Verständigung zwischen Systemikern und den Bindungstheoretikern bzw. -praktikern beitragen. Ich bin sicher, dass die Verbindung beider Ansätze nicht nur zeitgemäß ist, sondern ausgesprochen nützlich für eine wirksame Behandlung und Begleitung der Klienten ist.

1.2 Mein Weg zu diesem Buch

Eine Aussage ist immer nur so gut, wie sie einen Bezug zu dem Aussagenden liefert. Deshalb schildere ich hier, wie ich zu dem Buch gekommen bin.

Bei dem Versuch, meine eigenen Motivationen zurückzuverfolgen, gelangte ich in die Frühphase meiner beruflichen Tätigkeit. Nach der ärztlichen Approbation begann ich meine Facharztausbildung in einer Kinderklinik, wo ich ein

1.2 Mein Weg zu diesem Buch

spannendes und erfüllendes Jahr auf der Säuglingsstation erlebte. Zu Vertretungszeiten musste ich immer wieder die ein- bis zweijährigen Krabbelkinder auf der Nachbarstation versorgen. Es fiel mir sehr schwer, das gestresste Weinen dieser Kinder auszuhalten. Besonders nach Besuchen ihrer Mütter und Väter ließen sich die Kinder kaum trösten. Damals war die Bindungstheorie noch kein Allgemeingut der medizinischen oder psychologischen Wissensvermittlung, und auch ich kannte nichts davon. Das »Rooming-in« mit den primären Bezugspersonen als selbstverständliches Betreuungskonzept für Kinder bis zum Ende des Vorschulalters war ebenso wenig eingeführt. Zudem wurde gerade bei den Krabbelkindern besonders deutlich, dass der Krankenhausaufenthalt deutlich gewichtigere psychosoziale als somatische Hintergründe hatte. Die Kinder litten offenbar unter beidem und zusätzlich unter der Trennung von Mutter bzw. Vater.

Nächste Station war eine psychiatrische Klinik in der Nachbarschaft. Hier waren es insbesondere die adoleszenten Patienten mit einer Schizophrenie, die mich existenziell berührten. Es war so deutlich, dass die Beziehungen in der Ursprungsfamilie eine gewichtige Rolle bei der Erkrankung spielten. Angesichts der umfassenden Verstrickung der beteiligten Personen in die psychotische Symptomatik erschien eine Auflösung der Dynamik und eine Heilung – soweit bei dieser Erkrankung überhaupt vorstellbar – nahezu aussichtslos.

Vor allem diese Erfahrungen führten mich in eine erste familientherapeutische Weiterbildung und während dieser dann in die damals bundesweit einzige, vor allem von Wilhelm Rotthaus, Karl Heinz Pleyer und anderen geprägte systemische Kinder- und Jugendpsychiatrie in Viersen. Hier durfte ich Fort- und Weiterbildungen in struktureller und strategischer Familientherapie, auch in der mehrgenerationalen Perspektive erleben. Die damals bereits legendären Viersener Therapietage brachten uns Kliniker in Kontakt zu Niklas Luhmann als Protagonisten des sozialen Konstruktivismus und Kurt Ludewig als herausragendem Theoretiker der systemischen Therapie. Sogar Francisco Varela kam, später auch Tom Anderson, der Begründer des »Reflecting Teams« aus Norwegen. Vor allem wurden wir aber damals von der »Mailänder Schule« und im Weiteren von der Heidelberger Gruppe um Helm Stierlin ausgehenden »reinen« systemisch-konstruktivistischen Therapie infiziert.

Aus heutiger Sicht war diese Arbeit – und vor allem ihre theoretische Konzeption – vergleichsweise beziehungsfern, fast möchte man sagen, bindungsvermeidend organisiert. Natürlich lernten wir »Joining«, was ja nichts anderes bedeutet, als Anschluss an die familiäre Wirklichkeit zu nehmen. Natürlich hatten wir alle unsere Herkünfte in tiefenpsychologischen, verhaltenstherapeutischen oder humanistischen Verfahren. Die dort gewonnenen Kompetenzen flossen selbstverständlich auch in die systemisch-familientherapeutische Arbeit ein.

Die damals aus den Gedanken des radikalen Konstruktivismus gespeisten und aus meiner heutigen Sicht bisweilen missverstandenen Sätze zur Expertenschaft der Familie für ihre eigenen Probleme, gepaart mit großem Respekt vor deren Wirklichkeitskonstruktion, verhinderten jedoch ein tieferes Verständnis von der fundamentalen Asymmetrie in der therapeutischen Arbeitsbeziehung, die sich z. B. in Ratsuche, emotionaler Bedürftigkeit und Übertragungsangeboten seitens der Familienmitglieder ausdrückte.

Klassische systemische Interventionen – wie z. B. Reframing, invariante Verschreibungen oder andere Verstörungsversuche des festgefahrenen familiären Gleichgewichtes – erwiesen sich in vielen Fällen als hilfreich und nützlich, in anderen führten sie, weil beispielsweise zu intellektuell abgehoben und mehr »gedacht« als »gefühlt« oder einfach nicht »passend« zum Erlebenshorizont unserer Patientensysteme, zu Behandlungsabbrüchen oder zu unproduktiver Verstörung. »Neutralität« wurde zum Schlagwort-Paradigma, dessen unbestreitbare Nützlichkeit in bestimmten Kontexten durch ein (Fehl-)Verständnis von großer emotionaler Ferne abgeschwächt wurde.

Der Aufbau einer der ersten Tageskliniken im Rheinland – zusammen mit Karl Heinz (Charly) Pleyer – mit einer damals noch möglichen Behandlungsdauer von zehn Monaten und einem integrativ-systemischen, besonders aber an affektiver Kommunikation orientierten Konzept – ermöglichte mir und uns dann ein noch mehr beziehungs- und bindungsorientiertes Vorgehen in der kinder- und jugendpsychiatrischen Therapie und Pädagogik (Trost, 2005, 2008b, 2009, 2016a). Unterstützend dafür war auch meine bereits vor der systemischen Orientierung begonnene Ausbildung in Katathym-imaginativer Psychotherapie (KIP) bei Hanscarl Leuner, einem psychodynamisch-hypnotherapeutischen Verfahren.

In der außerklinischen familientherapeutischen Ausbildung hatte ich mehrmals die Möglichkeit, unterschiedliche Protagonisten – wie Ivan Boszormenyi-Nagy, den Begründer der mehrgenerationalen Familientherapie und des Allparteilichkeitskonzeptes, Steve de Shazer als Begründer der lösungsorientierten Kurzzeittherapie oder Martin Kirschenbaum als Vertreter einer wachstumsorientierten Familientherapie – in Seminaren ins Deutsche zu übersetzen und damit besonders hautnah an deren Beziehungsgestaltung wie auch Arbeitskonzepten mit ihren Klienten teilzuhaben.

Eine mehrjährige Weiterbildung im Neurolinguistischen Programmieren (NLP) entsprang meinem fortgesetzten Drang, menschliche Kommunikationsmuster, u. a. auch meine eigenen, besser verstehen und vielleicht verändern zu können. Das damals junge NLP umwehte eine Aura von Magie, aber auch hoher Manipulationskraft. Es wurde deswegen auch gerne im Wirtschaftsbereich verwendet und war in der therapeutischen Szene eher verrufen. Die von den Begründern Bandler und Grinder aus der intensiven Beobachtung von herausragenden Therapeuten wie Virginia Satir, Fritz Perls, Jay Haley und Milton Erickson herausgearbeiteten Veränderungsmodelle machten aber auch für mich manche therapeutische Verläufe besser plan- und verstehbar und verhalfen zu einer Vertiefung der therapeutischen Allianz.

Nach dem Wechsel an die Hochschule wurde die Arbeit mit Gruppen zunehmend bedeutsamer für mich. In zahlreichen Begegnungen mit Ruth Cohn, der Begründerin der Themenzentrierten Interaktion (TZI), erlebte ich eine ganz andere Form systemischer Arbeit auf einer humanistischen Basis, bei der die Balancierung zwischen den Bedürfnissen und Interessen der Einzelnen, der Gruppe und dem Sachanliegen für die Entwicklung von Kooperation entscheidend ist (Trost, 1998). Die TZI in Werteorientierung und Methodik ist mir seitdem zur zweiten Haut geworden, bereichernd für die systemische Arbeit und essenziell für die Lehre.

Im Rahmen meiner Hochschultätigkeit in Heilpädagogik und Sozialer Arbeit kam ich zunehmend in Berührung mit den Konzepten der Bindungstheorie, wie sie von John Bowlby konzipiert und in Deutschland z. B. von Klaus und Karin Grossmann in bewundernswerter Weise weiterentwickelt und auf eine hochsolide empirische Grundlage gestellt wurden. Maßgeblich für mich wurde ein Aufenthalt bei Mechthild Papoušek im Kinderzentrum München, bei der ich einen tiefen Einblick in die vorsprachliche Entwicklungsdynamik zwischen Kind und primären Bezugspersonen im ersten Lebensjahr erhielt.

Ein anschließendes Forschungsprojekt zu Interaktion und Regulation bei Säuglingen drogenabhängiger Frauen verdeutlichte mir eindrücklich die zirkulären, entwicklungsfördernden oder -hemmenden Dynamiken in der Kerndyade und dem umgebenden sozialen System.

Gleichzeitig begleitete ich zahlreiche kinder- und jugendpsychiatrische Patientinnen und Patienten mit ihren Bezugspersonen, sowohl im Kontext meiner ambulanten Praxis in einem integrativen Frühförderzentrum als auch in Einrichtungen der stationären Jugendhilfe, insbesondere einem konzeptuell und real auf Bindungssicherheit fokussierenden Kinder- und Jugenddorf über viele Jahre. Hier entwickelten sich bedeutsame Arbeitsbeziehungen, die nicht so sehr von effektvollen Interventionen, sondern eher von einer zwar dynamischen, aber vorwiegend haltenden und ressourcenfördernden Begleitung gekennzeichnet waren und sind.

Bindungsorientierung auf der Basis eines systemisch-tiefenpsychologischen Grundverständnisses von Beziehungsdynamiken wurde zunehmend zum Hauptfokus meiner gesamten beruflichen Tätigkeit, sei es in der kinder- und jugendpsychiatrischen Praxistätigkeit, in vielen Fort- und Weiterbildungen oder in der Ausgestaltung der Arbeitsbeziehung in der Hochschullehre.

Ein im deutschsprachigen Raum erster Kongress zur Bindungsorientierung in der Sozialen Arbeit (Aachen 2013) zeitigte große Resonanz und unterstrich die Bedeutung der noch immer jungen Bindungswissenschaft für mikro- aber auch makrosoziale Prozesse. Hier diskutierten wir neben den fachwissenschaftlichen Aspekten insbesondere auch die ethischen und politischen Dimensionen einer Bindungsorientierung mit den sich daraus ableiteten gesellschaftlich notwendigen Veränderungen.

Neben dem Kongressband (Trost, 2014) entstanden aus der Arbeit der letzten Jahrzehnte etliche Publikationen, die zum Grundstock dieses Buches beitragen.

In der bindungswissenschaftlichen Community waren es vor allem die regelmäßigen freundschaftlichen Kontakte mit Karl Heinz Brisch, dem derzeit sicher einflussreichsten Bindungsforscher in Deutschland, die mir immer neue Zugänge zum Feld eröffneten. Mit seiner jährlichen Bindungskonferenz erreicht er Tausende von Interessierten und trägt damit erheblich zur Verbreitung von wissenschaftlicher Bindungsfundierung in vielen Anwendungsfeldern bei.

Ich wünsche mir, dass manche der in diesem Buch beschriebenen Aspekte auf Sie als Leserin und Leser anregend, vielleicht sogar verstörend wirken und Sie zum intensiven Weiterlesen motivieren. Besonders schön wäre es, wenn es mit diesem Buch gelingen könnte, zu einigen der offenen Fragen zwischen systemischer Arbeit, Bindungswissenschaft und – da mag ich meine auch tiefenpsychologische Prägung nicht verleugnen – Psychodynamik einen gewinnbringenden Diskurs anzustoßen.

1.3 Themeneingrenzung, Ziel und Aufbau des Buches

Der Beginn »systemischen Sprechens« in Deutschland lag in den 1970er Jahren, von systemischer Therapie als eigenständigem Ansatz sprechen wir etwa seit dem Ende jener Dekade. Während die sich zunächst im Wesentlichen auf das Setting beziehende Bezeichnung »Familientherapie« in den angelsächsischen Ländern überwiegend bis heute beibehalten wurde, fokussierten Theoretiker und Methodiker im deutschsprachigen Raum, in Italien und Norwegen sowie einige amerikanische Vertreter ihr Interesse auf theoretische Modelle, insbesondere kybernetische Ansätze, die maßgeblich durch Gregory Bateson und seine Forschergruppe in Palo Alto für die soziale Kommunikation adaptiert wurden. Analog zu den damals aktuellen Erkenntnissen in der Regeltechnik wurden aus der Physik entlehnte Begriffe – wie z. B. »Homöostase«, »System«, »Regelprozess« – auf Menschenfamilien angewandt.

Wie zu Beginn einer jeden neuen Denk- und Handlungsrichtung diente die »Systemsprache« auch der deutlichen Abgrenzung gegenüber den etablierten Psychotherapiemethoden. Das wurde mit der Erfindung des radikalen Konstruktivismus durch Biologen (Maturana und Varela) und durch Soziologen (Luhmann) noch akzentuierter. Die Theoriegebäude waren auch für routinierte Praktiker nicht immer verständlich, obwohl von ihnen wichtige Anregungen, vor allem bezüglich der therapeutischen Haltung ausgingen. 1991 verkündete der gleichnamige Heidelberger Kongress das »Ende der großen Entwürfe und das Blühen systemischer Praxis«. Damals wurde das Wort »systemisch« noch häufig mit »systematisch« verwechselt und einige der Referentinnen konnten nur eine sehr geringe Bedeutung systemischen Denkens in der Gesellschaft und der Politik entdecken (Molter, 2012).

Heute ist die Verwendung des Systembegriffes nahezu trivial geworden; er findet Verwendung in nahezu allen gesellschaftlichen, biologischen und technischen Prozessen. In den Feldern der Sozialen Arbeit, Beratung und Psychotherapie ist systemisches Vokabular und Grundwissen mittlerweile Standard, auch wenn systemisches Denken und Handeln keineswegs immer gelingt.

Dieses Buch wird vorwiegend Leserinnen und Leser mit systemischem Interesse und/oder systemischer Professionalität ansprechen. Darüber hinaus soll es aber auch einen Leitfaden für generell an Beratung und Therapie Interessierte bereitstellen. Aus diesem Grund wird sich das nächste Kapitel (2) mit der Entwicklung des systemischen Ansatzes auseinandersetzen mit besonderem Augenmerk auf die Aspekte, die für eine *systemische Arbeitsbeziehung* wichtig sind.

Für eine vertiefte Auseinandersetzung mit der Systemtheorie und auch mit der heute in Anwendungsfeldern und Methodik breiten Praxis verweise ich auf die umfassenden, ausgezeichneten Lehrbücher von von Schlippe und Schweitzer (2012) sowie von Levold und Wirsching (2014). Der fortlaufende Diskurs lässt sich auch gut verfolgen in den einschlägigen Fachzeitschriften »Familiendynamik«, »Zeitschrift für systemische Therapie und Beratung«, im frei verfügbaren »systemagazin« (Levold, www.systemagazin.de) sowie in den Verbandsblättern »Kontext« (DGSF: Deutsche Gesellschaft für Systemische Therapie, Beratung und Familientherapie) und »systeme« (SG: Systemische Gesellschaft – Deutscher Verband für systemische Forschung, Therapie, Supervision und Beratung).

Nach heutigem Denken erfolgen biologische und soziale Einwirkungen auf einen Organismus in zirkulärer, sogar oft synchroner Weise, sodass Anfang und Ende kaum definiert werden können. Zudem kann im systemischen Verständnis Kausalität nicht linear festgelegt werden. Trotzdem sind wir aufgrund der zeitgebundenen Struktur von Sprache gezwungen, die verschiedenen Aspekte nacheinander darzustellen.

Die Entwicklung des menschlichen Gehirnes auf dem Weg zum erwachsenen Menschen liefert heute die entscheidenden Erkenntnisse zum Verständnis der Bindungsentwicklung. Aus diesem Grund widme ich ein größeres Kapitel (3), den neurobiologischen Grundlagen von Stressverarbeitung, Selbstberuhigung und Bindungsaufbau. Neben den – bisweilen überschätzten – genetischen Aspekten wird es insbesondere um die zirkulären Prozesse der Hirnentwicklung während der Schwangerschaft und frühen Kindheit gehen. Wir wissen heute, dass sich besonders die spezifisch menschlichen Anteile des Großhirns nutzungsabhängig ausdifferenzieren, sodass im Letzten aus rekursiver psychosozialer Interaktion organisch fixierte Muster entstehen können. Im Zusammenhang mit unseren beraterischen und therapeutischen Aufgaben interessiert besonders, wie menschliche Gehirne unter massiver Stresseinwirkung reagieren und wie dem in der Hilfesituation begegnet werden kann.

Im darauf folgenden Kapitel 4 geht es um die systemische Verhaltensbiologie und -psychologie von der Schwangerschaft bis zum Ende des ersten Lebensjahres. In dieser Zeit wird die Grundlage eines primären Bindungsmusters gelegt, das etwa ab dem zwölften Monat diagnostisch erfasst werden kann. Zunächst wird jedoch die vorsprachliche Kommunikation zwischen Kind und primären Bezugspersonen eingehend beleuchtet. Diese dreht sich um affektive Kommunikation, Regulierungsprozesse und Containment, somit um wesentliche Faktoren für die Entwicklung angemessener Selbstregulation.

Anschließend (Kapitel 5) schauen wir uns den Weg vom Bindungsverhalten zur Bindungsrepräsentation an und erörtern die Konsequenzen der Bindungsverhaltensmuster auf die weitere affektive und kognitive Entwicklung. Die Bindungsentwicklung im weiteren Lebensverlauf wird insbesondere in Bezug auf das Kleinkind- und Vorschulalter betrachtet (Unterkapitel 5.1). Ein eigener Fokus liegt hierbei auf der Mentalisierungsentwicklung (siehe vor allem Abschnitt 5.1.3). Dieses in seiner Bedeutung für ein modernes Verständnis von Entwicklung und psychosozialer Intervention kaum zu überschätzende Konzept wird an dieser Stelle abgehandelt, weil es bei sicher gebundenen Menschen zu Beginn des Grundschulalters in aller Regel funktioniert. Seine Bedeutung in der systemisch-bindungsorientierten Arbeit wird im Interventionskapitel (8) ausführlicher behandelt.

Im Schulkindalter und vor allem in der Adoleszenz (5.3) ändert sich der Charakter der Bindungsentwicklung, sodass im Erwachsenenalter (5.4) nicht mehr vorwiegend die Elternbeziehung in Bindungsprozessen im Vordergrund steht, sondern die reale oder fantasierte intime Partnerschaft. Den familiären Narrativen als Ausdruck bindungsrelevanter Zusammenhänge wird ebenfalls ein Unterkapitel (5.6) gewidmet, ebenso wie der transgenerationalen und transkulturellen Perspektive von Bindung (5.7). Bindungsprozesse sind für jedes Lebensalter spezifisch, entsprechend den Herausforderungen und Möglichkeiten der jeweiligen Lebensphase.

Zu jeder Entwicklungsphase werden Möglichkeiten und Erhebungsverfahren zur Bindungsdiagnostik unter besonderer Beachtung systemischer Arbeitssituationen vorgestellt. Je nach Kontext können spezifische und hilfreiche standardisierte diagnostische Instrumente angewandt werden. Zur systemischen Arbeitsweise gehört es jedoch auch, Hypothesen zur Bindungsentwicklung und zum Bindungsstatus im rekursiven Gesprächsprozess zu generieren und zu überprüfen.

Ein eigenes Kapitel (6) widmet sich dem Zusammenhang von Bindung, Trauma und Psychopathologie. Der desorganisierte Bindungsstil als Traumafolge, Bindungsstörungen und familiäre Traumata haben einen wesentlichen Anteil an diagnostizierten psychiatrischen Erkrankungen, auch wenn die Mechanismen noch nicht in allem geklärt sind. Hier trifft sich die seit ca. zwanzig Jahren auch im systemischen Feld weithin beachtete Psychotraumatologie (z. B. Hanswille u. Kissenbeck, 2008; Korittko u. Pleyer, 2010) mit der Bindungstheorie und ganz neuen Systematisierungsversuchen psychiatrischer Symptome, wie den »Research Domain Criteria«.

An der Schnittstelle (Kapitel 7) zwischen den umfangreichen Grundlagenkapiteln und dem anwendungsbezogenen Teil steht das Herzstück systemisch-bindungsorientierter Arbeit: die Arbeitsbeziehung (7.2). Ihre Ausgestaltung folgt wesentlich dem in der Regel nicht explizit reflektierten, automatisiert wirksamen Menschenbild mit den eigenen Vorannahmen und Grundüberzeugungen, der professionellen Haltung und der ethischen Rahmung des Tuns der Professionellen (7.1).

Die praktische Anwendung von Bindungswissen in der systemischen Beratung/Therapiesituation (Kapitel 8) kann nicht losgelöst von den Erkenntnissen der Grundlagenforschung und der Haltungsfrage gesehen werden. In der bisherigen (theoretisch-)systemischen Literatur ging es überwiegend um die Interaktion von erwachsenen, zumindest aber schon bewusst denkfähigen Großhirnen. Sowohl in phylogenetischer als auch in ontogenetischer Perspektive bleiben wir aber auch als Erwachsene unter dem Einfluss unserer biologisch-interaktionellen Herkunft. Das betrifft sowohl archaische Überlebensmechanismen wie auch den entwicklungsgeschichtlich begründeten Vorrang präverbaler und nonverbaler Aspekte in der Kommunikation. Gleichzeitig gehen psychosoziale wie kulturell geprägte Erfahrungen vom ersten Lebenstag an in die aktuelle Situation mit ein. Dies zu berücksichtigen erfordert spezifische Aufmerksamkeit, Methodik und gegebenenfalls Arbeitstechniken.

Mit dem Binden-Halten-Lösen-Modell (Trost, 2002) stelle ich Ihnen eine Navigationshilfe im Arbeitsprozess vor (8.1). Dieses Werkzeug hat sich in vielen Ausbildungs-, Praxis- und Supervisionskontexten bewährt. Es folgen Unterkapitel zu einigen anwendungsorientierten Themen wie Containing, Körpersprache, Mentalisieren und anderen. Detaillierte Vorgehensweisen in bestimmten Kontexten, wie z. B. Jugendhilfe, Psychiatrie, Suchthilfe, können aus Platzgründen nicht behandelt werden. Allerdings soll anhand einer ausführlichen systemisch-bindungsorientierten Behandlung die Verzahnung der Methoden und kontextuellen Faktoren unter dem Primat der Arbeitsbeziehung dargestellt werden.

Die frühkindlich erworbenen und im Lebensverlauf modifizierten Bindungsmuster der professionellen Helfer fließen im Sinne eines zirkulären systemischen Arbeitsverlaufs unter den Aspekten der Kybernetik 2. Ordnung – jeder Beobachter verändert durch seine Beobachtung das System, an dem er gerade teilhat – in den gemeinsamen Prozess ein. Sie können dort eine erhebliche förderliche oder hinderliche Rolle spielen. Deshalb wird Kapitel 9 den Bindungsmustern der Profis gewidmet. In diesem Rahmen stelle ich auch eine Studie zu den Bindungsstilen bei systemisch Tätigen (Trost, 2016b) vor, vergleiche sie mit den Ergebnissen aus anderen Studien und diskutiere ihre Konsequenzen.

In einer Abhandlung über helfende Tätigkeiten, die einen systemisch-bindungsorientierten Fokus haben, ist eine Kontexterweiterung auf gesellschaftliche Fragen erforderlich: Was ist notwendig, damit Menschen sich zu möglichst balancierten, kooperationsfähigen und friedfertigen Wesen entwickeln können, und wodurch wird das verhindert? Damit leitet das vorletzte Kapitel (10) zu den politischen, ökonomischen und ethischen Implikationen einer konsequenten Bindungsorientierung über, liefert einen kurzen Ausblick auf eine mögliche, konsequent systemisch gedachte »Bindungsprävention«[2] und formuliert Schlussfolgerungen für eine bindungssensible Sozialpolitik.

Das Buch schließt mit einem kurzen Fazit und offenen Fragen im Hinblick auf weitere Forschungsanstrengungen.

Im Anhang finden sich einige bindungsdiagnostische Instrumente, die dem systemisch Tätigen als Anregung für die eigene Wahrnehmung und als Ideengeber für den eigenen Handlungsstil in der Arbeitssituation dienen sollen.

Ein Wort zur Gebrauchsanweisung: Die einzelnen Kapitel des Buches bauen aufeinander auf; daher sei empfohlen, es zunächst einmal ganz zu lesen. Durch Verweise und mithilfe des Sachregisters können notwendige Erläuterungen für nicht noch einmal erklärte Aspekte der Grundlagenkapitel gefunden werden.

---

2 Natürlich müsste es korrekt »Bindungsstörungsprävention« heißen, aber der kürzere Begriff hat sich so eingebürgert.

2 Geschichte(n) zur systemischen Arbeit

2.1 Die Anfänge

Sigmund Freud begann Ende des 19. Jahrhunderts, sich mit der Behandlung psychischer Störungen zu befassen, er baute dabei auf die energetisch und hypnotisch konzipierten Arbeiten von Franz Anton Mesmer, Jean-Marie Charcot und Pierre Janet auf. Er entwickelte aus seinen Forschungen die Psychoanalyse, wobei er sich vor allem für das »Unbewusste« interessierte, das seiner Meinung nach vor allem in Träumen und Fantasien zutage tritt. Anders als bei dem sich nahezu zeitgleich in den USA aus einem radikal positivistischen Standpunkt heraus entwickelnden Behaviorismus interessierte Freud das beobachtbare Verhalten nahezu nicht. Die Verhaltenstherapeuten lehnten andererseits spekulative Konstrukte, wie z. B. »Psychodynamik«, ab.

In den folgenden fünfzig Jahren blieb der psychotherapeutische Arbeitskontext in aller Regel eine Angelegenheit von zwei Personen: dem Patienten (zunächst war Psychotherapie eine ärztliche Kunst) und dem Therapeuten. Probleme und Störungen wurden *im* Patienten vermutet und konnten deswegen nur durch Interventionen *an* diesem verändert bzw. geheilt werden. Je nach Theorieansatz geschah dies entweder durch die Bewusstmachung unbewusster Konflikte und Strebungen oder durch konkrete verhaltensorientierte Techniken.

Als Gegenentwurf zu dem Horror des Zweiten Weltkrieges entstand unter maßgeblicher Beteiligung deutscher Emigranten in die USA die sogenannte »humanistische Psychotherapie«. Hierzu gehörte die von Fritz und Laura Perls entwickelte Gestalttherapie, das Psychodrama Jacob Morenos, die Themenzentrierte Interaktion Ruth C. Cohns und verschiedene körperorientierte Verfahren. Auch die bereits seit 1938 praktizierte klientenzentrierte Psychotherapie von Carl Rogers gilt als humanistisches Verfahren. Zielrichtung dieser neuen Bewegung waren Selbstbestimmung und Selbstverwirklichung des Individuums auf ganzheitlicher Basis, in sozialer Verbundenheit. Ein Gruppensetting war von Anfang an Bestandteil dieser neuen Richtungen.

Die Erweiterung der Denkhorizonte in der Psychotherapie ermutigte einige »Abweichler« entsprechend den aktuellen Entwicklungen in Naturwissenschaft und Erkenntnistheorie, den Blick vom Individuum auf die Dynamiken sozialer Kontexte zu richten. Vielfach war man an die Grenzen traditioneller Behandlungstechniken gelangt und suchte, auch entsprechend dem aktuellen Zeitgeist, nach Erweiterung. So entstand seit den fünfziger Jahren die »Familientherapie«.

Maßgebliche Fortschritte auf dem Weg zu einem neuen Denkmodell gingen dann von der Gruppe um Gregory Bateson aus, die an einem Veteranenkrankenhaus im kalifornischen Palo Alto mit der Behandlung schwer traumatisierter, häufig psychotisch erkrankter Menschen befasst war. Die Ohnmacht angesichts der ausbleibenden Genesung der oft noch sehr jungen Menschen bei Anwendung der damals gängigen Behandlungsmethoden veranlasste die Forscher, die Kommunikation innerhalb der Familien dieser Patienten genauer in den Blick zu nehmen. Dies erschien umso wichtiger, als man immer wieder die Erfahrung gemacht hatte, dass die Familienangehörigen die Patienten gerade dann aus der Therapie herausnahmen, wenn endlich erste Fortschritte festzustellen waren. Dabei gewann man den Eindruck, dass das Verhalten der Familienangehörigen nahezu ebenso »verrückt« und abweichend war, wie das der Patienten. Man erkannte, dass eine eindeutige Ursachenzuordnung, wie die Medizin oder auch die klassische Psychiatrie sie postulierte, nicht mehr möglich war. Bateson formulierte damals die erste Fassung der »Double-Bind-Hypothese« (Bateson, Jackson, Haley u. Weakland, 1956) – übrigens in einer behavioristischen Zeitschrift. Hiermit wird eine kommunikative Beziehungsfalle bezeichnet, bei der in einem Satz eine Beziehungsaussage und deren Gegenteil gleichzeitig, meist über Inkongruenz der verbalen und nonverbalen Interaktionsanteile, ausgedrückt wird. Diese Kommunikation wurde als verrücktmachend und hohe innere Spannung erzeugend angesehen, und damit Schizophrenie fördernd. Die Double-Bind-Hypothese markiert den ersten Zeitpunkt, an dem Kommunikationsmuster als typisch oder sogar pathognomisch für eine bestimmte Krankheit identifiziert werden.

Andere, wie z. B. Theodor Lidz oder Lyman Wynne, beschrieben die ehelichen Beziehungen in Familien Schizophrener als »schismatisch und asymmetrisch«, oder »pseudogegenseitig«.

Mehr als dreißig Jahre systemischer Entwicklung später zeigten Simon, Clement und Stierlin (1983/1999) in Erweiterung der Hypothese Batesons typische Muster der Kommunikationsabweichung in Familien mit Schizophrenie, schizoaffektiver Störung und bipolaren Störungen auf empirischer Basis nach. Dies war das Ergebnis eines siebenjährigen Forschungsprojektes der Heidelberger Gruppe systemischer Therapeuten und Forscher um Helm Stierlin mit Familien, bei denen ein Mitglied psychotisch erkrankt war.

Die Kybernetik als Wissenschaft von den Regelprozessen hatte bis in die fünfziger Jahre erhebliche Fortschritte gezeitigt. Dies führte in naturwissenschaftlichen wie in sozialwissenschaftlichen Feldern zu einem neuen Verständnis von Informationsverarbeitung und Regelungsprozessen. Die Absage an ein linear-kausales Modell zugunsten von zirkulären Kopplungsprozessen war eine wichtige Grundlage für die spätere ökologische Forschung. Auch die Familientherapie bediente sich der neuen Begriffe und Denkweisen. Der psychoanalytische Begriff der »Symptomverschiebung«, womit ja ein Wechsel des Symptoms bei nicht erfolgter Heilung des unbewussten Konfliktes bei einem Individuum gemeint war, konnte nun als Verschiebung auf ein anderes Familienmitglied identifiziert werden. Der Aufmerksamkeitsfokus war damit vom kranken Menschen auf die »kranken Beziehungen« zwischen den Familienmitgliedern verschoben. Metatheoretische Grundlage für die zunächst pragmatische Familienarbeit war die Allgemeine Systemtheorie von *Ludwig von Bertalanffy*. Dieser hatte bereits in den 1940er Jahren gemeinsame Gesetzmäßigkeiten in physikalischen, biologischen und sozialen Systemen beschrieben: Komplexität, Gleichgewicht, Rückkopplung und Selbstorganisation (Bertalanffy, 1969).

In der Erforschung dieser und anderer interaktioneller Phänomene in Familien war damals besonders das von Don Jackson gegründete Mental Research Institute (MRI) führend. Mitglieder waren zu der Zeit Virginia Satir, Jay Haley, John Weakland, Paul Watzlawick, Richard Fisch und andere Protagonisten der neuen Bewegung.

2.2 Das systemische Paradigma

> »Es gibt keinen Vater und keine Mutter der Familientherapie und kein erstes Familientherapiegespräch, die Bewegung ›wuchs einfach‹.«
> (Hoffman, 1982, S. 15)

»Die ersten Familientherapeuten waren starke, kreative Persönlichkeiten, die gegen die Macht des psychoanalytischen Establishments ankämpfen mussten und dabei oft in professionelle Isolation gerieten, ihren Arbeitsplatz verloren oder andere Benachteiligungen in Kauf nehmen mussten« (Textor, 1985, S. 12, zit. nach Rotthaus, 1990, S. 26). Diese Persönlichkeiten gründeten in den 1960er Jahren zum guten Teil eigene familientherapeutische Schulen. Zu den MRI-Vertretern kamen andere Protagonisten wie Salvador Minuchin, Ivan Boszormenyi-Nagy und Murray Bowen hinzu, die ebenfalls eigene Richtungen begründeten, jeweils entsprechend der eigenen Sozialisation, professionellen Entwicklung und spezifischen Erfahrungen im therapeutischen Feld. Gottlieb Guntern konstatierte bereits 1977 die »kopernikanische Revolution in der Psychotherapie: der Wandel vom psychoanalytischen zum systemischen Paradigma«, so der Titel seines Vortrages (als Aufsatz: Guntern, 1980). Er sah die Entwicklung des systemischen Denkens vor allem von der Physik und dem mathematischen Fortschritt im 20. Jahrhundert befördert: Einstein löste z. B. den unüberbrückbaren Gegensatz der Theorien über den Wellen- bzw. Korpuskelcharakter des Lichtes vom *Entweder-oder* zu einem *Sowohl-als-auch* auf, indem er nachwies, dass beide Aspekte die Entität eines Lichtquantums gleichermaßen charakterisieren. Heisenberg belegte bereits 1927 den *Einfluss des Beobachters* auf die Wahrnehmung von Geschwindigkeit und Position eines Elektrons. Bis diese Erkenntnisse in die Theoriebildung der Psychotherapie übertragen wurden, brauchte es weitere fünfzig Jahre; wann systemisches Grundlagenwissen selbstverständliche Basisorientierung in allgemeinen menschlichen Diskursen sein werden, ist noch gar nicht absehbar.

Im Folgenden nun ein kurzer Überblick über einige bedeutsame Strömungen in der Familientherapie:

Salvador Minuchin, ein argentinisch-US-amerikanischer Kinderarzt und Psychiater arbeitete als Direktor der kinderpsychiatrischen Child Guidance Clinic in Philadelphia vorwiegend mit psychisch auffälligen Kindern aus unterprivilegierten Familien und mit psychosomatisch erkrankten Kindern und Jugendlichen. Er begründete die damals bedeutende Richtung der *Strukturellen Familientherapie.* Als Antwort auf die oft anomische Struktur dysfunktionaler Familien gründete er seinen Ansatz auf normativen Vorstellungen für das Funktionieren einer gesunden Familie. Familiendiagnostik bedeutete hier die Erfassung von Grenzen, Hierarchie, Koalitionen und Subsystemen innerhalb der Familie. Der Therapeut versucht, die nicht funktionalen Verhältnisse umzustrukturieren, indem er ungelöste Konflikte aktiviert, sich selbst vorübergehend als Allianzpartner eingibt, sozusagen aus der hierarchisch höchsten Position versucht, die Familie mit eigener Kraft zu verändern. Epistemologisch geht es in der strukturellen Familienarbeit um einen Systembegriff, der allerdings der »Kybernetik 1. Ordnung« folgt: Das System wird »objektiv« erkannt und entlang normativer Vorstellungen aktiv vom Therapeuten umgebaut. Dieser wird zwar vorübergehend Teil des Systems, er reflektiert sich jedoch nicht als solcher, sondern bleibt in einer primären Beobachterposition. Die strukturelle Therapie war in den siebziger und achtziger Jahren in der Ausbildung von Familientherapeuten sehr populär, ihre Begrifflichkeiten und die »Systemzeichnung«, als Raster für die Systemwahrnehmung, werden auch heute noch verwendet.

Die *Mehrgenerationale Familientherapie* hat sich aus den psychoanalytischen Wurzeln heraus entwickelt. In Deutschland war es vor allem *Horst Eberhard*

Richter, der mit seinen frühen Publikationen »Eltern, Kind und Neurose« (1963) und »Patient Familie« (1970) den Gedanken, dass das psychisch auffällige Kind nur Symptomträger eines Familienkonfliktes darstellt, einbrachte. Der Begriff »Indexpatient« gehört seitdem zum Vokabular der Familientherapie.

Ivan Boszormenyi-Nagy, US-Amerikaner ungarischer Herkunft, entwickelte in seinem Grundlagenwerk »Invisible Loyalties«/»Unsichtbare Bindungen« (1973/2013) ein Konzept mehrgenerationaler Loyalitäten und Beziehungskonten, denen ein meist vorbewusster Gerechtigkeitssinn für den Ausgleich von Geben und Nehmen in der Familie zugrunde liegt. In seiner Arbeit versuchte er, Symptome als unsichtbare und belastend wirkende Bindungen und Aufträge zu verstehen, die über die Generationen hinweg weitergegeben werden, wenn der Symptomträger sich nicht davon befreien kann. Er führte auch die Begriffe »Parentifizierung« und »Allparteilichkeit« in das familientherapeutische Vokabular ein. Mit dem Ausgleichskonzept und der Mehrgenerationen-Perspektive legte er wesentliche Grundlagen für die noch heute bedeutsame Aufstellungsarbeit. Die »Genogramm-Methode« (McGoldrick, Gerson u. Petry, 1990/2009), eine Visualisierung der objektiven Familiendaten in Stammbaumform ist nach wie vor gängiges Diagnose- und Interventionsmedium in der systemischen Arbeit.

Helm Stierlin, von 1974 bis 1992 Leiter der Abteilung für psychoanalytische Grundlagenforschung und Familientherapie an der Universität Heidelberg, stand damals in engem Kontakt zu Boszormenyi-Nagy und erweiterte dessen Ansatz u. a. mit dem Konzept der »Bezogenen Individuation« (z. B. Stierlin, 1975) als Mittelweg zwischen übermäßiger Bindung und Ausstoßung in Familiensystemen. Mit dem Begriff der »Delegation« bezeichnete Stierlin (1978) doppelbödige Aufträge eines oder beider Elternteile an ein Kind (»Geh jetzt und finde deinen Weg, aber bleibe uns eng verbunden!«), die der Realisierung eines eigenen, mit Scham oder Schuld besetzten Wunsches dienen und gleichzeitig die »lange Leine der Loyalität« erhalten. Diese Paradoxie löst bei dem betroffenen Kind möglicherweise Symptome aus, da sie nicht bewusst verhandelt und somit nicht verlassen werden kann.

Später wurde Stierlin mit seiner Heidelberger Gruppe zum wichtigsten deutschsprachigen Repräsentanten der systemisch-konstruktivistischen Entwicklung. Aus dieser Zeit stammen auch von ihm geprägte Begrifflichkeiten wie »Sprache als ›Konsenszwinger‹ und ›Konsensverhinderer‹«. Gemeint ist, dass wir die Komplexität unseres Erlebens in der sprachlichen Mitteilung auf das Erzählen in Worten reduzieren, die vom Gegenüber annähernd gleich verstanden werden. So schaffen wir Verständigung. Zugleich verhindert und zerstört Sprache auch Konsens: nämlich dann, wenn für einen vergleichbaren Sachverhalt unterschiedliche Worte als Ausdruck der eigenen individuellen wie gruppenabhängigen Perspektive verwendet werden. Der alte Streit zwischen Psychoanalytikern und Verhaltenstherapeuten über das rechte Verständnis der Symptome der Klienten mag hierbei als Beispiel dienen. Sprache wird also auch dazu verwandt, sich voneinander als soziale Gruppe oder auch als Individuum abzugrenzen.

Ein weiteres Konzept Stierlins liegt in dem Begriffspaar »harte und weiche Realität« als Kennzeichnung von Ideen und Mustern, die entweder extrem starr sind und keinen Spielraum für Austausch und Verhandlung geben oder aber so wenig verbindlich und diffus, dass kaum eine Einigung über Regeln und Abmachungen getroffen werden kann (Stierlin, 1988). Besonders harte Realitätskonstruktionen wurden in Familien mit psychosomatischer Symptomatik gefunden, während in Familien mit einem psychotischen Mitglied eine weiche Realitätskonstruktion vorherrschte (Simon et al., 1983/1999).

Virginia Satir wird oft als »Mutter der Familientherapie« bezeichnet. Damit ist einmal die bekannteste weibliche Gründerfigur der Familientherapie gemeint, zum anderen aber auch ein »mütterlicher« Interaktionsstil, der sich in einer besonderen Wärme und Emotionalität in der Arbeit zeigte. Sie ist die wichtigste Protagonistin der stark von der humanistischen Psychologie beeinflussten *»wachstumsorientierten Familientherapie«*. Wichtiger als eine stringente Konzeptualisierung ihrer Arbeit war ihr, wie auch vielen anderen erfahrungsorientierten Therapeuten, ein persönlicher Entwicklungsansatz in der unmittelbaren Begegnung zwischen Familienmitgliedern. Sie hatte sehr früh damit begonnen, mit ganzen Familien zu arbeiten. Dreh- und Angelpunkt ihrer Arbeit war die Förderung von Selbstwert und Selbstliebe ihrer Klienten. Nur eine Person, die gelernt hat, sich selbst wertzuschätzen, kann kongruent und klar kommunizieren und Probleme in Respekt für die Grenzen und die Freiheit des anderen lösen.

Satir identifizierte vier gängige Kommunikationshaltungen in Familien als Ausdruck fehlenden Selbstwertes: Beschwichtigen, Anklagen, Rationalisieren und Ablenken. Diese interaktionellen Muster waren für Satir Ausdruck von Stressbelastung in einem System und nicht als Charaktertypen gemeint. Als Lösungsversuche umgedeutet enthielten sie immer auch bedeutsame Ressourcen. In der Ausbildung vieler Familientherapeuten ist die Familienrekonstruktion mittels der von ihr aus Elementen des Psychodramas Morenos weiterentwickelten »Familienskulptur«, einer szenisch belebten, mehrgenerationalen Aufstellungsarbeit, eine grundlegende Erfahrungsquelle geworden. Wegen der Verbindung von nonverbalen mit sprachlichen Anteilen wurde die Familienskulptur auch wichtig in der Arbeit mit Klientenfamilien. Legendär geworden sind auch Satirs »Fünf Freiheiten« (Satir, 1976/1989, S. 27):

»Die fünf Freiheiten
Die Freiheit, das auszusprechen, was ich wirklich fühle und denke,
– und nicht das, was von mir erwartet wird.
Die Freiheit, zu meinen Gefühlen zu stehen,
– und nicht etwas anderes vorzutäuschen.
Die Freiheit, um das zu bitten, was ich brauche,
– anstatt immer erst auf Erlaubnis zu warten.
Die Freiheit, in eigener Verantwortung Risiken einzugehen,
– anstatt immer nur auf ›Nummer sicher zu gehen‹ und nichts Neues zu wagen.«

Virginia Satir war Mitglied des MRI in Palo Alto, gleichzeitig eine der ersten Lehrkräfte am Esalen-Institut des »Human Potential Movement«, wo sie mit Fritz Perls, Jacob Moreno, Moshe Feldenkrais und Alexander Lowen, dem Begründer der Bioenergetischen Analyse, zusammentraf. Trotz des Familiensettings und ihrer systemisch-zirkulären Denkweise war ihre Arbeit immer auf die persönliche Entwicklung der Einzelnen gerichtet, mit der Idee, dass die individuelle Potentialentfaltung zu besserer familiärer Funktion führen würde.

Weitere Protagonisten der wachstumsorientierten Familientherapie waren Walter Kempler als Begründer der *Gestalt-Familientherapie,* und im europäischen Raum insbesondere Maria Bosch, die 1975 in Weinheim das erste private Weiterbildungsinstitut für Familientherapie begründete, sowie Martin Kirschenbaum und Carol Gammer.

Systemische Familientherapie: Mit dem Anspruch, auch schwerste psychische Erkrankungen wie Schizophrenie oder Magersucht heilen zu können, traten Mitte der siebziger Jahre vier Mailänder Psychiaterinnen und Psychiater an die familientherapeutische Öffentlichkeit. *Selvini Palazzoli, Boscolo, Cecchin und Prata* (1977/1996) hatten, inspiriert durch die Forschungen am MRI, ein Therapiemodell entwickelt, das auf eine explizite Therapeut-Patient-Beziehung zu verzichten schien und mithilfe weniger Sitzungen innerhalb eines längeren Zeitraumes, fast wie durch eine (verbal-)chirurgische Intervention, die Familiendynamik entscheidend verändern wollte. Jeweils zwei Therapeutinnen bzw. Therapeuten arbeiteten im Raum mit der Familie, während die beiden anderen hinter der Einwegscheibe den Arbeitsprozess verfolgten und, sobald sie den Eindruck hatten, dass die Therapeuten sich in die Familiendynamik verstrickten, durch Telefonate oder Herausrufen eingriffen. Die Interventionen waren teilweise schmerzhaft, häufig provokant, so gut wie nie auf den ersten Blick für die Familie verständlich und somit von dieser auch nicht kontrollierbar. Mara Selvini Palazzoli durchlebte selbst eine beziehungsferne, wenig glückliche Frühsozialisation und hatte als Psychoanalytikerin viel Erfahrung in der

Behandlung magersüchtiger Patientinnen gewonnen. Sowohl Magersucht- als auch Schizophrenie-Familien zeichnen sich durch eine zwar unterschiedliche, aber gleichermaßen hoch rigide Kommunikationsstruktur aus. Selvini Palazzoli wollte mit ihrer innovativen, systemisch begründeten, aber dabei sehr machtvollen Methode diese Muster in Bewegung bringen. Die eigene Erfahrung mit distanzierten Beziehungen erleichterte es ihr sicherlich, die Familie »von außen« als regelgeleitetes System anzusehen und sich nicht von emotionalen Appellen einfangen zu lassen. Als Probleme wurden unentrinnbare Paradoxien der Kommunikation in der Familie bei gleichzeitig unklaren Beziehungsdefinitionen und zusätzlichem Verbot von Metakommunikation erkannt. Lösungsansätze wurden in der Formulierung von Gegenparadoxien gesehen, die als Kommentare und Verschreibungen an die Familie kommuniziert wurden (Selvini Palazzoli et al., 1977/1996).

Die Arbeitsgruppe formulierte drei Grundsätze systemischen Arbeitens: »Hypothetisieren, Zirkularität und Neutralität« (Selvini Palazzoli, Boscolo, Cecchin u. Prata, 1981). Diese Aspekte sind – anders als der damalige Interventionsstil – heute noch wesentlicher Bestandteil systemischen Denkens und systemischer Ausbildung: Die Arbeit mit der Familie besteht zu einem großen Teil im fortwährenden (inneren) *Hypothetisieren* über die familiären Muster. Diese Hypothesen sind dann hilfreich, wenn sie ein Verstörungspotential haben, sie müssen nicht wahr sein. Mittels des *zirkulären Fragens*, das sich auf kommunikative Unterschiede, nichtinnere Zustände Einzelner oder Charaktereigenschaften richtet, wird ein familiärer Dialog angestoßen mit der Chance neuer Erkenntnisse und der Musterunterbrechung. Dies geschieht unter Wahrung strikter *Neutralität* seitens der Therapeuten, d. h., sie achten auf gleiche Abstände zu jedem Familienmitglied. Anders als beim Konzept der Allparteilichkeit geht es hier nicht um die gleiche therapeutische *Nähe* zu allen, sondern um gleiche *Distanz*. Die Grundhaltung der Neutralität soll die multiplen Versuchungen, den Therapeuten zu einem – dann machtlosen – Mitakteur der familiären Spiele zu machen, eben – neutralisieren. In der Folge wurde der Begriff häufig diskutiert und weiter differenziert (Simon et al., 1983/1999, S. 236 f.). Retzer (1996) unterscheidet drei Arten von Neutralität: die bereits genannte Beziehungsneutralität; die Problemneutralität bezieht sich auf die Einladungen zur Bewertung von Verhaltensweisen, die vom Klientensystem als Problem angeboten werden; die Konstruktneutralität bedeutet, keine Präferenz zu zeigen gegenüber bestimmten Erklärungen oder Lösungsideen, die aus der Familie kommen.

Zum Schluss einer jeden Sitzung beriet sich das Mailänder Therapeutenteam über eine angemessene Schlussintervention, die dann wie ein ärztliches Rezept ohne weitere Diskussionsmöglichkeit überbracht wurde. Die Schlussintervention enthielt Deutungen, paradoxe Verschreibungen und Hausaufgaben, die eine Differenzierung der Subsysteme innerhalb der Familie ermöglichen sollten.

Diese innovative und risikofreudige Gruppe blieb ca. zehn Jahre zusammen. Danach trennten sich die Wege der Frauen von denen der Männer. Insbesondere Luigi Boscolo und Gianfranco Cecchin hinterfragten den mit kriegerischen Metaphern durchsetzten Arbeitsansatz (Manöver, Gegenangriffe usw.), der ja trotz systemischer Techniken noch streng dualistisch und interventionell ausgerichtet war. Sie lösten das systemische Denken vom familientherapeutischen Setting und wurden zu Mitinitiatoren einer neuen Denkrichtung, der systemischen Therapie auf der Basis einer Kybernetik 2. Ordnung (Boscolo u. Bertrando, 1997). An dieser Stelle muss ich im Folgenden weiter ausholen.

2.3 Kurze Einführung in die konstruktivistische Systemtheorie

2.3.1 Kybernetik 2. Ordnung

Der Begriff wurde von *Heinz von Foerster* (z. B. 1993), Professor für Biophysik und Mitbegründer der kybernetischen Wissenschaft, geprägt. Er bezeichnet damit die Mitverantwortung der Berater oder Therapeuten für ihre Wahrnehmungen. Realität liegt nach Foerster nicht objektiv vor, sondern ist ein Produkt derer, die sie beschreiben. Die Idee war im Grunde nicht neu, sie ist bereits in dem bekannten Aphorismus von Epiktet überliefert: »Es sind nicht die Dinge selbst, die uns beunruhigen, sondern die Vorstellungen und Meinungen von den Dingen.« Auch Plato weist in seinem Höhlengleichnis darauf hin, dass wir Menschen aufgrund unserer sensorischen und kognitiven Beschränktheit nur ein Abbild der Wirklichkeit erkennen können, ähnlich einer Landkarte. Thomas von Aquin sagte einmal: »Die Dinge sind im Erkennenden nach seiner Art und nicht nach ihrer Art.«

Allein die Anatomie des Auges und der Sehbahn beweist, dass es sich bei unseren Seheindrücken keineswegs um eine optische Abbildung wie in einer analogen Kamera handelt, sondern dass bereits in unserer Netzhaut ein konstruktiver Prozess abläuft, der die Informationen unterschiedlichster Neuronen zusammenrechnet und dann bis zur Bewusstwerdung mit neuronalen Inhalten anderer Hirnregionen, wie z. B. szenischen Erinnerungen oder affektiven Konnotationen einer Farbe oder einer Person anreichert, sodass unsere Sehwahrnehmung sowohl speziesspezifisch als auch interindividuell sehr unterschiedlich konstruiert wird. Um wie viel komplexer muss also eine interpersonale, soziale psychische Konstruktion beschaffen sein? Klar ist zumindest, dass eine objektive Beschreibung der Welt nicht möglich ist; wir sind auf »Landkarten« angewiesen, über die wir uns bestenfalls kommunikativ orientieren können.

Eine Anekdote dazu: In der Geschichte der Familientherapie war man – wie in der Medizin und ihren Derivaten, der Psychiatrie und letztlich auch der Psychoanalyse – gewohnt, davon auszugehen, dass einer Fehlfunktion eine am Ende eindeutig zuzuordnende Ursache zugrunde liegt. Noch in meinem Medizinstudium habe ich 1974 vom damaligen Kölner Ordinarius für Psychiatrie erfahren müssen, dass es sich bei der Schizophrenie um eine »endogene«, das hieß für ihn eine »noch nicht körperlich begründbare« Psychose handele. »Noch nicht« bedeutete in dem Zusammenhang, dass man es für unausweichlich hielt, die eindeutige körperliche Ursache eines Tages zu finden. Dieses unwissenschaftliche Denken ist in der Psychiatrie mittlerweile weitgehend überwunden, hat sich aber in anderen medizinischen Fachgebieten noch durchaus behauptet. Es ist dem Ordinarius hoch anzurechnen, dass er entgegen seinen eigenen Überzeugungen einer alternativen studentischen Arbeitsgruppe die Gelegenheit gab, in der Vorlesung die bereits damals bekannten Theorien von Bateson, Lidz und Wynne zumindest vorzustellen.

Das Beschriebene ist typisch für menschliches Denken und Verhalten. Wir suchen, um der Komplexität der Welt, dem Chaotischen in der Vielfalt unüberschaubarer Sinnesreize, Informationen und Prozesse etwas Ordnendes entgegensetzen zu können, nach eindeutigen Ursachen und halten unklare, mehrdeutige, ambivalente Verhältnisse nur schwer aus. Trotz der weithin propagierten »multifaktoriellen« Genese von Krankheiten, bio-psycho-sozialen Ursachenmodellen usw. ist das Bestreben nach »Eindeutigkeit« ungebrochen. Natürlich gibt es auch hier eine zirkuläre Beziehung zwischen einem fortschreitenden Erkennen der Unübersichtlichkeit unserer Welt und der eigenen Begrenztheit in der Verarbeitungskapazität für komplexe Verhältnisse. Dies hat auch Auswirkungen für das Verhältnis zwischen systemischer Theorie und Praxis. Während systemische Theoretiker bestrebt waren, eine möglichst wenig reduktionistische Systemwissenschaft zu formulieren und dafür auch hochkomplexe Forschungsdesigns entwickelten, war die systemische Praxis auf ihren jeweiligen Kontext bezogen schon immer an pragmatisch-eklektischen Handlungsmodellen orientiert. In den Bindungskapiteln wird darüber mehr die Rede sein.

Die bahnbrechenden Arbeiten der beiden chilenischen Biowissenschaftler *Humberto Maturana* und *Francisco Varela* wurden – nach ihrer Präsentation durch Paul Dell, der 1981 beim Zürcher Kongress der Familientherapeuten eine radikale »Kybernetische Wende« auslöste (Dell u. Goolishian, 1981) – zur

Grundlage eines neuen psychotherapeutischen Denkens und Handelns. Dell erteilte jedem dualistischen Denken (wenn – dann, Ursache – Wirkung, Therapeut – Patient) eine Absage zugunsten einer radikal zirkulären und selbstreferenziellen Sichtweise.

Beispiel aus der Praxis: Eine Familie kommt zur Konsultation, und während die Eltern ihre Mäntel aufhängen, rennt der achtjährige »wilde« Mike an mir grußlos vorbei und wendet sich dem Spielzeugregal zu. Gesetzt der Fall, ich hätte noch keinen Auftrag, wie würde ich handeln? (a) Idealerweise könnte ich warten, bis die Eltern den Raum betreten haben, und Mikes Verhalten einfach ignorieren, dann schauen, »was die denn wollen«. (b) Ich habe mich heute Morgen über meine Kinder geärgert, die im Flur immer alles herumliegen lassen, und will das jetzt nicht durchgehen lassen. Die Familie scheint mir überhaupt etwas chaotisch zu sein, und ich fordere mit leichter Anspannung von Mike eine Begrüßung und sage ihm, dass er seine Sachen aufhängen soll. (c) Ich spiele ja selbst gerne, nehme also freundlich Kontakt zu Mike auf und wertschätze seine Exploration. (d) Ich begrüße die Eltern und frage sie, was sie jetzt von Mike wünschen, ob er weiterspielen soll, sich dazusetzen soll usw., bin ja systemisch geschult. Es ist nun leicht vorstellbar, dass die Varianten (a) bis (d) nicht nur sehr unterschiedliche Verläufe dieser Therapiestunde generieren, sondern auch unterschiedliche Konstruktionen der Arbeitsbeziehung nahelegen.

Der reale Verlauf ist jedoch trotzdem nicht in meiner Kontrolle, das Ergebnis hängt davon ab, wie meine (körperlichen und psychischen) Bedürfnisse, mein Erleben, meine Kommunikation und die eines jeden Familienmitgliedes miteinander in Korrespondenz kommen. Um – kundenorientiert – dem Anliegen der Familie möglichst gerecht werden zu können, ist es im Sinne eines Ordnungsnukleus sinnvoll, eine umfassende *Auftragsklärung* vorzunehmen, eine systemische Standardprozedur. Das erhöht die Wahrscheinlichkeit, aus den unendlichen Möglichkeiten an Sitzungsverläufen eine derjenigen zu verwirklichen, die den Interessen möglichst aller Familienmitglieder entgegenkommt – anders ausgedrückt: die für sie Sinn ergibt.

An diesem Beispiel wird deutlich, dass trotz einer nach außen eindeutigen Rollenzuschreibung (sie Klienten, ich Therapeut) im Grunde fast alles offen ist.

Zurück zur Theorie: Die Sprache der Konstruktivisten ist für »Uneingeweihte« nicht leicht zu verstehen. Im Zuge jahrzehntelanger Konsens-/Dissensprozesse ist ein eigenes Vokabular entstanden, das »die« systemische Community kennzeichnet. Es wäre sicher spannend, diesen Entwicklungsprozess anhand der aktuellen Systemtheorie zu analysieren. Hier nur eine kurze Einführung in einige zentrale Begriffe, deren kritische Reflexion später erfolgen wird.

2.3.2 Autopoiese

Als Ergebnis seiner biologischen Forschungen formulierte Maturana das Konzept der Autopoiese: Alle Lebewesen – vom Einzeller an – erzeugen die Bestandteile, aus denen sie bestehen, selbst und grenzen sie gegen die Umwelt ab: z. B. die Zellwand, den Zellkern, die Organellen. »Lebendiges ergibt sich hiernach aus Prozessen, die von den Operationen der Lebewesen selbst herrühren und sich auch darin erschöpfen. Der Nachweis solcher Prozesse reicht dafür aus, Leben von Nichtleben zu unterscheiden. Aus dieser Eigenart lebender Systeme folgt, dass sie strukturdeterminiert, selbstreferentiell, zirkulär abgeschlossen und autonom operieren« (Ludewig, 2014, S. 62). Wie für die einzelne Zelle gilt dieses Gesetz auch für komplexe Lebewesen. Auch Tiere – bei den Pflanzen fehlen uns bislang eindeutige wissenschaftliche Erkenntnisse – verbinden ihre auf neuronaler Ebene erzeugten Unterscheidungen (die auf Zellebene zunächst als elektrische Potenzialunterschiede erfassbar sind) zu Erfahrungen, die zu einem psychischen System als vielgestaltige innere Struktur synthetisiert werden.

Insbesondere gilt dies für den Menschen, der als bislang einzig bekanntes Geschöpf der Evolution mittels hochdifferenzierter Sprache eine Verhaltenskoordination höherer Ordnung erzeugen und eine bewusste Unterscheidung zwischen innen und außen treffen kann. Maturana bezeichnet den Menschen daher als »linguierendes Lebewesen«. Erkenntnis ist somit das Resultat von Unterscheidungen, die über Sinneswahrnehmungen (»Beobachtungen«) und dann über Sprache zu einem – vielleicht – gemeinsamen Verständnis geführt werden können. Erst Sprache ermöglicht Beschreibungen, dann Abstraktionen, den Aufbau von Normen und Regeln, die nicht allein auf archaisch-biologischer Verhaltensregulation beruhen, und einer Fantasiewelt, die über die physikalische Welt hinausgeht, sowie und im Letzten die Entstehung von Philosophie und Ethik. Maturana konstatiert, dass der Mensch der Dynamik des In-der-Sprache-Seins nicht entrinnen kann und hält fest: »alles Gesagte wird von einem Beobachter zu einem anderen Beobachter gesagt, der er selbst sein kann« (zit. nach Ludewig, 2014, S. 62). Stierlin sieht Sprache gleichzeitig als Konsenserzwinger wie auch als Konsensverhinderer. Sprachliche Kommunikation – die viel basaleren nonverbalen Aspekte von Verständigung spielten damals eine untergeordnete Rolle – umspannt daher den ganzen Bereich von »Sich-nicht-Verstehen« bis hin zu »perfekter Übereinstimmung«.

2.3.3 Nicht-Instruierbarkeit

Das Autopoiese-Konzept beinhaltet eine den Stoffwechselprozessen geschuldete energetische Offenheit zur Umwelt, operational seien Lebewesen dagegen geschlossen. Wahrnehmung, Informationsverarbeitung und Reaktion in Bezug auf einen Außenreiz hängt daher von der eigenen Strukturdetermination ab und kann sich nur darauf beziehen. Daraus wurde ein Kernkonzept, nämlich die *Nicht-Instruierbarkeit* von Lebewesen abgeleitet. Als Beispiel mag eine damals gängige Anekdote gelten: Wenn Sie eine Billardkugel auf dem Tisch platzieren und einigermaßen geschickt mit dem Queue hantieren, wird die Kugel in das vorgesehene Loch fallen. Wenn sie das Gleiche mit einem Spatz versuchen, wird dieser – aufgrund seiner Struktur – vermutlich davonfliegen. Ein Lebewesen kann also seine Antwort auf eine Verstörung (Pertubation) nur selbstreferenziell, d.h. im Rahmen seiner Struktur generieren. Genau vorhersagen lässt sich dies aber nicht, da wir von außen nicht sicher erkennen können, in welcher Verfassung der Vogel ist.

Je komplexer Lebewesen gestaltet sind, umso weniger ist eine exakte Voraussage einer Reaktion auf eine Interaktion von außen möglich. Diese radikalkonstruktivistische Setzung hat Konsequenzen für ein Konzept von Kommunikation: Wenn jeder seine eigene Wirklichkeit erzeugt, wie können wir dann aneinander andocken, zu gemeinsamem Sprechen, Denken, Handeln kommen, wie kommunizieren? Die Antwort heißt: strukturelle Koppelung.

2.3.4 Strukturelle Kopplung

Dieser Begriff Maturanas bezeichnet »eine Form der Wechselwirkung zwischen Systemen [...], deren Bestandteile sich aufeinander einstellen, ohne ihre Eigenständigkeit aufzugeben« (Ludewig, 2005, S. 22). Er bezieht ihn in seinem, mit Francisco Varela zusammen verfassten und von *Kurt Ludewig* ins Deutsche übersetzten Grundlagenwerk »Der Baum der Erkenntnis« (1987) auf die rekursiven Interaktionen von zwei Einzellern in ihrem Milieu, z.B. im Wasser. Einfach ausgedrückt heißt das, die Einzeller regen sich gegenseitig zu struktureller Veränderung an, ohne dass ihre Individualität verloren geht. Alle Lebewesen verändern sich im Laufe ihrer Ontogenese, d.h. von der Zeugung bis zum Tod, auf genau diese Weise.

Die systemische Denkrichtung des radikalen Konstruktivismus überträgt diesen Prozess auf die Wechselwirkungen zwischen Menschen und auf die ihrer internen physiologischen Systeme wie endokrine und neuronale Funktionen, Emotion und Bewusstsein. So wird beispielsweise postuliert, dass Hirnfunktion eine Voraussetzung für Bewusstsein ist, aber nicht mit diesem gleichgesetzt werden kann. Auch für den interpersonalen Bereich gilt diese Annahme: Mittels Sprache – hier ist jede Art von Verständigung als Sprache gemeint – geschieht strukturelle Kopplung, somit Kommunikation.

2.3.5 Radikaler Konstruktivismus

Ernst von Glasersfeld, der Begründer dieser Denkrichtung, entwickelte den radikalen Konstruktivismus aus seinem eigenen Erleben mit Sprache und in der Auseinandersetzung mit dem Philosophen Ludwig Wittgenstein. Er fand schließlich in den Arbeiten Piagets einen Schlüssel zu seiner Erkenntnis- und Wissenstheorie. Das Kernproblem westlicher Epistemologie sei es, Erkennen zu wollen, was außerhalb der Erlebniswelt liegt, so Glasersfeld (1996). Dieses Problem könne nicht gelöst, sondern nur umgangen werden. Schon der Psychologe und Epistemologe Jean Piaget habe erklärt, dass die kognitiven Strukturen, die wir »Wissen« nennen, nicht als »Kopie der Wirklichkeit« verstanden werden dürfen, sondern vielmehr als Ergebnis der Anpassung, die von Glasersfeld dann »Viabilität«: Gangbarkeit nannte. Wirklichkeitskonstruktionen sind viabel, wenn sie sich im praktischen Handeln bewähren, nützlich sind im Sinne von anschlussfähig und zieldienlich. Demnach bedeutet die empirische Bestätigung einer Hypothese oder der Erfolg einer Handlungsweise keinesfalls die Erkenntnis einer objektiven Welt.

Grundprinzipien des radikalen Konstruktivismus sind somit:
- Wissen wird nicht passiv aufgenommen, weder durch die Sinnesorgane noch durch Kommunikation, sondern vom denkenden Subjekt aktiv aufgebaut.
- Die Funktion der Kognition ist adaptiver Art und zielt auf Passung/Viabilität.
- Kognition dient der Organisation der Erfahrungswelt des Subjekts und nicht der »Erkenntnis« einer objektiven, ontologischen Realität. Ob eine solche existiert, können wir nicht wissen.

2.3.6 Sozialer Konstruktivismus

Der Begründer des sozialen Konstruktivismus, *Niklas Luhmann,* unterscheidet für das Verständnis menschlicher Wirklichkeit drei Klassen autopoietischer Systeme: *Leben* (biologische Systeme), *Bewusstsein* (psychische Systeme) und *Kommunikation* (soziale Systeme). Diese Systeme setzten sich in ihrer Existenz voraus, seien vielfältig gekoppelt, aber sie arbeiteten unabhängig voneinander (Luhmann, 1984). Das bedeutet, dass sie einander nicht zielgerichtet beeinflussen können, und dass es beispielsweise keinen direkten Zugang zu Gefühlen geben kann, sondern nur zu der Kommunikation über die Gefühle. Auch kann die systemische Hilfekommunikation nicht direkt auf die biologische Ebene einwirken; sie kann diese höchstens anregen. Leichter ist zu verstehen, dass *Leben* weitgehend unabhängig von *Bewusstsein* geschieht. Auch ist es ja jedem vertraut, dass wir, während wir verbal kommunizieren, mit unserem Wahrnehmen und Bewusstsein ganz woanders sein können. Physiologische Lebensvorgänge werden uns auch nur eher selten bewusst.

Luhmanns Interesse galt daher vor allem den sozialen Systemen, und auch in den ihm folgenden systemischen Konzeptualisierungen fanden das biologische und das psychische System eher weniger Aufmerksamkeit. Arnold Retzer (2008) variiert die Luhmann'sche Trias sprachlich und integriert sie so wieder in eine Person und ihre soziale Umwelt: *Gelebtes Leben, Erlebtes Leben, Erzähltes Leben*: meins, deins, unseres ...

2.4 Konstruktivistisches Denken und die systemische Praxis

Als Folge der Erfindung des radikalen Konstruktivismus formten sich, auch im Austausch mit anderen Wissenschaften, neue Begrifflichkeiten und Strömungen, die Einfluss auf die systemische Therapie und Beratung gewannen. Einige der wichtigsten Aspekte, drei theoretische und drei praktische sind Gegenstand dieses Abschnitts.

Zur Einführung: Wir konstruieren unsere Wirklichkeit durch die Art und Weise, wie wir Ordnung in dem Chaos einer uns umgebenden Welt von internalen und externalen Reizen erzeugen. Diese Ordnungsprozesse stützen sich einmal auf innere mentale und affektive Zustände, wie z. B. Angst, zum anderen auf die Verarbeitung von Informationen aus der Außenwelt, deren Komplexität wir reduzieren, um Sinn zu generieren. Als Drittes spielen soziale Konventionen eine bedeutsame Rolle, die in sprachlicher Form ausgetauscht werden. Aber zunächst zwei Beispiele:

Ich gehe über die Straße und nehme wahr, wie ein Mann mit lauter Stimme offenbar wirres Zeug in den Hörer einer Telefonzelle schreit. Dann dreht er sich herum, rennt auf mich zu und sagt: »Da muss man doch etwas tun, sie verfolgen mich wieder!« Ich fühle mich bedroht, mein Gehirn schaltet auf Fluchtmodus, ich denke, der ist verrückt, und entferne mich. Erst nach einiger Zeit kann ich realisieren, dass dieser Mann tadellos gekleidet war, die Deutung des »wirren Zeugs« von einem fremdländischen Akzent herrührte, den ich kaum verstehen konnte, und dass tatsächlich zwei andere Männer im Laufschritt auf ihn zustürzen ...

Ebenso der klassische »Mad-bad-Konflikt«: Dennis, 7-jährig, sitzt – außer vor dem Fernseher – keine Minute still, ein intelligentes, aktives, meist fröhliches, manchmal schlecht gelauntes Kind. Der Mutter gegenüber zeigt er wenig Respekt, mit seiner jüngeren Schwester streitet er viel, auf den Vater, der aber als Fernfahrer wenig zu Hause ist, hört er besser. Die Mutter wirft dem Vater seine häufige Abwesenheit vor. Sie hält, gestützt von der Meinung der früheren Kindergärtnerinnen, den Jungen für hyperkinetisch, er »habe« ADHS. Der Vater hält der Mutter ihre erzieherische Inkonsequenz vor.

Es sei kein Wunder, dass Dennis sich so aufführe, wenn sie nicht durchgreife. Während die Mutter also eher einer Krank-Definition des auffälligen Verhaltens bei ihrem Kind zuneigt, hält der Vater es für ungezogen. Aus systemischer Sicht käme es nun darauf an, gegenüber den Eltern die verschiedenen Weltbilder – zwischen denen der Junge seinen notwendigen Halt nicht findet – zunächst als verstehbar und respektabel zu wertschätzen und dann in einem partnerschaftlichen Dialog das Patt zwischen den Eltern zu thematisieren mit dem Ziel der Überwindung dieser Dichotomie.

Das theoretische *Wie* der Ordnungsbildung werde ich nun anhand der Begriffe »Sozialer Konstruktionismus«, »Synergetik« und »Dissipative Strukturen« erläutern.

2.4.1 Sozialer Konstruktionismus

Diese, von *Kenneth Gergen* in den 1980er Jahren ausformulierte Theorie betont, anders als der primär biologisch definierte Konstruktivismus, die soziale Genese der Erzeugung von Wirklichkeit. Sie wurde dadurch zur Leitlinie für die sich entwickelnden narrativen und lösungsorientierten Ansätze in der Psychotherapie: Über sozialen Austausch werden Ideen, Geschichten, Bilder und Erinnerungen hervorgebracht. Der Gebrauch der Sprache bestimmt ihre Bedeutung, Wissen erwächst aus dem Raum zwischen den Menschen und nur durch fortwährende Konversation mit Gesprächspartnern und Bezugspersonen entsteht ein Empfinden für individuelle und kollektive Identität. Nur im Dialog kann eine Verständigung geschehen, und nur im Dialog können neue, gemeinsam hervorgebrachte Perspektiven entstehen.

Gergen und Epstein (2005) sprechen von »Reflexiver Kooperation« als Weg in der therapeutischen Arbeit mit Behandlungssystemen, deren Mitglieder divergente oder konkurrierende Ziele verfolgen, widersprüchliche Realitätsbeschreibungen vertreten oder in asymmetrischen Machtpositionen erscheinen. Konsequenterweise findet diese Kooperation auf Augenhöhe zwischen Klient und Therapeut statt, d. h., die Äußerungen beider sind gleichwertig. *Goolishian* und *Anderson* (1989) führen die Begriffe »Nichtwissen der Experten« einerseits und »Expertentum der Klienten« andererseits ein. Der co-kreative Dialog eröffnet Räume für neue Ideen und Handlungsspielräume.

2.4.2 Synergetik

Dem Physiker und Mathematiker *Hermann Haken* (1984) gelang es, am Beispiel des Laserlichtes ein universell gültiges Ordnungsprinzip zu beschreiben, das er Synergetik nennt. Diese Theorie komplexer dynamischer Systeme stellt den Begriff der Selbstorganisation in den Vordergrund. Verkürzt beschrieben, ordnen sich Atome oder eben auch Systemmitglieder entlang eines »Ordners« so miteinander, dass bestimmte Bewegungen sich immer wiederholen und Muster entstehen, die relativ stabil sind. Beim Laserlicht ist die Lichtwelle der Ordner, der seinerseits bei Energiezufuhr aus der Selbstorganisation der Atome entsteht, die dann ein geordnetes Lichtfeld bilden.

In sozialen Systemen können interaktionelle Muster, somit auch Bindungsprozesse, die psychophysiologisch und sozial strukturiert sind, aber auch transgenerationale Delegationsprozesse, Sprache und Kultur solche Ordner bilden, entlang derer sich Individuen in relativ gleichförmiger Weise organisieren. Diese aus dem Zusammenspiel der einzelnen Elemente entstehenden Muster werden »Attraktoren« genannt, also quasi Anziehungspunkte, die immer wieder auf zirkuläre Weise das gleiche Verhalten auslösen. Die Wirkung der Attraktoren ist so ausgeprägt, dass es beispielsweise in Streits häufig nicht gelingt, auszusteigen (von Schlippe u. Schweitzer, 2012).

2.4.3 Dissipative Strukturen

Ein weiterer Begriff, der für die Entwicklung systemischer Praxis bedeutsam war: *Ilya Prigogine,* ein Nobelpreisträger der Chemie, entdeckte, »dass aus Abweichungen von einem zunächst stabilen Gleichgewichtszustand unter Energieverbrauch neue Organisationsformen entstanden«, die er *Dissipative Strukturen* nannte (Prigogine u. Stengers, 1981, S. 21): Ohne eine ordnende Instanz entwickeln sich in dynamischen Systemen unter bestimmten Bedingungen spontan neue Ordnungen. Es handelt sich somit um das Fließgleichgewicht eines Systems, das seine Stabilität und Identität nur durch ständigen Wandel im Austausch mit seiner Umgebung behält. Wenn dieses System sich sehr weit vom Gleichgewichtszustand entfernt hat, kann ein kritischer Wert überschritten werden und das ganze System geht in einen neuen, nicht antizipierbaren Zustand über.

Dieser zunächst physikalisch-chemische Befund deckt sich mit Erfahrungen aus der systemischen Therapie, nachdem eine kleine Veränderung bei einem Systemmitglied zu einer größeren Veränderung der gesamten Familie führen kann, ähnlich dem Schmetterlingsflügelschlag-Phänomen, das einen tropischen Sturm auslösen kann. Dieser Auslöser ist auch in der familientherapeutischen Arbeit nicht vorher bestimmbar. Nach diesem Verständnis dienen Familiengespräche im systemisch-konstruktivistischen Verständnis eher als Anregung zum Finden eines neuen Systemzustandes denn als planvolles Durcharbeiten von Problemen.

Vielleicht kann die im Abschnitt 2.3.1 erwähnte, durch Paul Dell beim Zürcher Familientherapie-Kongress 1981 ausgelöste »Kybernetische Wende« auch als ein solcher Flügelschlag gelten. Der Blick der Familientherapeuten auf ihre Klientel und auch auf sich selbst war danach ein anderer geworden.

In der Folge differenzierte sich die systemische Community weiter aus, und es entstanden eine Reihe neuer Therapierichtungen. Drei bedeutsame stelle ich kurz vor.

2.4.4 Lösungsorientierte Kurzzeittherapie

Steve de Shazer, ein psychotherapeutischer Quereinsteiger (er war Künstler, Musiker und Sozialarbeiter), entwickelte zusammen mit seiner Frau Insoo Kim Berg und weiteren Mitarbeitern bereits seit 1978 am »Brief Family Therapy Center« in Milwaukee eine neue Behandlungsform. Er war stark von John Weakland vom MRI beeinflusst, aber anders als die Palo-Alto-Gruppe vermied er strikt jede Zuschreibung von Pathologie ebenso wie markante Interventionen. Mit einer konsequent ressourcenorientierten Haltung fokussierte er in seinen therapeutischen Konversationen ausschließlich auf das, was bereits funktionierte, und suchte darin bereits Ansätze für die gewünschte Lösung. Sowohl Probleme als auch Lösungen entstehen ja im Zusammenhang mit Bedeutungsgebungen. Aufgabe der Kurztherapie ist es also, den Klienten zu helfen, ihr Interaktionsverhalten und/oder ihre Interpretationen des Verhaltens und der Situation so zu verändern, dass sich eine Lösung entwickelt und der Knoten des Problems sich löst. Hierzu ist es nützlich, soviel wie möglich über die Rahmenbedingungen der Problemsituation herauszufinden, da die Intervention so in den Rahmen der Situation, d. h. der Denk-, Fühl-, Wahrnehmungs- und Verhaltensgewohnheiten der Klienten passen muss, die sich eine Lösung entwickeln. De Shazer (1989/92, S. 12) referierte dazu gerne die die ursprünglich von Glasersfeld stammende Metapher von Schlüssel und Schloss: »Die Klagen, mit denen Patienten zum Therapeuten kommen, sind wie Türschlösser, hinter denen ein befriedigendes Leben wartet. Die Klienten haben alles versucht, aber die Tür ist noch immer verschlossen. Häufig versuchen sie nun herauszufinden, warum das Türschloss so und nicht anders beschaffen ist, aber zu Lösungen kommt man mit Hilfe eines Schlüssels und nicht mit Hilfe eines Schlosses.«

Daraus folgten einige für uns damals ungewohnte und provozierend wirkende Annahmen:
1. Um eine Lösung zu finden, brauchen wir die Struktur des Problems nicht zu kennen. Dies bedeutet eine Absage an analytische Bestrebungen, denn die Struktur der Lösung ist anders als die des Problems.
2. Der Schlüssel, mit dem die Tür zur Kooperation und damit zu einer veränderten Bedeutungsgebung im Sinne eines Wieder-in-Fluss-Kommens der

Interaktion und Kommunikation geöffnet werden soll, ist nach de Shazer (1992) sehr einfach:

3. Im therapeutischen Prozess wird zunächst die Gegenwart zur Zukunft in Beziehung gesetzt, wobei die Vergangenheit mit Ausnahme vergangener Erfolge außer Acht gelassen wird. Dann wird den Klienten das Positive, das sie nach Meinung der Therapeuten bereits für sich tun, verdeutlicht und sobald sie wissen, dass wir als Behandler auf ihrer Seite sind, schlagen wir ihnen etwas Neues vor, das sie tun könnten und das für sie vielleicht gut wäre.
4. Eine weitere wichtige Vorannahme ist, dass der Therapeut nicht unbedingt beschreiben können muss, was eigentlich das Problem für den Klienten ist. Alles, was beide wirklich wissen müssen, ist jedoch, woran erkennbar sein wird, dass das Problem gelöst ist.
5. Zum kurztherapeutischen Ansatz gehört auch, dass nur kleine Veränderungen nötig sind, die sozusagen als Trigger zu größeren, tiefgreifenden Veränderungen führen können. Zu diesen Veränderungen gehören neue und positive Deutungen für zumindest einen Aspekt des vorgebrachten Problems im Sinne des bekannten Umdeutens oder »Reframens« der systemischen Therapie.

Anzumerken wäre, dass lösungsorientierte Arbeit keineswegs leicht ist: Die konsequente Lösungsorientierung, die strikte Vorannahme, dass der Klient kooperiert und Widerstand ein Problem des Therapeuten darstellt, erfordern viel Aufmerksamkeit und Erfahrung.

De Shazers empirisch belegten guten Erfolge, auch bei sehr schwierigen und bereits langdauernden psychischen Problemen, seine einfache ressourcenorientierte Vorgehensweise ermutigten mich, wie viele andere Kollegen auch, in meiner Praxis sein Handlungsmodell zu erproben und zu evaluieren. Zu den konkreten Techniken – wie z. B. der »Wunderfrage« oder der Standardverschreibung am Ende der ersten Sitzung und zur Evaluation, die de Shazer relativ konsequent durchführte – gibt es hinreichend Publikationen (z. B. Trost, 1998; Burr, 1993).

Im Grunde kombiniert dieses Verfahren systemisch-konstruktivistische Annahmen mit hypnotherapeutischer Arbeitstechnik, zu der de Shazer nachhaltig von Milton Erickson angeregt wurde. Lösungsfokussierung hat sich bis heute als Haltung etabliert, die einen Ausstieg aus der »Problemtrance«, mit der Klienten üblicherweise die Therapie oder Beratung aufsuchen, ermöglicht.

2.4.5 Narrative Therapie

Der Begriff Narrativ geht zurück auf das Werk des französischen postmodernen Philosophen *Jean-François Lyotard*. Narrative sind sinnstiftende Erzählmotive, die in einem Kulturkreis oder einer gesellschaftlichen Gruppe Orientierung vermitteln, wie z. B. »Liberté, Egalité, Fraternité« oder der »Amerikanische Traum«. Narrative betreffen aber auch mikrosoziale Gruppen, wie Familien oder auch Individuen, die ihre eigene Geschichte sinnstiftend in eine Erzählung einbetten. *Max Frisch* (1964, S. 49) sagt durch seine Romanfigur Gantenbein: »Jeder Mensch erfindet sich früher oder später eine Geschichte, die er für sein Leben hält [...] oder eine ganze Reihe von Geschichten««. Narrative sind nicht neutral, sie transportieren Werte, Emotionen, und Handlungsanweisungen. Wie jede sprachliche Äußerung beinhalten sie Restriktionen, Verallgemeinerungen, Tilgungen, Interpunktionen und Verstärkungen. Auch das vorherrschende medizinische Modell von Diagnose und Therapie einer psychischen Störung ist ein solches Narrativ, mit erheblichen Konsequenzen, wie man weiß.

Die narrative Therapie als ein weiterer Schritt in der Entwicklung systemischer Behandlungsmodelle entstand auf dem fünften Kontinent in der Zusammenarbeit des Australiers *Michael White* mit dem Neuseeländer *David Epston* (White u. Epston, 2009). Ihnen ging es um das Neuverfassen (Re-Authoring) alternativer Geschichten, die andere Interpretationen über das eigene Leben ermöglichen als die bislang dominanten, einengenden, zu Problemen führenden Narrative. Schlimme Geschichten entfalten eine hypnotische Macht, die im therapeutischen Prozess über umdeutende Konversationen wieder an ihre Protagonisten zurückgegeben werden kann. Ein wichtiges Instrument kann dabei das Externalisieren von Symptomen (z. B. Einnässen, Selbstwertmangel) oder aber auch der ganzen Geschichte sein: »Wann haben Sie sich zum letzten Mal mit Erfolg geweigert, die Geschichte, Sie seien ein Totalversager, zu glauben?«

2.4.6 Das reflektierende Team

Die familientherapeutische Arbeit mit dem Einwegspiegel, hinter dem ein kundiger Co-Therapeut oder eine ganze Ausbildungsgruppe hypothetisierend und kommentierend saß, war ein verbreitetes Kennzeichen früher Praxis. Familien fühlten sich damit häufig unwohl, als Versuchsobjekte, und gerade Familien mit einem psychotischen Mitglied konnte allein dieses Setting Anlass zu paranoiden Vorstellungen geben. Der Norweger *Tom Andersen* (1990) variierte die Situation in der Weise, dass nach einer bestimmten Gesprächszeit die Mikrofone umgestellt wurden und das Licht auf die beobachtende Gruppe fiel, sodass die Familie die Diskussionen des Teams anhören und ihrerseits kommentieren konnte. Voraussetzung für die Teammitglieder war ein respektvoller, vorsichtiger und sorgsamer Umgang mit Sprache. Der Effekt: ein Dialog auf Augenhöhe mit der Möglichkeit neuer Perspektiven.

Eine neuere Variante, die »*reflektierenden Familien*« (Caby, 2008), wird häufig im Rahmen der mittlerweile verbreiteten und sehr gut evaluierten *Multifamilientherapie* (Asen, 2009) eingesetzt: Mehrere Familien, die ein gemeinsames Problem teilen, sprechen miteinander im Stile des reflektierenden Teams. Die therapeutischen Experten moderieren, sie sorgen für den Gesprächsfluss und achten auf die notwendige Lösungs- und Ressourcenorientierung.

2.5 »Das Ende der großen Entwürfe und das Blühen systemischer Praxis«

Nach der familientherapeutischen Anfangsphase in den siebziger Jahren waren die achtziger Jahre im deutschsprachigen Raum durch eine zunehmende Verbreitung systemischer Gedanken in der Praxis geprägt. Dies ließ sich an der Neugründung etlicher Weiterbildungsinstitute und der Etablierung neuer Fachzeitschriften ablesen. Der Fachdiskurs entfaltete sich breit zwischen der Differenzierung konstruktivistischen Gedankenguts und der Erschließung neuer Anwendungsfelder. Nach der früheren Dominanz naturwissenschaftlicher Systemtheoretiker ging es nun um sozialwissenschaftliche Theoriebildung und ihre Verschränkung mit u. a. medizinisch-psychiatrischen Fragestellungen. Experimentierfreude und die (versuchte) Integration der unterschiedlichsten Ansätze unter dem Dach systemischen Denkens kennzeichneten diese Zeit größter Offenheit.

Der für diesen Abschnitt titelgebende Kongress im Jahr 1991 markierte den Übergang von den nun abgeschlossenen Aufbruchsjahren zu einer überaus vielfältigen systemischen Praxis, die sich in nahezu allen gesellschaftlichen Feldern etablierte. »Impliziert war darin ein Ende des Glaubens an die Möglichkeit einer objektiven, raum-, zeit- und beobachterunabhängigen Universaltheorie menschlicher Beziehungen. Impliziert war ein Abschied von den ›großen Erzählungen‹, wie sie der französische Philosoph Lyotard diagnostiziert: eine Diagnose, die er im Begriff ›Postmoderne‹ zusammenfasst« (Schweitzer, Retzer u. Fischer, 1992, S. 10; sowie Fischer, Retzer u. Schweitzer, 1992).

Ernüchternd kam eine beginnende Ökonomisierung im Gesundheitswesen hinzu, mit erheblichem Druck auf die Behandlungszeiten sowie Regulierungsprozessen im Feld psychotherapeutischer Hilfen. Die Ausrichtung auf das 1999 verabschiedete Psychotherapeutengesetz blieb auch für die systemische Community nicht ohne Einfluss: Das Bestreben, als anerkanntes Verfahren Teil der Gesundheitsversorgung zu werden, erforderte empirische Wirksamkeitsnachweise und somit eine Intensivierung der Beforschung systemischen Tuns.

Diese »Verstörung« regte dann auch eine Veränderung in der Beurteilung des Wissens über Störungen und Lösungen an. Im Zuge der »konversationalen Wende« der systemischen Therapie war ja die Befreiung von den Fesseln objektivistischer Diagnostik und Behandlung gefeiert worden. Es war jetzt eine Haltung des Nicht-Wissens gefragt. So sinnvoll dies für ein tieferes Verständnis der Familiendynamik war und für einen respektvollen Umgang mit den Wirklichkeitskonstruktionen unseres Gegenübers, so schwierig war sie im institutionell geprägten Alltag durchzuhalten. Gerade im psychiatrischen Bereich war somit eine »doppelte Buchführung« vonnöten: einmal die ICD-Diagnose und zum anderen die zirkulären Annahmen zur Systemdynamik. Das war pragmatisch gehandelt, fühlte sich aber wegen der implizierten Spaltung nicht unbedingt gut an.

Nach dem Heidelberger Kongress 1999 »Störungswissen – Lösungswissen« wurden störungsspezifische Konzepte wieder viabel, was sich dann 2006 im zweiten Band des Lehrbuchs von *Schweitzer* und *von Schlippe* »Das störungsspezifische Wissen« (2006) niederschlug. Es war dann nicht mehr die Frage, *ob* wir Störungswissen brauchen, sondern eher *wann und wozu und wann nicht*. Die wissenschaftliche Anerkennung der systemischen Therapie durch den Wissenschaftlichen Beirat Psychotherapie (WBP) erfolgte dann 2008; die sozialrechtliche, mithin kassenrechtliche Anerkennung ist noch im Bearbeitungsprozess. Die systemische Therapie hat sich damit als evidenzbasiertes Verfahren etabliert, wenn auch mit einer für systemisches Denken und Handeln fragwürdigen diagnostischen Systematik, die die herrschende Meinung widerspiegelt und die Zugänge zum Gesundheitssystem reguliert.

Der Anerkennungsprozess bewirkte auch einen Schub im Forschungsbereich. Hier lassen sich seit ca. zwanzig Jahren kontinuierliche Steigerungen bei Projekten, Publikationen und Fachtagungen verzeichnen. Zur Förderung der Forschungsaktivität wurde 2009 das Forschungsportal www.systemisch-forschen.de von den beiden Fachverbänden SG und DGSF initiiert und gestartet. Dieses im deutschsprachigen Raum einmalige Internetangebot richtet sich an alle, die an Forschung über systemisches Arbeiten interessiert sind.

2.6 Systemische Arbeit heute

Fünfzig Jahre nach Beginn des systemischen Diskurses in Biologie, Kybernetik, Psychologie und Sozialwissenschaften ist systemisches Vokabular Allgemeingut geworden. In dem Maße, wie Ökologie, Netzwerkkonzepte, Perspektivenwechsel und gesellschaftliche Ausgleichsprozesse in das Bewusstsein der Akteure in Politik, Wirtschaft und Gemeinwesen gelangten, wurden systemische Erklärungsmodelle und Handlungsansätze immer wichtiger. Anders als zu Pionierzeiten der systemischen Bewegung stehen psychotherapeutische Settings nicht mehr allein im Vordergrund. Systemisches Denken und in der Folge systemische Methodik hat sich auf viele Handlungsfelder ausgedehnt.

Exemplarisch zu nennen wären ökosystemische Ansätze, die beispielsweise in der Sozialen Arbeit als aufsuchende systemische Familienarbeit, in der Jugendhilfe, bei Helferkonferenzen und in der Arbeit mit sozialen Institutionen angewendet werden. Die Multifamilientherapie als Verfahren, das systemische Familientherapie mit Gruppenarbeit, Empowerment und Selbsthilfegruppen verbindet, wird in den unterschiedlichsten Kontexten schwerer Erkrankungen und Auffälligkeiten erfolgreich praktiziert (Asen u. Scholz, 2012). Die Aufstellungsarbeit, eine Weiterentwicklung von Satirs Familienskulptur, findet weite Anwendung in Familien-, Organisations- und Strukturaufstellungen. Systemisch orientierte Traumaarbeit, systemisches Elterncoaching, systemische Pädagogik, Supervision und Organisationsberatung sind weitere wichtige Anwendungsfelder.

Der ausdrückliche Fokus auf die Bedeutung der gesprochenen Sprache war über lange Zeit – sicher auch dem Zeitgeist geschuldet – das zentrale Merkmal systemischer Entwicklungen. Den bis dahin im Diskurs weithin vernachlässigten affektiven Faktoren wurde in den letzten zwei Jahrzehnten zunehmend mehr Aufmerksamkeit geschenkt. »Gefühle und Systeme« (Welter-Enderlin u. Hildenbrand, 1998) oder »Emotionsbasierte systemische Therapie« (Wagner u. Russinger, 2016) seien stellvertretend als Buchtitel, die diesen neuen Aspekt bearbeiten, genannt. Dennoch ist die Durchdringung systemischer Theorie und Praxis mit affekt- und gefühlsbezogenen Konzepten noch gering geblieben. *Vor allem die konsequente Einbeziehung entwicklungspsychologischer und -biologischer Aspekte als rekursiv wirkende »Akteure« im psychosozialen Geschehen ist noch nicht erfolgt.* Der Versuch, diese Lücke zu schließen, gehört zu den Hauptanliegen dieses Buches.

3 Neurobiologische Grundlagen von Entwicklung und Bindung

Anders als das vorangegangene Kapitel zur systemischen Theorie wird vielen Lesern das nun folgende Kapitel inhaltlich weniger vertraut sein. Zum Verständnis der Bedeutung von Bindung ist ein Kapitel mit medizinisch-neurobiologischem Inhalt aber ausgesprochen wichtig, und ich möchte bei Ihnen dafür werben, sich mit vielleicht ungewohnten Begrifflichkeiten vertraut zu machen und weiterzulesen. Es ist alles gut verständlich.

Die *Neurobiologie* ist in den vergangenen Jahrzehnten zum wichtigsten Lieferanten neuer Erkenntnisse über Entstehung und Entwicklung menschlichen Lebens geworden. Mittlerweile ist es sogar so, dass sie mit ihren Forschungsergebnissen den alten K(r)ampf zwischen exakter Wissenschaft und Lebenserfahrungen vieler Menschengenerationen überwinden hilft und nicht mehr konträr dazu steht. Sie bestätigt das alte Wissen in Frühförderung, Pädagogik und Psychologie zunehmend auf empirischer Grundlage: z. B. die Bedeutung des Gehirnes als auf Soziales, nicht primär auf »Denken« ausgerichtetes System (Hüther, 1999). Im integrativen Lernen etwa nach Montessori, unterstützt durch eine vorbereitete Umwelt und die Präsenz von Bezugspersonen, soll im Gehirn Zug um Zug Welt entstehen (Speck, 2008). Die Bedeutung von Imitation und Üben sowie von emotionaler Sicherheit als Basis erfolgreicher Lernprozesse ist mittlerweile neurobiologisch gut belegt.

Ein weiteres Beispiel: Werden Menschen gefragt, wo Gesundheit, Emotion und Intuition am besten zu orten sind, zeigen sie meistens auf ihren Bauch. Seit Jahrhunderten wird außerdem von vielen Menschen berichtet, dass sie ihre Entscheidungen in erster Linie aus dem Bauch heraus treffen. Bereits seit vielen Jahren ist belegt, dass wir in unserer Darmwand ein hochkomplexes neuronales Geflecht haben, bestehend aus 100 Millionen Neuronen, die mit den gleichen Transmittern wie im zentralen Nervensystem funktionieren. Es beeinflusst Gefühlsleben und Entscheidungsfindung und ist im sprichwörtlichen Sinne für das »Bauchgefühl« zuständig. Das »Bauchhirn«, wissenschaftlich das enterische Nervensystem (ENS), ist in die Wand des Darmes von Menschen und Tieren eingebettet und arbeitet nahezu unabhängig vom Zentralnervensystem. Es enthält seine eigenen sensorischen Neurone, Interneurone und Motorneurone und es ist eine Quelle von psychisch hochaktiven Substanzen, wie Serotonin, Dopamin, Opiaten und körpereigenen Sedativa. Bereits im Jahr 1907 beschrieb es der amerikanische Arzt Byron Robinson (1907) in seinem Buch »The Abdominal and Pelvic Brain«. In der Psychiatrie spricht man von der »Darm-Hirn-Achse«, die als Kommunikationssystem Angst und depressives Verhalten über das neuroendokrine System moderiert (Baghai u. Rupprecht, 2015). Über das Mikrobiom (die Gesamtheit aller Mikroorganismen im Darm) werden Hirnfunktionen und stressassoziiertes Verhalten beeinflusst. Wir stehen heute erst am Anfang der wissenschaftlichen Erforschung dieser gleichzeitig subtilen wie existenziellen systemischen Zusammenhänge.

3.1 Evolutionsbiologische Aspekte

Der Mensch gilt ja landläufig als vorläufiger Endpunkt der Evolution auf der Erde und so verhält es sich auch mit seinem Gehirn. In seinen grundlegenden Strukturen ist das Gehirn entsprechend der evolutionären Entwicklung der Wirbeltiere aufgebaut – von den Reptilien bis zu den Menschenaffen. Somit kann man im Letzten von einem »typischen« Primatengehirn sprechen. Nennenswerte Unterschiede zu unseren nächsten Verwandten finden sich allein in der komplexeren Struktur der Großhirnrinde.

Zunächst beschreibe ich einige Aspekte der Hirnentwicklung, die uns helfen, den systemischen Charakter von Bindung und Interaktion zu verstehen. Menschwerdung ist Gehirnsache, das wusste offenbar schon Michelangelo.

Abbildung 1: Michelangelo »Die Erschaffung Adams« (akg-images/Erich Lessing)

Auf seinem berühmten Deckenfresko: »Die Erschaffung Adams« in der Sixtinischen Kapelle im Vatikan (siehe Abbildung 1) sehen wir Gottvater, der aus einer Wolke heraus mit seiner Hand auf Adam zeigt. Innerhalb dieser Wolke, deren wissenschaftliche Erforschung gezeigt hat, dass sie in Gestalt eines Gehirns gemalt wurde, sehen wir eine Schar von engelhaften Helfern, während der Arm Gottvaters aus der Hirnregion, den wir heute als die präfrontale kennen, aus der Wolke herausragt und mit seinem Zeigefinger den Adams – fast – berührt. Während Adam erwartungsvoll und passiv auf einem Felsen ruht, wirkt die Erscheinung Gottes energetisch und kraftvoll.

Michelangelo hat bereits 1510, lange vor der Etablierung der Neurowissenschaften offensichtlich zwei wesentliche Aspekte der Menschwerdung intuitiv erfasst: die Bedeutung des Frontalhirns für das Menschsein und das Phänomen der »Fast-Berührung«, ein wesentlicher Aspekt biologisch-konstruktivistischen Wissens: Keine unserer 10^{15} Synapsen berührt sich; aufgrund der ubiquitären elektro-chemischen Verbindungen und der multiplen Verschattungen mit Zwischenneuronen ist eine exakte Reizweiterleitung vom Sinnesorgan gar nicht möglich. Die in unser Auge einfallenden Lichtreize werden beispielsweise bereits in der Netzhaut über drei Neuronenebenen verrechnet und dann über einen paarig angelegten Hirnkern, den seitlichen Kniehöcker, zur primären Sehrinde im Hinterhauptslappen des Gehirns weitergeleitet. Eine Seh-»Wahrnehmung« – jenseits archaischer Reflexe – entsteht erst durch die Anreicherung dieser Impulse mit gespeicherten Inhalten, wie z. B. Sehgewohnheiten, affektive Tönungen, spezifische visuelle Triggersignale usw., in den sogenannten sekundären und tertiären Sehfeldern (Hülshoff, 2000). Hier finden sich offenbar die Belege für die konstruktivistischen Annahmen der Autopoiese und der operationalen Geschlossenheit wieder.

3.2 Hirnentwicklung: von Anfang an biologisch und sozial-konstruktiv

Aber zunächst zur Entwicklungsgeschichte des Gehirns oder besser des Menschen: Bereits in der (konventionellen) Partnerwahl werden Bindungserfahrungen der jeweiligen Frau/des jeweiligen Mannes wirksam. Die meisten Kinder entstehen ja, weil zwei Menschen, die sich begegnen, das Gefühl haben, sie gehörten zusammen. Die Vorstellungen darüber, welche Partnerin zu mir passt, sind zum guten Teil Niederschläge aus den Erfahrungen der Frühsozialisation. Die damals gemachten Erfahrungen und – als neurobiologisches Korrelat – die entsprechenden Hirnverschaltungen präformieren unsere Vorstellungen, wen wir als attraktiv und passend ansehen. Diese inneren Bilder sind nicht angeboren, sondern Produkte von Herkunftsfamilien und Kulturkreisen, Rollenbildern und Vermächtnissen. Somit ist schon die Vereinigung von Ei- und Samenzelle kein rein biologischer Vorgang, sondern bereits sozial-konstruktiv, mit allen lebenslaufbedingten Abweichungen.

Gleichzeitig sind alle Keimzellen eines jeden Menschen genetisch unterschiedlich, bedingt durch Rekombinationen (Cross-over) der zunächst ja doppelt angelegten DNS-Stränge (DNS = Desoxyribonukleinsäure, engl. DNA), die in den jeweiligen Ei- und Samenzellen dann *einfach* vorliegen. Dieser Selektionsprozess gilt bis heute als zufällig. Auch die »Wahl« der Eizelle für das Spermium, welchem sie den Zutritt gewährt, gilt bislang als zufällig. Durch die Vereinigung der beiden Gameten entsteht ein neuer genetischer Bauplan. Nach der Vereinigung des männlichen mit dem weiblichen Vorkern und der Verdopplung der Chromosomensätze lebt der Keim des neuen Organismus als zweizeilige Zygote. Das neue Genom wird im Folgenden durch Zellteilung vervielfacht, bis sich der »Zellhaufen« an seiner Oberfläche differenziert und zur Einnistung Kontakt mit der Uterusschleimhaut aufnimmt. Die nun folgende Embryonalentwicklung ist bereits ein interaktiver Vorgang, bei dem sowohl der mütterliche wie der kindliche Organismus steuernd aktiv sind (Rohen u. Lütjen-Drecoll, 2012).

3.2.1 Exkurs: Genom und Epigenetik

Die DNS im Zellkern jeder Köperzelle setzt sich aus vier Bausteinen zusammen, Adenin, Thymin, Guanin und Cytosin, abgekürzt als A, T, G und C. Jeweils zwei Bausteine bilden ein Paar (A und T; G und C), die Paare reihen sich zu einer verdrillten Kette auf, DNS-Doppelhelix genannt. Die Doppelhelix wiederum bildet eine komplexe dreidimensionale Struktur: Sie knäuelt sich um viele kleine Proteinkugeln, Histone genannt, diese Knäuel wiederum lagern sich zu Chromosomen zusammen. Menschen haben 46 Chromosomen, Träger des menschlichen Erbgutes, das aus etwa 3 Milliarden Bausteinpaaren besteht. Weniger als zwei Prozent davon finden sich in den Genen. Bis heute streiten die Wissenschaftler, wie viel Gene der Mensch hat. Früher glaubte man, es seien an die 100.000, es sind aber tatsächlich wenig mehr als 20.000. Einfache Organismen, wie z. B. Amöben, Weizen oder die häufig beforschte Ackerschmalwand haben vier- bis achtmal so viele Gene.

Gene sind Abschnitte im Erbgut, die die Information für die Herstellung eines Eiweißes enthalten. Das Protein wird in den sogenannten Ribosomen außerhalb des Zellkerns hergestellt. Der Bote, der die genetische Information aus dem Zellkern schleust, ist die RNS (Ribonukleinsäure). Erste lebende Systeme begannen aus kommunizierenden und kooperierenden Gruppen von

RNS und Eiweißmolekülen, die sich selbst erneuerten und reproduzierten. Da RNS-Moleküle die Zelle verlassen und in andere aufgenommen werden konnten, ergaben sich ständig neue Kombinationen von Komponenten in einem fortwährenden selbstorganisierten Suchprozess. Elemente, die gut miteinander »kooperierten«, bildeten zunehmend stabile funktionale Einheiten.

Die DNA wurde dann als eine Art Sicherungskopie der für die Zelle lebenswichtigen RNA von dieser angefertigt, und selbst noch einmal dupliziert, d. h. gespiegelt. Hier findet sich bereits das die gesamte Evolution durchziehende Resonanz- bzw. Spiegelungsprinzip (Bauer, 2009). Der genetische Code als Abfolge der vier verschiedenen Nukleinsäuren – die ja bei allen Lebewesen die Erbinformationen verschlüsseln – liefert dabei den grundlegenden Bauplan, aber nicht im Sinne einer individuellen Festlegung, sondern als Möglichkeitsraum. Übrigens trennen uns nur gut ein Prozent der Erbinformationen von den Schimpansen, der »Zweite Code« – der epigenetische – ist allerdings beim Menschen wesentlich komplexer angelegt (Spork, 2010).

Mittels der epigenetischen Mechanismen wird über eine Gen-Umwelt-Interaktion die Aktivität der Genbausteine reguliert, d. h., Gene können lebenslang über Umwelteinflüsse an- oder abgeschaltet werden. Bereits die Metamorphose von der Raupe zum Schmetterling wird über epigenetische Programme gesteuert.

Unser Genom hat sich in den vergangenen 100.000 Jahren kaum verändert, unsere menschlichen Kompetenzen haben es allerdings sehr wohl unter dem Einfluss von Lebensbedingungen, Ernährung, Primärsozialisation, Kultur. Wir wissen heute, dass Gene keine starren Informationsträger sind, sondern in einem zirkulär-interaktiven Austausch mit der Umwelt des jeweiligen Lebewesens stehen. Ein Teil der Lebenserfahrungen wird über sogenannte Transpositionselemente (Bauer, 2009, S. 187) in das Genom hineingeschrieben, ein größerer Teil für epigenetische Prozesse bei der Aktivierung bzw. Abschaltung bestimmter Gene »verwendet«. Durch Methylierung von Genbausteinen beispielsweise wird die Genexpression vorübergehend oder dauerhaft verhindert. Gene können nur dann die Proteinsynthese anstoßen, wenn sie »gelesen« werden können. Andernfalls bleiben sie inaktiv.

Während eine evolutionäre Anpassung des strukturellen Genoms an veränderte Umweltbedingungen Generationen braucht, erlauben die epigenetischen Veränderungen, die von der Befruchtung an geschehen, eine flexible Antwort auf Umweltherausforderungen und Veränderungen während der Lebensspanne (van IJzendoorn, Bakermans-Kranenburg u. Ebstein, 2010). Epigenetische Modifikationen sind somit vererbbare, jedoch reversible Veränderungen an der DNA, die unter Erhalt der DNA-Sequenz die Genexpression steuern. 2 % des Erbgutes sind als Gensequenzen formiert, der größere Teil des Restes, der früher als »Genmüll« angesehen wurde, besteht aus Molekülen, die als Genschalter epigenetischen Prozessen dienen. Von diesen wurden bislang vier Millionen identifiziert. Das Epigenom ist damit bislang nur ansatzweise erforscht. Wir wissen aber, dass z. B. chronische Armut über epigenetische Veränderungen zu einer erhöhten Infektanfälligkeit und zu kardiovaskulären Erkrankungen führen kann (Miller et al., 2009). Außerdem ist erwiesen, dass bei Krebszellen die Methylierungsmuster der DNA erheblich verändert sind. Diese Muster können daher heute für die Tumordiagnostik herangezogen werden (Buchäckert, 2017). Trotzdem ist noch weitestgehend unerforscht, wie die Kommunikation und Modifikation eines Organismus in Bezug auf seine Erbinformationen konkret bewerkstelligt wird.

Die Gen-Umwelt-Interaktion fasste Jay Belsky 1997 in seiner »Hypothese der differenziellen Beeinflussbarkeit« zusammen. Danach werden Menschen, abhängig von ihrer genetischen Ausstattung, in unterschiedlichem Ausmaß von ihren Erfahrungen beeinflusst. Damit Neurotransmitter wirken können, müssen sie an ihre Rezeptoren binden. Rezeptoren sind Proteine, deren Produktion durch ein bestimmtes Gen induziert wird. Gene treten wiederum in unterschiedlichen Varianten (Polymorphismen) auf, z. B. beim Dopaminrezeptor-Gen, Serotonintransporter-Gen oder auch Oxytocinrezeptor-Gen. Diese Varianten bewirken, dass der Überträgerstoff bei der einen Person intensiver und bei der anderen weniger intensiv wirkt. Dadurch entstehen unterschiedliche Persönlichkeitsdispositionen, die von außen nicht beeinflusst werden können, diese Menschen aber empfindlicher oder robuster gegenüber z. B. Fremdbetreuung im frühen Kindesalter, Fürsorgemängeln oder Reizüberflutung machen (Strüber, 2016).

Wie die Umsetzung des genetischen Bauplans ist auch bereits die Einnistung des Embryoblasten (Vorstufe des Embryos) ein hochkooperativer Akt zwischen dem Trophoblasten (Vorstufe der Plazenta) und der Uterusschleimhaut. Diese »nimmt es hin«, dass die kindlichen Zellen des versorgenden Trophoblasten sich wie ein invasiver Tumor mit ihr verbinden und so für Sauerstoff und Stoffwechselaustausch sorgen. Es ist bislang ungeklärt, warum es nicht zu einer immunologischen Abstoßungsreaktion kommt. Durch Hormonproduktion (hCG), die den mütterlichen Organismus modifiziert, sorgt das entstehende Leben für die Aufrechterhaltung der Schwangerschaft.

3.2.2 Erste Schritte in der Hirnentwicklung

Nach erfolgter Einnistung differenziert sich der Trophoblast weiter zur Plazenta, und der Embryoblast entwickelt sich ca. ab dem 15. Tag zum Embryonalkörper mit seinen drei Keimblättern. Bereits früh lässt sich mit der Chorda dorsalis der Vorläufer der Wirbelsäule erkennen sowie das aus dem äußeren Keimblatt stammende Neuralrohr als Vorläufer des Nervensystems, das sich bald in das zentrale, periphere und autonome Nervensystem gliedert. Die Vorläufer der späteren Nervenzellen, Neuroblasten genannt, sind noch nicht spezialisiert; somit können Schäden, die auf ihrer Migration vom Ursprungsort entlang einem Netzwerk von Stützzellen, den Gliazellen, zum Ort ihrer Bestimmung entstehen, ausgeglichen werden. Embryologen sprechen vom »Ausschwärmen« neu gebildeter Nervenzellen in der Entwicklung der Hirnrinde.

Bereits nach dem zweiten Drittel der Schwangerschaft haben die meisten Zellen ihre Migration abgeschlossen, nur im Kleinhirn verläuft dieser Prozess ebenso wie sonst nicht mehr beobachtete Zellvermehrungen noch bis zur Geburt.[3] Mit Erreichen ihrer endgültigen Position, z. B. im Neokortex, spezialisieren sich die Zellen, und nun beginnt die Vernetzung (»Verdrahtung«) der Neuronen zu funktionellen Einheiten, eine hochintensive Auf- und Umbauaktivität, die bis nach der Pubertät mit hoher Intensität durchgeführt wird und bis ins hohe Alter anhält.

Bereits ab der 25. Schwangerschaftswoche (SSW) setzt im Dienst dieser strukturbildenden Aktivität ein selektiver Untergang von Nervenzellen, Apoptose genannt, ein. Über 30 % der ursprünglichen Neuronen gehen unter, ebenso wie ein großer Teil der zunächst überproduzierten Synapsen. Dieser »Pruning« (Ausjäten) genannte Prozess findet – abhängig von der Aktivität der beteiligten Synapsen – im Wesentlichen postnatal und da vor allem in den ersten Lebensjahren statt, dann wieder in der Pubertät. Dabei bleiben aktive funktionale Verbindungen erhalten.

3.2.3 Gliazellen und die Myelinisierung

Ähnlich wie die wissenschaftliche Befassung mit dem scheinbar überflüssigen Genmaterial im Zellplasma, die dann zu den weitreichenden Erkenntnissen über die epigenetischen Funktionen führte, zeitigte auch die Erforschung der Gliazellen wichtige Erkenntnisse: Diese ursprünglich als Stütz- und Versorgungszellen für die Neuronen angesehenen Zelltypen sind sogar zahlreicher als die Neuronen selbst (10^{12} versus 10^{11}). Sie spielen einmal im wörtlichen Sinne als »Leitfäden« für die Migration der Neuroblasten in die Hirnrinde eine wesentliche Rolle. Zum anderen bewirken sie die Myelinisierung der Axone (Achsen-

---

3 Das hängt mit der erst postnatal beginnenden Orientierung im Raum zusammen und mit dem Erwerb des aufrechten Ganges. Die im Wesentlichen unbewusste Regulierung dieser Kompetenzen wird erst mithilfe des Informationszuflusses aus den Gleichgewichtsorganen ermöglicht.

zylinder). Durch die Myelinhülle (Markscheide) wird eine energiesparende, sprunghafte Weiterleitung elektrischer Signale über das Axon möglich und damit erst ein schneller Ablauf von Wahrnehmung, Reaktion und auch Denken. Der Myelinisierungsgsgrad ist im Nervensystem unterschiedlich, der Prozess beginnt dabei mit den phylogenetisch älteren Hirnteilen, während er in den Frontallappen lebenslang andauert.

Die Gliazellen gelten mittlerweile für die Homöostase des Nervensystems insgesamt als genauso wichtig wie die Neuronen. Das schließt neben den genannten Aspekten auch die synaptische Aktivität, die Immunantwort und die Reparatur nach Schäden ein. Neuere Erkenntnisse belegen, dass die scheinbar so sekundären Gliazellen ebenso wie das gesamte ZNS (zentrales Nervensystem) in seinen Auf- und Abbaufunktionen sowohl biologisch als auch sozial-konstruktiv geformt und beeinflusst werden. Eine besondere Rolle spielen dabei langanhaltende Stresseffekte, die über die Stresshormone Funktionseinbußen beim Lernen und Gedächtnis bewirken, vermittelt durch eine schlechtere Myelinisation und eine Beeinträchtigung von Aufbau und Funktion der weißen Substanz, also der Verbindungsbahnen im Gehirn. Neben anderen Regionen scheint vor allem auch das Corpus callosum (der Balken, siehe Abbildung 2, S. 64), die Verbindung zwischen den Hemisphären, betroffen zu sein (Howell et al., 2013), was eine funktionelle Asymmetrie des Gehirns verstärkt.

3.2.4 Entwicklung der Sinnesorgane

Alle Repräsentation der Außenwelt, aber auch unseres eigenen Körpers, sind an Sinneswahrnehmungen gebunden. Unsere Alltagssprache ist voll von sensorischen Analogien mit einer affektiven Komponente: »Ich bin im Gleichgewicht, das stinkt mir, ich fühle mich wohl in meiner Haut, das schmeckt mir gar nicht, drück dich klar aus!«

Die Haut, mit fast 2 m² unser größtes Sinnesorgan, enthält das *taktil-kinästhetische System*, also die Rezeptoren für Berührung, Druck, Schmerz, Wärme und Kälte. Bereits mit 8 Wochen reagiert ein Embryo auf Lippenberührung, etwas später auf taktile Reize im Gesicht und an den Genitalien. In der 12. Woche ist der Tastsinn auf die gesamte Körperoberfläche ausgedehnt. Die Verknüpfung der Stelle, wo ich berührt werde, mit dem Bewusstsein, reift erst im Laufe des ersten Lebensjahres. Tastsinn und Stellungssinn (Propriozeption) sind für die Sprachentwicklung (Mundmotorik) und die Körperschemabildung essenziell. Berührung ist zudem eine wesentliche Quelle von Wohlbefinden; durch die Reizung von spezialisierten »Streichelrezeptoren« wird das Bindungshormon Oxytocin ausgeschüttet.

Zu den sogenannten Basissinnen zählt neben dem taktil-kinästhetischen und propriozeptiven System auch der *Gleichgewichtssinn*, das vestibuläre System. Vestibuläre Informationen werden nahezu ausschließlich unbewusst verarbeitet. Die intensive Stimulation der Gleichgewichtsorgane bereits in der Schwangerschaft durch die mütterlichen Bewegungen und in den ersten Lebensjahren durch Wiegen und Schaukeln ist essenziell für die Bewältigung der Erdanziehungskräfte, dem Aufbau eines Muskeltonus und für das Erlernen komplexerer Bewegungsabläufe. Das vestibuläre System ist eng mit der Verarbeitung von Höreindrücken und den Augenmuskeln verbunden. Es entwickelt sich gemeinsam mit dem Hörorgan bereits ab der 4. Woche und funktioniert ab der neunten.

Die intensive und regelmäßige Stimulation der Basissinne gilt als wesentlich für eine gelingende sensorische Integration (Ayres, 2002). Diese wiederum ist Voraussetzung für freie Wahrnehmung und Reaktion. Wie zu zeigen sein wird, gelingt dies in sicheren Bindungen besser als in unsicheren.

Der *Geschmackssinn* funktioniert schon 14 Wochen nach der Befruchtung vollständig. Wird ins Fruchtwasser eine bitter schmeckende Substanz gegeben, hören Feten in der 32. SSW sofort mit dem Trinken auf. Umgekehrt schlucken sie doppelt so viel, wenn das Fruchtwasser von außen mit Süßstoff angereichert wurde. Geruchs- und Geschmackssinn können intrauterin nicht unterschieden werden, allerdings ist bekannt, dass Schwangeren verabreichter Anis oder Knoblauch vom Neugeborenen mit Wohlgefallen gerochen wird. Postnatal ist der *Geruchssinn* überlebenswichtig, da er dem Kind hilft, die Mutterbrust anhand der Pheromone, die auch im Fruchtwasser enthalten sind, zu finden.

Hörsinn: Riech-, Hör- und Sehsinn sind sogenannte Fernsinne, angewiesen auf Reize von außen, um sich entwickeln zu können. Das Labyrinthorgan mit dem Hör- und Gleichgewichtssinn liegt im härtesten Knochen unseres Skelettes, dem Keilbein, und damit besonders geschützt. Es ist als erstes Sinnesorgan in Größe und Innervation bereits 20 Wochen nach der Befruchtung voll ausgebildet. Ab diesem Zeitpunkt kann das Ungeborene akustische Signale wahrnehmen und damit das Hören trainieren. Bald danach können wir körperliche Reaktionen auf laute und leise Geräusche wie Zusammenzucken oder interessiertes Lauschen feststellen. Damit ist auch schlüssig, dass Hörerfahrungen die Befindlichkeit des Fötus beeinflussen. Die Gebärmutter ist ein guter Resonanzkörper, in den z. B. die Geräusche des mütterlichen Magen-Darm Traktes, das Rauschen des Blutes in den Arterien und vor allem auch der mütterliche Herzschlag weitergeleitet werden. Dieser wird von dem Kind auch postnatal wiedererkannt und sorgt so für Beruhigung. Dies gilt auch für die Stimme der Mutter, deren Frequenz durch deren Beckenknochen hindurch aufgenommen und verstärkt wird. In den letzten Schwangerschaftswochen können Föten auch Stimmmelodien, z. B. beim Singen der Mutter oder beim Vorlesen einer anderen Geschichte als der gewohnten, unterscheiden (Hüther u. Krens, 2005).

Das Hören von Sprache beginnt bereits im Mutterleib und bahnt auch in der frühen postnatalen Phase, wenn die linke Hemisphäre noch nicht ausgereift ist, Sprachkompetenzen an. Es ist zunächst rein sinnlich-leiblich und noch nicht symbolisch. Den genauen Mechanismus kennen wir noch nicht, aber das Vorlesen von Bilderbüchern ab den ersten Lebenswochen ist für eine gute Sprachentwicklung sehr sinnvoll. Der Sprachteppich der Umgebung umgibt bereits den Säugling und sorgt lebenslang für ein Sich-Vertraut- oder Fremdfühlen. Der für die Bindungsentwicklung zentrale Begriff der *Resonanz* steht ja bezeichnenderweise auch für ein Hörphänomen.

Sehsinn: Die Photorezeptoren im fötalen Auge sind bereits ab der 16. Woche lichtempfindlich, ab der 26. Woche reagiert das ungeborene Kind nachweislich auf Licht. Da optische Reize im Uterus weitestgehend fehlen, kann sich der Sehsinn jedoch erst postnatal voll entwickeln. Damit wird unser Sehen stärker als andere Sinnesleistungen von interaktiven Faktoren beeinflusst; es ist dadurch noch weniger »objektiv«. Wie unser Neokortex, der auch erst spät ausreift, entwickelt sich der Gesichtssinn langsam und mit höchster Differenzierung. Das Gehirn lernt erst nach und nach, visuelle Signale zu verarbeiten, zwischen Farben zu differenzieren und Bewegungen zu folgen. Neugeborene Babys können auf einen Abstand von etwa 20 cm einigermaßen scharf sehen, was die intuitiv sehr ausgeprägte und schematische Mimik Erwachsener in der Kommunikation mit einem Säugling erklärt. Diese sind besonders interessiert an Gesichtern, die sie nach mehrfachem Kontakt auch wiedererkennen. Erst gegen Ende des 1. Lebensjahres sieht ein Kind ungefähr so viel wie ein Erwachsener. Noch Grundschüler haben oft Schwierigkeiten, die Geschwindigkeiten von bewegten Objekten wie z. B. Autos einzuschätzen. Schätzungen zufolge sind über 50 % der Großhirnrinde mit der Verarbeitung von Signalen aus dem visuellen System befasst.

3.3 Organisationsprinzipien von Hirnaufbau und -funktion

Schon die grobe anatomische Struktur unseres Gehirnes ist nur schwer vorstellbar. Abbildung 2 (S. 64) gibt daher eine Übersicht. Eine ausgezeichnete differenzierte und interaktive 3-D-Darstellung findet sich auf der Website: www.dasgehirn.info. Im Verlauf dieses Kapitels können nur einige der wichtigsten Hirnstrukturen vorgestellt werden.

Unser Gehirn wiegt beim Erwachsenen ca. 2 % des Körpergewichtes, verbraucht zu Beginn des Lebens jedoch 50 % des Energieumsatzes, im höheren

Alter noch ca. 20 %. Dort arbeiten 19–23 Milliarden Neuronen. Jedes Neuron ist ein Mikroprozessor, der Signale verarbeitet, Summenpotentiale errechnet, Botschaften weitergibt und mit bis zu 10.000 Synapsen mit anderen Neuronen Netzwerke bildet. Die Gesamtzahl der Synapsen überschreitet die Zahl 10^{15}.

Das Gehirn, seine Entwicklung und Funktion, wird durch Gene reguliert und durch die Gesamtheit der Lebenserfahrungen. Spitzer (2002, S. 63) sagt, unser Gehirn sei eine »lousy hardware«, langsam und unzuverlässig im Vergleich zum PC, was aber durch die Synapsenstärken ausgeglichen wird, d. h. durch Gewichtung der eingehenden Impulse an den Synapsen und entsprechende Weiterleitung in unterschiedliche Hirnareale. Diese Verbindungsstärken sind ein Äquivalent für die Informationsspeicherung im Gehirn. Sie bewirken, dass bei einem bestimmten Reiz eine entsprechende Reaktion erfolgt:

Wenn in Ihrem Wohnzimmer durch die eine Tür ein Löwe hereinkommt (nicht sehr wahrscheinlich, aber auch nicht völlig unmöglich), wird, noch bevor Sie ein bewusstes Bild des Löwen erhalten, eine schlechte Schwarz-Weiß-Kopie davon in Ihr limbisches System eingespeist. Die Gefahr bewertenden Mandelkerne sorgen dann dafür, dass eine Aktivierung des hormonell gesteuerten Fluchtsystems Sie in Richtung der anderen Tür in Bewegung setzt, während erst langsam das plastische und farbige Bild des Löwen auf Ihrer Sehrinde entsteht. Es handelt sich also bei der Reaktion um implizites Wissen, d. h. »Können« (nach Spitzer, 2002), das automatisiert und unbewusst auf einer archaischen Ebene der Gehirnorganisation abläuft.

Während die grobe Entwicklung des Nervensystems der Evolution folgend dem genetischen Bauplan des Menschen entspricht, werden funktionale Akzentuierungen durch bestimmte Organisationsprinzipien beeinflusst. Beides wird im Folgenden in vereinfachter Form dargestellt (Trost, 2008b).

3.3.1 Das Hierarchieprinzip und der Hirnstamm

Zum Verständnis dieses Aspektes ist es wichtig, die Phylogenese des Gehirns im groben Überblick zu verstehen. Je – evolutionär gesehen – »älter« ein Bereich des Gehirnes ist, umso mehr ist er genetisch vorgeformt, entwickelt sich schneller und ist in seiner Funktion stabiler als jüngere Teile: Atem- und Kreislaufzentrum z. B. arbeiten bewusstseinsunabhängig, wenn es um die Sicherung des Überlebens geht. Sie sind nur in geringem Umfang willentlich beeinflussbar. Je jünger eine Hirnregion ist, umso eher sind ihre Operationen bewusstseinsfähig und willentlicher Kontrolle zugängig.

Der *Hirnstamm* ist nach dem Rückenmark, aus dem er hervorgeht, der älteste Teil des menschlichen Gehirns; er hat sich bereits vor ca. 500 Millionen Jahren entwickelt. Er regelt lebenswichtige Funktionen wie die Atmung, den Herzschlages, die Nahrungsaufnahme, Darmtätigkeit und Wachheit. Alle Wirbeltiere verfügen über diese Grundausstattung, der Hirnstamm ist auch bei allen nahezu gleich aufgebaut. Diese primitiven Hirne bestehen vornehmlich aus reflektorisch gesteuerten neuronalen Netzwerken. Bei niederen Wirbeltieren wie den Reptilien macht dieser Bereich sogar fast das gesamte Gehirn aus, daher wird er auch »Reptiliengehirn« genannt. Während des Evolutionsprozesses blieben diese primitiven Hirnstrukturen erhalten, wurden jedoch mit den neueren, differenzierteren und größeren Hirnstrukturen, welche die Säugetiere und auch die Menschen charakterisieren, verbunden.

3.3.2 Das autonome Nervensystem und die Polyvagal-Theorie

Im Hirnstamm und auch außerhalb des ZNS liegen wichtige Kerne des für die gesamte vegetative Regulation entscheidenden autonomen Nervensystems. *Sympathikus* und *Parasympathikus* steuern die meisten Organe antagonistisch und bewirken so eine feine, unwillkürliche Regulation der Organtätigkeit. Der Sympathikus wirkt darüber hinaus im Sinne einer Gesamtaktivierung des Organismus, um diesen flucht- oder kampfbereit zu machen. Aus dem Hirnstamm und dem bereits zur unteren limbischen Ebene zählenden Hypothalamus werden Impulse auf die sympathischen Wurzelzellen im Rückenmark gesendet, die dann auf Ganglien (Nervenknoten) außerhalb des Zentralnervensystems umgeschaltet werden und über den Neurotransmitter Noradrenalin die Aktivierung der Zielorgane bewirken. Besonders wichtig ist dabei das Nebennierenmark als Produzent des Adrenalins.

Der Parasympathikus hingegen gilt als »Erholungsnerv«; als Gegenspieler des Sympathikus sorgt er für einen Ausgleich zwischen Erregung und Entspannung. Seine vegetativen Zentren liegen im Hirnstamm und im sakralen (Sacrum = Kreuzbein) Rückenmark. Dieses, auch *kraniosakrales System* genannte neuronale Netzwerk versorgt in seinem unteren Teil die Organe im kleinen Becken und in seinem oberen alle anderen inneren Organe. Für ein aktuelles wissenschaftliches Verständnis des Parasympathikus ist die Polyvagal-Theorie von Stephen Porges (2003, 2010) bedeutsam: Anders als früher vermutet, ist das parasympathische System nicht evolutionär einheitlich aufgebaut. Porges wies nach, dass das bis zu den Reptilien primitive autonome Nervensystem sich bei den Säugetieren anatomisch und funktionell weiterentwickelte. Er unterscheidet drei grundlegende Verhaltensstrategien zum Selbsterhalt:

1. *Mobilisation:* Kampf- und Fluchtreaktion sind abhängig von der Wirkung des Sympathikus, einhergehend mit vermehrter metabolischer Aktivität, der Erhöhung von Herzkraft und -frequenz, Muskelvorspannung und maximal gesteigerter Aufmerksamkeit, der viszerale Vagusteil wird gehemmt.
2. *Immobilisation:* Verhaltensstarre bis zum Totstellreflex ist in extremer Gefahrensituation notwendig. Diese Reaktionen sind abhängig vom unmyelinisierten (ohne reizleitungsbeschleunigende Markscheiden) viszeralen Vagus-Nerv, der aus dem dorsalen motorischen Nukleus des Vagus im Stammhirn entstammt und bei den meisten Wirbeltieren vorkommt. In sicheren Situationen fördert dieser Vagusteil Stoffwechselprozesse und Verdauung und sichert so den Erhalt des Organismus; in Gefahrenmomenten ohne Flucht- oder Angriffsmöglichkeit fährt er den Stoffwechsel herunter und sorgt für Erstarrung.
3. *Soziale Kommunikation oder »Social Engagement«:* Immobilisation ohne Furcht. Diese, für den Aufbau von Bindung, für die Paarung und jeglichen nahen Sozialkontakt, wie z. B. die Betreuung des Nachwuchses, allgemein notwendige Verhaltensstrategie ist abhängig von dem erst bei Säugetieren anzutreffenden myelinisierten Vagus, der seinen Ursprung in einem anderen Gebiet des Stammhirnes hat, dem Nucleus ambiguus. Um eine soziale Bindung zu entwickeln, ist es nicht ausreichend, Abwehrsysteme zu hemmen. Menschen müssen sich auch körperlich nahe sein. Das gilt für eine Mutter und ihren Säugling ebenso wie für zwei Erwachsene. Wenn die notwendige Distanzverminderung nur von willentlichen körperlichen Bewegungen bzw. im nahen Kontakt von deren Hemmung abhinge, wären Säuglinge mit ihren unausgereiften motorischen Systemen benachteiligt. Soziale Kommunikation wird geprägt von der Fähigkeit, unsere Gesichts- und Kopfmuskeln, aber auch die der Augen und des Mittelohrs über die sogenannten corticubulbären Bahnen steuern zu können, die die Hirnrinde mit dem Stammhirn verbinden. Diese Muskeln formen unsere Mimik, sie erlauben uns, mit dem Kopf Gesten zu machen, geben unserer Stimme den Ton, lenken unsere Blickrichtung und ermöglichen uns, menschliche Stimmen von Hintergrundgeräuschen zu unterscheiden. Die Hirnnerven, welche diese Muskeln steuern, sind schon bei der Geburt ausreichend myelinisiert, um dem Säugling zu erlauben, einem Fürsorger durch Vokalisieren oder Grimassen Zeichen zu geben. Mittels Blickkontakt, Lächeln und Saugen kann das Neugeborene mit den sozialen und nährenden Aspekten der Welt in Beziehung treten (Porges, 2003). Der myelinisierte Parasympathikus ist demnach mit Faserbündeln an den Hirnnerven, die die Augenmuskeln, die Muskeln des Hörorganes, die Gesichts- und die Zungenmuskulatur versorgen, beteiligt.

Vor der Ausreifung der Großhirnrinde geschehen die Bewertung von sozialen Situationen nach Gefahr oder Sicherheit und die genannte intersubjektive Abstimmung ausschließlich unbewusst, auf der Ebene von Hirnstamm und Hypothalamus. Nur so lässt sich die auch im Erwachsenenalter wirksame und sehr schnelle Bewertung von »erstem Eindruck« oder »intuitiver Vorsicht« erklären, die uns ruhig und interaktionsbereit oder aber alarmiert und auf Verteidigung ausrichtet sein lässt. Porges nennt diesen Vorgang *Neurozeption*, weil er auf der Ebene neuronaler Risikoabschätzung und nachfolgender Reaktion, ohne Beteiligung einer wie immer gearteten bewussten Wahrnehmung (Perzeption) abläuft. Man spürt etwas, ohne dessen gewahr zu sein. An diesem Prozess beteiligt sind auch die später genauer ausgeführten psychoneuralen Grundsysteme der Stressregulierung, der Selbstberuhigung und das Oxytocinsystem. Über die Bahnen des myelinisierten Vagus werden so auch die Herzfrequenz und die Herzleistung an die jeweilige Situation angepasst.

Die später bewusste Wahrnehmung und Kontrolle der jeweiligen Lebenssituation lässt den archaischen Automatismus in den Hintergrund treten. In existenziellen Situationen, wie z. B. bei massiven traumatischen Erlebnissen, in denen die bewusste Handlungsfähigkeit des Individuums blockiert ist, greifen aber die genannten phylogenetisch alten Mechanismen. Impulsdurchbrüche, Affektblockierungen oder eine psychomotorische Erstarrung als Ausdruck einer posttraumatischen Störung können dann nicht willentlich unterbrochen werden. Das bedeutet aber auch, dass wir in der Behandlung solcher Zustände die unbewussten, archaischen Mechanismen zur Herstellung von Sicherheit nutzen müssen. Die Polyvagal-Theorie liefert die neuronalen Grundlagen für die wichtigsten Aspekte therapeutischer Präsenz: ruhiger und anhaltender Blickkontakt, Sprachmelodie und Körperhaltung, aber auch die Bewegungen der oberen Gesichtshälfte und der Atemrhythmus des Therapeuten bestimmen wesentlich das Gefühl von Sicherheit beim Klienten (Porges, 2017).

3.3.3 Oxytocin

Oxytocin ist ein Hormon aus dem Hypophysenhinterlappen und damit entwicklungsgeschichtlich »alt«. Es wurde früher nur mit der Kontraktion der Gebärmutter während der Entbindung und dem Milcheinschuss beim Stillen in Verbindung gebracht. Heute gilt es als *das* Bindungshormon, eingebunden in die Bewertungs- und Reaktionskreisläufe des autonomen Nervensystems, insbesondere in die Aktivierung des myelinisierten Vagusteils (Beckes, IJzerman u. Tops, 2015). Die Oxytocinsekretion wird durch Stimulation von auf sanftes Streicheln spezialisierten Hautrezeptoren angeregt (Vrontou, Wong,

Rau, Koerber u. Anderson, 2013). Es hat großen Einfluss auf die psychische Befindlichkeit und auf Verhaltensprozesse. Bei Müttern steigert es die Interaktion mit ihrem Säugling, vermindert ihr Stresserleben und reduziert Ängstlichkeit. Oxytocin induziert – auch bei Tieren – mütterliches Verhalten. Wenn seine Ausschüttung blockiert wird, nehmen z. B. Mutterschafe ihr Lamm nicht an. Oxytocin wird durch jeden Körperkontakt, vor allem durch Saugen freigesetzt, sowohl bei der Mutter als auch beim Kind und später beim erwachsenen Bindungspartner. Hier kommt es auch bei Massagen, beim Singen und sogar bei vertrauensvoll nahen Gesprächen, auch in therapeutischen Situationen, zu einer Oxytocinausschüttung.

Oxytocin beruhigt, entspannt und verbessert soziales Lernen. Zudem wirkt es sexuell stimulierend. Als Langzeiteffekte wurden eine Senkung des Cortisolspiegels und des Blutdrucks nachgewiesen, damit wirkt das Hormon hemmend bei stressgesteuerter Aktivierung von Kampf- und Fluchtreaktionen. Es vermindert Streitlust bei Erwachsenen und erhöht die positive Kommunikation (Roth, 2015). Es ist wesentlich für den Aufbau von Vertrauen und damit auch für zwischenmenschliche Risikobereitschaft.

Oxytocin fordert uns also zu viel Körperkontakt auf. In der eigenen sozialen Gruppe wird damit der Stresspegel niedrig gehalten und die Kooperationsbereitschaft verbessert. Es hat aber auch eine ganz andere Wirkung, die für die Friedensarbeit bedeutsam sein dürfte: Oxytocin erzeugt eine starke Unterscheidung zwischen In-Group und Out-Group (De Dreu, 2012) und motiviert damit nicht-kooperatives bis hin zu offen aggressives Verhalten gegenüber als fremd definierten Anderen. Was zunächst gegensätzlich erscheint, dient doch dem evolutionären Sinn von Oxytocin: Es fördert die (Über-)Lebensmöglichkeiten des eigenen Nachwuchses und der eigenen Sippe, notfalls auch in Abgrenzung zu »Fremden«. Damit kann es Ethnozentrismus fördern und eine Rolle beim Entstehen von Hass und Gewalt gegen »Fremde« spielen. Wie alle archaischen Stammhirnprozesse bedürfen daher auch die Oxytocinmechanismen einer supervidierenden und integrierenden Kontrolle des Großhirns. Einige Forschungsgruppen erkunden auch Behandlungsmöglichkeiten durch intranasal verabreichtes Oxytocin bei psychischen Erkrankungen wie z. B. Autismus, Borderline-Persönlichkeitsstörung (Bertsch et al., 2013) oder postnataler Depression (Mah, van IJzendoorn, Out, Smith u. Bakermans-Kranenburg, 2017), neuerdings auch zur Behandlung und sogar Prävention von posttraumatischen Belastungsstörungen bei traumaexponierten Menschen. Die bisherigen Ergebnisse sind durchaus ermutigend.

3.3.4 Das limbische System und die vier Ebenen der Persönlichkeitsentwicklung

Oberhalb des Hirnstamms schließt sich das limbische System an. Es entstand in der evolutionären Phase der Säugetierentwicklung und reguliert die für die soziale Natur der Säugetiere typischen Funktionen von Emotion, Antrieb und Lernen durch Nachahmen. Dazu gehören auch die Sorge um den Nachwuchs, Angst, Liebe, Lust und der Spieltrieb. Dabei bildet das limbische System keine anatomische, sondern eher eine funktionale Einheit. Im limbischen System werden Informationen überwiegend affektiv prozessiert. Eine Reaktion dieses »Säugetiergehirns«, wie z. B.: »Du bist mir nicht sympathisch!« (»Ich kann dich nicht riechen!«), kann allerdings durch bewusste, manchmal aufwendige Großhirnaktivität modifiziert werden. Der Neurowissenschaftler Heinz Pöppel bekräftigt, dass es keine Wahrnehmung ohne Gefühl oder Erinnerung gibt, kein Gefühl ohne Gedächtnis oder Denken und kein Wollen ohne Wahrnehmung, Erinnern oder Bewerten (Pöppel, 1997, z. B. S. 156). Er betont damit die integrative Zusammenarbeit der limbischen mit sensomotorischen und kognitiven Zentren, rechts- wie linkshemisphärischen Funktionen.

Das limbische System hat die folgenden Aufgaben:
- Regulation der vegetativen Grundfunktionen;
- Regulation affektiver Zustände wie Flucht, Verteidigung und Angriff;
- Kontrolle der Nahrungsaufnahme, Fortpflanzung, Brutpflege, Stressregulation;
- emotionale Konditionierung, motivationale Verhaltenssteuerung und Verhaltensbewertung;
- emotionale Steuerung und Beeinflussung kognitiver und exekutiver Leistungen.

Der Neurobiologe Gerhard Roth (unter Mitarbeit von Nicole Strüber; Roth u. Strüber, 2014) fasst den derzeitigen Wissenstand zusammen, wie sich Persönlichkeit und Temperament auf vier Ebenen im Gehirn entwickeln. Er betont dabei, dass die Erkenntnisse als vorläufig anzusehen sind, z. B. in Bezug auf die exakten Funktionen der *Mandelkerne* (Amygdalae), die ja gemeinhin als Indikatoren für Angst und insofern als Warner vor Gefahren angesehen werden. Aufgrund der extrem komplexen Vernetzung der unterschiedlichen Anteile der Mandelkerne konnten manche Aspekte noch nicht genau erforscht werden.

Roth benennt vier Ebenen der Persönlichkeitsentwicklung, die anatomisch und funktionell unterschieden werden können, und dabei gleichzeitig eng miteinander und mit anderen Hirnregionen verknüpft sind. Anders als andere

Autoren schließt er dabei Strukturen des Hirnstamms und des Großhirns partiell mit ein. Im Folgenden beziehe ich mich weitgehend auf seine Darstellung des Forschungsstandes.

1. Die untere limbische Ebene, die den *Hypothalamus* mit der *Hypophyse*, die zentralen Anteile der *Amygdalae* sowie *vegetative Zentren des Hirnstamms* umfasst. Dort findet die Regulation von lebenswichtigen vegetativen Funktionen wie Schlafen und Wachen, Nahrungsaufnahme und Sexualität statt. Notfallreaktionen wie Aggression, Flucht und Erstarrung werden hier auf einer evolutionär archaischen Stufe programmiert. Diese, unbewusste Ebene wirkt über angeborene Antriebe und Reaktionen. Das System bildet unter dem Einfluss von Genen, epigenetischen Prozessen und vorgeburtlichen Erfahrungen die Grundlage für unser Temperament, für Stresstoleranz und die Fähigkeit zur Selbstberuhigung, prägt aber auch Merkmale wie Impulshemmung, Verschlossenheit und Offenheit und löst Primäraffekte wie Wut und Freude aus. Die individuelle Funktion dieser Ebene kann durch spätere Erfahrung und Erziehung nur schwer verändert werden.

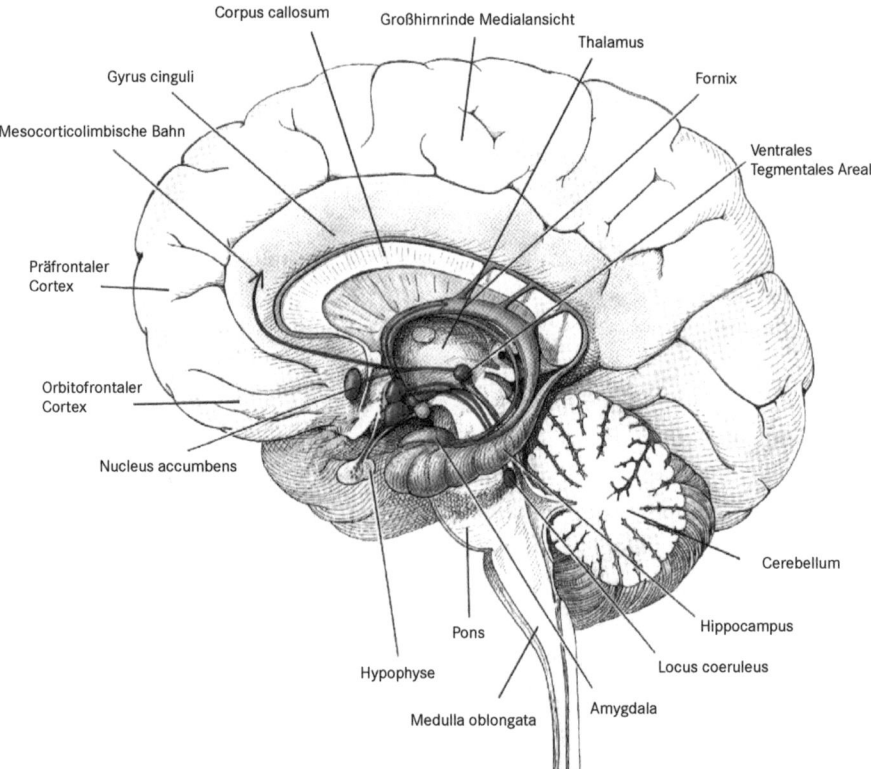

Abbildung 2: Querschnitt Gehirn (Spektrum der Wissenschaft; modifiziert nach Roth, 2015b, S. 7)

2. *Die mittlere limbische Ebene* umfasst u. a. die *basolateralen Amygdalaanteile* (basal und seitlich liegende Mandelkernanteile). Sie reagiert auf reale Angsterfahrungen im Unterschied zu den zentralen Anteilen, die die angeborenen Schemata umsetzen: Das aufgerissene Maul eines Krokodils – anders als den schlagenden Vater – muss man nicht vorher gesehen haben, um Angst davor haben zu können. In den *Basalganglien* werden erlernte Funktionen (z. B. Gehen, mit der Gabel essen) als unbewusste Abläufe gespeichert. Der *Thalamus* gilt als »Vorzimmer des Bewusstseins« (Hülshoff, 2000, S. 29), in dem eingehende Informationen gesammelt, gewichtet und bewertet werden, bevor sie unser Bewusstsein erreichen. Auf diese Weise können Gefahr signalisierende Reize unmittelbar zur Amygdala und über den Hypothalamus in das autonome Nervensystem gespeist werden und so eine sofortige Fluchtreaktion in Gang setzen. Den *Hippocampus* (»Seepferdchen«, wegen seines anatomischen Aussehens so genannt) erreichen die Außenreize nur nach einer Bewertung als »gefahrlos«, und nur dann kann Neues gelernt werden. Er gilt als Pforte des Gedächtnisses und nimmt mit seinen vielfältigen Anteilen eine Vermittlerrolle zwischen subkortikalen und kortikalen Prozessen ein. Er integriert Informationen, insbesondere Ereignisse aus dem Arbeitsgedächtnis, und sendet sie, durch die Amygdala emotional getönt, ins Langzeitgedächtnis in den assoziativen Regionen der Großhirnrinde. Er ist ebenso wichtig für den Abruf von episodischen Gedächtnisinhalten. Episodisch meint hier die Repräsentation von Geschehnissen im Unterschied zu Daten und Fakten (semantisch). Der Hippocampus ist äußerst vulnerabel für chronische Stresseinwirkungen, dazu später mehr.

Die mittlere limbische Ebene prozessiert die unbewusste emotionale Konditionierung und das individuelle emotionale Lernen. Ihre Funktionen entwickeln sich in den ersten Lebensjahren, vor allem durch frühkindliche Bindungserfahrungen, und diese Ebene gilt als besonders bedeutsam für unsere Psyche. Dazu gehört auch die für unsere Beziehungen zu anderen besonders wichtige nonverbale/analoge Kommunikation, aber auch elementar-emotionale Schemata wie Freude, Verachtung, Ekel, Neugierde, Erwartung und Enttäuschung (Roth u. Strüber, 2014).

Positive Erfahrungen mit den primären Bezugspersonen und die beginnende Differenzierung im Verstehen und Kommunizieren führen zu Belohnungserfahrungen und in der Folge zu Belohnungserwartungen. Auf der Ebene der Neuropeptide werden diese Effekte durch Dopamin vermittelt. Dopamin stellt den Grundbaustein des sogenannten Belohnungssystems dar, es führt zur Ausschüttung von Endorphinen, also körpereigenen Opiaten, die ein wunderbares Wohlgefühl machen. Dopamin erzeugt dadurch einen Belohnungseffekt: Wenn etwas besser gelaufen ist als gedacht, dann wird es auch gelernt und abgespeichert. Lernen geschieht somit nur bei positiver Erfahrung, nie bei negativer. Materielle Belohnung nutzt sich übrigens ab, soziale Belohnung dagegen nicht. Wer viel und gerne mit Menschen zusammen ist und von ihnen Gutes bekommt, kann davon nicht genug bekommen, und das Kind, das lernt und angeregt wird, möchte mehr lernen und mehr angeregt werden.

Zusammen mit der unteren limbischen Ebene bildet die mittlere den Kern unserer Persönlichkeit. Veränderungen im Jugend- oder Erwachsenenalter sind nur über starke emotionale und lang anhaltende Einwirkungen möglich. Korrektive, nachreifende Erfahrungen sind daher nur mit erheblichem Aufwand möglich. Jeder, der beispielsweise in der stationären Jugendhilfe mit früh beeinträchtigten Kindern arbeitet, wird dies bestätigen.

3. *Die obere limbische Ebene*, bestehend aus den *limbischen Kortexarealen*, zu denen auch der *prä- und orbitofrontale Kortex* gehören, ermöglicht bewusstes emotional-soziales Lernen. Hier werden emotionale Reaktionen der beiden unteren limbischen Ebenen verstärkt oder abgeschwächt. Die obere limbische Ebene bildet die Grundlage für Gewinn- und Erfolgsstreben, Freundschaft, Liebe, Hilfsbereitschaft, Moral und Ethik. Diese Ebene entwickelt sich in der späteren Kindheit und Jugend aufgrund sozial-emotionaler Erfahrungen und ist durch solche veränderbar: durch Sozialisation und Erziehung.

Auf früheren Evolutionsstufen war der orbitofrontale Kortex für die Bewertung von Riech- und Geschmackseindrücken im Sinne der Gefahrenabwehr zuständig. Diese Funktion ist bei Primaten, also auch Menschen auf die motivationalen und emotionalen Aspekte der Handlungsplanung und Risikoabschätzung erweitert worden.

Der orbitofrontale und auch der mediale präfrontale Kortex ist intensiv mit *dem rechten assoziativen Neokortex* verbunden, er trägt mithin zum individuellen, sozialen Ich bei, er prozessiert, im Unterschied zum *linken Neokortex*, vorwiegend gestalthafte, affektiv-analoge Kommunikationsanteile. Wie man aus der Erforschung von Hirnverletzungen weiß, werden hier Impulskontrolle, Ich-Flexibilität und die Fähigkeit zum Belohnungsaufschub geregelt, ebenso wie das Verständnis von Mimik und sozialen Kommunikationskontexten. Der mediale präfrontale Kortex befähigt zudem zu Selbstreflexion und zu innerer Beschäftigung mit eigenen Erfahrungen oder Erwartungsszenarien. Bei ausgeprägten somatischen Läsionen in dieser Region kommt es häufig zum Verlust ethisch-moralischer Werthaltungen. Bei schweren psychischen Traumatisierungen wurden ähnliche Folgen beobachtet.

Über die limbischen – und andere, hier nicht genannte, entwicklungsgeschichtlich ältere, subkortikale – Strukturen wölbt sich das *Großhirn*, dessen Oberfläche, an der die Neuronen der grauen Substanz in sieben Schichten angeordnet sind, durch Furchen und Windungen immens vergrößert ist, und dessen rechte Hemisphäre bereits Teil der Funktionalität der oberen limbischen Ebene ist. Die beiden Hemisphären – zusammen machen sie 80 % der Masse unseres Gehirnes aus – funktionieren asymmetrisch und werden durch 200 Millionen Verbindungsbahnen *im »Balken«, dem Corpus callosum,* verknüpft. Die rechte Hemisphäre – überwiegend zuständig für gestalthafte Prozesse wie die Gesichtswahrnehmung, analoge Kommunikation, gefühlshafte, musische und künstlerische Erlebnisformen – reift deutlich früher als die mehr digital prozessierende linke Hemisphäre, die eher für Sprache, Zahlen, Logik und Argumente zuständig ist.

Diese Erkenntnisse sind insbesondere in der frühen Mutter-Kind-Interaktion und der Bindungsentwicklung bedeutsam und werden bei diesen Themen ausführlicher behandelt.

Explizite Fähigkeiten des Neokortex, also des jüngsten Teils der Großhirnrinde, werden am stärksten durch interaktive Prozesse mit der Außenwelt modifiziert. Dies ist besonders im Hinblick auf die zum Teil bereits genannten Aufgaben des Frontalhirns von Bedeutung: Aufmerksamkeit, Motivation, Entscheidungsfähigkeit, Kontrollüberzeugungen, Selbstwirksamkeit.

4. Die kognitiv-sprachliche Ebene hat andere Funktionen als die bereits genannten limbischen Ebenen, bei denen es immer um affektiv motivierte Lebens- und Kommunikationsprozesse geht. Sie wird durch die linke Großhirnrinde, insbesondere die Sprachzentren und durch den dorsalen präfrontalen Kortex gebildet. Auf dieser Ebene findet die bewusste sprachliche und rationale Kommunikation, bewusste Handlungsplanung, Erklärung der Welt und die Rechtfertigung des eigenen Verhaltens statt. Hier werden sinnliche Erfahrungen repräsentiert, Selbstkonzepte und strategische Planungen zum Erreichen von Zielen entwickelt.

Die Entwicklungsgeschichte der Kognition ist eine Funktion der Sprachentwicklung, und diese wiederum wird durch die Bindungsentwicklung und damit über soziale Prozesse vorangetrieben. Die für die sprachlich-kognitive Ebene zuständigen Hirnregionen sind evolutionär beim Menschen am höchsten entwickelt, entsprechend der komplexen Sprachstrukturen, die sich ja nur in sozialen Zusammenhängen entwickeln und nicht als Leistung eines einzelnen Menschen.

Die damit verbundenen Kompetenzen haben aber – anders als die Funktionen der anderen Ebenen – keine direkte Auswirkung auf das konkrete Handeln. Selbst wenn ich etwas eingesehen, verstanden habe, folgt daraus nicht zwangsläufig eine Verhaltensänderung. Die individuellen Funktionen dieser Ebene entstehen relativ spät und wandeln sich durch Lebenserfahrungen und vor allem durch sprachliche Interaktion – ein Leben lang.

Die Erfahrungen der ersten 18 Monate sind somit nonverbal, nicht symbolisch, nicht erzählbar, allenfalls musisch oder künstlerisch auszudrücken. Dieses »implizite« Wissen bleibt auch nach dem Spracherwerb eine parallele Erlebenswelt. Damasio (1998) prägte den Begriff der »somatischen Marker« als Bezeichnung für positive oder negative Körperempfindungen, die in neuronalen Netzen gespeichert sind. Nach dem Prinzip der Unlustvermeidung gelingt Lernen, sei es sensomotorisch, sprachlich oder emotional, nur dann gut, wenn positive somatische Marker daran beteiligt sind.

Aus dieser Systematik heraus wird deutlich, dass wir bei unserer klinisch-therapeutischen Arbeit keine allzu großen Veränderungserwartungen im Hinblick auf zentrale Persönlichkeitsmerkmale unserer Klientel hegen dürfen. Andererseits kommt es bei »tiefer liegender« Problematik offensichtlich auf emotional intensive und langanhaltende korrektive Erfahrungen an. Bindungskorrigierende Erfahrungen, die durch aus- und durchhaltende Heimpädagoginnen und -pädagogen in der stationären Jugendhilfe ermöglicht werden, belegen aber Sinn und Nutzen der Mühen (Schleiffer u. Gahleitner, 2010), auch wenn sie in jeder Hinsicht um ein Vielfaches teurer sind als ein bindungspräventives Feinfühligkeitstraining für die frühesten Eltern-Kind-Interaktionen. Appelle und kognitive Einsichten erreichen dagegen gerade mal die 4. Ebene und haben damit keinen Einfluss auf die Kernpersönlichkeit mit ihren frühen Prägungen.

3.3.5 Das Prinzip der nutzungsabhängigen Ausdifferenzierung

Gehirnentwicklung jenseits der groben genetischen Vorgaben vollzieht sich in Abhängigkeit von den Lebenserfahrungen als ein sich selbst organisierender Prozess. Keine andere Spezies verfügt über ein so umweltoffenes und damit auch vulnerables Gehirn wie der Mensch. Während der Hirnreifung wird, wie bereits erwähnt, zunächst ein großer Überschuss an Neuronen und Synapsen produziert. Nur *die* Netzwerke, die durch häufige Nutzung (Übung) stabilisiert und verfeinert werden, bleiben bestehen. Dies sichert eine enorme Lernfähigkeit des Organismus als Voraussetzung für eine Anpassung an die unterschiedlichsten Lebensbedingungen und bildet damit einen evolutionären Vorteil.

Interessanterweise korreliert die Großhirngröße bei Primaten mit der Größe der sozialen Gruppe (Dunbar, 1992). Dies ist offensichtlich notwendig, um die komplexen sozialen Bezüge in der Gruppe wahrzunehmen, zu verarbeiten und sein Verhalten entsprechend zu planen. Hüther (1999) meint daher, auf der Grundlage neurobiologischer Studien, dass Liebe ein Naturgesetz sei und das Gehirn ein Sozialorgan. Das Gehirn sei vom Aufbau her optimiert für psychosoziale Kompetenz.

3.3.6 Neuronale Netzwerke und neuronale Gruppenselektion

Systemisch gesehen finden wir gerade in der Komplexität des Großhirns die in Abschnitt 2.4.2 beschriebenen synergetischen Ordnungsprinzipien wieder, ohne dass wir heute schon die genaue Funktionalität dieser Ordnungsprozesse beschreiben könnten. »Die Großhirnrinde gilt heute als ein gigantisches assoziatives und selbstreferentielles Netzwerk für die schnelle und komplexe Verarbeitung, Speicherung und den Wiederaufruf großer und heterogener Datenmengen [...]. Über der Großhirnrinde können aktivitäts- und funktionsspezifische EEG-Rhythmen abgeleitet werden. Diese sind Ergebnis einer Ordnungsbildung in einem hyperkomplexen System, das aus Milliarden von Nervenzellen und Billionen von Synapsen besteht, welche selbst wiederum Orte komplexer Informationsverarbeitung sind« (Roth u. Strüber, 2014, S. 217, 221). Die aus Abermillionen von Fasern bestehende »weiße Substanz« leitet die Afferenzen aus der Körpersphäre und den auf die Umwelt gerichteten Sinnesorgane zu den entsprechenden Verarbeitungszentren; der allergrößte Teil dieser Faserzüge, Assoziationsfasern genannt, bildet jedoch intrakortikale Verbindungen.

Das bedeutet nichts anderes, als dass die Kommunikationsvorgänge innerhalb unseres Großhirns für unsere Wirklichkeitskonstruktionen weitaus bedeutsamer sind als die aus der Außenwelt eintreffenden Informationen. Gleichzeitig sind wir in der Lage, die aus den tieferen Hirnregionen aufsteigenden Affekte, Impulse und Motivationen über die bewusste Reflexion innerhalb der neokortikalen Netzwerke zu beeinflussen. Auch wenn wir unterschiedliche Hirnteile unterscheiden, so reagiert unser ZNS doch immer auch als Ganzes, dabei ist das hyperkomplexe Netzwerk das Entscheidende; die Neuronen können auch als datenverarbeitende Knotenpunkte verstanden werden.

Die zunächst auf die motorische Entwicklung angewandte *Neuronale Gruppenselektionstheorie* (NGST) von *Edelman* (1989) unterscheidet 1. eine Phase der *Primären Variabilität,* innerhalb derer die Variation motorischen Verhaltens nicht von externen Bedingungen gesteuert wird und auch nicht genau an diese angepasst ist. Dieses erste Repertoire beginnt mit einem primären neuronalen Netz, aus funktionalen Neuronengruppen bestehend, evolutionsbedingt und genetisch gesteuert. Hier liegt der Ursprung von fötalem motorischem Verhalten, dass ja bekanntlich eher reflektorisch als gezielt, eher global als subtil ist. Ab einem bestimmten Zeitpunkt ereignet sich funktionsspezifisch (z. B. in der Feinmotorik mit 12–18 Monaten) der Übergang zur 2. Phase der *Sekundären Variabilität*: Selektionsprozesse finden auf der Basis afferenter Informationen statt; es kommt durch Versuch und Irrtum zu anforderungsspezifischer Auswahl neuronaler Gruppen, damit erfolgt eine genaue Anpassung an Umweltbedingungen. Das

Ergebnis sind effiziente und durch fortschreitende Myelinisierung auch schnelle Lösungen (Hadders-Algra, 2006). Als Konsequenz für die motorische Lernentwicklung z. B. bei zerebral gelähmten Kindern bedeutet dies, dass die neuronale Plastizität der ersten 15 Monate genutzt werden sollte, um das primäre motorische Repertoire zu erweitern. In der Phase sekundärer Variabilität geht es dann darum, Selektionsprozesse durch hochintensive Behandlung und Üben zu fördern. Für unseren Zusammenhang wichtiger ist, dass ähnliche zweistufige Selektionsprozesse auch beim Erwerb von höheren Fertigkeiten wie Aufmerksamkeitsfokussierung, Arbeitshaltung, Impulsivitätskontrolle und Denkprozessen eine Rolle spielen.

Neuronale Netzwerke entstehen individuell, sie sind lebenslang lernfähig und können adaptiv auf veränderte Umweltbedingungen und individuelle Erlebnisse – wie z. B. Krankheiten, seelische Belastungen oder auch Altern – reagieren. Sie verbinden Hirnregionen der unterschiedlichen evolutionären Stufen und laufen damit quer zum Gehirnaufbau. Die noch zu nennenden *Psychoneuralen Grundsysteme* wie Stressverarbeitung und Bindung (Abschnitt 3.3.9) sind solche komplexe Netzwerke. Entscheidend für unsere Arbeit ist dabei, dass sie sich nutzungsabhängig ausgestalten und festigen, also durch Üben, wiederholte Anregung, intermodale Verknüpfungen, sprachliche Begleitung zu einem effektiven und sekundär vorbewussten Verhalten beitragen. Wie das Autofahren, das zunächst bewusst und kleinschrittig erlernt werden muss, durchlaufen fast alle Kompetenzen zunächst eine bewusste Lernphase, bis sie dann in das automatische Repertoire der *Basalganglien* und des *Kleinhirns* übernommen werden.

Im Hinblick auf das Bindungsthema sind insbesondere solche Netzwerke relevant, die von mentalen Repräsentanzen, wie einer Bindungsrepräsentation, aktiviert werden. Sie sind multimodal, d. h. sensorisch, viszeral und emotional sowie nach Spracherwerb auch semantisch, also symbolisch zusammengesetzt und aktivieren unterschiedliche motorische, affektive und kognitive Prozesse, die größtenteils unbewusst ablaufen. Im Normalfall sind diese Prozesse miteinander verbunden, beziehen sich aufeinander und co-regulieren sich. Blockaden dieser Verbindungen ergeben sich aus unbalancierten Entwicklungsprozessen, wie z. B. nach frühen Traumatisierungen; sie sind Grundlage für – psychoanalytisch gesprochen – Abwehrmechanismen oder unsichere Bindungsmuster (Lackinger, 2011).

3.3.7 Das Prinzip der Entwicklungsfenster – »Windows of Opportunity«

Bereits Ende der 1950er Jahre entdeckten die Tierverhaltensforscher Konrad Lorenz und Nikolaas Tinbergen sensible Prägungsphasen frisch geschlüpfter Vögel auf ein Mutterobjekt. Für ihre Erforschung dieser Gen-Umwelt-

Interaktion erhielten sie 1973 den Nobelpreis für Medizin. Diese Fenster erhöhter Plastizität, auch »Critical Periods« genannt, sind für etliche wichtige bestimmte Funktionen, wie z. B. die Entwicklung von Sprache nachgewiesen. Der Begriff bezeichnet einen Zeitraum, in dem für die günstige und angemessene Entwicklung eines speziellen Schaltkreises ein konstanter Input aus der Umwelt notwendig ist. Bei z. B. massiver sprachlicher Deprivation in den allerersten Lebensjahren ist es für ein Kind schwer, die Defizite aufzuholen (Hülshoff, 2005). Ein anderes Beispiel: Bis zum 8. Lebensmonat sind alle Phoneme (Sprachlaute) für das Kind möglich. Danach schließt sich dieses Fenster auf der Basis von »Pruning« zunehmend, sodass der akzentfreie und souveräne Erwerb einer fremden Sprache immer schwerer wird. Das Gleiche gilt für das stereoskopische Sehen. Schielenden Kindern wird daher periodisch das gesunde Auge abgeklebt, damit das schielende Auge vom Gehirn nicht abgeschaltet wird. Die Informationen aus dem aberrierenden Auge liefern für die stereoskopische Fusion keinen relevanten Beitrag. Daher ist vor einer Schieloperation das Gehirn zu trainieren, damit später ein dreidimensionales Bild möglich wird.

Allan Schore ist der vielleicht derzeit bedeutendste neurobiologisch orientierte Bindungsforscher. In einer aktuellen Arbeit (Schore, 2017) weist er eine verzögerte Reifung der rechten Hemisphäre bei Jungen während der Schwangerschaft und ersten Lebensjahre nach. Aufgrund von hormonell induzierten epigenetischen Veränderungen ist das männliche Gehirn schlechter als das weibliche in dieser Zeit in der Lage, Stress zu regulieren. Die »Critical Period« ist damit für die männlichen Säuglinge länger als für die Mädchen. Dies erklärt auch die weithin nachgewiesene größere Vulnerabilität von Jungen für jegliche Belastung, sei sie somatisch oder psychisch, in der frühen Kindheit.

Für uns besonders wichtig ist hier aber der Aufbau von Bindungsbeziehungen, eine entscheidende Voraussetzung für Kooperationsfähigkeit, wie später zu zeigen sein wird. Wenn im ersten Lebensjahr nicht die Grundlage für eine sichere Bindung gelegt wird, schließt sich dieses Fenster, sodass dies nur schwer kompensiert oder korrigiert werden kann, was häufiger zu schweren Beeinträchtigungen in den psychosozialen Lebensbereichen führt.

Auf der Basis des zu frühen oder aber zu späten Schließens dieser Entwicklungsfenster wird auch die Entstehung von Autismus und schizophrener Psychosen diskutiert. Aber es gibt vielleicht Hoffnung: *Takao Hensch*, ein Neurowissenschaftler von der Harvard Medical School, identifizierte molekulare Mechanismen des Schließens von Entwicklungsfenstern und fand heraus, wie Nervenzellen wieder in den »ungehemmten« Zustand aus der Säuglingszeit versetzt werden können, sodass Fenster wieder geöffnet werden können

(Hensch, 2016; Hensch u. Bilimoria, 2012). Neben Eingriffen auf der Ebene der Neurotransmitter (GABA = Gamma-Amino-Buttersäure) erscheint auch eine Kombination von Meditation mit einem bestimmten Funktionstraining vielversprechend. Beides könnte wichtig sein, insbesondere auch zur Wiederherstellung nach Hirnschäden im Erwachsenenalter, aber auch für die Frage einer sekundären Bindungssicherheit. Die Umsetzung dieser Forschungsbemühungen wird voraussichtlich noch viele Jahre dauern.

3.3.8 Plastizität, Reifung, Gefühle

Die Fähigkeit der Anpassung des Zentralnervensystems an eine sich verändernde Umwelt wird als neuronale Plastizität bezeichnet. Sie wurde bereits in dem Abschnitt (3.3.5) zur nutzungs abhängigen Ausdifferenzierung angedeutet. *Das Prinzip der Plastizität* betrifft auf der neuronalen Ebene den Ab- bzw. Aufbau von Neuronen, auf der Synapsenebene im Rhythmus weniger Tage die Neuverknüpfung bzw. den Untergang von Synapsen. Synapsen, die nicht benutzt werden, verschwinden bereits nach wenigen Tagen wieder, während durch affektiv motiviertes Einüben, z. B. eines Musikinstrumentes, zunächst die Synaptogenese sowie eine Neurogenese und dann auch eine Vergrößerung der hierfür benötigten Kortexareale nachweisbar sind. So wurde beispielsweise nachgewiesen, dass mit dem Aufkommen von SMS die motorische Repräsentation der beiden Daumen in der motorischen Hirnrinde bei den betroffenen jungen Menschen größer wurde. Nach Verletzungen oder anderen Hirnschädigungen und bei Sinnesbehinderungen können Hirnareale umgewidmet, vergrößert oder verkleinert werden. Das kann so weit gehen, dass trotz Verlust einer ganzen Hirnhemisphäre im frühesten Kindesalter eine nahezu unauffällige somatopsychische Entwicklung möglich wird. Unser Gehirn bleibt bis ins Alter plastisch, veränderungsfähig. Bei Nichtbenutzung kortikaler Bereiche übernehmen beispielsweise Neurone nahegelegener anderer Hirnregionen diesen Raum. Blinde Menschen nutzen viele der visuellen Rindenfelder für die Verfeinerung und Verknüpfung taktiler und auditiver Wahrnehmungen.

Die Integration von Affekten, Denken und Sinngebung wird in den ersten drei Lebensjahren durch feinfühlige Fürsorge und Anregung angelegt; korrigierende Erfahrungen bei belasteter früher Kindheit können nach Auffassung etlicher Forscher zu einer mehr sicheren Bindungsrepräsentation führen. Allerdings geschieht dies am ehesten im Sinne eines Zwiebelmodells, wobei der Kern durch neue Erfahrungsschichten überdeckt wird, in Extremsituationen wird aber darauf zurückgegriffen. Die Bedeutung der Grenzen in der Plastizität liegt darin, dass wir weder aus der Phylogenese noch aus der Ontogenese aussteigen können. Ältere Entwicklungsprozesse und Strukturen sind nun einmal stabiler und fixierter als neue.

Gefühle: Wir wissen mittlerweile, dass das Gehirn nur dann somatisch gut wächst, wenn es psychisch gut unterstützt wird. Emotionale Prozesse sind eine ganz wesentliche Komponente für Aufmerksamkeitsfokussierung, für die Verarbeitung von Ereignissen, für Motivation. Was uns Menschen umtreibt, sind nicht Taten und Fakten, sondern Gefühle und vor allen Dingen andere Menschen. Lernen ist somit immer eingebettet in emotionale Bewertung. Das wusste auch Pestalozzi schon: »Lernen von Angesicht zu Angesicht und von Herz zu Herz« (Pestalozzi, 1815/1977); darum geht es, das motiviert Menschen.

Das Altersprinzip: »Was Hänschen nicht lernt ...« Junge Gehirne lernen wesentlich schneller, durch häufiges Üben wird eine immer größere Genauigkeit und intuitive Nutzung der neuen neuronalen Netzwerke erlernt (z. B. beim Fahrradfahren, Üben eines Musikinstrumentes, oder auch der empathischen Beachtung der Bedürfnisse anderer). Ältere Menschen dagegen integrieren neues Wissen besser mit ihrer Lebenserfahrung und können es dadurch effektiver nutzen. Allerdings wurde in Bildgebungsstudien auch nachgewiesen, dass die neuronale Aktivität außerhalb von aufgabenrelevanten Hirnregionen abnimmt, d. h. »Gehirnjoggen« im Alter, z. B. durch das Lösen von Sudokus, trainiert genau das, und nichts anderes.

Pubertät und Adoleszenz gelten als Perioden massiver Umbauprozesse in der anatomischen Struktur wie auch in der Funktionalität verschiedener Gehirnregionen. Während die mit sensorischen und motorischen Leistungen assoziierten Kortexareale früh ausreifen, entwickelt sich die Präfrontalregion der Großhirnrinde protrahiert und übernimmt im Vergleich zu anderen Primaten wesentlich später die Handlungskontrolle sowie das Planen und die Risikoabschätzung von Entscheidungen und die ausgleichenden Steuerungsfunktionen. Auch zeigen Kinder und Jugendliche oft ein weniger fokussiertes Aktivierungsmuster als Erwachsene und eine höhere Aktivität in limbischen Arealen. Die Abhängigkeit von den Zwängen des limbischen Systems nimmt aber in der Regel mit dem Alter ab: Der seinen affektiven Impulsen ausgelieferte »zornige junge Mann« und der »alte Weise« sind also nicht nur soziale Konstruktionen, sondern haben auch eine biologische Grundlage. Allerdings sollte auch betont werden, dass die Adoleszenz trotz höherer Unfallrisiken und insgesamt größerer Risikobereitschaft keineswegs als defizitärer Zustand definiert werden darf, sondern vermutlich auf komplexe bio-psycho-soziale Weise die notwendige Ablösungsbereitschaft aus der Primärfamilie mit dem Ziel eigener intimer Partnerschaft vermittelt (Konrad, Firk u. Uhlhaas, 2013).

3.3.9 Psychoneuronale Grundsysteme

Quasi quer zu den genannten vier Ebenen der Hirn- und Persönlichkeitsentwicklung »lassen sich sechs psychoneuronale Grundsysteme identifizieren, die durch ein spezifisches Zusammenwirken neuromodulatorischer Substanzen in bestimmten limbischen und kognitiven Hirnzentren charakterisiert sind und die neurobiologischen Grundlagen einer Persönlichkeit und auch deren situative Dynamik […] widerspiegeln« (Roth u. Ryba, 2016, S. 135). Alle Hirnebenen sind an diesem Grundsystem beteiligt, aber in unterschiedlichen Teilen. Die komplexen Netzwerkfunktionen entwickeln sich im Zusammenwirken genetisch-epigenetischer und Umweltfaktoren. Ohne auf die spezifischen Details des Zusammenwirkens der unterschiedlichen Neurotransmitter eingehen zu können, werden die Grundsysteme hier kurz beschrieben.

Stressverarbeitung: Der Begriff Stress kommt von dem lateinischen Wort stringere/anspannen und bezieht sich zunächst auf jede Form körperlicher oder psychischer Reaktion auf Herausforderungen oder Belastungen, die wir von innen oder aus der Außenwelt kommend erleben. Jede neu zu bewältigende Situation versetzt unser Gehirn in einen Erregungszustand. Dazu gehören die Erfahrungen des Kindes und auch des Erwachsenen aus dem familiären, sozialen und beruflichen Umfeld mit Anregungen und Anforderungen, mit Freude und Stress. Dabei werden limbische Zentren der Informationsverarbeitung (Hippocampus) und Emotionsregulierung (Amygdala) aktiviert.

»Novelty Stress« als eine Form von Eustress, also »gutem« Stress, entsteht bei jeder Wahrnehmung von Neuem, Unerwartetem und bei damit assoziierten Lernanstrengungen. Beispiel: Ein zehn Monate altes Kind sieht eine verlockende Schokoladenfigur auf einem niedrigen Tisch. Es robbt heran und zieht sich mit großer Anstrengung hoch, um die Schokolade zu greifen. Dies geht mit einer Aktivierung des gesamten Organismus einher. Auch für die Bewältigung einer Prüfung brauchen wir diese mittlere Aktivierung mit der Erwartung, dass die Aufgabe gelingen kann. Aufmerksamkeit und Sinnesfunktionen steigern sich. Dann kommt es in der Folge zu einer Zunahme dendritischer Verästelungen, zu einer Verstärkung der Blutversorgung, zur Proliferation der u. a. für die Ernährung von Neuronen zuständigen Gliazellen, letztlich zur Verdickung des entsprechenden Rindenareals. Dopamin als Neurotransmitter des Neuigkeits- und Belohnungssystems und Noradrenalin als aktivierendes Hormon spielen hierbei die Hauptrolle.

Stress wird dann als negativ empfunden, wenn er häufig oder andauernd auf einen Menschen einwirkt, ohne dass dieser ihn kompensieren oder beenden kann. Besonders gilt dies für Stress, der von anderen Menschen oder gar Bindungspersonen ausgeht. Dieser chronische Stress hat negative Auswirkungen auf die mentale und körperliche Leistung sowie auf die sozialen Kompetenzen und letztlich auf die Funktion der Mitochondrien als Energielieferanten jeder einzelnen Zelle (Müller, 2013). Bei lange anhaltender Stressbelastung, die von der jeweiligen Person nicht mehr kontrolliert und kompensiert werden kann, kommt es unter dem Einfluss von Cortisol zum gegenläufigen Prozess: Bereits gebahnte neuronale Verschaltungen werden destabilisiert und abgebaut bis hin zum Zelltod von vielen Millionen an Pyramidenneuronen im Hippocampus und zu Vernetzungstörungen, die das supervidierende präfrontale System und die interhemisphärische Vernetzung betreffen.

Die Fähigkeit, Stress bewältigen zu können, ist überlebenswichtig. Sie ist genetisch vorgeprägt und wird bereits intrauterin, z. B. über mütterliche Stresshormone, und postnatal über frühe Bindungserfahrungen moduliert. Beides kann sich in epigenetischen Prägungen niederschlagen. Näheres dazu in den Unterkapiteln 3.4 und 3.5.

Selbstberuhigung: Das interne Beruhigungssystem, vom Neurotransmitter Serotonin bestimmt, bildet sich im Zusammenspiel mit dem Stressverarbeitungssystem aus. Es bewirkt neben der Beruhigung auch eine Hemmung schädlicher Impulse. Glücksgefühle werden hingegen über das innere Belohnungssystem vermittelt. Frühe Traumatisierungen führen häufig zu einer verringerten Serotoninproduktion als Ausdruck einer irreversiblen Schädigung dieses Systems. Dies kann für Angsterkrankungen, Depressionen und Persönlichkeitsstörungen prädisponieren. Auch hier finden wir eine ausgeprägte Anlage-Umwelt-Interaktion. So gibt es bekanntlich Säuglinge, die in jeder Situation entspannen können und andere, die nur unter ganz bestimmten Bedingungen zur Ruhe kommen.

Das Bindungssystem betrifft ja das Hauptthema dieses Buches und wird deswegen an dieser Stelle nur kurz abgehandelt. Es beginnt mit der ersten Interaktion zwischen Mutter und Kind gleich nach der Geburt und bleibt das ganze Leben über bedeutsam. Bindung hat von Beginn an eine elementar-physische Dimension, die bedeutsam bleibt – auch nach der Herausbildung einer mentalen Repräsentation von Bindung und Beziehung. Auf neurochemischer Ebene ist das Bindungshormon Oxytocin der entscheidende Vermittler. Hirnanatomisch wird es von der mittleren und oberen limbischen Ebene bestimmt Nach Fonagy, Gergely, Jurist und Target (2008) ist das Bindungssystem wesentlich für eine balancierte Gehirnentwicklung, insbesondere, was die Ausdifferenzierung von Emotionen, sozialen Kompetenzen und Empathie, aber auch kognitiver Effektivität angeht. Dieses Grundsystem hängt eng mit dem *internen Bewertungs- und Belohnungssystem* zusammen, denn intensiver Blickkontakt zwischen Eltern und

Kind oder auch zwischen Partnern aktiviert das Belohnungssystem und bahnt damit die ständige Wiederholung dieses Blickkontaktes.

Das interne Bewertungs- und Belohnungssystem: Positive Ereignisse werden durch angenehme Empfindungen mittels der Ausschüttung hirneigener Opioide im emotionalen Gedächtnis, also limbisch, gespeichert. Negative Erfahrungen führen zur Ausschüttung von Substanzen wie Arginin-Vasopressin und Cholezystokinin. Diese beiden Prozesse sind Grundlage unseres Motivationssystems, mithilfe dessen wir Belohnung herbeiführen und Bestrafung vermeiden wollen, beides zunächst im körperlichen Sinne, erst später im Sinne der mentalen Kategorien Belohnung und Bestrafung. Dopamin als wesentlicher Neurotransmitter dieses Systems setzt auf der Belohnungserfahrung auf und bildet daraus Erwartungen für zukünftige Belohnungen. Je früher und je intensiver wir positive Erfahrungen mit anderen und mit eigenen Fähigkeiten gemacht haben, umso intensiver die Erwartung, dass dieses Positive wiederholbar ist und dass es lohnt, sich dafür anzustrengen. Es liegt auf der Hand, dass auch dieses psychoneurale System sich vor allem auf dem Hintergrund interaktioneller Erfahrungen ausprägt.

Impulsivität und Impulskontrolle: Je jünger das Kind, umso schlechter kann es warten: Perfekte Impulskontrolle ist kein Merkmal jungen Lebens. Aber sowohl für koordinierte Bewegungen als auch für sozialverträgliches Handeln, und damit für das soziale Fortkommen, ist die Fähigkeit zur Hemmung von Impulsen essenziell. Nur wenn ich unmittelbare Motive aufschieben kann, Selbstkontrolle besitze und in der Kommunikation auch abwarten kann, werde ich als vollwertiges Mitglied einer Gemeinschaft anerkannt. Impulshemmung ist an die Ausreifung des limbischen Stirnhirns in der Verbindung mit der Amygdala gebunden. Neurochemisch ist die Hemmung mit dem Serotoninstoffwechsel verknüpft.

Das Impulskontrollsystem hängt in seiner Ausreifung von der Stressverarbeitung, der Selbstberuhigung und dem Motivationssystem ab. Diese psychoneuralen Grundsysteme werden besonders stark von der unteren limbischen Ebene geprägt. Bei einer nicht gut gelungenen Frühsozialisation können sich entsprechende Symptome zeigen.

Realitätsbewusstsein und Risikobewertung: Dieses System entwickelt sich erst ab dem dritten Lebensjahr und ist auch bei unkomplizierter Sozialisation erst im Erwachsenenalter ausgereift. Es reift auf der Grundlage der Erfahrungen auf der oberen limbischen Ebene und der kognitiv-sprachlichen Ebene. Neurochemisch ist es von den Substanzen Noradrenalin und Acetylcholin abhängig. Während Ersteres die allgemeine Aufmerksamkeit erhöht, verstärkt Acetylcholin die fokussierte Konzentration und den gezielten Abruf von Gedächtnisinhalten. Dabei bedeutet:

- Realitätsbewusstsein: *Das* wahrnehmen, akzeptieren und tun, was möglich, passend und sinnvoll erscheint.
- Risikobewertung: Die Einschätzung von Gefahren ist sowohl individuell als auch sozial überlebenswichtig.

Beides funktioniert nur bei angemessener Impulskontrolle.

3.3.10 Spiegelneurone

Wir wissen, dass Säuglinge sofort nach der Geburt die Fähigkeit haben, nachahmen zu können: Wenn man einem Baby die Zunge herausstreckt oder den Mund weit öffnet, imitiert es das nach mehrmaligem Vormachen – eine hochkomplexe Leistung, die eine effektive Verknüpfung der ja noch unreifen sensorischen und motorischen Funktionen verlangt. Über eine mimische und vokale »Synchronisation« mit der Mutter (oder einer anderen primären Bezugsperson) kommt es zur Identifikation, zum Teilnehmen am Erleben anderer und zu einer primären, einfachen Kommunikation Diese frühe Intersubjektivität strukturiert die äußere und innere Welt des Säuglings, ist die Basis interaktiven Wissens und früher sensorischer Integration.

Neuronales Korrelat dieser Kompetenz, die später in Empathie münden kann, sind die sogenannten »Spiegelneurone«, die mittlerweile in unterschiedlichen Gehirnregionen nachgewiesen wurden. Entdeckt wurden diese Nervenzellen, die ein gleiches Muster neuronaler Aktivität bei der Ausführung einer Bewegung und bei der Beobachtung dieser Bewegung durch eine andere Person zeigen, erst im Jahre 1992, und zwar per Zufall. Der Arbeitskreis um Rizzolatti und Gallese an der Universität Parma untersuchte die neuronalen Repräsentationen von Bewegungsabläufen der Hand bei kleinen Affen, Makaken. Dabei machten sie die erstaunliche Beobachtung, dass das gleiche elektrophysiologische Muster beim Öffnen einer Erdnuss durch den Affen selbst zu beobachten war, wie wenn ein Tierpfleger in der Untersuchungspause das tat. Dieses Resonanzphänomen geschah unwillkürlich und unbewusst. Die Forscher bezeichneten die entsprechenden Neurone als Spiegelneurone und postulierten, diese würden die zentrale Schaltstelle für das Verstehen von Handlungen darstellen (Di Pellegrino, Fadiga, Fogassi, Gallese u. Rizolatti, 1992). Jedes Mal, wenn ein Individuum die Handlung eines anderen wahrnimmt, würden die Zellen im prämotorischen Kortex des Beobachters erregt, welche diese Handlung repräsentieren, hieß es.

In der Folge kam es zu einem regelrechten Hype über die fundamentale Bedeutung dieser Neurone für Lernprozesse und empathisches Verhalten. *Joachim Bauer* schrieb z. B., dass die Spiegelneurone eine große Rolle beim Verstehen und Erlernen von Bewegungsabläufen spielen würden, vermutlich auch beim Spracherwerb. Sie versorgten uns mit intuitivem Wissen über die Absichten von Personen, deren Handlungen wir beobachten. Spiegelzellen meldeten uns, was Menschen in unserer Nähe fühlen, und ließen uns deren Freude oder Schmerz mitempfinden. Spiegelungsphänomene seien von zentraler Bedeutung für die Aufnahme und Weitergabe von Wissen, denn sie bildeten die neurobiologische Basis für das »Lernen am Modell« und für die »emotionale Intelligenz« (Bauer, 2005). Mittlerweile ist man etwas vorsichtiger, zumal es keine schlüssigen Beweise für die Empathiehypothese gibt, so verlockend die Annahme auch ist.

In der Untersuchung von Menschen konnte aber nachgewiesen werden, dass die genannten Neurone auch durch für sie typische Geräusche (also das Knacken der Nuss) oder durch Vorstellungskraft feuern. Diese Reaktion geschieht jedoch nicht auf der neuronalen Ebene allein, sondern durch Verknüpfung mit den entsprechenden Projektions- und Assoziationsfeldern des Neokortex. Die Spiegelneurone stellen dabei vermutlich die grundlegende Fähigkeit zur Imitation bereit; alle höheren Leistungen bedürfen jedoch wie sonst auch einer regelmäßigen Einübung und Bahnung. Möglicherweise tragen Spiegelneurone also zwar dazu bei, Bewegungen anderer zu registrieren und innerlich nachzuahmen. Die soziale Bedeutung und Intention der Handlung interpretieren dagegen soziale neuronale Netzwerke, ebenso wie die affektive Anreicherung bei z. B. empathischem Verhalten.

Also müssen auch Spiegelneurone trainiert und mit präfrontalen Kompetenzen, wie z. B. Werthaltungen, verknüpft werden. Auch Psychopathen können sich in andere einfühlen, aber sie nutzen ihre Erkenntnisse nicht für Mitgefühl, sondern dazu, um des eigenen Vorteils willen andere auszunutzen oder zu manipulieren.

3.3.11 Gedächtnisorganisation

Für das Verständnis von Lernen allgemein, Bindungsentwicklung und dem konstruktivistischen Charakter unserer Erinnerungen ist eine kurze Einführung in die Gedächtnisorganisation unseres ZNS sinnvoll.

In der Neurobiologie wird in der Regel zwischen zwei Gedächtnistypen unterschieden: das *prozedurale (implizite)* und das *deklarative (explizite) Gedächtnis*. Als dritte Form gilt manchen Forschern das für die Bewertung und Erinnerungstiefe jeglicher Erfahrungen so wichtige *emotionale Gedächtnis* (Roth, 2003).

Prozedurales Gedächtnis
Diese Form des Gedächtnisses wird während des ganzen Lebens genutzt, es entwickelt sich aber früher als das deklarative Gedächtnis. Hier geht es einmal

um die Fertigkeiten, also die Dinge die wir je nach Entwicklungsalter noch unbewusst oder schon bewusst aktiv gelernt haben und die uns dann automatisch zur Verfügung stehen, ohne dass wir die einzelnen Handlungsschritte, Bewegungsabläufe rekapitulieren müssen. Gehen, Fahrrad fahren oder gegebenenfalls Gitarre spielen gehören dazu. Zu Beginn verlangt der Aufbau neuer Fertigkeiten hohe Konzentration und Mühe, wie wir beispielsweise im Lauflernprozess eines Kleinkindes beobachten können. Hier ist die Großhirnrinde bereits ab einem frühen Entwicklungsstadium beteiligt. Mit Stabilisierung der neuen Kompetenz wandert die entsprechende Hirnaktivität in subkortikale Bereiche, die Basalganglien ab. Relativ feste Verschaltungen sorgen dafür, dass einmal erworbene Fertigkeiten auch nach längerer Pause noch relativ verfügbar bleiben. Belohnungseffekte über endogene Opioide, die mit dem limbischen System verknüpft sind, tragen wesentlich zur Konsolidierung bei.

Der zweite Aspekt des proceduralen Gedächtnisses besteht im sogenannten »Priming«. Damit ist letztlich eine Indizierung von Gedächtnisinhalten mittels Schlüsselreizen gemeint: Eselsbrücken sind beispielsweise eine bewusste Form von Priming, wichtiger sind die unbewussten Verknüpfungen von beispielsweise einem Geruch, einem Bild, einer Bewegung oder einem Wort mit einem Ereignis oder sogar komplexen Erlebnissen wie einem Urlaub (Roth u. Ryba, 2016).

Auch das *kategoriale Lernen* anhand von Prototypen wie Gesicht, Tisch, Baum, Tier usw. geschieht automatisiert, enthält aber wie das deklarative Gedächtnis auch assoziative Elemente.

Deklaratives Gedächtnis

Das explizite Gedächtnis lässt sich noch einmal in ein episodisches und ein semantisches (Fakten-)Gedächtnis unterteilen:

Das episodische Gedächtnis ist stärker als das semantische mit emotionalen Aspekten verbunden; es reproduziert Ereignisse und Geschichten in Bezug auf konkrete Personen im gegebenen Kontext. Im Zusammenhang mit einer inneren Zeitlinie wird daraus das autobiografische Gedächtnis gebildet. Auch das sogenannte Quellengedächtnis, das uns Auskunft über die Quelle von Wissen und Informationen gibt und das Wissen mit einer Note von Vertrauenswürdigkeit anreichert (epistemisches Vertrauen, s. Abschnitt 8.6.1), gehört zum episodischen Gedächtnis.

Das semantische oder Faktengedächtnis umfasst dekontextualisiertes Wissen, wie die Reproduktion von Geschichtszahlen, mathematischen Formeln oder vielleicht Aktienkursen. Damit ist es qua definitionem frei von Gefühlen.

Im deklarativen Gedächtnis gibt es vier zeitliche Strukturen, die mit unterschiedlichen Speichermechanismen zusammenhängen:

– Das sensorische Ultrakurzgedächtnis wird nach einem Reiz für wenige Sekunden erregt.
– Im Kurzzeitgedächtnis, das partiell mit dem Arbeitsgedächtnis gleichzusetzen ist, werden Inhalte ca. 30 Sekunden mit begrenzter Speicherkapazität festgehalten. Es ist störanfällig durch emotionale oder Ablenkungsreize, und bereits hier findet eine neue Konstruktion von sensorischen und mentalen Inhalten zu einem Gedächtnisinhalt statt.
– Das Zwischengedächtnis, vermutlich im Hippocampus lokalisiert, kann Inhalte vorläufig, aber schon für Stunden »zwischenlagern« und für die Langzeitspeicherung vorbereiten, die in der Regel während des Schlafes stattfindet. Der Hippocampus ist eine stresssensitive Region, deren Funktion durch belastende Ereignisse gestört wird. Daher sind »Ballerspiele« und Horrorfilme vor dem Schlafengehen echte Hindernisse für das Memorieren von Schulstoff bei Jugendlichen.
– Das Langzeitgedächtnis gilt als nahezu unbegrenzter Speicher, unterteilt in zahllose Module für unterschiedliche sensorische, szenische, sprachliche usw. Gedächtniselemente (Roth u. Ryba, 2016). Die Speicherform ist »kristallin«, d. h. an Proteine gebunden, dabei durchaus noch variabel. Gedächtnislücken im Alltag hängen in der Regel mit einem Zugriffsproblem zusammen; einmal Gespeichertes geht unter normalen Umständen nicht mehr verloren. Trotzdem ist das Gedächtnis nicht »objektiv«, sondern auch bei subjektiver Gewissheit von situativen und affektiven Aspekten beeinflussbar. Eine suggestive polizeiliche Vernehmung kann z. B. zu einer »Erinnerung« falscher Sachverhalte führen.

Das Beschriebene macht deutlich, dass unser Gedächtnis aus einer Vielzahl hochkomplexer Funktionen und Verschaltungen besteht, die praktisch immer Komponenten aus dem affektverarbeitenden limbischen System, aus den unbewusst gespeicherten Fertigkeiten und Gewohnheiten der subkortikalen Regionen und hochkomplexen, miteinander vernetzten Speichermodulen der linken und rechten Großhirnrinde bestehen.

An dieser Stelle soll noch einmal die Bedeutung des *emotionalen Gedächtnisses,* das implizite und explizite Anteile enthält, hervorgehoben werden. Die affektiven Tönungen von Erinnerungen sind, im Sinne des Schutzes des Organismus vor Schäden, zunächst einmal in den basolateralen Kernen der Amygdalae als Signale von Angst oder Furcht in Gefahrensituationen zu verstehen. Positiv besetzte Ereignisse haben ebenfalls eine affektive Komponente, die mit dem Belohnungssystem, also mit Dopamin und endogenen Opioiden das Lernen in dieser Situation verstärkt und die Erinnerung verfestigt. Das ist die Grundlage der Entstehung von Vertrautheit und Vertrauen, des Gefühls von

Sicherheit in der Anwesenheit bestimmter Personen, oder eben von Angst in der Nähe von anderen. Letztendlich ist keine Erinnerung vorstellbar, die völlig frei von einer emotionalen Komponente ist. Selbst die Leidenschaft, das Wort sagt es bereits, sich mit dem Aufbau von Mähdreschern oder dem Lösen von Sudokus zu beschäftigen, enthält einen handlungsleitenden Affekt.

Wie im folgenden Unterkapitel 3.4 zu zeigen sein wird, ist es im Sinne von angemessener Lebensbewältigung wünschenswert, freien Zugang sowohl zu episodischen wie auch semantischen Gedächtnisanteilen zu haben. Bedeutsam ist hier neben den genannten unterschiedlichen Etagen des Gehirns vor allem die Links-Rechts-Kommunikation über den Balken, der mit unzähligen Fasern die linken und rechten Projektionen und Assoziationsfelder verbindet.

In den unsicher organisierten Bindungsformen findet sich folgerichtig als Folge einer länger andauernden Hyperaktivierung bzw. Deaktivierung archaischer affektiver Systeme eine einseitige Betonung von episodischen bzw. semantischen Gedächtnisaspekten. Noch problematischer wird die Verfügbarkeit von Gedächtnisfunktionen bei Desorganisation als Traumafolgestörung.

Hier versagt oft die übergeordnete Fähigkeit eines »*Integrativen Gedächtnisses*« (Dallos u. Vetere, 2014); die Autoren meinen damit die Fähigkeit, uns auf die vorgenannten Gedächtnissysteme zu beziehen, um einen kohärenten inneren Dialog über uns selbst und unsere Beziehungen zu entwickeln und – bei ausreichend entspannter Präsenz – uns darauf zu besinnen, was wir in unseren Beziehungen gerade erleben, was darin geschah und was geschehen könnte. Diese Fähigkeit wird Metakommunikation, Metakognition oder reflexive Selbstfunktion genannt.

3.4 Neurobiologie und Stressverarbeitung

Eine groß angelegte US-amerikanische Studie, die »Adverse Childhood Experiences (ACE) Study« (Felitti, 2002; Anda et al., 2009) untersuchte mehr als 17.000 Mitglieder einer Krankenversicherung bezüglich negativer Kindheitserfahrungen und ihrer Auswirkungen im späteren Leben. Das überraschende Ergebnis war eine gesicherte Dosis-Wirkungsrelation von belastenden Lebenserfahrungen – durch Vernachlässigung, Misshandlung, sexuellen Missbrauch, aber auch durch psychisch kranke oder inhaftierte Elternteile – mit allen sozialmedizinisch bedeutsamen körperlichen und psychischen Erkrankungen in späteren Lebensaltern. Je früher, mehr und intensiver Belastungsfaktoren auf die jungen Menschen einwirkten, umso wahrscheinlicher war eine soziale, emotionale oder kognitive Beeinträchtigung bis hin zu psychosozialer Behinderung, chronisch körperlicher Erkrankung und einem früheren Tod. Diese weltweit anerkannte und in ihren Konsequenzen noch nicht ansatzweise umgesetzte Studie weist eindrücklich auf die ausschlaggebende Bedeutung der frühesten Kindheit für die körperliche und seelische Gesundheit im gesamten Lebensverlauf hin (Trost, 2008b). Psychoneuroimmunologische Studien lassen vermuten, dass das Bindungssystem ein Bindeglied darstellt zwischen den negativen Kindheitserfahrungen und Entzündungsprozessen, die für die zur Krankheit führenden Gewebeveränderungen verantwortlich sind (Ehrlich, Miller, Jones u. Cassidy, 2016). Die lebenslange Beeinflussung von Gesundheit und Wohlbefinden durch negative Kindheitserfahrungen laut der ACE-Studie zeigt Abbildung 3.

Abbildung 3: ACE-Pyramide (Centers for Disease Control and Prevention, 2014)

Grossarth-Maticek, ein systemisch forschender Medizinsoziologe, hatte bereits 1973 mit einer komplexen Langzeitstudie über die psycho-physischen Wechselwirkungen der Krankheitsentstehung bei einer repräsentativen Stichprobe von 29.000 Heidelberger Bürgerinnen und Bürger begonnen. Als ein wesentliches Ergebnis konnte er die Aussagen der ACE-Studie vorwegnehmen, einschließlich einer differenziellen Vorhersage von chronischen Erkrankungen und Gesundheit bis ins hohe Alter. Er entwickelte hierzu ein erfolgreiches präventives Training zur Stärkung der Selbstregulation bei Erwachsenen (Autonomietraining) Seine Arbeit wurde allerdings lange von der wissenschaftlichen Community in ihren Aussagen angezweifelt. Nach Neuherausgabe seiner Erkenntnisse findet er nun nationale wie internationale Anerkennung (Grossarth-Maticek, 2003, 2008).

Bei akuter, gravierender noch bei chronischer oder gar bindungsbezogener Traumatisierung als Maximalform der Stressbelastung kann es – als Schutz des Organismus vor der Überflutung mit Stresshormonen – zu einer »Notfallreaktion« des Gehirnes mit Abkoppelung der traumatischen Erfahrungen aus dem Bewusstsein kommen. Der Preis dafür liegt in einer zwar lebenserhaltenden, aber auch Wahrnehmung und Erleben verzerrenden Neuorganisation von Denken, Fühlen und Handeln. Diese individuellen Lösungen werden als Störung der Affektregulation, der Impulskontrolle, der Aufmerksamkeit und der Motivation wahrgenommen. Sie führen häufig zu Lern- und Kontaktstörungen mit niedrigem Selbstwertempfinden, also typischen kindlichen Verhaltensauffälligkeiten, oder aber auch zu psychosomatischen oder motorischen Störungen. Hier finden wir viele der Probleme wieder, die Schlack in Bezug auf die Pädiatrie »Neue Morbidität« genannt hat (Schlack, 2004), nämlich die Verschiebung von den akuten zu den chronischen Erkrankungen in der Pädiatrie, der zunehmenden Verbreitung von Verhaltensauffälligkeiten, Kopf- und Rückenschmerzen sowie psychischen Symptomen.

Rutter (2006) zeigte anhand seiner Studie zu adoptierten rumänischen Heimkindern, dass frühe und länger anhaltende Deprivation zu Entwicklungsstörungen im Ausmaß geistiger Behinderung mit erheblicher Verhaltensauffälligkeit führen, die auch durch Adoption in ressourcenstarke Familien nicht mehr kompensiert werden kann. Eine aktuelle Längsschnittstudie verweist darauf, dass sich diese Waisenkinder nur dann normal entwickelten, wenn sie vor dem sechsten Lebensmonat adoptiert wurden. Die Stoffwechselaktivität im Gehirn war dann höher, ebenso wie das Größenwachstum. Mittlerweile ist nachgewiesen, dass emotional belastende Erfahrungen der Kindheit das Risiko für epidemiologisch bedeutsame somatische Störungen wie Herz-Kreislauf-Erkrankungen, Krebs und Diabetes erheblich erhöhen (Egle, Hardt, Nickel, Kappis u. Hoffmann, 2002; Felitti, 2002).

Emotionale Verunsicherung führt also zur Aktivierung limbischer und anderer stress-sensitiver neuro-endokriner Regelkreise und zwingt das Kind, nach geeigneten Strategien zur Wiederherstellung seines emotionalen Gleichgewichtes zu suchen. Umgekehrt sind sichere emotionale Bindungen für Kinder die wichtigste Ressource zur Bewältigung von Unsicherheit, Angst und Stress.

Alle diese Erkenntnisse revolutionieren unsere Vorstellung von der Entstehung psychischer Störungen – einschließlich der Persönlichkeitsstörungen – wie auch vieler somatischer Erkrankungen nachhaltig und lenken unsere Aufmerksamkeit zu den Themen Prävention und bindungskorrigierende Erfahrungen. Die nutzungsabhängige Strukturierung der entwicklungsgeschichtlich jüngeren Anteile unseres Gehirns wird ja entscheidend durch emotionale und soziale Umfeldbedingungen bestimmt, insbesondere durch den Bindungsaufbau im ersten Lebensjahr.

An dieser Stelle ist noch ein kurzer neurophysiologischer Abschnitt notwendig: Bei realer äußerer oder auch innerlich selbst konstruierter Stresseinwirkung werden unsere subkortikalen Hirnzentren und das autonome Nervensystem auf Alarm geschaltet. Dabei lassen sich grob zwei Systeme unterscheiden:

1. Über den Hirnstamm wird der *Nervus Sympathikus* unter dem Einfluss von Noradrenalin aktiviert, der Signale an die peripheren Organe und vor allem an das Nebennierenmark sendet. Dort kommt es zu einer sehr schnellen, stoßartigen Ausschüttung von Adrenalin, das den Kreislauf und die Muskulatur aktiviert, die Aufmerksamkeit schlagartig erhöht, den Verdauungstrakt aber in einen relativen Ruhezustand versetzt und so den Körper auf Flucht oder Kampf vorbereitet. Die Wirkung dieses Systems ist kurz und intensiv.
2. Über die *Aktivierung der HPA-Achse* (Hypothalamus-Hypophysen-Nebennierenrinden-Achse), die bei anhaltender Stressbelastung von Adrenalin und Noradrenalin in Gang gesetzt wird. Im Hypothalamus wird CRH, der Ausschüttungsfaktor für Corticotropin, freigesetzt, das in der Hypophyse die Sekretion von ACTH bewirkt, dem Hormon, das die Nebennierenrinde stimuliert, welche ihrerseits die Ausschüttung von Glucocorticoiden, insbesondere Cortisol, in Gang setzt. Cortisol ist eigentlich ein Anti-Stresshormon, es soll den Körper vor negativen Folgen von zu starker Stressbelastung schützen. Es mobilisiert den Stoffwechsel, stellt Glukose aus allen möglichen inneren Quellen bereit, wirkt effektiv antientzündlich und damit auch wachstumshemmend auf die Zellen. Bei moderatem Stress, z. B. bei einer sportlichen Herausforderung oder einem Quizspiel, ist das durchaus günstig. Bei anhaltender Stresseinwirkung und entsprechend langer Cortisolausschüttung betrifft dieser Effekt aber auch das Immunsystem, die Knochen sowie Wachstum und Vernetzung in sensiblen Hirnstrukturen, z. B. im Hippocampus in ungünstiger Weise

Da der zirkadiane Cortisolrhythmus durch die langfristig hohe Sekretion beeinträchtigt wird, kommt es auch zu Schlafstörungen, Energielosigkeit und anderen sogenannten Burn-out-Symptomen. Dazu kommt, dass die Cortisolrezeptoren im Gehirn vor allem diejenigen Hirnzentren aktivieren, die uns dazu bringen, Belastung und Bedrohung zu beenden. Im Normalzustand wird durch die Rückkopplungsschleife von Cortisol zu CRH und ACTH die Produktion dieser Vorhormone zurückgefahren, anders verhält es sich jedoch bei chronifiziertem Stress. Hier versagt die Rückkopplungsschleife, und es kommt zu einer andauernden Überproduktion der Substanzen. Wir sprechen dabei von einem Hypercortisolismus, der insbesondere den Hippocampus schädigt. Erste Untersuchungen dazu gab es während des Vietnamkrieges, als Soldaten vor und nach einem halbjährigen Fronteinsatz mittels Schädel-Computertomografie untersucht wurden. Bei vielen fanden sich Abbauprozesse im Bereich des Hippocampus mit den entsprechenden Aufmerksamkeits -und Gedächtnisproblemen sowie sozialen Verhaltensauffälligkeiten. Bei ausgereiften Gehirnen ist diese Schädigung unter optimalen sozialen und therapeutischen Bedingungen häufig rückgängig zu machen.

Vergleichbare Schädigungen wurden auch bei Mädchen nach länger dauerndem sexuellem Missbrauch gefunden, insbesondere in den kritischen Perioden 3–5 Jahre und 11–13 Jahre. Der Balken (Corpus callosum), das hemisphärenverbindende Faserbündel, wurde dagegen besonders bei Missbrauch zwischen 9–10 Jahren angegriffen, die frontale Hirnrinde bei sexueller Gewalt zwischen 14–16 Jahren (Teicher u. Samson, 2016). Biologische Entwicklungsfenster und stressbedingte Hormonausschüttung modulieren somit in Verbindung mit (epi-)genetischen Polymorphismen Art und Ausmaß stressbedingter Schädigungen.

Roth und Strüber (2014) betonen, dass für die Entwicklung der Persönlichkeit, insbesondere aber bei der Entstehung von Krankheiten, frühe Störungen des Stressverarbeitungssystems (CRF, Cortisol) und des Selbstberuhigungssystems (Serotonin) geradezu schicksalhaft sind. Diese Störungen werden pränatal über das Gehirn der werdenden Mutter aufgrund traumatisierender Erfahrungen vermittelt. Man spricht heute auch von »fetaler Programmierung«, ein zunächst auf die mütterliche Ernährung während der Schwangerschaft angewandter Begriff, der heute auf belastende Lebensereignisse in der Schwangerschaft ausgeweitet wird. Die ACE-Studie wird damit spezifisch bestätigt: Erwachsene Kinder von in der Schwangerschaft traumatisierten Müttern zeigen als Folge langfristiger Cortisol-Imbalancen eine erhöhte Insulinresistenz, erhöhte Körperfettwerte sowie immunologische Veränderungen (Entringer, Kumstra, Hellhammer, Wadhwa u. Wust, 2009) und sind damit prädisponiert für viele Erkrankungen. Die Zellalterung, ablesbar an der zunehmenden Verkürzung der Telomere, ist nach intrauterinen und frühkindlichen Belastungen beschleunigt. Telomere sind die Endstücke unserer Chromosomen, die sich bei jeder Zellteilung etwas verkürzen, bis die Zelle schließlich ihre Teilungsfähigkeit und damit ihre Funktion verliert (Shalev et al., 2013).

Postnatal wird im ungünstigen Fall eine nicht angemessene oder gar (weiterhin) traumatisierende Kommunikation zu einer unsicheren, meist desorganisierten Bindung oder gar Bindungsstörung führen. Vor- und/oder nachgeburtliche Traumatisierung von und durch Mutter – und Vater – bewirken in den meisten

Fällen eine Selbstorganisation des kindlichen Gehirns, die auf primäres Überleben und nicht auf exploratives und integrierendes Lernen ausgerichtet ist. In der Folge kommt es zu Störungen der Impulsivität und Affektregulation, geringer Ich-Flexibilität, verzerrten Wahrnehmungen von sich selbst und anderen, Mentalisierungsdefiziten (siehe Abschnitte 5.1.3 und 8.6.1), Bewusstseinsveränderungen, Dissoziationen, Lern- und Kontaktstörungen sowie brüchigen Normen- und Wertesystemen. Das begünstigt eine Disposition zu eher binären als ambiguitätstoleranten Lösungen. Diese individuell adaptiven Denk-, Fühl- und Verhaltensmuster werden nicht selten als persönlichkeitsgestört diagnostiziert und bringen der betroffenen Person in der Regel großes psychisches wie auch soziales Leid. Unsere »schwierigen Klientinnen und Klienten« sind oft gerade diese bindungstraumatisierten und desorganisiert gebundenen Menschen, die auch uns hilflos machen und Zweifel an der eigenen Qualifikation auslösen.

Aus den neurobiologischen Erkenntnissen folgt also, dass – auf dem Boden (epi-)genetischer Präformierung (die aber nur ca. 20 % der Varianz erklärt) und der pränatalen Erfahrungen – den ersten zwei postnatalen Jahren die entscheidende Bedeutung für die adaptive Funktionalität der psychoneuronalen Systeme Impuls- und Emotionsregulierung, Stressverarbeitung, Selbstberuhigung, Bindung und Exploration zukommt. Die Erlebnisse des Kindes während der Entwicklung einer Bindung zu einer primären Bezugsperson haben damit weitreichendste Konsequenzen für den gesamten Lebensverlauf.

3.5 Bindung und Neurobiologie

In diesem Kapitel haben Sie die wichtigsten Aspekte der neurobiologischen Grundlagen der Bindung kennengelernt. Hier soll nun der Einfluss der Bindung auf neurobiologische Funktionen zusammenfassend dargestellt werden. Ich stütze mich dabei u. a. auf die ausführlichere Darstellung dieser Zusammenhänge von Ditzen und Heinrichs (2016). Die tierexperimentelle und klinische Forschung an Menschen legt nahe, dass Oxytocin in Interaktion mit dopaminregulierten Belohnungsmechanismen zur Ausschüttung von endogenen Opioiden führen und damit eine Bindungsmotivation vermitteln. Wie alle Regulationsmechanismen werden natürlich auch diese in zirkulärer Weise von inneren und Umweltfaktoren moduliert. Bei Menschen geschieht dies aufgrund des enormen Großhirnvolumens auf komplexere und weniger einfach zu untersuchende Weise als bei evolutionär älteren Säugetieren.

Für gesunde Menschen sind Zuwendung und Interesse seitens anderer angenehm und werden als belohnend erlebt. Häufige positive soziale Interaktionen führen zu einem Lernprozess, über den mehr Oxytocin ausgeschüttet wird, somit auch das Belohnungssystem häufiger aktiviert wird. Sogar die Organisation unsere Sinneswahrnehmung wird dadurch verändert, wie aktuelle Studien zeigen (Coan, 2016). Die stressbezogene Aktivierung des autonomen Nervensystem und in der HPA-Achse wird dadurch verringert. Angriff, Kritik und Abwertung hingegen setzen Schutz- und Abwehrmechanismen in Gang. Wenn sich solche oder – schlimmer noch – Vernachlässigungserfahrungen häufen, finden wir niedrigere Oxytocin-Spiegel im Gehirn und in der Folge auch weniger Serotonin, höhere Herzfrequenzen und ein angegriffenes Immunsystem. Über die bindungsvermittelte Aktivität unserer Stresssysteme wird die langfristige Gesundheit nachhaltig beeinflusst, und zwar in einer negativ wie positiv bedeutsamen Dosis-Wirkung-Beziehung, wie z. B. die bereits erläuterte ACE-Studie zeigt. Nach Maunder und Hunter (2001) geschieht dies über drei Entwicklungspfade, die in Abbildung 4 dargestellt sind.

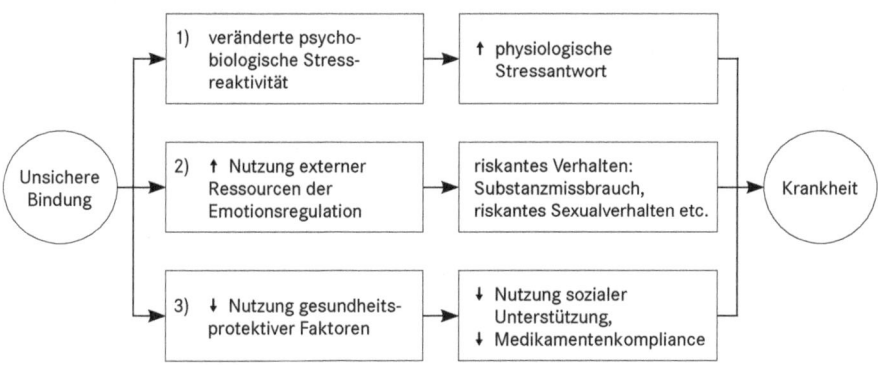

Abbildung 4: Bindungsunsicherheit und Krankheit (Ditzen u. Heinrichs, 2016, S. 129; nach Maunder u. Hunter, 2001)

Sicher gebundene Menschen weisen einen generell geringeren Dauerstresslevel auf, wohingegen unsicher gebundene Menschen am Morgen geringere Cortisolanstiege und tagsüber dauerhaft erhöhte Cortisolwerte aufweisen. Das heißt, unsicherer gebundene Menschen weisen in realen Stresssituationen, vor allem solche mit Beziehungsstress, eine geringere Regulationsbreite auf. Sie aktivieren bzw. deaktivieren ihr Bindungssystem häufiger und nachhaltiger, reduzieren damit ihre produktiven Bewältigungsmöglichkeiten und belasten ihr Immunsystem. Je früher und länger die im Entwicklungsverlauf ja etwas unterschiedlich betroffenen Hirnregionen von solchen Dauerstresserfahrungen belastet werden, umso nachhaltiger gehen diese Lernprozesse mit einer stabilen neuronalen Verschaltung einher. Aus evolutionärer Sicht bedeuten enge Bindungen somit einen Überlebensvorteil, weil sie die Grundlage dafür legen, dass das Individuum in seinen sozialen Kompetenzen stabiler, flexibler und reagibler wird.

Die bereits besprochene Polyvagal-Theorie von Stephen Porges (s. Abschnitt 3.3.2) liefert ein neurobiologisches Narrativ für »die adaptiven Konsequenzen der Entdeckung von Gefahr für den physiologischen Zustand, das soziale Verhalten das psychische Erleben und die Gesundheit« (Porges, 2017, S. 23). Mittels Neurozeption, dem unbewussten Abgleich der analogen Signale des Gegenübers mit den in frühester Lebenszeit gespeicherten Schemata von Sicherheit bzw. Gefahr, wird entweder das sympathische Nervensystem, das flucht- oder angriffsbereit macht, aktiviert, oder im schlimmsten Fall der unmyelinisierte, evolutionär archaische Vagusteil, der zu Erstarrung führt. Bei Menschen, die Sicherheit empfinden, wird der myelinisierte, phylogenetisch neuere Vagusast aktiviert, der die wache, aufnahmebereite Immobilisation intimer Situationen ermöglicht. Ohne dieses Gefühl von Sicherheit kann eine Psychotherapie nicht erfolgreich durchgeführt werden. Daher gilt das Herstellen von Sicherheit in der therapeutischen Beziehung auch als unabdingbare, oft zunächst schwer zu erreichende Voraussetzung einer Traumabehandlung.

4 Systemische Verhaltensbiologie und -psychologie

4.1 Prolog: Kooperation ist menschlich

Menschen sind zutiefst soziale Wesen, davon ging bereits Aristoteles im 4. Jh. v. Chr. aus: »anthrôpos physei politikon zôon« – »Seiner Natur nach ist der Mensch ein soziales Lebewesen« (Aristoteles: Politik I 2, 1253a 3–4; zit. nach Söder, 2014, S. 49). Diese Erkenntnis ist heute, in Zeiten von Überindividualisierung und Selbstoptimierung, keineswegs trivial. Sie wird aber durch die moderne Neurobiologie und die Bindungstheorie bestätigt. Wie anfangs im dritten Kapitel erwähnt, gestaltet sich das Leben von Anfang an biologisch und sozial-konstruktiv. Demzufolge sind Säugling und primäre Bezugsperson, in der Regel die Mutter, von Anfang an mit grundlegenden Bedürfnissen und kommunikativen Fähigkeiten ausgestattet, die dann in der sozialen Interaktion ausgestaltet und entwickelt werden können. Wie bei allen menschlichen Lebensvorgängen gilt auch hier, dass diese frühe Kooperation sowohl phylogenetisch vererbt als auch ontogenetisch in der fortwährenden Interaktions- und Interpunktionskaskade des alltäglichen Umgangs miteinander geformt wie auch situativ in der momentanen Kommunikation ausgestaltet wird, und zwar von beiden Seiten.

Wenn ein Mensch einen anderen als »menschlich« bezeichnet, was meint er damit eigentlich? Es ist ganz sicher ein Kompliment, denn in aller Regel geht es dabei nicht um die menschlichen Fehler oder Schwächen (»Es menschelt allenthalben …«), sondern um eine besondere Kompetenz im Umgang mit anderen: z. B. Vorgesetzte, die ihre Mitarbeiter nicht ausschließlich nach eng definierten sachlichen Vorgaben behandeln, sondern auch auf deren persönliche Situation bezogen, verständnisvoll und fehlerfreundlich. Die Ausdrücke »Fünfe gerade sein lassen« oder »cum grano salis« bezeichnen eine solche Haltung, die – gleichwohl im Arbeitsprozess auf Struktur und Regeln achtend – den Menschen mit seinen Bedürfnissen und Sorgen, seinen speziellen Kompetenzen und Schwächen (be-)achtet und sich dabei abseits binärer »Entweder-oder«-Schemata auf unbefestigte Wege wagt. Die Zufriedenheit und Effektivität in solchen (Arbeits-) Verhältnissen ist meist auf beiden Seiten höher als bei einer rigiden Auslegung der Vorgaben, aus distanzierter Haltung oder bei einem durch impulsive und hochaffektive Interaktionsprozesse gekennzeichneten Handlungsstil. Gleiches gilt selbstverständlich auch für die Eltern-Kind-Interaktion von Anfang an, mit dem Unterschied, dass es sich hier um eine hoch asymmetrische Beziehung handelt. Solches »menschliche« d. h. offensichtlich menschenangemessene Verhalten ist gleichzeitig Voraussetzung wie auch Ergebnis von *Kooperationsprozessen*. Wie kommt es nun dazu, und wodurch wird es verhindert?

Antworten aus verhaltensbiologischer Sicht geben dazu die jahrelangen Vergleichsforschungen bei Primaten und Menschenkindern, u. a. von *Michael Tomasello*, Entwicklungspsychologe und Primatenforscher am Max-Planck-Institut Leipzig (mehr dazu in Unterkapitel 7.1).

Warum Kooperation bei manchen Menschen gelingt und bei anderen nicht, erklären uns die moderne Neurobiologie der menschlichen Entwicklung und die Erkenntnisse der Bindungstheorie. Ganz offensichtlich spielen neben der evolutionären Komponente hierbei frühe Sozialisationsprozesse eine wesentliche Rolle, die im Folgenden ausführlich behandelt werden. Wie also entstehen die Voraussetzungen für Kooperationskompetenz in der Primärsozialisation des Menschen, und wodurch wird diese menschliche Grundkompetenz gestört?

Strukturierung und Wachstum unseres Gehirns vollziehen sich, wie bereits festgestellt, von Anfang an auf der Basis von sozialen Interaktionen. Jüngste Forschungen mit bildgebenden Verfahren haben gezeigt, dass soziale Interaktionen unser Belohnungssystem aktivieren (Pfeiffer et al., 2014, S. 130). Im Mutterleib ereignen sich diese Interaktionen vorwiegend über Stoffwechseleinflüsse, insbesondere auch Stresshormone, und teilen sich mit über relativ wenige Sinneseindrücke: Gehör, Gleichgewichts- und Tastsinn sowie motorische Antworten. Ab der Geburt aber prägt die zunächst dyadische, später triadische, gelebte Interaktion mit den primären Bezugspersonen die Gehirnentwicklung und damit die Entwicklung der menschlichen Fähigkeiten. Diese Interaktionen und ihrer Auswirkungen werden im Folgenden, orientiert an den vier Phasen der frühkindlichen Bindungsentwicklung, näher beleuchtet.

4.2 Vorphase und Differenzierung der Bindungsentwicklung: Entwicklungsaufgaben und förderliche Beelterung – Interaktionsdiagnostik

Die verschiedenen Stadien der Bindungsentwicklung wurden von Ainsworth und Kollegen jeweils benannt und beschrieben (siehe Tabelle 1). Nachfolgend sollen sie im Einzelnen ausführlicher erläutert werden.

Tabelle 1: Entwicklung der Bindung (nach Ainsworth et al., 1978, S. 23–27)

Phase der unspezifischen sozialen Reaktionen: *»Preattachment Phase«*	Differenzierungsphase: *»Attachment-in-the-making«*	Ausgeprägte Bindung: *»Clear-Cut Attachment«*	Zielkorrigierte Partnerschaft: *»Reciprocal Relationships«*
Erste Lebensmonate	Bis ~7. Lebensmonat	Bis 2–3 Jahre	Ab ca. 2–3 Jahre
Kind schenkt jeder sich nähernden Person Aufmerksamkeit. Angeborene Signale bringen Personen in die Nähe des Säuglings.	Säugling differenziert zwischen ihm bekannten/unbekannten Personen. Einschränkung auf spezifische Personen. Präferenz für vertraute Personen.	Kind beginnt mit der aktiven und bewussten Kontaktaufnahme. Es sucht aktiv die Nähe zur Bezugsperson bei Stress, Angst, Trennung.	Kommunikation/Interaktion mit gemeinsamen Handlungszielen. Es entsteht eine Art »Partnerschaft« zwischen Mutter und Kind. Die Beziehung wird wechselseitig reguliert.

Mit der Geburt beginnen für das Kind eine Reihe von anspruchsvollen Entwicklungsaufgaben: Es muss sich an das Leben außerhalb der Gebärmutter gewöhnen, somit an Luft, Schwerkraft, Temperaturschwankungen, multiple sensorische Reize, an Nahrungsaufnahme, Verdauungsprozesse und an Tag-Nacht-Rhythmen. Diese biologischen Aufgaben werden begleitet von den notwendigen sozialen Entwicklungsschritten wie der Kontaktaufnahme mit der Umwelt, das Aktivieren des Fürsorgesystems bei den Bezugspersonen und der Bindungsentwicklung. All dies steht im Dienst des Überlebens und einer förderlichen Gesamtentwicklung des jungen Menschen.

Dazu sind dem Baby einige Fähigkeiten mitgegeben worden, über die es gleich nach der Geburt verfügt: Es kann Blickkontakt aufnehmen, weinen, strampeln, lächeln. Es kann mithilfe der Spiegelneuronen imitieren und am Erleben anderer teilnehmen. Der Säugling kann bereits wenige Stunden nach der Geburt seine Mutter von anderen Personen unterscheiden, vermutlich an der Stimme und am Geruch. Die frühe Intersubjektivität strukturiert die äußere und innere Welt des Säuglings, sie ist die Basis interaktiven Wissens und früher sensorischer Integration. Der Säugling erlebt Selbstwirksamkeit von Anfang an, wenn er beim Gegenüber das Fürsorgesystem aktiviert und sich darüber immer wieder seine Homöostase erhalten kann.

Eine von Beginn an feinfühlige Fürsorge für das Kind bildet die Grundlage für eine sichere Bindung; sie ist von herausragender Bedeutung für psychische und körperliche Gesundheit. Dadurch wird gleichzeitig die Fähigkeit gefördert, sich selbst zu regulieren. Selbstregulation beginnt vermutlich bereits pränatal, sie ist gleichzeitig lebenslange Aufgabe sowie Vorläufer und gestaltende Komponente der Bindungsentwicklung. Die Förderung der Selbstregulierung gilt heute als eine der zentralen Aufgaben der kindlichen Entwicklung. Affekte regulieren zu lernen wird in den ersten Lebensjahren angelegt; es ist notwendig für ein förderliches soziales Miteinander. Dafür bedarf das Kind aber zunächst einer co-regulierenden Bezugsperson, die mit dem Kind intensiv und adäquat kommuniziert. Dies ist ein zunächst nicht-kognitiver Prozess, der über subkortikale und rechtshemisphärische Zentren und Bahnen läuft. Doch vorab blicken wir auf die Frau, die ein Baby bekommt.

4.2.1 Die Mutterschaftskonstellation

Mit der Geburt eines Babys gleitet die Mutter in eine neue, charakteristische psychische Organisation hinein, die *Daniel Stern* (1998a) als »Mutterschaftskonstellation« (MK) bezeichnet. Die MK ist ein hochspezifisches, eigenständiges und völlig normales Konstrukt und psychischer Organisator für eine neue Gruppe von Handlungstendenzen, Sensibilitäten, Fantasien, Ängsten und Wünschen. Während ihrer vorübergehenden Dauer wird die MK zu einer Organisationsachse, um die sich das ganze psychische Leben der Mutter dreht. Die MK betrifft drei verschiedene, miteinander zusammenhängende Diskurse, die innerlich und äußerlich ausgetragen werden:
1. den Diskurs mit der eigenen Mutter (… der ihrer eigenen Kindheit),
2. den Diskurs mit sich selbst als Mutter,
3. den Diskurs mit dem Baby.

Diese Diskurse formen eine neue psychische Triade mit jeweils unterschiedlichen Rollen für Mutter und Mutter der Mutter (siehe Abbildung 5).

4.2 Vorphase und Differenzierung der Bindungsentwicklung

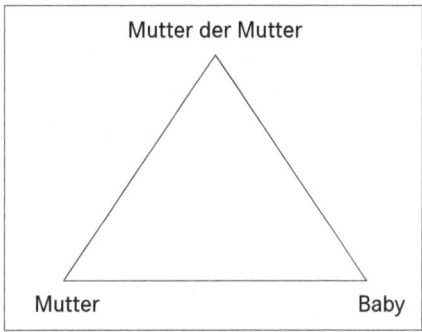
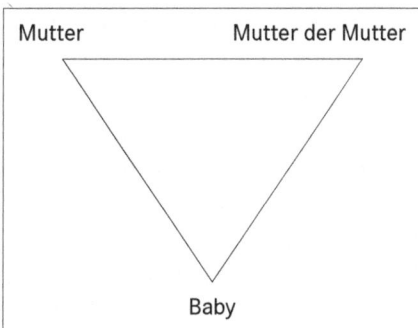

Abbildung 5: Die Mutterschaftskonstellation

Für die Mutterschaftskonstellation sind folgende Themen konstituierend:
- *Leben und Wachstum: Kann ich als Mutter das Überleben und Gedeihen des Babys gewährleisten?*
Dieses Thema benennt die Rolle der Mutter als evolutionär-biologisches Wesen und weist auf das intuitive Fürsorgeprogramm hin, es weckt aber auch die archaischen Ängste, das Kind könne aufhören zu atmen, es könne keine Nahrung zu sich nehmen und behalten und ähnliche.
- *Primäre Bezogenheit: Kann ich eine für mich selbst authentische und für das Kind förderliche Beziehung zu dem Baby aufnehmen?*
Dieses Thema betrifft die emotionale und soziale Verständigung mit dem Baby, die Resonanzprozesse, die für das zerebrale Gedeihen des Säuglings notwendig sind, die vorsprachliche Kommunikation, das Verstehen der affektiven Signale, letztlich das, was wir unter Feinfühligkeit verstehen. Daniel Stern geht sogar noch einen Schritt weiter: Er vergleicht diese Bezogenheit mit dem Sich-Verlieben von Erwachsenen. Die erste Ähnlichkeit sieht er bei dem langen Blickkontakt, der in anderen Situationen nicht vorkommt. Weitere Ähnlichkeiten bestehen in der Überschätzung der anderen Person, in den Schutzimpulsen, in den synchronen Bewegungen und in der abgestimmten Körpersprache sowie dann in der Babysprache, die ja auch bei erwachsenen Verliebten vorkommt. Nicht zuletzt ist es die gemeinsame Erschaffung von einzigartigen Welten (Stern, 2007). Oxytocin ist der neurobiologische Vermittler dieser besonderen Erfahrungen.
- *Unterstützende Matrix: Werde ich das Unterstützungssystem schaffen und tolerieren können, das zur Erfüllung dieser Funktionen notwendig ist?*
Die Unterstützungsmatrix aus umgebenden Personen, wie dem Vater des Kindes, der Mutter der Mutter und anderen, hat zunächst einmal die Aufgabe, die Mutter körperlich zu beschützen, ihre vitalen Bedürfnisse im Blick zu haben,

ihr Freiraum für die notwendige Zeit mit dem Baby zu verschaffen. Die Mutter muss spüren, dass sie Halt und Unterstützung, Achtung und Anerkennung findet, und sie ist immer wieder auf Ideen und Ratschläge seitens der erfahreneren Frauen angewiesen, um mit dem Kind gut zurechtzukommen.
- *Reorganisation der Identität: Bin ich in der Lage, meine Selbstidentität so zu transformieren, dass sie die genannten Funktionen unterstützt und fördert?*
Schließlich ist es notwendig, teils vorübergehend, teils dauerhaft, das eigene Identitätserleben in mehrfacher Hinsicht zu verlagern: von der berufstätigen Frau zur Mutter, von der Tochter zur Mutter, von der Partnerin zum Elternteil. Mit der Geburt eines Kindes werden im mütterlichen Gehirn aufgrund hormoneller Einflüsse epigenetische Schalter »umgelegt«, die ein komplexes neuronales Wahrnehmungs- und Verhaltensnetzwerk aktivieren, das elterliche Fürsorgenetzwerk, welches die Identitätsaspekte einer jungen, aktiven und explorativen Frau zugunsten einer neuen Identität als »Muttertier« zurücktreten lässt. Die gleiche neuronale Umorganisation findet übrigens auch bei menschlichen und tierischen Ersatzelternpaaren statt, wahrscheinlich über einen längeren sensorischen Kontakt mit einem Baby/Jungtier.

Diese Themen sind miteinander verbunden, und sie sind nicht nur für die aktuelle Situation bedeutsam: Sie generieren auch Erwartungen an Helferinnen, die der Mutter für eine Säuglingsberatung, für eine Therapie aufgrund von massiven Partnerschaftskonflikten, Traumatisierungen und Ähnlichem zur Seite stehen. Es resultiert daraus eine spezifische Übertragung, die »Gute-Großmutter-Übertragung«, mit der Professionelle in der Beratung und Therapiepraxis umgehen können müssen (siehe Unterkapitel 8.3)

4.2.2 Die Dominanz der rechten Hemisphäre in den ersten Lebensjahren

Allan Schore, weltweit führender Neuropsychoanalytiker, postuliert auf der Grundlage zahlreicher Forschungsergebnisse, dass die regulatorischen Funktionen der Interaktion von Mutter und neugeborenem Kind der wesentliche Promotor sei, der die normale Entwicklung und die Aufrechterhaltung der synaptischen Verbindungen während des Aufbaus funktionaler Hirnschaltkreise sicherstellt. Er nennt dies einen Resonanzprozess der rechten Hirnhemisphären von Mutter und Kind. In der dyadischen Interaktion mit dem Neugeborenen wird seine unreife Sensorik, Motorik, Reizverarbeitung und Affektivität ausgedrückt, wahrgenommen und moduliert sowie letztlich die sich entwickelnde individuelle innere Homöostase des Kindes co-reguliert (Schore, 2011).

4.2 Vorphase und Differenzierung der Bindungsentwicklung

Auf neuronaler Ebene bedeutet dies, dass die mütterliche Fürsorge innerhalb der entstehenden Bindungsbeziehung über die rechte Hemisphäre die HPA-Achse des Säuglings formt. Weil die rechte Hemisphäre in die Kontrolle der vitalen Funktionen eingebunden ist, trägt dieser Resonanzprozess wesentlich zur reifenden Steuerung von Stressreaktionen bei. Die optimale Stressregulation ist abhängig von einer »rechtshemisphärischen Spezialisierung der Stressregulation und der emotionsbezogenen Verarbeitungsprozesse« (Sullivan u. Dufresne, 2006, zit. nach Schore, 2011, S. 36).

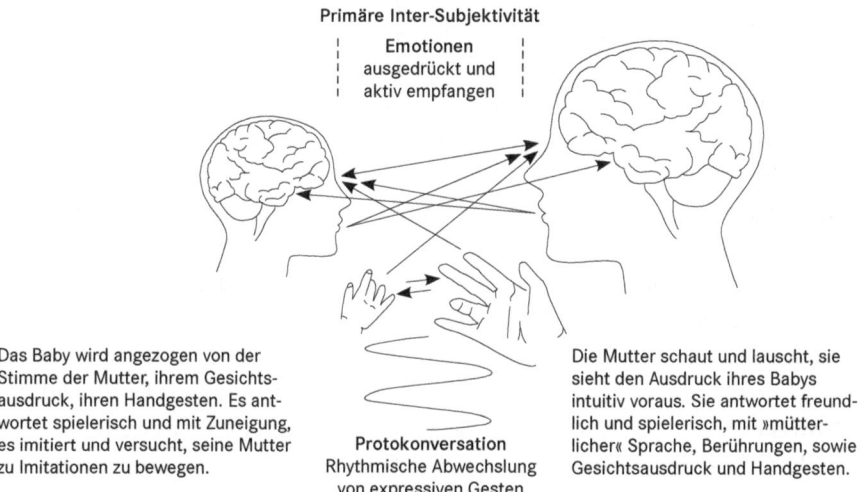

Abbildung 6: Rechtshemisphärische Resonanz (Schore, 2011, S. 30)

Die rechte Hemisphäre beendet ihren ab der 24 SSW intensiven Wachstumsschub gegen Ende des zweiten Lebensjahrs, während der der linken Hemisphäre dann erst beginnt. Im gesamten weiteren Lebensverlauf enthält die rechte Hemisphäre in ihrem implizit-prozeduralen Gedächtnis die inneren Arbeitsmodelle der Bindung und Strategien der Affektregulation, die den Menschen unbewusst durch verschiedene affektiv geprägte zwischenmenschliche Zusammenhänge führen. »Bei allen späteren zwischenmenschlichen Beziehungen wird die rechtshemisphärische Repräsentation der Bindung, die auf Ebenen unterhalb der bewussten Wahrnehmung agiert, für Einschätzung, Deutung und Regulation sozioemotionaler Informationen benutzt, d. h., sie leitet die zukünftigen Handlungen in allen vertrauten und neuen zwischenmenschlichen Umgebungsbedingungen« (Schore, 2011, S. 38).

Daniel Stern (1998b) nennt den Resonanzprozess, der im Laufe des ersten Lebensjahres zunehmend dialogisch wird, Affektabstimmung (Affect Attunement). Elterliche Feinfühligkeit ist dabei die Grundlage gelingender Gegenseitigkeit.

4.2.3 Feinfühligkeit und intuitive elterliche Kompetenzen

Die ersten Lebensmonate eines Kindes sind eine ebenso chancenreiche wie vulnerable Phase. Dies bedeutet eine große Verantwortung für die primäre Bezugsperson, meist die Mutter. Beide stimmen in ihren Wesenszügen wie Temperament, Reizoffenheit und Motorik nicht unbedingt überein. Von der Mutter werden also große Anpassungsleistungen gefordert, was schon bei unbelasteten Verhältnissen eine Herausforderung darstellt, zumal das Kind ja von Anfang an Mitgestalter der Interaktionszyklen ist.

Bereits *Louis Sander* hat in den 1960er Jahren auf Säuglingsstationen beobachtet, dass die Kinder nicht nur abhängig von ihrer eigenen Befindlichkeit, sondern auch von der Präsenz einer bestimmten Säuglingsschwester mehr oder weniger schrieen, unruhig waren und Schlafschwierigkeiten zeigten. Die jeweilige Fähigkeit und Bereitschaft der Pflegeperson, feinfühlig mit den Babys umzugehen, sorgte für mehr oder weniger Zufriedenheit bei diesen. Gleichzeitig steuern Säuglinge ihre Fürsorgerinnen durch die Art ihrer Rückmeldung. Wenn diese für sie stimmt, zeigen sie das durch Lächeln oder Lautieren oder durch Beruhigung, wenn nicht, durch mehr Schreien oder Quengeln. Die Passung, der »Fit«, zwischen Mutter und Säugling ist also nicht selbstverständlich.

Mary Ainsworth, Schülerin von Bowlby, verdanken wir die ersten bindungstheoretischen Längsschnittstudien. Sie untersuchte Kinder in Uganda und den USA und entwickelte dafür das zentrale Konzept der *Feinfühligkeit* (Ainsworth, Blehar, Waters u. Wall, 1978), das vier Kompetenzen umfasst:

1. *Die Fähigkeit, die kindlichen Signale wahrzunehmen.* Dies ist abhängig von der inneren Verfassung der Mutter und von ihrer Wahrnehmungsschwelle für die kindlichen Äußerungen.
2. *Die Fähigkeit, die Signale des Kindes zu verstehen,* d. h. richtig im Hinblick auf seine Befindlichkeit zu interpretieren. Zu Beginn ist das »Lesen« eines Babys nur mit »trial and error« zu bewerkstelligen. Das ist normal und wird in der Regel durch Reparaturepisoden korrigiert, falls die Mutter nicht eigene Ziele oder Gefühle mit den Bedürfnissen des Kindes verwechselt.
3. *Die Fähigkeit, prompt zu reagieren:* Ereignisse können aufgrund der noch kurzen Gedächtnisspanne von einem Säugling nur dann als Konsequenzen eigenen Verhaltens wahrgenommen werden, wenn sie innerhalb einer kur-

zen zeitlichen Kontingenz (nicht wesentlich länger als 1 Sek.) auftauchen. Bei einer sehr verzögerten Reaktion kann der Säugling zwischen seiner Äußerung und der Antwort keine Verbindung herstellen, was seine Selbstwirksamkeit vermindert und ein Gefühl von Hilflosigkeit bewirkt.
4. *Die Fähigkeit zur angemessenen Antwort*, die den Zustand des Säuglings effektiv, d. h. im richtigen Modus reguliert, wie z. B. Eingehen auf das Bindungsverhalten bei Angst: beruhigen, in den Arm nehmen. Die Art, Intensität und Dauer der Antwort richtet sich dabei nach dem Entwicklungsstand des Kindes.

Das Ärzte- und Forscherehepaar *Hanus* und *Mechthild Papoušek* entwickelte in den 1970er Jahren das Konzept der *Intuitiven Elterlichen Kompetenzen*, die noch konkreter einzelne Kommunikationseinheiten zwischen dem Säugling und der primären Bezugsperson beschreiben und unterscheiden. Für sie bedeutet Feinfühligkeit: »Sich auf die Entwicklung und die Erfahrungswelt des eigenen Kindes einlassen; sich von seinen Signalen, Interessen, Vorlieben, Freuden und Kümmernissen leiten lassen; sich dabei auf die eigenen intuitiven Kompetenzen verlassen; sich zu Spiel und Erfindungslust mit dem Baby verführen lassen und bei all dem mit dem Baby sprechen«(Papoušek, 2008, S. 178).

Diese biologisch angelegten intuitiven elterlichen Kompetenzen (Papoušek, 2009) umfassen ein Spektrum von typischen Verhaltensmustern, die als intuitiv abgestimmte Regulationshilfen dem zwar schon kompetenten, aber auch noch sehr vulnerablen Säugling helfen, seine Entwicklungsaufgaben zu bewältigen. Außerdem erfahren sowohl das Kind wie auch die Bezugspersonen eine emotionale Bezogenheit, die motivierend wirkt für die weitere intersubjektive Entwicklung.

Im Einzelnen: Intuitiv beugen sich Erwachsene so nah zu dem Kind, dass der Dialogabstand »stimmt«. Diese Stimmigkeit ist in Zentimetern errechenbar, nämlich ungefähr so weit, wie das Baby in der jeweiligen Entwicklungsphase scharf sehen kann, und das entspricht in der ersten Zeit der Länge seiner Ärmchen. Die Interaktion einer Mutter, die einen in diesem Sinne zu nahen oder zu weiten Abstand einnimmt, wird von einem Beobachter als »unstimmig« wahrgenommen. Andere Verhaltensmuster umfassen die Ammensprache, eine erhöhte Stimmlage, eine prototypische Melodik und Mimik, das gegenseitige Imitieren. Später kommen interaktive Spielchen, z. B. Krabbelspiele, und die gemeinsame Ausrichtung der Aufmerksamkeit auf ein Drittes, z. B. ein Mobile, ein Bilderbuch oder einen Ball hinzu.

Zum Intuitiven dieser Kompetenzen gehört, dass die Bezugsperson unbewusst entwicklungsphasenspezifische Anpassungen und Erweiterungen der Verhaltensmuster vornimmt. »Das elterliche Kommunikationsverhalten kompensiert die anfängliche Unreife und unterstützt die postnatalen Regulations- und Anpassungsprozesse des Säuglings. Es erleichtert den Übergang zum Schlaf oder zu guten Wachphasen, in denen der Säugling aufnahme- und interaktionsbereit ist, Blickkontakt einüben kann und lernt, seine Erfahrungen mit der Umwelt gut zu integrieren und ruhige Kommunikationsformen zu entwickeln« (Papoušek u. Papoušek, 1995).

Die intuitiven elterlichen Kompetenzen sind in der vorsprachlichen Kommunikation zwischen einem Säugling mit halbwegs guten selbstregulatorischen Fähigkeiten und seiner »hinreichend guten Mutter« (Winnicott, 1953, S. 93; eigene Übers.) in der Regel gut verfügbar und über nachhaltige Oxytocinausschüttung wohltuend und belohnend. Das »Good enough Parenting«, auf deutsche Schulnoten übertragen, entspricht vielleicht einer 3–4, keineswegs jedoch einer 1+. Es gibt beiden Interaktionspartnern die Gelegenheit zur »Interactive Repair«, was sowohl den Beziehungsaufbau als auch die Differenzierung fördert. Die affektive Spiegelung, ein wichtiges Element der vorsprachlichen Kommunikation, ist für Säuglinge ab der sechsten Woche vor allem dann interessant, wenn sie nicht ganz exakt ist. Nur so kann das Kind lernen, dass der gespiegelte Affekt ihm selbst zugehörig ist und nicht der Mutter. Gerade durch diese gelegentlichen »misfits« kann das Kind nach und nach die Unterscheidung zwischen sich und der Mutter lernen – ein wesentlicher Schritt zur Mentalisierungsfähigkeit (siehe Abschnitt 5.1.3).

Unter einigermaßen entspannten und ressourcevollen Bedingungen gelingender Mutter- und Vaterschaft kommt es in den Wochen nach der Geburt zur »individuell abgestimmten Orchestrierung der dispositionellen Partitur« (Papoušek, 2001), d. h., Säugling und Mutter stimmen sich in hochkomplexen Rückkopplungsprozessen individuell – und natürlich selektiv – aufeinander ab. Elterliche Bedeutungszuschreibungen beeinflussen dabei die Auswahl, Nichtbeachtung und Modulation kindlicher Affekte (Später machen die Kinder das auch umgekehrt mit ihren Eltern!).

Feinfühliger Umgang äußert sich nicht nur im Umgang mit kindlichen Signalen, sondern auch im – zunächst physisch verstandenen – »Holding«, d. h. dem Kind einen altersangemessenen haltenden Rahmen zu geben: »Halten: Schützt vor physischer Beschädigung. Berücksichtigt die Hautempfindlichkeit des Säuglings – Empfindlichkeit gegen Berührung, Temperatur, des Gehörs, des Gesichtssinnes, Empfindlichkeit gegen das Fallen (Wirkung der Schwerkraft) und den Umstand, dass der Säugling nichts von der Existenz irgendeiner Sache als des Selbst weiß. Es umfasst die ganze Pflegeroutine während des Tages und in der Nacht, und sie ist bei jedem Säugling anders […]. Es [das Halten, AT] folgt ebenfalls den winzigen Veränderungen, die von Tag zu Tag eintreten und zum physischen und psychischen Wachstum und zur physischen und psychischen Entwicklung des Säuglings gehören« (Winnicott, 1984, S. 62 f.).

Winnicott stellte mit dem Begriff des *Holding* eine Beziehungsdefinition auf, die zwar den Säugling noch als passiven Empfänger mütterlicher Zuwendung beschreibt, gleichzeitig aber schon früh Aspekte der intuitiven elterlichen Kompetenzen oder der elterlichen Feinfühligkeit beinhaltet.

Wenn die primäre Bezugsperson sich dem Kind zuwendet, hilft sie durch feinfühliges »*Containing*« (Bion, 1963) dem Kind über ängstigende, schmerzliche oder frustrierende Erfahrungen hinweg: Sie nimmt die Äußerung des Kindes auf, verarbeitet sie und gibt sie dem Kind in Form leicht verständlicher Worte und emotionaler Unterstützung so zurück, dass das Kind sich in seiner Welt als glaubhaft geschützt erleben kann (siehe Abbildung 7). Dies hat den Charakter von »Vorkauen«, sodass es seinen eigenen affektiven Zustand als »verdaulich« erleben kann. Dadurch kann es im explorativen Kontakt mit der Umwelt bleiben und es erlebt die primäre Beziehung – meist zur Mutter – als entscheidende Ressource für seine innere Balancierung. Auch hier geht es um eine symbolische Haltefunktion, die zustandsgerecht Regulationshilfen anbietet.

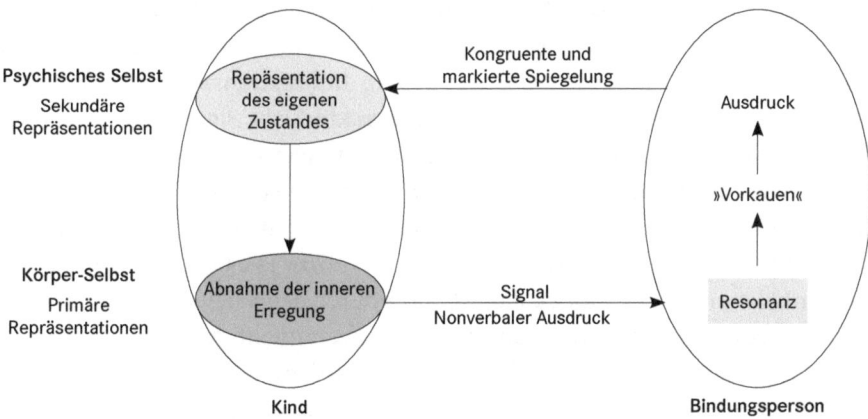

Abbildung 7: Containing und Aufbau des Selbst (nach Schultz-Venrath, 2017; vgl. Bateman u. Fonagy, 2015)

Ein eindrückliches Beispiel für die Anwendung von Containment in der Erwachsenenpsychiatrie schildert *Erich Wulff* unter dem Pseudonym G. W. Alsheimer (1968), der als Arzt in einer vietnamesischen Klinik erlebte, wie die Krankenschwester einen hocherregten, psychotischen Mann mit dem Mund fütterte. Dieses für uns sehr ungewöhnliche Verfahren führte zu einer deutlichen Beruhigung des Patienten. Auf einer konkreten und gleichzeitig symbolischen Ebene wird nicht selbstständig Verdaubares buchstäblich vorgekaut und der desaströse mentale Zustand, im Ausmaß der Regression einem Säugling vergleichbar, damit in einer körperlich-fürsorglichen Zuwendung beruhigt. Nicht anders verfahren übrigens manche Mütter aus pragmatischen Gründen in Zeiten fehlender Babynahrung.

Containing enthält bereits Mentalisierungsaspekte, betont aber den Aspekt des Raumgebens und Haltens stärker. Über das Kindesalter hinaus ist Containing eine wichtige Variable jeglicher Hilfebeziehung, aber auch z. B. von Schule, Ausbildung und Arbeitsplatzgestaltung.

4.2.4 Misslingende Co-Regulation

Während der Säugling diese Erfahrungen im prozeduralen Gedächtnis speichert und zur – präverbalen – Grundlage seines »Arbeitsmodells« der Bindungserfahrungen macht, bezieht die Mutter ihre eigenen Bindungserfahrungen unbewusst, aber wirksam strukturierend in den Kommunikationsprozess ein. Hier kann es vor allem bei traumatischem, unverarbeitetem Erlebenshintergrund der Mutter (z. B. nach erlebter Ablehnung in der eigenen Ursprungsfamilie, sexuellem Missbrauch etc.) zu störenden Reinszenierungen dysfunktionaler Beziehungsmuster kommen, die von beiden Interaktionspartnern als stressvoll erlebt werden. Das führt häufig dazu, dass kindliche Signale ignoriert oder verzerrt wahrgenommen werden. Selma Fraiberg nannte dies die Wirkung der »Gespenster im Kinderzimmer«, die nur schwer bewusst kontrolliert werden können und die genuinen elterlichen Kompetenzen überlagern oder abschwächen können (Fraiberg, Adelson u. Shapiro, 1975). Dies gilt umso mehr für drogenkonsumierende Mütter, da sie bereits durch den Suchtstoff selbst in ihrer Aufmerksamkeit und Zuwendungsfähigkeit beeinträchtigt werden. Nicht selten werden Opiate mit ihrer euphorisierenden, sedierenden und angstlösenden Wirkung von Frauen ja auch zur »Selbstmedikation« unerträglicher psychischer Belastungen und Verletzungen aus der eigenen Kindheit benutzt. Diese können durch die ambivalente Identifikation mit dem eigenen Säugling auf fatale Weise wiederbelebt werden.

Es ist auch seit Langem bekannt, dass chronische Stressbelastungen in der Schwangerschaft mit ungünstigen Geburtsverläufen assoziiert sind und dass Mütter, die nur geringe soziale Unterstützung während der Schwangerschaft erfahren, häufiger vorzeitig und geringgewichtige Säuglinge entbinden (Wurmser, 2007).

Bei stärkeren Regulationsproblemen aufseiten des Kindes, z. B. in Bezug auf die Nahrungsaufnahme, den Schlaf-wach-Rhythmus, die Reizverarbeitung

4.2 Vorphase und Differenzierung der Bindungsentwicklung

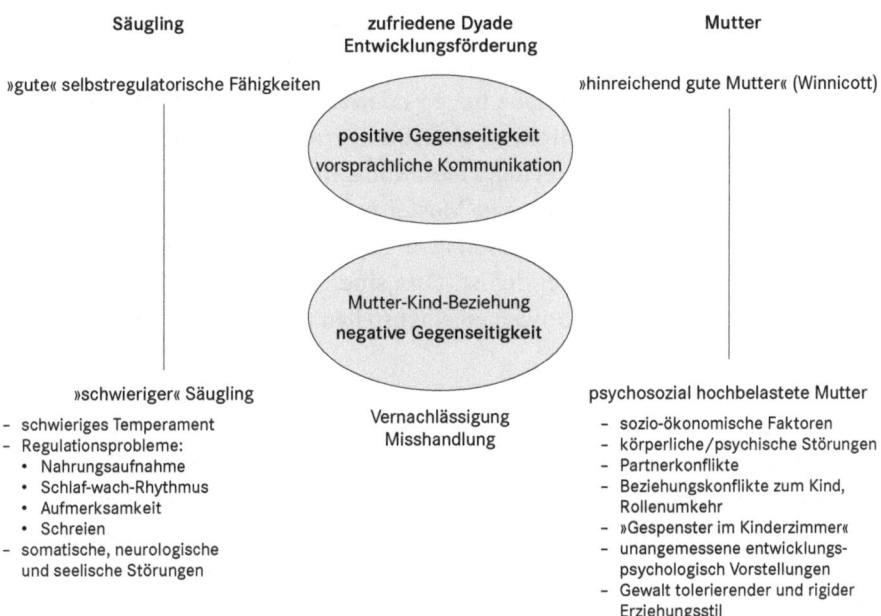

Abbildung 8: Dyadische Regulation

oder bei manifesten somatischen, neurologischen oder seelischen Störungen misslingt die Kommunikation häufiger. Dies wird, wie beschrieben, im Normalfall durch die primäre Bezugsperson mittels »Reparaturepisoden« (Interactive Repair) im Kontakt mit dem Kind kompensiert. Bei stärker beeinträchtigten, neurologisch oder sensorisch behinderten Kindern helfen vermittelnde Institutionen wie Schreiambulanzen oder integrative Familienzentren bei der Übersetzungsarbeit der manchmal schwachen oder uneindeutigen kindlichen Signale für die Mütter.

Wenn die Mutter aber selbst durch Armut, psychosoziale Probleme, Gewalt oder eigene, chronische somatische und vor allem psychische Störungen belastet ist, kann sie sich dem Kind nicht wirkungsvoll zuwenden. Häufig kann sie auch keine externe Hilfe in Anspruch nehmen. Dann kommt es immer wieder zu Missverständnissen und Konflikten zwischen ihr und dem Säugling mit der Gefahr einer negativen Tönung der Beziehung bis hin zu Misshandlung oder Vernachlässigung (siehe Abbildung 8). Die Zahl der Reparaturepisoden sinkt drastisch und die Interaktionspartner zeigen mehr depressiv-resignatives oder ärgerlich-reizbares Verhalten mit den entsprechenden Auswirkungen auf das eigene Selbstbild und ihr Vertrauen darauf, in Beziehungen etwas bewirken zu können. Bei massiv traumatisierten Müttern, solchen mit einer Suchtkrankung oder an einer postpartalen Depression leidenden Müttern finden wir oft problematische Interaktionen, die entweder passiv-apathisch den Kindern zu wenig Stimulation und Resonanz bieten oder aber in der agitierten Variante ihren Säugling grenzüberschreitend überstimulieren. Bei opiatabhängigen Müttern ist immer wieder, entsprechend dem Konsumstatus mit/ohne Drogen mal das apathische und mal das intrusive Muster zu beobachten (Trost, 2012). Beide Formen verhindern beim Kind das Maß an Sicherheit, das zur Ausbildung von Neugier und Interesse notwendig ist. Dies sind aber wesentliche Ressourcen, um sich auf sich ändernde Umwelten einzustellen und die eigene Entwicklung aktiv zu gestalten.

Beispiel: Die mit Methadon substituierte 23-jährige Mutter hat eine langjährige traumatische Vorgeschichte mit Misshandlung, Missbrauch, Suizidversuchen und häufigen Klinikaufenthalten hinter sich. In der Spielsituation mit ihrer fünf Monate alten Tochter präsentiert sie diese mit großem Stolz als ihr Ein und Alles. Jede Regung des Kindes wird kommentiert und im Sinne der Selbstbestätigung für die Mutter interpretiert. Sie spielt mit dem Kind wie mit einer Puppe, indem sie es beispielsweise auf die noch nicht tragfähigen Beinchen stellt und es zu Schritten animiert, um dem Untersucher zu imponieren. Dann steckt sie dem Kind »zum Spaß« den eigenen großen Zeh in den Mund und lacht darüber. Als ihre Tochter beginnt, ungehalten zu reagieren, versucht sie durch hektische Aktivität zu animieren und bemerkt dabei nicht den furchtsamen Ausdruck im Gesicht des Kindes. Trotz einer im Grunde liebevollen Haltung zu ihrem Kind gelingt es der Mutter nicht, eine überwiegend an den Möglichkeiten und Bedürfnissen des Säuglings ausgerichtete responsive Interaktion aufrechtzuerhalten. Immer wieder drängen sich ihre eigenen Bedürfnisse und Sehnsüchte in den Vordergrund.

4.2.5 Interaktionsdiagnostik

Im ersten Lebensjahr drücken Kinder ihr Befinden nur über vegetative Zeichen sowie motorische und Lautäußerungen aus. Daher waren Störungen in dieser Periode bei Betrachtung des Individuums Säugling zunächst eher eine Domäne der Pädiatrie als der Bindungsdiagnostik. In den fünfzig Jahren, seit es Bindungsforschung gibt, wurden dann eine Reihe valider und nützlicher Instrumente zur Erfassung von Interaktions- und Bindungsqualität entwickelt. Im Folgenden sollen einige praxisnahe interaktionsfokussierte Verfahren genannt werden.

Die bekannte *Münchener Kommunikationsdiagnostik* der Gruppe um *Mechthild Papoušek* ist insbesondere für die Grundlagenforschung mit entsprechender technischer Ausstattung und mikroanalytischer Auswertung entwickelt worden. Wie praktisch alle bindungsdiagnostischen Verfahren in den ersten Lebensjahren handelt es sich um ein ressourcenorientiertes, videogestütztes Verfahren: »Aufgabe und Ziel der Videodiagnostik ist es zunächst, über die momentane Interaktionsbereitschaft, Aufnahmefähigkeit und Reaktionsbereitschaft des Kindes Aufschluss zu gewinnen. Danach schätzen wir auf Seiten der Mutter die Ausprägung ihrer intuitiven Kompetenzen und die Abstimmung ihrer Kompetenzen auf die kindlichen Rückkoppelungssignale ein. Aus den wechselseitigen *Kontingenzbeziehungen* [Verknüpfungen/Wenn-dann-Beziehungen, AT] zwischen kindlichen und mütterlichen Signalen lässt sich ablesen, ob funktionale oder dysfunktionale Kommunikationsmuster, Engels- oder Teufelskreise, vorliegen. Wir richten unsere Aufmerksamkeit dabei in erster Linie auf Sequenzen positiver Gegenseitigkeit, um für die weitere Beratung und Behandlung die immanenten Ressourcen des Systems nutzen zu können« (Papoušek, 2000, S. 616).

Folgende Warnzeichen für die Früherkennung von Störungen der vorsprachlichen Kommunikation sind bekannt:

Im kindlichen Verhalten:
- abnorme Passivität,
- (Blick-)Kontaktvermeidung,
- häufig auftretende Irritabilität und Schreien,
- mangelnde Entwicklung differenzierter Kommunikationsformen,
- nicht organisch bedingte Nahrungsverweigerung oder Schlafstörungen,
- ängstliche Abwehr neuer Situationen und Personen.

Im elterlichen Verhalten:
- Vermeiden von entspannten Zwiegesprächen mit dem Säugling zu Zeiten seiner Interaktionsbereitschaft,
- Mangel an spielerischen Elementen,
- Ignorieren oder zögerndes Beantworten von kindlichen Signalen,
- inadäquate Dosierung der Anregungen,
- Über- oder Unterstimulation als stereotypes Interaktionsmuster,
- überwiegend rationale bzw. dirigistische Interventionen,
- mangelndes Eingehen auf Versuche des Kindes, Aufmerksamkeit, Dialog oder Spiel aufrechtzuerhalten.

Die aufgelisteten Phänomene lassen sich in jeder Mutter-Kind-Beziehung gelegentlich beobachten. Entscheidend für eine Diagnose ist eine überwiegend stereotype Konstanz des geschilderten Verhaltens mit nur wenigen gelingenden »Reparaturepisoden«.

Eine andere Methode zur Einschätzung der Mutter-Kind-Beziehung anhand einer Spiel-Beobachtung per Video ist die *Mother-Infant-Playing Scale*/Beurteilungsskala für eine Mutter-Kind-Spielsituation von *Chatoor* et al. (1997). Die Beurteilungsskala, von *Pal-Handl* (1998) übersetzt und in Anhang 2 abgedruckt, besteht aus vier Abschnitten. Jeder davon ist einem speziellen Aspekt der Mutter-Kind-Interaktion gewidmet:
- *Wechselseitige Bezogenheit,*
- *Unempfänglichkeit der Mutter für die Bedürfnisse des Kindes,*
- *Konflikte in der Mutter-Kind-Beziehung,*
- *Aufdringlichkeit der Mutter.*

Dabei werden sowohl positive als auch negative Aspekte in die Beurteilung einbezogen. Besonders interessant an diesem Instrument ist die Tatsache, dass es für eine globale Beurteilung brauchbare Ergebnisse liefert und dass es sehr einfach anzuwenden ist.

Die Gruppe um Chatoor hatte geforscht, ob sich eine Fütterstörung auch in anderen Mutter-Kind-Interaktionen wie z. B. beim gemeinsamen Spiel auswirkt. Die Ergebnisse gaben den Forschern recht: Beobachtungen sowohl in einer Fütterungssituation wie auch in einer Spielsituation sind valide Kriterien für die Qualität der Beziehung. Es ergaben sich signifikante Unterschiede für die vier Skalendimensionen zwischen Mutter-Kind-Paaren der Kontrollgruppe und solchen, bei denen kindliche Regulationsstörungen vorlagen. Die Beurteilungsskala für eine Mutter-Kind-Spielsituation kann als geeignetes Diagnoseinstrument von problematischen Interaktionsmustern zwischen einem Mutter-Kind-Paar angesehen werden.

Ainsworth-Feinfühligkeitsskala: Das Konzept von Mary Ainsworth kommt auch heute noch in einer adaptierten Form, der *Skala elterlicher Feinfühligkeit (SeF),* zur Anwendung, z. B. beim Risikoscreening in der Kinderschutzarbeit oder als präventives Tool für die Arbeit von Hebammen (Künster u. Ziegenhain, 2014). Die in Anhang 1 abgedruckte Originalskala erfasst die Feinfühligkeit der Bezugsperson auf den Dimensionen Wahrnehmung, Interpretation des kindlichen Verhaltens, angemessene Reaktion und Promptheit der Reaktion. Sie enthält operationalisierte Beschreibungen auf fünf Stufen: Sehr feinfühlig (9), Feinfühlig (7), Unbeständig feinfühlig (5), Weniger feinfühlig (3), Fehlende Feinfühligkeit (1).

Die Skalen zur emotionalen Verfügbarkeit/Emotional Availability Scales (EAS) von *Zeynep Biringen* sind ebenfalls ein praxisnahes Instrument zur Untersuchung der emotionalen Verfügbarkeit der Eltern für ihr Kind (Biringen, Robinson u. Emde, 1998). Auf sechs Dimensionen wird das elterliche Interaktions- und Kommunikationsverhalten sowie das Verhalten des Kindes, klar operationalisiert, eingestuft:

- Elterliche Sensitivität,
- Elterliche Strukturierung,
- Elterliche Nicht-Intrusivität,
- Elterliche Nicht-Ablehnung,
- Kindliche Responsivität,
- Kindliche Involvierung.

Die Anwendung der EAS erfordert eine intensive Schulung. In einer aktuellen Arbeit kritisiert Biringen die Begrenztheit der bindungstheoretischen Erhebungsinstrumente auf die überlebenssichernde Komponente der Eltern-Kind-Beziehung (Saunders, Kraus, Barone u. Biringen, 2015). Der im weiteren Verlauf besprochene Fremde-Situation-Test erfasst z. B. lediglich das Verhalten von Kind und Mutter in einer stressigen Trennungssituation. Die hier vorgestellten Methoden zur Interaktionsdiagnostik im ersten Lebensjahr erfassen die Beziehung jedoch auf einer viel breiteren Basis, wie im Einzelnen bereits dargestellt. Hier geht es auch um responsive Interaktionen in entspannter Atmosphäre, um Spiel, Umgang mit Grenzen und Regulierung in allen alltäglichen Situationen.

Vom Konzept der elterlichen Feinfühligkeit oder der intuitiven elterlichen Kompetenzen ausgehend wurden verschiedene Programme zur pädagogisch-therapeutischen Begleitung von Eltern entwickelt, die eine positive Entwicklung der elterlichen Interaktion mit dem Kind bewirken können. Pionierarbeit wurde insbesondere von dem Ehepaar Papoušek mit ihrer seit über 25 Jahren bestehenden »Münchner Sprechstunde für Schreibabys« geleistet. Auch die »Entwicklungspsychologische Beratung für junge Eltern« von *Ziegenhain* und Kollegen hat weite Verbreitung gefunden (Ziegenhain, Fries, Bütow u. Derksen, 2006).

4.3 Ausgeprägtes Bindungsverhalten

Nach den ersten Lebensmonaten differenziert der Säugling zunehmend zwischen vertrauten und unvertrauten Personen. Dies wird bereits in den ersten Lebenstagen durch Geruch, Stimme und Gesicht der primären Bezugspersonen initiiert und ist mit ca. acht Monaten Grundlage des sogenannten »Fremdelns«, einer Reaktion von Unbehagen angesichts der Annäherung nicht vertrauter Gesichter. Aufbauend auf diese Erfahrungen beginnen Säugling und Mutter zunehmend mit einer wirklich intersubjektiven Affektabstimmung. Das Kind kann die eigene Befindlichkeit als verschieden von den affektiven Zuständen bei seinen Bezugspersonen erkennen und sie zum Gegenstand eines wechselseitigen Austauschs machen. Damit wird die Grundlage für »shared« oder »joined attention«, dem gemeinsamen Aufmerksamkeitsraum, gelegt, eine wichtige Vorstufe zur »joint intention«, der gemeinsamen Zielverfolgung als Grundlage jedweder Kooperation.

Affektabstimmung durch die Eltern kann direkt durch den Einsatz analoger Gestik und stimmlicher Begleitung erfolgen, geschieht aber mittels Vitalitätsaffekten (Stern, 1998b) meist unbewusst und unbeachtet, eingebettet in den Verhaltensfluss. Dies sind Affekte, die Vitalgefühle zum Ausdruck bringen und – im Unterschied zu den sogenannten kategorialen Affekten wie Wut, Trauer, Freude usw. – keine abgrenzbaren Inhalte haben. Sie sind am ehesten in Metaphern zu beschreiben (»Heute platzt du ja vor Energie!«, »Ich bin heute mit dem linken Fuß aufgestanden« usw.). Sie sind von anderen durch Bewegung, Gestik, Mimik lesbar. Hierüber entsteht die Basis für das kontinuierliche Teilen innerer Erfahrungen und ein Gefühl der Verbundenheit während des ganzen Lebens.

Bis zum Ende seines ersten Lebensjahres entwickelt der Säugling auf der Basis der geschilderten Interaktionserfahrungen eine spezifische Bindung zu einer primären Bindungsfigur. Wenn mehrere Bindungspersonen verfügbar sind, »wählt« sich das Kind die feinfühligste, die anderen bekommen auch ihre Bedeutung, sind aber nachrangig, was die Adressierung in Angstsituationen angeht.

Eine sich im ersten Lebensjahr vollziehende Ausformung und spätere Stabilisierung sicherer Bindungsmuster hängt davon ab, ob das Kind im frühesten Lebensalter die wiederholte Erfahrung machen kann, dass es in der Lage ist, neue Anforderungen, die zu einer Störung seines emotionalen Gleichgewichtes führen, mit der Unterstützung einer primären Bezugsperson bewältigen zu können. Eine »sichere Basis«, die für die Ausbildung von Urvertrauen notwendig ist, entsteht auf der Grundlage von Resonanzprozessen zwischen Mutter/Vater und Kind. Das biologisch angelegte Bindungssystem ermöglicht das Überleben, wobei die Bindungsfigur die »sichere Basis« und später den »sicheren Hafen« für das Kind bedeutet. Das Bindungssystem wird bei Angst und Trennung aktiviert und durch die physische Nähe der Bindungsfigur beruhigt.

Das Bindungssystem verhält sich dabei reziprok zum Explorationssystem: Sobald das Bindungssystem beruhigt ist, kann sich das Kind (wieder) der Exploration zuwenden (siehe Abbildung 9).

Wie bereits ausführlich beschrieben, handelt es sich bei dem Konstrukt »Bindung« um ein psychoneuronales Grundsystem, das evolutionär angelegt ist und aufgrund der Erfahrungen des ersten Lebensjahres ausgeformt wird. Die interaktionellen Muster speisen sich aus den genetisch-epigenetischen Ausstattungen bei Mutter und Kind und aus den realen Erlebnissen von Responsivität und Feinfühligkeit, sprachlicher und spielerischer Anregung sowie aus der Variabilität aller anderen psychoneuronalen Grundsysteme.

Auf eine neue Weise bestätigen diese Erkenntnisse die vor über hundert Jahren formulierte Annahme von Sigmund Freud, dass die psychosoziale Entwicklung der ersten Lebensjahre lebenslange Spuren in der Psyche hinterlässt und entscheidend für die Art des In-der-Welt-Seins eines jeden Menschen ist.

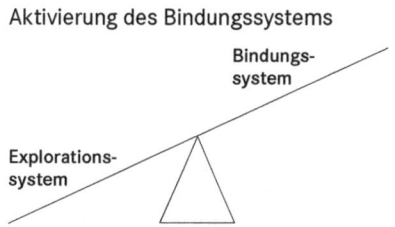

Eine Aktivierung des Bindungssystems und gleichzeitige Dämpfung des Erkundungssystems erfolgt, wenn das Kind ängstlich, unsicher, fremd, einsam, verlassen, hungrig, müde ist usw.

Eine Beruhigung des Bindungssystems und gleichzeitige Aktivierung des Erkundungssystems erfolgt bei Wohlbefinden und dem Gefühl von Sicherheit. Das Kind ist unternehmungslustig, spielt, exploriert mit Mund und Händen usw.

Abbildung 9: Bindung und Exploration

Eine besondere Stärke der Bindungstheorie besteht darin, dass sie neben den normativen, allgemeinen Entwicklungen auch die Entstehung differenzieller, interindividuell unterschiedlicher Bindungsqualitäten im Kindesalter zum Gegenstand hat. Da die Bindungs- und Interaktionserfahrungen von Menschen sehr unterschiedlich ausfallen, bilden sich schon in frühester Kindheit unterschiedlich sichere oder unsichere Bindungsstrategien heraus.

4.3.1 Der Fremde-Situation-Test

Am Ende des ersten Lebensjahres kann die Bindungsqualität zur Mutter mit einem standardisierten Verfahren wissenschaftlich untersucht, differenziert und benannt werden. Die »Fremde Situation« (FS) bzw. der »Fremde-Situation-Test« (FST) (siehe Tabelle 2) wurde von *Mary Ainsworth* und Kollegen 1978 konzipiert, vieltausendfach angewendet und für das Lebensalter von 11–20 Monaten als hoch valide und reliabel bestätigt. Mit dieser experimentellen Verhaltensbeobachtung lässt sich einordnen, wie sich das Kind gegenüber der Bindungsperson bzw. der fremden Person verhält und inwieweit es in der Lage ist, seine Gefühle offen zu zeigen.

Tabelle 2: Der Fremde-Situation-Test

Episode	Personen	Dauer	Kurze Beschreibung
1	Mutter, Kind, Beobachter	30 Sek.	Mutter und Kind werden vom Beobachter in den Raum geführt, der Beobachter verlässt den Raum.
2	Mutter und Kind	3 Min.	Mutter hält sich im Hintergrund, während das Kind den Raum und das Spielzeug explorieren kann.
3	Fremde Person, Mutter und Kind	3 Min.	Eine fremde Person tritt ein, setzt sich, unterhält sich zunächst mit der Mutter und beschäftigt sich danach mit dem Kind.
4	Fremde Person und Kind	3 Min. oder weniger	1. Trennung: Mutter verlässt den Raum, fremde Person bleibt mit dem Kind allein, beschäftigt sich mit ihm und tröstet es, wenn notwendig.
5	Mutter und Kind	3 Min. oder mehr	1. Wiedervereinigung: Mutter kommt wieder, begrüßt das Kind, beschäftigt sich mit dem Kind und versucht es wieder für das Spielzeug zu interessieren. Fremde Person geht unauffällig.
6	Kind allein	3 Min. oder weniger	2. Trennung: Mutter verlässt den Raum und lässt Kind allein.
7	Fremde Person und Kind	3 Min. oder weniger	Fremde Person tritt ein, wendet sich dem Kind zu und versucht es zu trösten, wenn nötig.
8	Mutter und Kind	3 Min.	2. Wiedervereinigung: Mutter kommt wieder, begrüßt das Kind und nimmt es auf. Fremde Person geht unauffällig.

Wir wissen heute, wie sehr die frühen Interaktionserfahrungen, die sich in einem am Ende des ersten Lebensjahres erfassbaren Bindungsverhaltensmuster niederschlagen, die Entwicklung und Ausdifferenzierung von Hirnstrukturen beeinflussen. Insbesondere sind solche Hirnregionen betroffen, die wir zur Affektregulation, zur Ausdifferenzierung kognitiver Fähigkeiten, für die Motivationsfähigkeit, die Aufmerksamkeits- und Impulskontrolle benötigen. Es geht bei dem Test um einen standardisierten Ablauf in einer sicheren, aber fremden Umgebung, damit das Bindungssystem auch wirklich aktiviert wird. Das Verfahren besteht aus acht Situationen, in denen jeweils das Verhalten des Kindes und der Bezugsperson protokolliert werden; entscheidend für die Bindungsklassifikation ist letztlich das Verhalten von Kind und Mutter in Episode 6 (Kind ist allein im Raum) und 8 (Wiedervereinigung mit der Mutter). Die Tabelle 2 verdeutlicht den Ablauf. Mit jeder Episode wird aufgrund der zunehmenden Verunsicherung das Schutzbedürfnis des Kindes größer. Spätestens in Episode 6 ist das Bindungssystem voll aktiviert, während das Explorationsverhalten schrittweise abnimmt. Dieses Grundmuster wurde bei allen untersuchten Ethnien weltweit beobachtet.

Der Großteil der Kinder zeigt eine sogenannte organisierte Strategie des Bindungsverhaltens. Die Bindungsmuster von bei Trennung nicht weinenden Kindern nannte Ainsworth A, die der weinenden Kinder B. Die Einjährigen, die auch nach der Wiedervereinigung mit der Mutter nicht aufhören konnten zu weinen, bezeichnete sie mit C (Grossmann u. Grossmann, 2004/2012). Die Benennung mit A, B, C suggeriert zunächst eine qualitative Reihenfolge; bei neurophysiologischen Untersuchungen wurde allerdings schnell klar, dass die A-Kinder ihr Bindungssystem auf der Verhaltensebene deaktiviert hatten, während Herzfrequenz und Cortisolausschüttung während des ganzen Versuchs auf einem hohen Level blieben, und sie somit nicht sicher gebunden sein konnten. Die Bezeichnungen wurden allerdings beibehalten.

4.3.2 Organisiertes Bindungsverhalten

Gruppe B: Die sicher gebundenen Kinder aktivieren ihr Bindungsverhaltenssystem bei Angst oder Trennung und sorgen so mit Erfolg für Schutz und Sicherheit seitens der primären Bezugsperson. Nach der Wiedervereinigung können sie sich schnell beruhigen und wenden sich bald wieder dem erkundenden Spiel zu. Sie verfügen über eine Grundsicherheit und Selbstwirksamkeit, somit über gute Möglichkeiten zum Ausdrücken von Gefühlen, zur Exploration und Interaktion und damit zu ungestörter Entwicklung. Ihre primären Bezugspersonen verhalten sich in der Regel feinfühlig und responsiv.

Beispiel: Der 15 Monate alte Fabio zeigt sich schon bei der Ankunft der fremden Person leicht besorgt und rückt etwas näher zur Mutter (sucht den sicheren Hafen auf). Er kann aber noch spielen und lässt sich auf Angebote der fremden Person ein. In Episode 6 des FST beginnt er sofort, nachdem die Mutter den Raum verlassen hat, zu brüllen und klopft gegen die Tür, hinter der sie verschwunden ist. Nach gut einer Minute kommt die fremde Person herein. Fabio weint weiter und weist auf die Tür. Als die Mutter nach kurzer Zeit wieder auftaucht, läuft er schnell auf diese zu und beruhigt sich brabbelnd in kurzer Zeit, während sie ihn auf den Arm nimmt und begütigend zu ihm spricht. Dann zeigt er der Mutter seine Spielsachen.

Gruppe A: Unsicher-vermeidend gebundene Kinder haben immer wieder die Erfahrung gemacht, dass ihre Bezugsperson wenig feinfühlig auf ihre Bedürfnisse einging und nicht viel Körperkontakt hielt. In emotional belasteten Situationen zeigen diese Kinder weder ihre Gefühle von Belastung noch suchen sie die Nähe zur Bindungsperson, vielmehr vermeiden sie den Kontakt zu dieser. Das Bindungsverhaltenssystem ist bei A-Kindern deaktiviert, sie wirken unbelastet und bleiben in Angst- und Trennungssituationen eher für sich allein, indem sie versuchen, eigene Lösungsstrategien zu finden. Sie sind dabei aber hoch gestresst. Sie verhalten sich freundlich zu Fremden und drücken auch gegenüber der Mutter keine negativen Gefühle aus. Während der Trennung wenden sie sich der Exploration zu, die jedoch einförmiger und stereotyper ausfällt. Konzentration und Hand-Auge-Koordination sind schwächer als bei sicher gebundenen Kindern (Grossmann, 1990).

Beispiel: Alvin, 18 Monate alt, schaut kurz auf, als seine Mutter in Episode 6 den Raum verlässt. Er spielt schon die ganze Zeit mit einem kleinen Feuerwehrauto, das er immer wieder im Kreis fahren lässt. Zwischendrin seufzt er kurz auf, aber als die Mutter wieder hereinkommt, scheint er sie kaum zu bemerken. Auf ihre Ansprache hin lächelt er kurz zu ihr hinüber, bleibt aber bei seinem Spielzeugauto.

Gruppe C: Die unsicher-ambivalenten Kinder können schon in der Ausgangssituation nur wenig explorieren, bleiben nahe bei ihrer Bezugsperson und zeigen sich eher ängstlich gegenüber der fremden Person. Ihr Bindungsverhaltenssystem ist von Anfang an aktiviert, mit einer maximalen Steigerung schon bei der ersten Trennung in Episode 4. Sie weinen anhaltend und herzzerreißend und wirken dabei zugleich ärgerlich. Dies führt dazu, dass alle Episoden deutlich kürzer ausfallen, weil die beteiligten Erwachsenen dies kaum aushalten können. In der Wiedervereinigungssituation suchen die Kinder gleichzeitig die Nähe zur Bindungsperson als auch die wütende Entfernung von dieser. Das kann sich beispielsweise körpersprachlich im Anklammern mit den Armen bei gleichzeitiger Abwendung mit dem Unterleib und heftigem Strampeln mit den Beinen äußern. Aufgrund ihrer hohen psychomotorischen Erregung können C-Kinder lange nicht zum Erkundungsverhalten zurückfinden. Anders als sicher gebundene Kinder, die aktiv und effektiv die Unterstützung der Bezugsperson herbeiholen können, und anders als die unsicher-vermeidenden Kinder, die sich in belastenden Situationen eher ablenken oder im späteren Alter beschwichtigen, dominiert bei den C-Kindern Angst, Ärger und Verzweiflung.

Beispiel: Kathi (13 Monate) weint bereits ganz fürchterlich in Episode 4. Als die Mutter wieder hereinkommt, krabbelt sie zu ihr und beschwert sich wütend und verzweifelt. Die Trennung von der Mutter in Episode 6 ist für alle Beteiligten wegen ihres gellenden Geschreis kaum aushaltbar. Als die Mutter nach ganz kurzer Zeit wieder hereinkommt, klammert sich Kathi an sie und dreht sich mit Unterleib und

4.3 Ausgeprägtes Bindungsverhalten

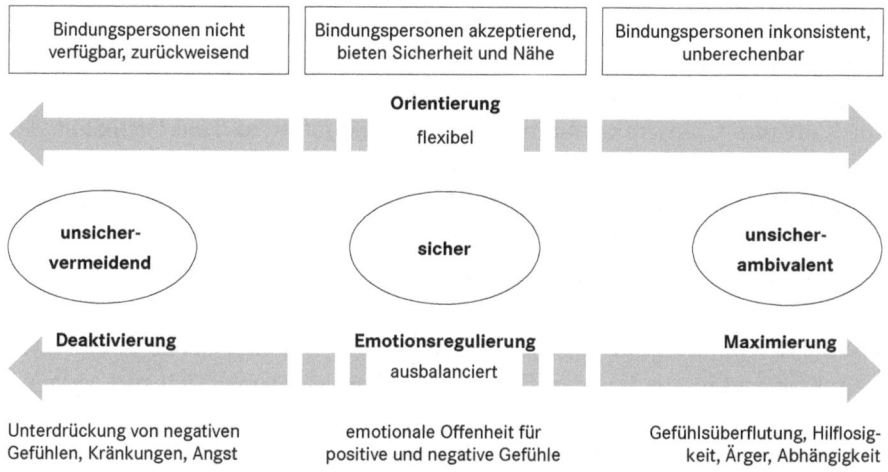

Abbildung 10: Organisiertes Bindungsverhalten (Gloger-Tippelt u. König, 2009, S. 13)

Beinen gleichzeitig weg. Auch nach mehreren Minuten kann sie sich nicht beruhigen und auch nicht spielen.

Es leuchtet ein, dass die A- und C-Kinder erheblich mehr Energie aufwenden müssen, um in Stresssituationen auch nur irgendwie zurechtzukommen. Damit verfügen sie über weniger Valenzen für ihre altersentsprechenden Entwicklungsaufgaben als die sicher gebundenen B-Kinder. Abbildung 10 erläutert nochmals das Kontinuum zwischen hyperaktivierender und deaktivierender Bindungsstrategie. Dadurch sind diese Kinder in solchen Situationen praktisch nicht handlungsfähig, verfügen jedoch über eine Strategie, um eine nur gelegentlich feinfühlige Mutter auf jeden Fall für sie zu aktivieren, allerdings in der Regel über einen negativen Gefühlsausdruck.

Zur Häufigkeit der unterschiedlichen organisierten Bindungsstile gibt es verschiedene Angaben. Die ersten Untersuchungen mit der Fremden Situation in den USA ergaben fast zwei Drittel sicher gebundene Kinder; die erste deutsche Untersuchung 1976 zeigte bei fast der Hälfte ein unsicher-vermeidendes Verhalten (Strüber, 2016). Dieses Ergebnis ist sicherlich der beziehungsverachtenden NS-Ideologie und -Praxis zuzurechnen. Das damalige Standard-Mütterberatungsbuch der NSDAP-Kinderärztin Johanna Haarer forderte explizit nicht-responsives und bindungsvermeidendes Verhalten zur Vorbeugung von Verwöhnung und Verweichlichung, einschließlich der expliziten Sanktionierung der intuitiven elterlichen Kompetenzen. Ihr Standardbuch der NS-Kindererziehung »Die deutsche Mutter und ihr erstes Kind« diente sogar nach dem Krieg noch als Lehrbuch in Berufs- und Fachschulen; es wurde, unter Weglassung des Wortes »deutsche« im Titel, bis in die 1980er Jahre wiederaufgelegt. Die jüngste Tochter, Gertrud, bestätigt in ihrer Biografie (Haarer u. Haarer, 2012) die Kälte und Grausamkeit in ihrer Primärsozialisation und das Festhalten der Mutter an der Nazi-Ideologie noch bis zu ihrem Tode.

Eigene Untersuchungen zu den in einem Fragebogenverfahren erfassten Bindungsstilen bei über 1.100 Angehörigen helfender Berufe ergaben einen deutlichen Alterseffekt: Ältere Professionelle waren deutlich vermeidender gebunden als jüngere und aktuell Studierende (Trost u. Kreutz-Kielwein, i. V.). Vielleicht konnte sich bindungsförderliches Elternverhalten erst zwei Generationen nach dem Krieg auf breiter Basis entfalten; möglicherweise haben sich auch epigenetische Traumafolgemuster so lange ausgewirkt (siehe Kapitel 9).

Sowohl in unserem Kulturkreis wie auch in kulturvergleichenden Untersuchungen erwies sich die mütterliche Feinfühligkeit als entscheidend für die Bindungssicherheit am Ende des ersten Lebensjahres (van IJzendoorn u. Sagi-Schwarz, 2008), belegt durch Untersuchungen aus Afrika, Amerika und Asien. Besonders wichtig ist dabei die feinfühlige Interaktion im ersten Lebenshalbjahr, wobei sich Feinfühligkeit in ihren Erscheinungsformen durchaus unterscheidet. In der Bielefelder Längsschnittstudie zeigte sich beispielsweise, dass ein »behutsamer« Sprechstil der Mütter mit ihrem Säugling wesentlich häufiger mit einem sicheren Bindungsmuster assoziiert war als ein »unbekümmerter« oder »neutraler« Redestil, der wesentlich häufiger mit einem vermeidenden Bindungsmuster einherging (Grossmann u. Grossmann, 2004/2012). Eine ausgeprägte Fähigkeit der primären Bezugsperson zur Übernahme der kindlichen Perspektive gilt als weiterer Aspekt der Anbahnung einer sicheren Bindung. Diese Mütter nehmen ihr Baby als vollwertigen Interaktionspartner mit eigenen Gefühlen, Gedanken und Antrieben wahr, der aufgrund seiner funktionellen Unreife aber besonderer Aufmerksamkeit und Zuwendung bedarf.

Wir gehen heute davon aus, dass ca. 60–65 % der Bevölkerung sicher gebunden ist, ca. 25 % unsicher vermeidend und ca. 15 % unsicher ambivalent. Nicht eingerechnet sind die hoch unsicheren, desorganisiert gebundenen und bindungsgestörten Menschen, wobei diese Muster in der Regel als Zusatzklassifikationen zu den organisierten Strategien verwendet werden. Damit sinkt der Anteil der sicher gebundenen Menschen in unserer Gesellschaft auf ca. 50 %. In Ländern mit extremen Lebensverhältnissen wie Krieg, massiver Ausbeutung oder Hungersnöten dürfte diese Zahl noch deutlich geringer sein.

4.3.3 Desorganisiertes Bindungsverhalten

Dieses erst später und meist als Zusatzklassifikation definierte Verhaltensmuster zeigt an, dass ein Kind keine konsistente Verhaltensstrategie zur Bewältigung von Angst und Trennung zur Verfügung hat. Diese Kategorie wurde von Mary Main und Judith Solomon für die Kinder gewählt, bei denen keine eindeutige Zuordnung zu den organisierten Bindungsstilen möglich erschien. Insbesondere wurden Verhaltensweisen beobachtet, die widersprüchlich zum beobachteten Grundmuster waren, wie z. B. Vermeidungsverhalten und gleichzeitig ausgeprägter Protest gegen die Trennung. Diese widersprüchlichen Muster können simultan oder auch sequenziell auftreten, ferner finden sich ungerichtete, ziellose, unvollständige oder unterbrochene Bewegungen und Ausdrucksformen. Häufig kommen auch Stereotypien, asymmetrische Bewegungen, zeitlich unabgestimmte Bewegungen und anormale Körperhaltung vor oder auch eingefrorene, plötzlich angehaltene und verlangsamte Bewegungen. Das Kind drückt damit den Zusammenbruch einer zielgerichteten Strategie aus, quasi ein »Steckenbleiben« zwischen zwei Verhaltenstendenzen, bei dem auf der einen Seite die Zuwendung zur Mutter und das Nähesuchen und auf der anderen Seite die Abwendung steht. Die gleichzeitige Aktivierung von beiden Systemen führt zu einem Zusammenbruch des organisierten Bindungsverhaltens. Desorganisiertes Verhalten wird als Indikator für Stress und Angst angesehen, die das Kind nicht beenden kann, weil die Bezugsperson gleichzeitig die Quelle von Furcht und der potenzielle sichere Hafen ist (»nowhere to go«). In ethologischen Begriffen handelt es sich um eine Übersprungshandlung, wie sie z. B. bei Vögeln in Gefahrensituationen beobachtet werden kann: Anstatt angesichts eines Fuchses wie die anderen Hühner auf eine höher gelegene Stange zu flüchten, läuft das desorganisierte Huhn im Kreis und pickt. Dieses Verhalten gehört zum verfügbaren Repertoire, ist aber für den notwendigen Schutz in dieser Situation nicht zielführend.

Beispiel aus dem Fremde-Situation-Test, letzter Abschnitt: Die Mutter des 15 Monate alten Jungen kommt zur Tür herein, während sich die fremde Person dem Ausgang zuwendet. In dem Moment geht das Kind nicht auf seiner Mutter zu, sondern hebt ihren Rucksack auf, der in der Nähe des Stuhles liegt, und dreht sich um die eigene Achse. Als der Junge gewahr wird, dass die fremde Person den Raum verlässt, beginnt er zu schreien und läuft dieser hinterher, ohne seine Mutter zu beachten. Diese versucht ihn für sich zu interessieren, worauf er mit seinem hoch aktivierten Bindungssystem nicht reagieren kann. Erst nach einiger Zeit, als die Mutter sich zu ihm auf den Boden begibt und mit ihm zu spielen versucht, beruhigt er sich langsam und kann das Angebot seiner Mutter schließlich annehmen.

Auslöser für desorganisiertes Verhalten sind aufseiten des Kindes eine schlechte Regulationsfähigkeit aufgrund intrauteriner Belastung oder neurologischer Schädigung als Folge von Vernachlässigung und Misshandlung oder belastende, gegebenenfalls häufigere Pflegewechsel. Als mütterliche Faktoren kommen alle diejenigen infrage, die bereits in der Abbildung 8 zur frühen Mutter-Kind-Interaktion aufgeführt wurden: massiver sozialer Stress, Verlusterlebnisse, schwere somatische, psychische oder Suchterkrankungen, eigene Bindungs- oder Trennungstraumata. Hilfloses, ängstlich-zurückziehendes Verhalten der Mutter, z. B. nach ausgeprägtem sexuellem Missbrauch, führt eher zu sogenannten desorganisiert-sicheren Kindern, die noch Reste aktiver Suche nach Schutz und Fürsorge zeigen. Körperlich misshandelte Mütter identifizieren sich eher mit dem aggressiven Interaktionsstil, den sie selbst erfahren haben, und zeigen sich häufig feindselig dem Kind gegenüber, das darüber eine desorganisiert-unsichere Bindung entwickelt. In nicht klinischen Samples finden sich ca. 15 % desorganisiert gebundener Kleinkinder; diese Zahl kann in Risikopopulationen bis auf 80 % ansteigen (siehe auch Kapitel 6).

5 Bindungsentwicklung im weiteren Lebensverlauf

5.1 Kleinkind- und Vorschulalter

5.1.1 Spielfeinfühligkeit, Exploration und die Väter

Wenn das krabbelnde und laufende Kleinkind beginnt, sich von seiner primären Bezugsperson fortzubewegen und die nähere oder auch weitere Umgebung zu erkunden, gewinnt die sichere Exploration als weiterer Faktor der psychischen Sicherheit eine große Bedeutung für die Entwicklung des Kindes. Spätestens hier kommen die *Väter* ins Spiel. Während bei 95 % aller Säugetierarten die Männchen kaum Beiträge bei der Aufzucht ihrer Nachkommen leisten, finden sich bei Menschen sehr unterschiedliche männliche Verhaltensweisen in Bezug auf Zeugung und Förderung des Nachwuchses. Menschliche Väter investieren im Mittel mehr als andere Primaten in ihre Nachkommenschaft (Ahnert, 2004). Trotzdem wurde in vielen anthropologischen Studien festgestellt, dass Väter sich nur in sehr wenigen Kulturen um ihre Kleinstkinder kümmern (Grossmann u. Grossmann, 2004/2012). In aller Regel wurden enge Vater-Kind-Beziehungen erst ab einem Alter, in dem Väter als Kulturvermittler tätig werden konnten, beschrieben. Heute gilt eine partnerschaftliche und gleichwertige Beteiligung beider Elternteile an den Beziehungen zu ihren Kindern und an der Förderung und Erziehung in vielen Gesellschaften als erstrebenswert.

Die Wissenschaftlerin, Frauenrechtlerin und erste Pastorin in den USA, *Antoinette Brown-Blackwell* betonte übrigens bereits 1875 in einer Replik auf *Darwins* Evolutionstheorie, dass dieser die Bedeutung von Wettbewerb und Kampf in der Evolution überschätze (Brown-Blackwell, 1875). Viele Tiere, wie Vögel und Säugetiere und gerade auch die Menschen, seien auf soziales Miteinander und Kooperation angelegt – und vor allem darauf, Nachwuchs gemeinsam aufzuziehen. Nicht der verwegenste Kämpfer oder das selbstgefällige Muskelpaket, sondern der Partner, der auch beim Kinderaufziehen und im Haushalt helfe, sei im Evolutionsprozess erfolgreich (Blume, 2010). Sie widersprach Darwin in seiner Abwertung der Frau und hielt dagegen, dass sich die Geschlechter zwar in manchen Fähigkeiten unterschieden, aber sie ergänzten sich und seien in der Summe ihrer Kompetenzen gleich. Bildungschancen und gleiche Freiheiten würden am besten sicherstellen, dass künftige Generationen durch kooperierende und einander schätzende Partner gezeugt und erzogen würden.

Es gibt eine Reihe von Gründen, warum Wunsch und Wirklichkeit an dieser Stelle auch heute noch weit auseinanderklaffen. Für das in Bezug auf die Bindungsentwicklung besonders bedeutsame erste Lebensjahr ist die physiologische Bedeutung der Mutter als gebärende und stillende Bezugsperson sicherlich entscheidend für ihre nahezu ubiquitär durchgehende Rolle als primäre Bezugsperson. Wenn die Bindungssicherheit von Einjährigen in Bezug auf Mütter und Väter untersucht wurden, zeigten viele einen ähnlichen Prozentsatz an sicheren Bindungen zu beiden, allerdings mit den Vätern in der sekundären Rolle. Dennoch ist die väterliche Fürsorge-Feinfühligkeit im Schnitt geringer als die der Mütter, sicherlich wieder aufgrund eines komplexen Zusammenwirkens von evolutionären, Geschlechtsrollen- und Einübungseffekten. Je älter die Kinder werden, umso unterschiedlicher werden die Rollen von Mutter und Vater ausgestaltet, d. h., bei sehr kleinen Kindern ist das Fürsorgeverhalten auch bei Vätern noch ausgeprägter, später dominieren dann Exploration, Risikofreude und Geschlechtsrollenakzentuierung.

Vor allem in europäischen und US-amerikanischen Gesellschaften gilt die kooperative Unterstützung des Spieles ihres Kleinkindes durch die Eltern als ein wichtiger Beitrag zur geistigen und sozialen Entwicklung. *Grossmann und Grossmann* haben daher immer wieder Spielsituationen sowohl mit der Mutter als auch mit dem Vater untersucht und daraus das Konzept der *Spielfeinfühligkeit* entwickelt. Neben der allgemeinen Feinfühligkeit enthält es eine explizite Unterstützung von Neugier und Erkundung. Durch wertschätzende Interaktionen und Herausforderungen im Spiel, ohne ungebetene Einmischungen, wird ein vorsichtig unterstützender Spannungsbogen zur Erreichung eigener Ziele des Kindes aufgebaut. Dazu gehört Ermutigung, Verbalisieren des Tuns, dialogische Beisteuerung eigener Ideen, Hilfe bei Misserfolgen oder bei der Umsetzung von Interessen durch Verhaltensvorschläge.

Die Begegnung mit dem Vater ist für Säuglinge und Kleinkinder anders als die mit der Mutter, daher aufregend und mit großem Interesse verbunden. Insbesondere sind es die Aspekte von risikoreichem, aber geschütztem Spiel, wie z. B. manche »gefährliche« Tobespiele, bei Säuglingen gerne das In-die-Luft-Werfen, akrobatische Spiele oder das Heranführen an gefährliche Tätigkeiten oder Umweltbereiche: Klettern, Feuer, Wasser, Höhlen. Neben der Vermittlung von mutiger Exploration wird damit auch ein wichtiger Beitrag zur Regulation starker Affekte, wie Angst, Wut, aber auch Freude und Begeisterung geleistet.

Wenn der Vater anwesend ist, ergibt sich daher meist ein eigenständiges, unterschiedliches Bild der Beziehung zum Kind. Dies wurde eindrücklich in den Bielefelder und Regensburger Längsschnittstudien des Ehepaars *Grossmann* nachgewiesen (Grossmann u. Grossmann, 2004/2012). Die Bindungsqualität zum Vater ist nicht primär aus der Versorgungsqualität des ersten Lebensjahres ableitbar, sondern vielmehr aus der feinfühligen Unterstützung einer sicheren Exploration. Eine hohe »Väterliche Spielfeinfühligkeit« (VSF) sagt sicheres Explorationsverhalten voraus. Aus den genannten Gründen ist der Fremde-Situation-Test zur Diagnostik der Bindungssicherheit in Bezug auf den Vater nicht aussagekräftig.

Die feinfühlige und gleichzeitig leitende Kooperation bei Spiel und Exploration zwischen dem jeweiligen Elternteil und dem Kind trägt bei Mutter und Vater im unterschiedlichen Maß zur psychischen Sicherheit bei. Vor allem die väterliche Spielfeinfühligkeit zeigte bedeutsame Einflüsse auf die Sicherheit der Bindungsrepräsentation bis zum Alter von 22 Jahren. Offenbar stimuliert ein intensives und angemessen herausforderndes gemeinsames Spiel die Feinabstimmung von Affektregulierung und Impulskontrolle beim Kind. Dies verbessert sein Erleben von Selbstwirksamkeit. Hohe VSF trägt auch messbar zu einer sicheren Partnerschaftsrepräsentation im Erwachsenenalter bei.

Väter sind vor allem dann spielfeinfühlig mit ihren Kindern, wenn ihr Interesse an dem Kind bereits vor der Geburt beginnt, mit Wertschätzung gegenüber der Mutter und einer positiven Einstellung zur Familie, zu ihrer eigenen Rolle und mit Zufriedenheit in der Partnerschaft verbunden ist. Zudem spielt die eigene Bindungsrepräsentation und das Selbstvertrauen des Vaters für die Bewältigung neuer Situationen eine bedeutsame Rolle. Nur wenn er ein sicheres Bindungsmodell verinnerlicht hat, führt sein hohes Engagement zu einer verbesserten sozio-emotionalen Entwicklung im Jugendalter (Ahnert, 2004), im anderen Fall verunsichert es das Kind. Schwache Spielfeinfühligkeit zeigt sich z. B. in rigiden Reglementierungen, Vorschriften oder auch Desinteresse. Fatal für die Selbstwertentwicklung ist die Abwertung des kindlichen Spielverhaltens oder Entmutigung. Die elektrische Eisenbahn zum ersten Geburtstag des Sohnes ist sicher auch eher ein Geschenk an die kindliche Spielfreude des Vaters als ein geeignetes Spielzeug für den Sohn.

Eine etwas romantisierende, aber in seiner Einfachheit bestrickende Skizzierung der Rolle des Vaters für sein Kind enthalten die folgenden Verse des bekannten Allgäuer Autors von Kinderliteratur und -lyrik Josef Guggenmos (1964, S. 48):

»Wenn mein Vater mit mir geht, dann hat alles einen Namen.
Vogel, Falter, Baum und Blume.
Wenn mein Vater mit mir geht, ist die Erde nicht mehr stumm.
Kommt die Nacht und kommt das Dunkel, zeigt mein Vater mir die Sterne.
Er weiß, wie die Menschen leben, weiß, was recht und unrecht ist, sagt mir wie ich werden soll.«

Ganz anders verhält es sich bei einer konflikthaften Position des Vaters innerhalb der primären Triade oder bei seiner Abwesenheit. Der Vater trägt ja bereits im ersten Lebensjahr durch die Triangulierung dazu bei, dass die frühe Mutter-Kind-Dyade sich umstrukturieren kann. Durch den Elementarkonflikt zwischen Bindungswunsch und Autonomiebestreben gerät der Säugling bei seinen ersten Ablösungsschritten in eine schmerzhafte, hochambivalente Trennungskrise. Diese Trennungsängste werden durch die Anlehnung an den Vater abgepuffert. Wenn das nicht möglich ist, bleibt das Kind mit seiner Entwicklungsaufgabe allein und entwickelt entweder ein gehemmtes Autonomieverhalten oder in der Überkompensation ein pseudo-unabhängiges Autonomiemuster.

Ab dem zweiten Lebensjahr bietet der Vater neben diesem Halt eine gegengeschlechtliche Orientierung und Identifizierungsmöglichkeit. Dies ist besonders wichtig zur Regulierung von aggressiven Impulsen. Ein Mangel in der emotionalen Beziehung zum Vater legt einen Keim zur Verunsicherung des Selbst, zu Gehemmtheit und gedämpfter Explorationsfreude.

An dieser Stelle noch eine Anmerkung zum Thema »*Triadische Interaktion*«. In der Bindungsforschung wurde bislang kaum die simultane Interaktion beider Eltern mit ihrem Säugling untersucht. *Fivaz-Depeursinge* und *Corboz-Warnery* (2001) stellten ein aufwendiges Forschungsprojekt vor, in dem sie aus entwicklungstheoretisch-systemischer Sicht die Kommunikationsmuster von Eltern mit ihrem Säugling in einem standardisierten Setting als »Lausanner Trilogiespiel« beobachteten. Eins der Elternteile war vorher signifikant psychisch erkrankt, und es war nun das Ziel, funktionelle von dysfunktionellen familiären Allianzen zu unterscheiden und gegebenenfalls systemisch zu behandeln. Dem Entwicklungsalter des Kindes entsprechend wurden vorsprachlich analoge Kommunikationsformen erfasst und im Sinne eines strukturellen Familienmodells gedeutet und als kooperativ, angespannt, kollusiv oder gestört kategorisiert. Auf die Bindungstheorie im engeren Sinne bezogen sich die Autorinnen nicht, wohl aber auf die affektive Abstimmung.

Dieses für das Verständnis der Eltern-Säuglings-Interaktion und für entwicklungsförderliche Interventionen interessante Modell ist, meiner Kenntnis nach, nicht weiterentwickelt oder in größeren Folgestudien abgesichert worden. Hier wäre Forschungsbedarf für ein bindungstheoretisch-systemisches Modell dieses »Primären Dreiecks«, wie die Autorinnen es nennen. Eingeschlossen werden sollten auch aktuelle alternative Familienmodelle mit gleichgeschlechtlichen Partnern, Patchworkfamilien oder generationenübergreifenden Lebensgemeinschaften. Die klassische Vater-Mutter-Kind-Familie entspricht eher romantisierenden Vorstellungen des 19. und 20. Jahrhunderts als der Wirklichkeit familiärer Organisation weltweit.

5.1.2 Zielkorrigierte Partnerschaft und Bindungsdiagnostik

Mit der rapiden motorischen Entwicklung, der zunehmenden Sprachkompetenz, einer durch feinfühlige Unterstützung erweiterten Explorationsfähigkeit und der entstehenden Möglichkeit zur Perspektivübernahme entwickelt sich in der Kleinkindzeit zwischen den Bindungspersonen und dem Kind eine »zielkorrigierte Partnerschaft« (»goal corrected partnership«: Bowlby, 1970, z. B. S. 252). Das Kind lernt zunehmend seine eigenen Emotionen zu identifizieren und sie von denen seiner Bezugsperson zu unterscheiden, ein bedeutsamer Aspekt der Mentalisierungsfähigkeit. Wenn – jenseits der primären Egozentrizität – in einer Kommunikation etwas Gemeinsames entstehen soll, ist es notwendig, die Absichten und Gefühle des anderen in die eigenen Pläne mit einzubeziehen. Dies ist nicht nur die Grundlage dialogischer Interaktion, sondern auch von strategischer Zielverfolgung bzw. Manipulation von anderen.

Die mentale Entwicklung des Kindes in einer sicheren Bindung führt fast immer bis zum dritten Lebensjahr zu einer primären Objektpermanenz und zu einer hinreichend verlässlichen Vorhersage des Verhaltens der engsten Bezugspersonen im Raum-Zeit-Kontinuum. Das Kind weiß in aller Regel, wie es mit den entsprechenden Erwachsenen umgehen muss, um seine Ziele zu erreichen, wo die Grenzen sind und welche Spielräume ausgelotet werden können. Da auch das Erleben von Ich-Stärke und Selbstwirksamkeit bis dahin zugenommen hat, toleriert das Kind in aller Regel vorübergehende Trennungen von den wichtigen Bezugspersonen. Das Kind weiß jetzt auch, dass die Beziehung zu den Eltern stabil ist und bildet mentale Repräsentationen dieser sowohl im prozeduralen als auch im deklarativen Gedächtnis, d. h., sie sind sowohl als emotional sichere Grundpfeiler erlebbar als auch bewusst abrufbar. Es entsteht ein mentales Bindungsmodell, das Arbeitsmodell, wie bereits beschrieben (Bretherton, 2001).

Dadurch kann es größere explorative Risiken, wie z. B. eine weitere Entfernung von den Bezugspersonen und spielerische Kontaktaufnahme mit anderen

Kindern und Erwachsenen, ausprobieren – eine wichtige Voraussetzung für den Besuch einer Kindertagesstätte.

Beispiele für Bindungsdiagnostik im Vorschulalter

Die sprachlichen Fähigkeiten sind für ein narratives Verfahren im frühen Vorschulalter noch nicht ausreichend, daher ist zur Erfassung dieses mentalen Bindungsmodells ein projektiver Zugang über Spiel- und Bildmaterial gut geeignet. Fantasie- und Rollenspiele werden ja schon von Dreijährigen häufig und gerne praktiziert. Auf fiktionaler Ebene kommt es hier zu einer Vermischung von Altersgeschehnissen, eigenen Erfahrungen mit sich und anderen und verinnerlichten emotionalen Schemata.

Außerdem wurde der Fremde-Situation-Test für Kinder zwischen 2,5 und 5 Jahren adaptiert. Dauer und Szenenabfolge bleiben dabei nahezu unverändert; allerdings haben sich unterschiedliche Auswertungsmethoden etabliert, in denen dem Alter entsprechend auch die verbalen Interaktionen berücksichtigt werden. Stellvertretend soll hier das »*Preschool Assessment of Attachment (PAA)*« von *Crittenden* (1994) vorgestellt werden (siehe Abbildung 11).

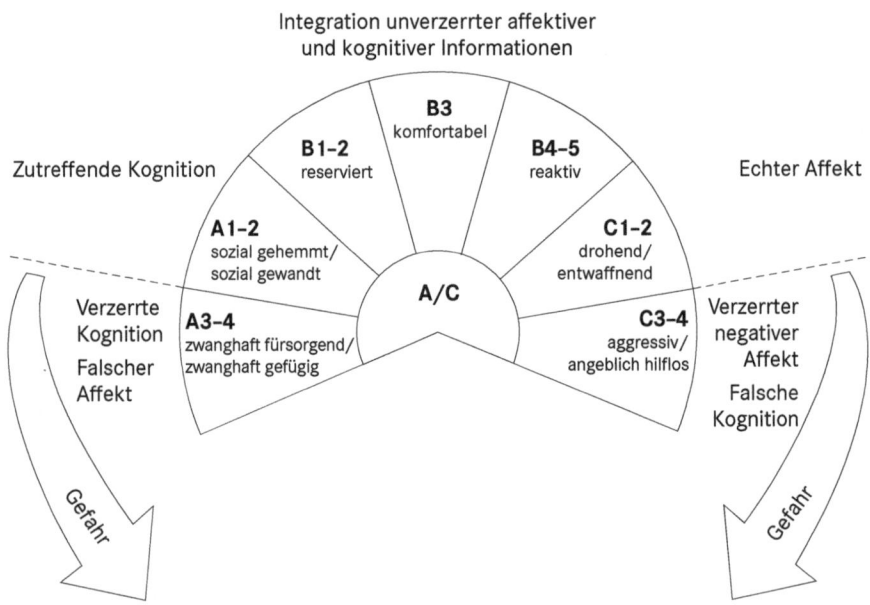

Abbildung 11: Preschool Assessment of Attachment (PAA) (Zach, 2012, S. 66; modifiziert nach Crittenden, 1994)

Die Auswertung erfasst die Bindungsstrategie von Vorschulkindern über die Verhaltensmuster, die Affektregulation und die verbal geführten Verhandlungen mit der Bezugsperson über die Trennung während des Tests. Wie bei allen Bindungsklassifikationen sind bei den sicheren Mustern Affekt und Kognition integriert und ausbalanciert. Bei den leicht unsicheren ergeben sich Verschiebungen in Richtung Affekt oder Kognition. Zusätzlich werden aber auch hoch unsichere Bindungsmuster definiert, die Crittenden aber noch für organisiert hält. Vermeidende Kinder mit der Klassifikation A 3–4 unterdrücken ihre eigene Bedürftigkeit und zeigen einen falsch positiven Affekt, somit erwünschtes Verhalten. Damit schützen sich die Kinder vor der Bindungsperson aus Angst oder sie schützen die Bindungsperson aus Sorge um diese. Auf der anderen Seite der Skala finden sich Kinder, die in gefährdenden Kontextbedingungen Ärger, Angst und Bedürfnis nicht mehr gut integrieren können und sie im Wechsel, aber intuitiv auf das elterliche Verhalten abgestimmt, ausagieren (C 3–4). Bei einer vom Kind als komplex erlebten familiären Gefährdungskonstellation kann dieses in bindungsrelevanten Situationen damit sowohl A- als auch C-Strategien zeigen, wie z. B. in Anwesenheit der etwas chaotischen Mutter eine hyperaktivierende und in Anwesenheit des als bedrohlich erfahrenen Vaters eine deaktivierende Strategie (A/C-Muster).

5.1.3 Entwicklung des Mentalisierens

Aus dem kontinuierlichen Handlungsdialog des Säuglings mit seinen primären Bezugspersonen bildet sich im prozeduralen Gedächtnis ein Niederschlag, der zum Ende des ersten Lebensjahres als primäres Bindungsverhaltensmuster erkannt werden kann. Parallel zum Erwerb dieses impliziten Beziehungswissens beginnen schon früh Vorläufer von Denkfunktionen mit dem allmählichen Aufbau einer mentalen Repräsentation, die später auch bewusst abrufbar sein wird (Klöpper, 2006). Auch wenn Worte in den ersten Lebensmonaten noch nicht als Träger semantischer Bedeutungen fungieren können – die entsprechenden linkshemisphärischen Sprachzentren sind dazu noch nicht ausgereift – hat die verbale Kommentierung von Befindlichkeit, Reaktionen und Initiativen des Säuglings durch die Mutter doch eine sprachvorbereitende Wirkung und eine Stärkung der mentalen Funktionen des Babys zur Folge. Das Gleiche gilt für das »Vorlesen« von Bilderbüchern. Wesentlicher als die semantisch-inhaltliche Bedeutung ist in dieser Zeit jedoch die affektive Kommunikation und Abstimmung durch mimische, gestische und sprachliche Mittel. Zum Verständnis all jener Prozesse, die letztlich zur Reflexion eigener psychischer Zustände und denen anderer führen, ist die Beschäftigung mit einem vergleichsweise neuen Konzept in einer etwas sperrigen Begrifflichkeit, dem *Mentalisieren,* notwendig.

Der von Fonagy und Target geprägte Begriff bezeichnet das Vermögen, zu wissen, dass ein anderer Mensch, wie ich selbst, Subjekt ist und eigene Gedanken, Gefühle, Motivationen hat (Fonagy, Gergely, Jurist u. Target, 2008). Mein oder das Verhalten anderer kann durch Zuschreibung mentaler Zustände interpretiert werden: Wenn ein anderer Mensch vor einer Spinne zurückweicht, weiß ich, dass er Angst davor hat, auch wenn das bei mir nicht der Fall ist. Auch er weiß, dass ich das weiß, und kann mich bitten, die Spinne für ihn zu entfernen. Dieser Vorgang erfordert Empathie und das Bewusstsein einer Trennung zwischen mir und dem anderen ebenso wie das Wissen, dass es sich bei Mentalisierungsvorgängen um Repräsentationen der Realität handelt und nicht um diese selbst. In diesem Abschnitt wird die normale Entwicklung des Mentalisierens behandelt, Fehlentwicklungen und mentalisierende Interventionen dagegen in Unterkapitel 8.6.

»Ein Verständnis der Zusammenhänge zwischen innerer und äußerer Realität ist nicht von Beginn an vorhanden, sondern eine Entwicklungsleistung und das Ergebnis einer erfolgreichen Integration zweier verschiedener Arten, zwischen Innen und Außen zu unterscheiden. Die psychische Entwicklung bewegt sich von einer Erfahrung, in der mentale Zustände nicht als Repräsentationen abgebildet sind, hin zu einer zunehmend komplexeren Sicht der inneren Welt, die durch die Fähigkeit gekennzeichnet ist, Gedanken, Gefühle im anderen und in der eigenen Person vorauszusetzen und zu erkennen, dass eine (wenn auch lose) Verbindung zwischen diesen und der Außenwelt besteht« (Kirsch, 2014, S. 22 f.).

Dabei liegen dem Mentalisieren vier funktionale Polaritäten zugrunde (Bateman u. Fonagy, 2015):
- automatisch – kontrolliert,
- innerlich fokussiert – äußerlich fokussiert,
- selbstorientiert – fremdorientiert,
- kognitiver Prozess – affektiver Prozess.

Besonders wichtig ist die erste Dimension: Im Alltag mentalisieren wir vorwiegend implizit und automatisch. Dieses erfolgt durch parallele neuronale Verarbeitung wesentlich schneller als das explizite und ist angesichts der Häufigkeit und Schnelligkeit in interpersonalen Begegnungen ökonomisch, meist zutreffend und verlangt kaum Aufmerksamkeitsanstrengung: Das weinende, gerade hingefallene Kind wird in den Arm genommen und getröstet. Wenn dieses Kind beim ruhigen Spiel plötzlich in Tränen ausbricht, ist explizites, kontrolliertes Mentalisieren gefragt, um herauszufinden, was der Hintergrund für dieses nicht erwartbare Weinen darstellt. In sicheren Bindungen kann verlässlicher über situativ nutzbringendes implizites Mentalisieren verfügt werden. Es funktioniert über phylogenetisch ältere Regelkreise, die mehr auf sensorischen

Input reagieren, während das kontrollierte Mentalisieren vorwiegend evolutionär jüngere Mechanismen nutzt, die überwiegend symbolische und sprachliche Information verarbeiten.

Mentalisierungsentwicklung meint die Bildung eines symbolvermittelten sekundären Repräsentationssystems der Affekte, des Selbst und der Anderen. Das bedeutet also, eine Vorstellung davon zu bekommen, welche mentalen und affektiven Gründe für das Verhalten eines Menschen vorliegen können. Wie nahezu alle psychischen Funktionen entwickelt sich die Mentalitätskompetenz auf der Basis präformierter evolutionärer Schemata, die in der Interaktion mit den wichtigsten Bezugspersonen sozial-konstruktiv ausdifferenziert und moduliert werden.

Wenngleich das Mentalisierungskonzept in der Bindungstheorie wurzelt, sind Bindung und Mentalisieren nicht das Gleiche: Während das Bindungssystem primären Schutz und Fürsorge garantieren soll, ist Mentalisierungskompetenz ein mächtiges Werkzeug im Dienst der affektiv-kognitiv-sozialen Adaptation und Performanz. Gleichwohl gelingt Mentalisieren in sicheren Bindungen wesentlich besser als in unsicheren, weil die Voraussetzungen einer sicheren Bindung die gleichen sind wie die der Mentalisierung, nämlich das markierte Spiegeln und die affektive Resonanz. Daraus leitet Fonagy (2007) seine Behauptung ab, dass die Bindungsentwicklung wesentlicher Motor *auch* der kognitiven Entwicklung ist.

Die Mentalisierungsentwicklung beginnt also mit der kontingenten *Spiegelung der Affekte* des Kindes durch die primäre Bezugsperson vom ersten Lebenstag an, was bedeutet, dass sie nicht primär einem evolutionär oder genetisch fixem Schema unterliegt, sondern Ergebnis kontinuierlich responsiver Interaktion ist. Das Kind antwortet auf die Spiegelung, und so entwickelt sich ein früher Dialog, in dem die Bezugsperson dem Kind hilft, sein Verhalten – und das von anderen – in Verbindung mit der Benennung von Gefühlen, Wünschen, Erwartungen und Überzeugungen zu verstehen. Mikroanalytische Untersuchungen von Verhaltenssequenzen haben gezeigt, dass sich Mutter und Kind in schnellem Wechsel exakt aufeinander einstimmen. Dieses von *Beebe* und *Lachmann* beschriebene »rhythm and time matching« ist grundlegend für den späteren verbalen Dialog, aber auch prognostisch für die Qualität der Bindung (Beebe u. Lachmann, 2004, S. 107 ff.). Zunächst hat Mentalisieren ausschließlich analoge, affektive Qualitäten. Diese werden nach und nach durch – begleitende – verbale Kommentare ergänzt.

Markieren: Eltern beginnen bereits früh, im Gefühlsausdruck nicht ganz gleich wie das Baby, sondern nur ähnlich und spielerisch übertrieben zu reagieren. Dieser Aspekt wird *Markierung* genannt; er hilft bereits dem Säugling nach und nach zwischen sich und der Bezugsperson zu unterscheiden. Säuglinge belohnen bereits ab der 6. Lebenswoche markiertes Spiegeln mit Begeisterung und erhöhtem Interesse – und verstärken es so bei den Eltern. Die Babys verlieren schnell das Interesse an ganz gleicher Spiegelung, sind jedoch gebannt bei kleinen Abweichungen. »Mit der markierten Spiegelung seiner Affekte und deren Aufnahme in das Selbst erwirbt das Kind eine ›sekundäre Repräsentation‹, die – und das ist wichtig – implizit deren Verarbeitungsweise durch die Bindungsperson enthält; dazu gehört auch deren Vermögen, Affekte in ihrer Intensität zu regulieren, wie es die Mutter [...] mit Stimme und Mimik tut« (Klöpper, 2006, S. 68).

Dabei werden mehrere Entwicklungsfunktionen aktiviert: Durch das soziale Biofeedback (Fonagy et al., 2008) wird das Kind für seine eigenen inneren Zustände sensibilisiert, diese werden damit reguliert, d. h. in der Regel beruhigt oder begrenzt, und durch die genannten sekundären Repräsentanzen (Mama sagt, ich bin wütend, also bin ich vielleicht wütend) entsteht ein mentalisierender Kommunikationscode. In seiner reifsten Form heißt das »*Online-Affekt-Mentalisieren*« (Taubner, 2015, S. 59): Ich habe einen Wutaffekt, bemerke ihn, kann ihn benennen und zeitgleich reflektieren, und mich dann entsprechend seiner Bedeutung weiter verhalten. Markierte Affektspiegelung ist also der erste Schritt zu einem individuellen Selbst, zudem vermittelt sie dem Kind implizit, dass die Mutter den Affekt des Kindes verstanden und verarbeitet hat und ihm in haltender Art und Weise zurückgibt. Die Verwandtschaft des Markierungskonzeptes mit dem Bion'schen Containing ist unübersehbar (siehe Abbildung 7, S. 99). Nach und nach wird die eigene Psyche als anders, unabhängig und getrennt von der der Mutter wahrgenommen, was ja für die Selbstregulierung und eine erfolgreiche Orientierung in der Welt der Menschen entscheidend ist und empathischem Verhalten den Weg bereitet. In gelingenden Beziehungen markieren wir ein Leben lang, indem wir Befindlichkeit oder Affekt unseres Gegenübers spiegeln, ohne sie uns zu eigen zu machen.

Auf dem Weg zu einem reflexiven Selbst werden verschiedene Stadien der Mentalisierungsentwicklung durchlaufen. Diese unterschiedlichen Interpretationsmodi von Wirklichkeit bilden Vorstufen reifen Mentalisierens. Sie können nicht nur während der kindlichen Entwicklung beobachtet werden, sondern auch bei Erwachsenen, bei denen in akuten oder chronischen Belastungssituationen die Mentalisierungskompetenz vorübergehend oder längerfristig zusammenbricht.

Teleologischer Modus: Etwa ab dem neunten Monat entwickelt der Säugling eine Fähigkeit zur geteilten Aufmerksamkeit. Wenn die Bezugsperson auf etwas zeigt, schaut das Kind nicht mehr auf den Finger, sondern dorthin, wohin er weist. Zusätzlich vergewissert es sich durch einen Blick auf das Gesicht der Mutter, ob beide in die gleiche Richtung schauen. Dies gilt als der Beginn einer ersten triadischen Wahrnehmung und eines symbolischen Verständnisses, nämlich der Zeigegeste, die auf etwas hinweist (Klöpper, 2006). Tomasello (1999) nannte dies die kognitive »Neunmonatsrevolution«. In diesem, »teleologisch« genannten Modus kann das Kind Handlungen nach ihrem Ergebnis und ihrer Urheberschaft unterscheiden, aber noch keine Vorstellungen von den Motiven oder Wünschen des Gegenübers bilden. Es ist Mittel-Zweck-Verhalten: Das konkrete, körperlich erfahrbare Resultat entscheidet über die Absicht. Die Umwelt steht damit ausschließlich im Dienst der eigenen Bedürfniserfüllung. Auf einen Erwachsenen übertragen, der sich gerade in diesem Modus befindet, würde das bedeuten, dass er ein versehentliches Angerempeltwerden im überfüllten Bus als Aggression wahrnimmt und dementsprechend reagiert. Oder: Jemand definiert seinen Selbstwert nur aufgrund der Muskelmasse, die er im Sportstudio aufgebaut hat.

Im Verlauf des zweiten Lebensjahres beginnen die Kinder, die teleologische Haltung zu mentalisieren. So lernen sie, dass zielgerichtete Verhaltensweisen eines anderen Menschen als Ausdruck von Bedürfnissen oder Absichten zu verstehen sind.

Neben dem teleologischen gelten auch der Äquivalenzmodus und der Als-ob-Modus als Vorstufen zu dem reflektierenden Modus des eigentlichen, komplexen Mentalisierens. Gemäß ihrer »Entdecker« Peter Fonagy und Mary Target (z. B. Fonagy et al., 2008) werden diese Modi zunächst strikt voneinander getrennt gehalten und letztendlich im Mentalisierungsmodus integriert.

Im *Äquivalenzmodus* erlebt das Kleinkind die Innenwelt mit der Außenwelt als gleich. Eigene Gedanken werden als real und mit den Gedanken anderer identisch wahrgenommen. Eine Trennung von Selbst und Objekt, von Fantasie und Realität hat noch nicht stattgefunden und das Kind glaubt noch, dass Denken und Wünschen Realität sind und nicht etwa rein mentale Vorgänge. Fantasien können so als real und ängstigend erlebt werden: Das wilde Tier unter dem Kinderbett muss dann real vertrieben oder mit einer angebotenen Mahlzeit besänftigt werden. Im günstigen Fall nehmen Eltern die Wahrnehmung des Kindes ernst, stellen aber eine andere Perspektive zur Verfügung und zeigen sich nicht irritiert. Ob der nächste Reifungsschritt gelingt, hängt auch hier wieder wesentlich von den Reaktionen und Kommentaren der Eltern auf die Gedanken- und Spielwelt des Kindes ab. Wenn ich dem Kind sage: »Da ist kein wildes Tier unter deinem Bett, mach dir keine Sorgen«, trage ich dazu weniger bei, als wenn ich in einer markierten Reaktion laut und mahnend auf das Tier einrede, es solle jetzt auf jeden Fall verschwinden, damit das Kind endlich schlafen kann! Der Modus psychischer Äquivalenz ist die Grundlage paranoider Wahnvorstellungen sowie magischen und konkretistischen Denkens bei psychischen Erkrankungen Erwachsener. Im nächtlichen Traum bewegen wir uns täglich darin. Im Lebensalltag ist z. B. Verliebtheit in der Regel ein Äquivalenzzustand, in dem eine relativierende Beschreibung meist nicht möglich ist (Cordes u. Schultz-Venrath, 2015). Oder er zeigt sich in solchen Aussprüchen: »Ich weiß, wie die sind ist! Alles Kriminelle! Da kann mir keiner was erzählen!«

Der *Als-ob-Modus* befreit die Kinder von der psychischen Äquivalenz, und sie können beginnen, die Handlungen anderer und auch die eigenen mit innerem Abstand wahrzunehmen; sie können Fantasieszenarien entwickeln. Diese Dissoziation entlastet beispielsweise von der affektiven Überwältigung durch die eigenen destruktiven und aggressiven Impulse. Die Gefahren und Handlungen in dieser fantasierten Welt werden dadurch ungefährlich. Dadurch, dass sich die Innenwelt nicht mit der äußeren Realität kompromisshaft abgleichen muss, wird eine innere Regulation von Impulsen und Affekten sowie das Spiel mit eigenen Gedanken angebahnt. Auch hier ist markiertes Mitspielen einer Bezugsperson sicherheitsgebend und entwicklungsfördernd. Der in ein Raufspiel mit dem Vater verwickelte kleine Junge möchte diesen ja nicht wirklich als wildes Tier fressen; er ist darauf angewiesen, dass dieser im Spiel nicht mit einer unmarkierten Gegenaggression oder Maßregelung reagiert, und ihn damit wirklich zum gefährlichen Tier macht, sondern »Aua!« und »Hilfe!« schreit, um Verschonung bittet oder anderweitig das Spiel aufnimmt. Die Reaktionen und Kommentare der Eltern auf die Gedanken- und Spielwelt des Kindes haben somit ähnliche Bedeutung wie die elterliche Affektspiegelung.

Der Preis der Entkopplung von der äußeren Realität im Als-ob-Modus ist ein Gefühl von Unwirklichkeit, das bei kleinen Kindern durch den Wechsel in den Äquivalenz- oder teleologischen Modus ausgeglichen wird. Im Erwachsenenalter besteht der Als-ob-Modus im Tagtraum und in der Fantasietätigkeit weiter. Als eher pathologische Variante verhindert der Als-ob-Modus ein konkretes Erleben zugunsten einer zwar detaillierten, aber emotional leeren thematischen Schilderung (Schulz-Venrath u. Felsberger, 2016). Das nennt man auch Pseudomentalisieren, wozu auch therapeutische oder esoterische Jargons gehören können.

Zum mentalen Durchspielen von Szenarien, z. B. einer Bewerbungssituation, ist diese Kompetenz notwendig, aber nur dann hilfreich, wenn sie immer wieder an die äußere Realität angekoppelt wird. Regelmäßige, impulshafte und nicht kontrollierbare Dissoziation, die nicht integriert ist, führt unter Umständen zu sozialen Problemen oder kennzeichnet psychopathologische Entwicklungen.

Die optimale Beziehung zwischen der Psyche und der äußeren Realität kann weder mit dem Äquivalenzmodus hergestellt werden noch mit dem Als-ob-Modus. Während der eine zu realistisch ist, bleibt das »Als-ob« unwirklich.

Im Laufe der normalen Entwicklung, unter angemessen feinfühliger und spielfeinfühliger Unterstützung durch die Eltern, gelingt es dem Kind, bis etwa zum fünften Lebensjahr beide so zu integrieren, dass Mentalisieren gelingt: Mentale Zustände repräsentieren die Realität, werden aber nicht mit ihr gleichgesetzt. Dies ermöglicht unterschiedliche Perspektiven auf ein und dieselbe interpersonale Situation und dementsprechend flexible Antworten. Beispiel: Mein Partner fährt zu schnell, weil ... er sich beeilen muss, ... sauer ist, ... genau weiß, dass ich das nicht mag! Erst der reflexive Modus erlaubt somit, mit der Realität zu spielen, und erst durch die Verknüpfung primärer Emotionen mit sekundären Repräsentanzen kann dann auch die Entwicklung introspektiv ausgerichteter Aufmerksamkeitsprozesse gelingen. Die (An-)Erkenntnis von psychischer Realität als ein Produkt von Wahrnehmung und Kognitionen, also als *subjektiv* sowohl bei mir wie beim Gegenüber, ist wesentliche Grundlage dafür, sich selbst und andere in der persönlichen Ausdifferenzierung zu erkennen und anzuerkennen.

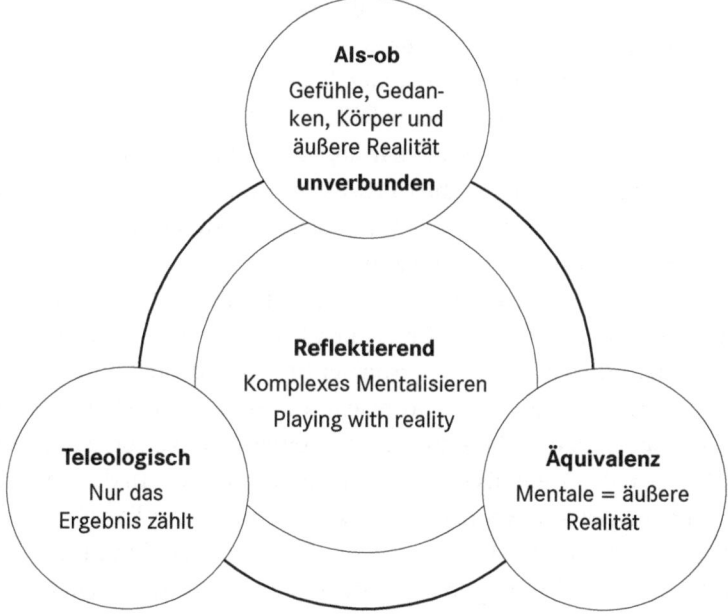

Abbildung 12: Die vier Wahrnehmungsmodi der Realität (nach Bolm, 2015, S. 50)

Dies wiederum ist eine Voraussetzung für das Erkennen und Aushalten der Ambivalenz in den eigenen Affekten und in jedem anderen Menschen (Klöpper, 2006), und für Empathie. Nur auf dieser Grundlage kann Kooperation auf Dauer gelingen.

Abbildung 12 verdeutlicht den zirkulären Aufbau der Mentalisierungsentwicklung. Alle Vorstadien, auch prämentalistische Modi genannt, werden durchlaufen, um zu einem reflektierenden Selbst zu kommen, das mit der Realität spielen und flexibel – entsprechend der eigenen Verfassung und den Umweltanforderungen – reagieren kann.

Beispiel für »Playing with Reality«: Meine dreijährige Großnichte setzt ein grimmiges Gesicht auf. Meine Schwester fragt: »Was ist los, Tilda?« »Oma, das musst du auch üben! Wenn wir Dornröschen spielen, muss die böse Fee *so* gucken!«

Als Ausdruck fortgeschrittener Mentalisierung entwickelt sich ein autobiografisches Selbst, also eine Kontinuität im Erleben personaler Identität von der Vergangenheit über die Gegenwart in die Zukunft. Meine damals vierjährige Enkeltochter Magda sagte einmal: »Wenn ich noch mal ein Baby wäre, dann mache ich nicht in die Windeln, und wenn ich groß bin, werde ich Brüste haben wie die Mama.«

Mentalisieren nimmt die Perspektiven anderer wahr und respektiert sie, es »vermittelt Sinn und Bedeutung in Beziehungen, es ermöglicht Nähe, Verstandenwerden und liebevollen Humor« (Kirsch, 2014, S. 29 f.). Auch die Symbolisationsfähigkeit, mithin die Sprachentwicklung, profitiert davon.

Die Ausdifferenzierung der primär angeborenen Mentalisierungsfähigkeit ist ein langfristiger und vulnerabler Prozess, der normalerweise mit Eintritt in die Schule zu einer angemessenen Mentalisierungsfunktion geführt hat, sich aber lebenslang ausdifferenzieren kann.

Der ausführlich beschriebene Entwicklungsprozess gelingt in sicheren Bindungen besser als in unsicheren, d. h., fehlende Bindungssicherheit ist auch eine Bedrohung der Entwicklung von personaler Eigenständigkeit und für die Empathieentwicklung. Situativ oder chronisch gestresste, belastete und psychisch kranke Menschen haben diese Ressource weniger zur Verfügung, es kann zu einem Versagen der Mentalisierungskompetenz kommen. In den vergangenen Jahren sind, ausgehend von der Arbeitsgruppe um Peter Fonagy, eine Reihe mentalisierungsbasierter Therapieformen für die Behandlung Einzelner, von Paaren, Familien und Gruppen entstanden, auf die im Unterkapitel 8.6 kurz eingegangen wird.

Die Förderung von Mentalisierung ist somit ein bedeutsamer Faktor in jeder guten Erziehung, in der pädagogisch-therapeutischen Vermittlung bindungskorrigierender Erfahrungen und mittlerweile auch in der Behandlung von Traumatisierungen und psychischen Erkrankungen (siehe Kapitel 6). Das Erleben von Angst gefährdet auch bei Gesunden die Mentalisierungskompetenz und lässt sie im Extremfall zusammenbrechen. Auch die Einschränkung der Mentalisierung kann als eine Anpassungsleistung angesehen werden. So wenn das Kind im Interesse des (psychischen) Überlebens die Trennung von Kontexten aktiv aufrechterhält, die normalerweise im Dienste der Flexibilität der Ich-Funktionen integriert werden, z. B. Affekt und Kognition oder die eigene Perspektive und die des anderen. Und angesichts eines Angriffs auf mein Leben sollte ich mich nicht zu sehr in die innere Welt des Angreifers einfühlen, sondern fliehen oder mich verteidigen.

Exkurs: Theory of Mind (ToM) versus Mentalisierung
Beide Begriffe werden häufig in einem Atemzug oder sogar synonym verwendet. Daher hier eine kurze Erläuterung der wesentlichen Unterschiede: Die Standardaufgabe für das Erreichen einer bestimmten mentalen Reifungsstufe, die ToM, besteht in der sprachlichen Reflexion einer vom zu untersuchenden Kind beobachteten Puppenspielszene, die auch als »Sally-Ann-Test«, »Maxi und die Schokolade« usw. bekannt ist:

Maxi versteckt einen Riegel Schokolade in einer Kommode und geht dann draußen spielen. Zwischendrin kommt die Mutter, nimmt die Schokolade heraus und legt sie in den Küchenschrank. Nun kommt Maxi wieder herein und will seine Schokolade holen. Wo schaut er nach?

Vier- bis fünfjährige Kinder verfügen in der Regel sicher über eine ToM, d. h., sie können die Perspektive von Maxi einnehmen, der nicht gesehen hat, dass die Mutter die Schokolade verlegt hat: Er würde also in der Kommode suchen. Jüngere Kinder können dies noch nicht, sie bleiben bei ihrer egozentrischen Perspektive, wie auch viele Autisten. Das heißt, sie können sich nur vorstellen, dass Maxi im Küchenschrank sucht, weil sie ja gesehen haben, dass die Schokolade jetzt dort ist.

Die ToM-Forschung konzentriert sich im Wesentlichen auf die für das Mentalisieren relevante kognitive Entwicklung, auf Überzeugungen und Glauben, während das aus der Bindungstheorie abgeleitete Mentalisierungskonzept besonders den emotionalen Aspekten der Metakognition seine Aufmerksamkeit widmet. Diese sind bereits ab der Geburt im fortwährenden interpersonalen und markierten Affektaustausch wirksam. Das Erreichen der ToM als Reifungsstufe markiert eine Zäsur, wohingegen die Mentalisierungskompetenz sich lebenslang weiter ausdifferenziert. Die Entwicklung von Mentalisierung ist, wie erwähnt, bindungsabhängig. Das bedeutet aber auch, dass deren Erfassung andere Ergebnisse zeitigt, wenn das Bindungssystem aktiviert ist oder wenn das nicht der Fall ist. Für die Entwicklung des Mentalisierens ist eine sichere Bindung mit nicht aktiviertem Bindungssystem förderlich, weil das Kind mehr exploriert und auch die Psyche der primären Bezugsperson gefahrlos erkunden kann.

Der Begriff der »Metakognition« umfasst also in der Literatur zur Mentalisierung nicht nur das Denken über das Denken, sondern auch das explizite Nachdenken über und das bewusste Nachfühlen eigener Emotionen, Motive und solche anderer, einschließlich der Verarbeitung auf der Metaebene. Beispiel: »Warum gelingt es *mir*, Alexander Trost, nicht, *Ihnen* das Mentalisierungskonzept als *einfache* Theorie zu verdeutlichen?« Antwort: »Na ja, ich bin halt nicht *Jon Allen, Anthony Bateman* oder *Peter Fonagy*!« In deren Grundlagenwerk »Mentalisieren in der psychotherapeutischen Praxis« findet sich eine wunderbare Zusammenfassung des Konzeptes auf zwölf Seiten (Allen, Fonagy u. Bateman, 2011, S. 391–402). Genug der Scherze, und nun zur Frage der Diagnostik:

Beurteilung des Mentalisierens
Wie bei jedem neuen zu erforschenden Konzept sind auch für die Erfassung von Qualität und Quantität der Mentalisierungskompetenz verschiedene Instrumente entwickelt worden, die aber größtenteils für den Alltagsgebrauch zu aufwendig sind. Eine Übersicht dazu findet sich bei Luyten, Fonagy, Lowyck und Vermote (2015). Für Praktiker sind an dieser Stelle zwei Blickwinkel besonders interessant:
1. die Fähigkeit von Bindungspersonen, die Mentalisierung bei ihren kleinen Kindern zu fördern;
2. der Mentalisierungsgrad bei Kindern in ihrer Entwicklung.

Die Erfassung der reflexiven Kompetenzen bei Erwachsenen wird in Unterkapitel 8.5 abgehandelt. Für die Entwicklungsprognose eines Kindes ist die früh erworbene Bindungssicherheit, wie beschrieben, ein wesentliches Kriterium. Damit rückt die mentalisierungsfördernde Interaktion der Bezugsperson in den Blick.

Zu 1.: Die englische Forscherin *Elizabeth Meins* und ihre Kollegen prägten dazu den Begriff »*Mind Mindedness*« (Meins et al., 2012). Dieses – nicht übersetzbare – Konstrukt bezeichnet die per Videobeoachtung »online« operationalisierbare Fähigkeit der primären Bezugsperson, das Verhalten ihres Säuglings angemessen zu kommentieren und somit dessen mentale Zustände adäquat zu erfassen. Zentraler Aspekt dieser förderlichen Feinfühligkeit ist die Anerkennung des Kindes als ein Wesen mit eigener Psyche, mit Gefühlen, Gedanken, Motiven und nicht eins, bei denen nur primäre Bedürfnisse wie Füttern, Wickeln, Schlafen, Kuscheln erfüllt werden müssen. Eine Reihe von Studien konnte bereits zeigen, dass diese Kompetenz ein wichtiges Bindeglied zwischen mütterlicher und kindlicher Bindungssicherheit darstellt. Taubner et al. (2014) z. B. fanden bei depressiven Müttern und ihren Säuglingen einen Moderationseffekt hoher

Mind-Mindedness in dem Sinne, dass die meist unsicher gebundenen Mütter mit hoher Wahrscheinlichkeit dann sicher gebundene Kinder haben, wenn sie eine niedrige allgemeine Symptombelastung aufweisen und bereits in einem Alter von drei Monaten einen starken verbalen Bezug auf die mentalen Befindlichkeiten des Kindes nehmen. Die Stärkung von Feinfühligkeit durch Frühinterventionsprogramme bezieht sich vor allem auf das Konstrukt Mind-Mindedness und ähnelt stark der Förderung von Mentalisierung.

Meins und Fernyhough (2015) entwickelten hierzu ein Manual mit Operationalisierungsmustern, anhand derer »mind-related« Kommentare klassifiziert werden können. Solche »mind-related« Kommentare werden beispielsweise dann als angemessen kodiert, wenn der Forscher mit der Interpretation der Mutter über den inneren Zustand des Kindes übereinstimmt, wie »›Du möchtest den Frosch‹ (während der Säugling den Arm nach dem Frosch ausstreckt)« (Meins u. Fernyhough, 2015, S. 10; eigene Übers.) oder wenn sich der Kommentar auf die aktuelle Aktivität des Kindes bezieht und sie in Verbindung setzt zu vergangenen oder zukünftigen ähnlichen Ereignissen, wie »›Weißt du noch, wie wir das Kamel im Zoo gesehen haben?‹ (während das Kind mir einer Kamelfigur spielt)« (S. 10; eigene Übers.). Unangemessen wären hingegen Zuschreibungen von mentalen Zuständen, die unzutreffend oder aus dem Kontext nicht ersichtlich sind sowie projektive Zuschreibungen von mentalen Zuständen durch die Bezugsperson: »Du bist jetzt müde!«, während das Kind gerade etwas zögert, die Rutsche herunterzugleiten (Hauptmann u. Schmitz, 2016). Die Förderung von Mentalisierung ist ein wichtiges Ziel in frühpädagogischen und -therapeutischen Kontexten. Das Bewusstsein von der Bedeutung von Mind-Mindedness ist allerdings noch nicht sehr ausgeprägt. Ein erster Forschungsansatz in der Frühförderung wurde von *Hauptmann und Schmitz* (2016) geleistet.

Zu 2: Da Mentalisieren nicht eine einfache, klar umschriebene Kompetenz darstellt, ist es sinnvoll, bei der Beobachtung kindlichen Mentalisierens die verschiedenen Teilaspekte in der Diagnostik zu unterscheiden (Juen, 2014):

- *Das Wissen um innerpsychische Prozesse als mentale Repräsentation:* Wenn ich weinen muss, bin ich manchmal traurig, manchmal wütend.
- *Ursache von Verhalten sind psychische Prozesse:* Wenn mein Bruder gegen die Tür tritt, ist er sehr wütend, vielleicht, weil er nicht fernsehen darf.
- *In der mentalen Welt gibt es Veränderung und Entwicklung:* Als ich die Schüssel fallen gelassen habe, war ich erst traurig, aber nachdem du mir geholfen hast, die Scherben wegzumachen und mir gar nicht böse warst, ging es mir wieder gut.
- *Psychische Befindlichkeiten wirken sich in Beziehungen aus:* Wenn ich rumschreie, muss ich mich nicht wundern, dass meine Mutter sauer wird.

Bei Schulkindern kann die Mentalisierungskompetenz mittels spielerischer Tests wie dem Geschichtenergänzungsverfahren (siehe Abschnitt 5.3.1), analog zur Bindungsrepräsentation, untersucht werden. Im Vorschulalter können, mit besonderem Augenmerk auf die unterschiedlichen Aspekte des Mentalisierens, ebenfalls die bindungsdiagnostischen Methoden verwendet werden.

Auch im Rahmen systemischer Familiengespräche ist, z. B. über das zirkuläre Fragen in Bezug auf körperliche Ausdrucksweisen und die vermuteten Gefühle, Motive, Gedanken dahinter, eine Einschätzung des Mentalisierungsstatus anwesender Erwachsener und auch Kinder gut möglich; es ist dabei gleichzeitig Mentalisierungstraining.

5.2 Innere Arbeitsmodelle – die Bindungsrepräsentation

An dieser Stelle ist es sinnvoll, das ab dem Vorschulalter altersübergreifende Konzept der Arbeitsmodelle vorzustellen. Schon im späteren Säuglingsalter speichern wir die Bindungserfahrungen der Frühkindheit in einem »inneren Arbeitsmodell«, das sich im Laufe der Entwicklung zu einer relativ stabilen »Bindungsrepräsentation« – einer teils bewussten, teils unbewussten psychischen Repräsentanz – verfestigt. *Lieselotte Ahnert* erwähnt, dass *Bowlby* als einer der ersten Wissenschaftler kybernetische Beschreibungen zum Verständnis der Funktionen und Qualitäten von Bindungsbeziehungen verwendete (Ahnert, 2004). »Er konzipierte die Bindungstheorie als ein Ziel korrigierendes Kontrollsystem, das ein kindliches Verhalten reguliert und dabei das Gefühl der Sicherheit herstellt und aufrechterhält. Die Bindungsbeziehung ist demnach ein dynamischer Prozess, der sich auf Umweltveränderungen immer wieder einstellt. Aktuelle Verhaltensweisen des Kindes und deren Beantwortung durch die Bindungsperson werden dann in iterativen Folgen so lange rückgekoppelt, bis ein Soll-Zustand [emotionaler Sicherheit] erreicht ist. Diese Rückkopplungsprozesse führen zu einer mentalen Repräsentation – dem inneren Arbeitsmodell – die es künftig erleichtert, ein bereits bewährtes Verhalten später wieder auszuwählen« (S. 71).

Dieser zirkuläre Optimierungsprozess geschieht bereits ab dem ersten Lebenstag vorsprachlich und unbewusst und stabilisiert sich im Laufe der ersten Lebensjahre zu einer mentalen, immer bewussteren Repräsentation der primären Bindungsbeziehung. Während Bowlby noch ausschließlich auf die Sensitivität und die Verfügbarkeit der primären Bindungsperson fokussierte, werden heute auch andere Dimensionen der Betreuungsqualität für die Entstehung der Bindungsrepräsentation erforscht. Hier geht es u. a. auch um die sprachliche Anregung und Begleitung von Interaktionen, um die bereits angesprochene feinfühlige Unterstützung der Exploration und um die mentalisierende Wahrnehmung des Kindes als echtes Gegenüber.

Kinder bilden also aus den vielen bindungsbezogenen Beziehungserfahrungen mit der Mutter, vor allem aus denen bei Trennung, aus den Reaktionen der Mutter in angstmachenden oder das Kind überfordernden Situationen eine Art Durchschnittserfahrung. Damit sind kognitiv-affektive Schemata entstanden, in denen Erwartungen bezüglich des Verhaltens einer bestimmten Person gegenüber dem Selbst gespeichert sind. Dieses verinnerlichte frühe Beziehungsmuster hat eine beständige Wirkung auf die weitere Entwicklung und wird in ähnlich intensiven Beziehungssituationen während des ganzen Lebens – durch weitere Lebenserfahrungen modifiziert – reaktiviert. Die wichtigste Aufgabe dieses Arbeitsmodells ist es, Ereignisse der realen Welt gedanklich vorwegzunehmen, um in der Lage zu sein, das eigene Verhalten besser zu planen und die Situation kontrollieren zu können. Es dient also zunächst der Informationsverarbeitung im Sinne einer zweckdienlichen Interpretation von Ereignissen, es steuert die Emotions- und Verhaltensregulation und prägt im Letzten das Selbstwert- und Selbstwirksamkeitserleben. Bei sicher gebundenen Kindern funktioniert dieses Arbeitsmodell als sichere Basis, von der aus sie ihre Umwelt erkunden und begreifen zu können. In Zeiten von emotionalem Stress fungiert es als eine Art »sicherer Hafen«.

Während Bowlby (1970) noch von *dem einen* »Inner Working Model« sprach, gehen wir heute davon aus, dass unterschiedliche Arbeitsmodelle für unterschiedliche Personen und sogar Situationen gebildet werden. So wie die primäre Bindung je nach Betreuungssituation bald durch eine oder mehrere sekundäre Bindungen ergänzt wird, entsteht auch aus den Erfahrungen mit diesen anderen Bindungspersonen, seien es z. B. Väter, Großmütter, Tagesmütter oder Geschwister, eigene mentale Repräsentationen, d. h. Erwartungen bezüglich der Art, Intensität und Qualität der Interaktion mit ihnen.

Das innere Arbeitsmodell des Selbst wird häufig dem der Umwelt gegenübergestellt: Kernpunkt der sicheren *Selbst-Repräsentation* ist die Vorstellung der eigenen Person als liebenswert und akzeptabel, von einer Bindungsperson geschätzt zu sein und mit einer Erwartung von eigener Wirksamkeit. Das *innere Arbeitsmodell der Umwelt* enthält die Vorstellungen über die eigenen Bindungspersonen: Wer sie sind, wo sie zu finden sind und wie sie sich verhalten, insbesondere, ob sie emotional verfügbar sind und die Exploration unterstützen und wie sie wahrscheinlich reagieren werden.

Die Arbeitsmodelle des Kindes machen das Verhalten der Bindungsperson vorhersagbar (z. B.: Wenn ich weine, kommt Mama mich trösten). Für jede Bindungsperson existiert wie gesagt ein eigenes Modell, das anfangs flexibel ist, in der Entwicklung jedoch zunehmend stabiler wird.

Arbeitsmodelle determinieren, inwieweit jemand Nähe und Sicherheit erwartet und sich selbst der Zuwendung, Liebe und Aufmerksamkeit wert fühlt, also Nähe zulassen kann. Sie sind wesentlich für die Organisation der Persönlichkeit, der Gedanken und Sprache, der Aufmerksamkeit und des Gedächtnisses und die emotionalen und sozialen Regulationsprozesse. Da sie zur Vorhersage über eigene Befindlichkeiten und Reaktionen anderer verwendet werden, haben sie begreiflicherweise eine Filterfunktion in Bezug auf eigene Wahrnehmungen, Handlungsfreiheiten und auf die Wahl späterer Beziehungen und Partnerschaften.

Sichere und unsichere Bindungsmuster beruhen auf unterschiedlichen inneren Arbeitsmodellen. Sie haben erheblichen Einfluss auf wesentliche Kompetenzen, wie die Empathiefähigkeit, die Anfälligkeit für emotionale oder soziale Störungen. Sie haben Einfluss auf die soziale Kompetenz, auf die Gestaltung von Liebesbeziehungen und nicht zuletzt auf die Entwicklung kognitiver und reflexiver Fähigkeiten. In einer transgenerationalen Perspektive wirken sie sich auch auf den Umgang mit den eigenen Kindern aus.

Eine im ersten Lebensjahr angelegte sichere Bindungsrepräsentation gilt als bedeutsamer Schutz- oder Resilienzfaktor für die Entwicklung des Kindes und als Risikopuffer für spätere belastende Lebensereignisse (Spangler u. Zimmermann, 2002). Dabei hat sich das im Alter von zwölf Monaten zu beobachtende Bindungsverhalten als einer der besten Prädiktoren für die allgemeine Anpassung des Kindes im Vorschulalter und während der ersten Schuljahre erwiesen. Die seit 1975 in Minnesota laufende Langzeitstudie von Egeland et al., bei der neben anderen Hoch-Risiko-Müttern auch drogenmissbrauchende Schwangere einbezogen waren, zeigt deutlich, dass eine aus gelingenden kontingenten Erfahrungen des ersten Lebensjahres resultierende sichere Bindung eine dauerhafte protektive Wirkung für das spätere Leben entfaltet (Egeland u. Erickson, 1999). Die Bielefelder Längsschnittstudie belegte, dass mütterliche Feinfühligkeit und ihre eigene Bindungsrepräsentation eng zusammenhängen (Grossmann u. Grossmann, 2012). Eine durch sensible und emotional responsive Pflege vermittelte sichere Bindungsentwicklung ist somit der wichtigste Schutzfaktor für die psychosoziale Gesundheit des Kindes (Egeland, Carlson u. Sroufe, 1993). Dies gilt sogar für die Schulzeit und Adoleszenz, einschließlich der Fähigkeit, intime, neue familienbegründende Partnerbindungen als junge Erwachsene einzugehen (Egeland u. Erickson, 1999).

Wenn die primäre Bezugsperson im ersten Lebensjahr sowohl positive als auch negative Äußerungen des Kindes vorwiegend feinfühlig beantwortet hat,

- weinen die *Säuglinge* schon mit 10 Monaten weniger und äußern sich differenzierter;
- willigen die *Krabbler* häufiger in die Ziele der Mutter ein, sind kooperativer und seltener trotzig;
- zeigen die *Kleinkinder* offener ihre Gefühle, lassen sich gut beruhigen; und können ihre Wünsche nach Nähe und Trost oder Hilfe, aber auch nach ungestörtem Erkunden selbstständig regulieren und entsprechend handeln (Trost, 2015b, Folie 22, nach Grossmann u. Grossmann, 2004/2012).

Wir wissen heute, dass sicher gebundene Kinder in allen psychischen Kompetenzen bessergestellt sind als unsicher gebundene. Sie sind sozio-emotional kompetenter und weniger aggressiv, sie haben ein besseres Selbstbild und eine höhere Ich-Flexibilität. Sie können sich besser emotional und im Verhalten regulieren, sind auch kognitiv planvoller und effektiver (siehe Tabelle 3, S. 136). Es wird oft vergessen, dass Bindung nicht nur ein affektives Bezugssystem, sondern Dreh- und Angelpunkt für die neurobiologisch fundierte kognitiv-psychosoziale Gesamtentwicklung der Person ist.

Beispiel: Maria (2,5 Jahre) läuft mit einem Bilderbuch zu ihrem Vater: »Papa, vorlesen!« Dieser setzt sich mit ihr hin und liest ihr vor. Zwischendrin kommentiert Maria in ihrer Sprache begeistert. Der Vater wiederholt das Gesagte in seinen Worten, Maria nickt und kuschelt sich an ihn. Dann läuft sie zum Regal und holt ein anderes Buch, das sie nun lesen. Beide wirken fröhlich und in regem Austausch.

Hier noch ein kurzer Überblick über die *organisiert-unsicheren Bindungsrepräsentationen,* ausführlicher wird das Thema dann im Unterkapitel 5.4 zur Bindung im Erwachsenenalter abgehandelt.

Kinder, deren primäre Bezugsperson sich im 1. Lebensjahr nicht feinfühlig verhielt, deaktivieren ihr Bindungssystem zum Selbstschutz vor Überflutung mit Stresshormonen. Sie entwickeln meist eine unsicher-abwehrende Bindungsrepräsentation. Unsicher-vermeidende Kleinkinder erleben ihre Bindungspersonen oft als emotional zurückgezogen, zurückweisend bis feindselig und fühlen sich von ihnen unzureichend unterstützt. Sie ziehen sich dementsprechend auch selbst eher zurück und reproduzieren so das Beziehungsmuster. Natürlich machen sie dann weniger Erfahrungen mit anderen Menschen, können diese daher schlechter einschätzen und auch die empathische Übernahme einer anderen Perspektive schwerer einüben.

Tabelle 3: Auswirkungen von Bindungsverhaltensmustern (gemäß Fremde-Situation-Test, 12–18 Monate)

Bei Kindern, Jugendlichen und Erwachsenen	sicher gebunden	unsicher gebunden
Sozio-emotionale Kompetenz	- wenig aggressiv - mehr soziale Kompetenz im Umgang mit anderen Kindern	- öfter feindselig, wütend - Isolation, Anhänglichkeit
Selbst- und Persönlichkeitsentwicklung	- beziehungsorientiert - eher angemessenes Selbstbild - höhere Ich-Flexibilität - bessere Emotionsregulierung - bessere Verhaltensregulierung	- auf sich selbst fixiert - idealisiertes/negatives Selbstbild - weniger Ich-Flexibilität - schlechtere Emotionsregulierung - schlechtere Verhaltensregulierung
Kognitiver Bereich	- planvolleres Handeln - höhere Effektivität	- planloseres Handeln - niedrigere Effektivität

Beispiel: Im gemeinsamen Spiel fordert Amelie (3,7 Jahre) ihre Mutter immer wieder auf, etwas genau so zu tun, wie sie das haben will. Als die Mutter einmal unaufmerksam wirkt, bekommt das Kind einen Wutanfall und wirft in ihrem Puppenhaus alles durcheinander. Die Mutter entfernt sich verärgert. Beide wirken unzufrieden und scheinen nicht recht zu wissen, wie sie gut kooperieren können.

Mütter, die sich im Wechsel emotional verfügbar und feinfühlig verhalten und dann wieder unfeinfühlig und mit sich selbst beschäftigt, sind in aller Regel noch selbst in Bindungsthematiken verstrickt. Sie können aktuelle Situationen schlecht von vergangenen Erfahrungen trennen und werden schnell von negativen Gefühlen überwältigt, wirken dabei unorganisiert und gestresst, und sie äußern oft Ärger oder unpräzises Frusterleben. Die daraus folgende emotionale »Achterbahn« macht es auch dem Kleinkind (einer verstrickten, entsprechend unsicher ambivalenten Mutter) schwer, eine entspannte Beziehung zur Mutter aufzubauen. Aufgrund der Unberechenbarkeit des mütterlichen Verhaltens bleibt es sehr in ihrer Nähe und verstärkt die Dosierung seiner bindungssuchenden Signale.

Interaktionen im Spiel sind von beiden Seiten eher direktiv, aber auch inkonsistent, sodass sich nur schwer ein gemeinsamer Aufmerksamkeitsfokus, z. B. beim Anschauen eines Buches aufbauen lässt. Die Beziehungspartner wirken gleichzeitig angespannt und hilflos.

Gleichzeitig empfinden sie, dass ihre Erwartungen nach verlässlicher Nähe nicht erfüllt werden und zeigen dann aggressives Verhalten. Paradoxerweise sichern sie sich so doch die kontinuierliche Zuwendung, allerdings mit einem häufig negativen Vorzeichen (Ziegenhain, 1999). Sie sind auch später auf enge Beziehungen angewiesen, gestalten diese aber anstrengend und quälend, oft als Hass-Liebe mit schnellem Wechsel zwischen Streit und Versöhnung.

Die drei genannten inneren Arbeitsmodelle werden als organisiert bezeichnet, weil das Individuum über eine Strategie verfügt, in Beziehungen zurechtzukommen und das eigene Leben selbstständig zu gestalten, im Fall der unsicheren Bindungen allerdings einseitiger, nicht so glücklich und effektiv. Eine »passende« Partner- und Berufswahl, Psychotherapie oder andere günstige Lebensumstände können Reifungsprozesse hin zu einer sekundären Bindungssicherheit fördern.

Ein unverarbeiteter Bindungsmodus im Sinne von Desorganisation und Desorientierung findet sich häufig bei Kindern und Erwachsenen aus klinischen Stichproben, vor allem bei schweren, meist auch chronifizierten Traumata wie extremen Verlusten, Missbrauch, Misshandlung oder Vernachlässigung (siehe Kapitel 6).

Bei allen unsicheren Bindungsrepräsentationen finden sich erhöhte Cortisolspiegel im Speichel, ein Hinweis darauf, dass das Bindungssystem übermäßig aktiviert bzw. unter Aufbietung hoher Energie abgeschaltet ist. Das signalisiert ein gestörtes Stressverarbeitungssystem und führt häufig dazu, dass das Arbeitsgedächtnis beeinträchtigt wird, exekutive Funktionen geschwächt werden und die Regulationsbreite bei stressenden Ereignissen verringert ist.

5.3 Schulkindalter und Adoleszenz

Etwa ab fünf Jahren sprechen Entwicklungspsychologen von der *mittleren Kindheit*, die sich ungefähr bis zum Alter von neun Jahren erstreckt. Die Periode danach bis etwa zwölf Jahre heißt *späte Kindheit*. Als Jugendalter gilt heute die Zeit von der Pubertät bis zur Volljährigkeit.

5.3.1 Mittlere und späte Kindheit

Kinder zwischen Einschulung und Pubertät stellen, gefolgt von Pubertierenden und Heranwachsenden, die größte Gruppe bei der Inanspruchnahme von kinder- und jugendpsychiatrischen Hilfen, von Erziehungsberatung oder Familientherapie. Berg und Trost (2014) beschreiben, dass die meisten Kinder und Jugendlichen in der Erziehungsberatung im Altersspektrum von 6–12 Jahren liegen. Zusammengenommen macht diese Gruppe über 45 % aller vorgestellten Klienten (0–22 Jahre) aus (Menne, 2012). In diesem Lebensalter begegnet das Kind und seine Familie bedeutsamen Übergängen (Kindertagestätte/Vorschule – Grundschule, Grundschule – weiterführende Schule usw.) und ebenso zahlreichen Entwicklungsaufgaben (Impulskontrolle, Peerbeziehungen, Leistungs- und Sozialkompetenz, Autonomie usw.). Beratungsarbeit, die Bindungsaspekte gerade auch in der mittleren und späten Kindheit berücksichtigt, wurde und wird in den letzten Jahren kontinuierlich weiterentwickelt (Marvin, Cooper, Hoffman u. Powell, 2002; Scheuerer-Englisch, Suess u. Pfeifer, 2003/2012).

Neben allgemeineren, entwicklungspsychologischen Besonderheiten, wie der Leistungs- und Peerorientierung, gibt es auch aus bindungstheoretischer Sicht in dieser Altersphase wichtige Entwicklungstrends, die für das Verständnis von diagnostischen Verfahren notwendig sind. Gloger-Tippelt und König (2009, S. 25–28) formulieren dazu prägnant sechs Punkte:
- Das Bindungsverhaltenssystem wird zunehmend von höheren kognitiv-affektiven Prozessen gesteuert.
- Das innere Arbeitsmodell der Bindung unterliegt im Entwicklungsverlauf einer Generalisierung.
- Bindungsverhalten mit Körperkontakt wird im Verlauf der Kindheit zunehmend weniger gezeigt.
- Das Bindungsverhaltenssystem und die entsprechenden Bindungsrepräsentationen werden immer differenzierter und vielfältiger. Im Verlauf der Kindheit bauen Kinder in der Regel zu mehreren Personen Bindungsbeziehungen auf.
- Im Verlauf der Entwicklung übernehmen die Kinder selbst aktiver die Steuerung der Eltern-Kind-Beziehung.
- In der mittleren und späten Kindheit wird die Grundlage zur Umorientierung der Bindungspersonen gelegt.

Zentrales Merkmal eines sicheren inneren Arbeitsmodells bereits zu Beginn und im Verlauf des Schulalters ist ein Wissen von sich als liebenswert und von anderen als unterstützend; es bildet die Grundlage für geistige Freiheit und Flexibilität, um mit Herausforderungen und Belastungen konstruktiv umgehen zu können, und es ermöglicht angemessene und attraktive Verhaltensregulation. Interessanterweise spiegeln diese Kriterien für psychische Sicherheit die Merkmale elterlicher Feinfühligkeit wider, allerdings bereits in einer selbstreflexiven Weise: *Das Kind nimmt seine Gefühle* wahr, interpretiert sie richtig und reagiert darauf angemessen und prompt (in Anlehnung an Grossmann u. Grossmann, 2013, S. 372 f.). Ein angemessenes Selbstwerterleben und das Gefühl, von den Eltern gut unterstützt zu werden, speist sich aus gelungenen frühkindlichen Bindungserfahrungen wie auch aus der feinfühligen Förderung von Erkundungsverhalten.

In den Jahren als Schulkind gewinnen die Peerbeziehungen zunehmend an Bedeutung, und hier entwickeln Kinder eigene soziale Strategien zum Umgang mit Freundschaften, Abneigungen, Zugehörigkeiten und Kooperationen, die teilweise unabhängig von den frühen Bindungserfahrungen gestaltet werden. Allerdings werden die Kompetenzen in diesem Feld von den Bindungserfahrungen und der Art des inneren Arbeitsmodells »durchgefärbt«: Durch sie werden förderliche oder schädliche Freundschaften und generelle soziale Akzeptanz gebahnt, Opfer- oder Täterrollen wahrscheinlicher.

Bindungsdiagnostik in dieser Altersgruppe geschieht nicht mehr vorwiegend durch direkte Verhaltensbeobachtung, sondern entweder mit einer projektiven Erfassung des Bindungsverhaltens oder bereits – wie im Jugend- und Erwachsenenalter – mittels eines Interviews. Als Beispiele sollen drei praxiserprobte Verfahren kurz vorgestellt werden:

Zunächst das *»Geschichtenergänzungsverfahren zur Bindung« (GEV-B)* (Gloger-Tippelt u. König, 2009). In diesem projektiven Verfahren für 5–8-Jährige, das auf der »Attachment Story Completion Task« von *Bretherton* und Kollegen (Bretherton, Prentiss u. Ridgeway, 1990) beruht, werden mit Familienfiguren fünf bindungsrelevante Situationen mit einem Problem für den Protagonisten angespielt, die dann von dem Kind auf der Basis seiner eigenen Gefühle, Gedanken, Wünsche und Bewertungen zu Ende gebracht werden.

Beispiel: Die Familie geht im Wald spazieren, das Kind versucht auf einem Baumstamm zu balancieren, fällt hin und verletzt sich das Knie. Die Untersuchungsperson ruft (aus der Identifizierung mit der Protagonistenpuppe heraus): »Aua, Aua, mein Knie tut weh, mein Knie blutet!« und sagt dann zum Kind: »Nun spiel du die Geschichte weiter und zu Ende!« Aus der szenischen Ausgestaltung, dem Umgang mit dem angesprochenen Bindungsthema und dem Narrativ kann dann auf das innere Arbeitsmodell des Kindes geschlossen werden. Wenn das Kind sofortige Versorgung und tröstende Worte erhält, handelt es sich eher um ein sicheres Muster, als wenn keine Versorgung erfolgt, die Bezugsperson unwirsch oder extrem übertrieben reagiert oder das Kind sich Selbstvorwürfe macht und gegebenenfalls sogar die Verletzung leugnet.

Das Verfahren ist vielfach bewährt, bedarf einer Schulung für Durchführung und Auswertung und gilt als valide und reliabel.

Der *Separation-Anxiety-Test (SAT)* wurde bereits von Bowlby in der Bindungsforschung verwendet. Dieses Verfahren, mehrfach adaptiert (Julius, 2003), ist ein bildgestützter, projektiver Geschichtenergänzungstest, bei dem Fragen zu acht

Bildern mit jeweils einem Jungen oder einem Mädchen als Protagonisten gestellt werden, die bedrohliche und/oder längere Trennungen von Kindern und Eltern beinhalten. Im Unterschied zum GEV-B wird die Geschichte allerdings nicht szenisch weitergespielt, sondern vom Kind zu Ende erzählt. Auswertungsgrundlage für die Zuschreibung der vier Bindungsmuster ist also das kindliche Narrativ.

Für ältere Kinder steht das »*Bindungsinterview für die späte Kindheit*« (BISK) (Zimmermann u. Scheuerer-Englisch, 2003) zur Verfügung. Dieses halbstrukturierte Interview dauert 50–90 Minuten und »orientiert sich in den Fragen an der Erlebniswelt von Kindern der Altersstufe zwischen 8 und 13 Jahren, spezifisch an Ereignissen in der Schule, der Freizeit, im Freundeskreis, zu Hause und in den Familienbeziehungen« (Zimmermann u. Scheuerer-Englisch, 2003). In der Auswertung werden die wesentlichen Aspekte der Bindungsorganisation erfasst: die *aktuelle* Bindungs*repräsentation* des Kindes, getrennt für jeden Elternteil, das berichtete Bindungs*verhalten* bei emotionaler Belastung sowie die *Qualität des Zugangs* zu bindungsrelevanten Gedanken und Gefühlen und deren mentaler Organisation. Das letztgenannte Vorgehen wird auch beim Erwachsenen-Bindungs-Interview verwendet und betrifft einmal die logische oder sprachliche Kohärenz der Antworten, ein Weggehen vom Thema, ob die Frage überhaupt beantwortet wird oder nur einsilbig, oder im Extremfall unzusammenhängende, desorganisierte oder auch übermäßig kontrollierende Antworten des Kindes.

Es ist nicht einfach, im höheren Kindesalter von Einzelsituationen auf das Bindungsmodell zu schließen, da die Bindungsrepräsentation eben eine Repräsentation ist, die oft nur bei aktiviertem Bindungssystem zutage tritt. Ein Familienerstgespräch im systemischen Kontext ist häufig eine solche Situation, in der dann gleich die Bindungsrepräsentationen mehrerer Familienmitglieder wirksam werden, was die Diagnostik nicht gerade erleichtert. Zwar wurde die Stimmigkeit zwischen gesprochenen Antworten und mimisch-gestischer Reaktion bei älteren Schulkindern wie bei Adoleszenten als bedeutsames Kriterium für sichere oder unsichere Bindungen erkannt (Spangler u. Zimmermann, 1999), ich empfehle aber im Zweifel die Durchführung eines der genannten Verfahren.

5.3.2 Adoleszenz – Bindung und Autonomie

Als Beginn der Adoleszenz gilt gemeinhin der Eintritt in die Pubertät, ihr Ende ist heute nicht mehr klar definiert. Es lässt sich am ehesten über das Erreichen der alterstypischen Entwicklungsaufgaben beschreiben, die ihrerseits wieder in die jeweilige kulturelle Wertelandschaft eingebettet sind. Diese Übergangszeit zwischen Kindheit und Erwachsenenalter stellt den Jugendlichen vor eine Reihe von Lebensaufgaben, deren Bewältigung hochkomplex und häufig mit krisenhaften emotionalen Begleiterscheinungen verbunden ist. Adoleszenz bedeutet auf neuronaler Ebene eine grundlegende Reorganisation des Gehirns. Da die Phase zwischen Zeugungsfähigkeit und Erwachsensein gegenüber früheren Jahrhunderten heute wesentlich ausgedehnt ist, verzeichnen wir eine größere und längere Labilisierung und damit auch größeren Chancen und Risiken für die Neuorientierung unter dem Einfluss von Kultur und Zeitgeist.

Unter dem Einfluss der Pubertätshormone kommt es auch zu einer geschlechtsspezifischen Ausdifferenzierung der Empfindsamkeit für Stress: »Der Androgen-Anstieg bei Jungen hat einen hemmenden Effekt auf die CRH-Produktion im Hypothalamus, während die weiblichen Östrogene eher die HPA-Achse hochregeln. Das kann bei Mädchen zu einer erhöhten Stressanfälligkeit führen, wohingegen Androgene bei den Jungen die Stress-Resilienz erhöhen« (Konrad, Firk u. Uhlhaas, 2013, S. 430). Da das Gehirn insgesamt nicht linear reift, kommt es bei beiden Geschlechtern zu Dysbalancen in dem Sinne, dass das früher myelinisierte limbische System eine Zeit lang die Oberhand über das noch nicht ausgereifte präfrontale Abwägungs- und Kontrollsystem gewinnt. In Experimenten konnte nachgewiesen werden, dass Adoleszente durchaus zu rationale Entscheidungen fähig sind. In emotionalen Situationen, vor allem in Anwesenheit von Gleichaltrigen oder bei der Aussicht auf schnelle Belohnung, werden jedoch mehr risikoreiche oder primär lustbetonte Entscheidungen gefällt.

Bedeutsame Entwicklungsaufgaben und -schritte in dieser Lebensphase sind:
- *Biologische Reifung*: Reorganisation von neuronalen Netzwerken in großem Umfang, körperliche Veränderungen, Disharmonie in Körperproportionen, Gefühlslage und Haltung, Bedeutsamwerden und Integration von Sexualität.
- *Psychische Veränderungen*: Abstrakt-formales Denken, Stabilisierung der Geschlechtsrollenidentität, Auseinandersetzung mit ethischen Prinzipien und die Festigung eines internalisierten moralischen Bewusstseins.
- *Ablösung vom Elternhaus*: Auseinandersetzung mit (vormals oft selbstverständlichen) Werten, Regeln, Normen, mit der Person von Vater und Mutter, mit erlebten Belastungen und Ressourcen.
- *Soziale Integration*: Aufnahme von romantischen Beziehungen zu Gleichaltrigen, neue soziale Rollen in Schule und Berufsleben und der Gemeinschaft der Peers, unklarer Status: Nicht-mehr-Kind und Noch-nicht-Erwachsener.

Mit den genannten Themenkomplexen werden die wesentlichen Bereiche der personalen Identität berührt. Ist die Individuation und Sozialisation bis dahin einigermaßen ungestört verlaufen, so kann davon ausgegangen werden, dass auch diese Phase konstruktiv bewältigt wird. Im anderen Fall – also bei intensiven und anhaltenden früheren Kränkungen durch wichtige Bezugspersonen, massiven Versagenserlebnissen oder eigenen Handicaps – können die Konflikte früherer Entwicklungsstadien nochmals krisenhaft aufbrechen und auf diese Weise eine »endgültige« Lösung vor dem Erwachsenwerden herausfordern.

In unserem Kulturkreis können drei Reaktionsmuster auf diese Herausforderung als typisch angesehen werden:
- emotionale Instabilität (mit regressiven, vermeidenden Verhaltensweisen);
- Angriffs- oder Rückzugstendenzen (oppositionelles, regelverletzendes Verhalten oder resignierter Rückzug);
- idealistische Denk- und Verhaltensweisen als Versuch, die eigene Begrenztheit nicht annehmen zu müssen (Trost, 2016a).

Der Ausgang dieser, von der sozialen Umwelt oft als Dauerkrisenzeit erlebten Phase hängt mit biografischen wie auch situativen Faktoren zusammen. Für unsere Fragestellung besonders bedeutsam ist die Transformation der Bindungsbeziehungen zu *beiden* Elternteilen. Bindungsverhalten als körperliches Nähesuchen spielt nun kaum noch eine Rolle. Es zeigt sich vielmehr als offene und kongruente Kommunikation mit den Bindungspersonen über Schwierigkeiten oder als negativ erlebte emotionale Zustände. Die ab dem Kleinkindalter immer expansiver gewordene Exploration gewinnt in der Autonomiebestrebung von Pubertät und Adoleszenz einen Höhepunkt. Diese Entwicklung kann von sicher gebundenen Individuen wesentlich besser bewältigt werden als von unsicheren. Bei unsicherer Bindung ist wirkliche Autonomie nur selten gegeben und ein ebenfalls unsicherer Gegenpol zur Bindungsunsicherheit. Die Autonomiebestrebungen wirken oft trotziger, nicht verbunden und radikaler. Solche Jugendliche können bei den zwangsläufig auftretenden heftigen negativen Gefühlen nicht auf eine verlässliche Bindungsperson zurückgreifen.

Bindung sichert in der Adoleszenz, anders als in der frühen Kindheit, nicht mehr primär das Überleben, sondern erhält eine neue Funktion als Teil von Affektregulation in Beziehungen. Auch bei Jugendlichen ist das Bindungsverhaltenssystem aktivierbar und vor allem in solchen Situationen relevant, bei denen die Regulationsfähigkeit aufgrund einer Überschwemmung mit intensiven Gefühlen und/oder äußeren Gefahren eingeschränkt ist.

Zum Paradox dieser Lebensphase gehört, dass Jugendliche sich selbst und gegenüber ihrer Peergruppe zeigen wollen, dass sie die Eltern nicht mehr brauchen. Sie bekunden ihr Bindungsbedürfnis nun nicht mehr öffentlich. Wenn ein tragfähiges Bindungsfundament gelegt ist und stabile innere Arbeitsmodelle sich im Laufe der Jahre herausgebildet haben, ist die Bindung zu den Eltern in Pubertät und Adoleszenz nicht unsicherer als zuvor (Zimmermann u. Iwanski, 2014), aber diese fungieren realiter eher als »Bindungspersonen in Reserve«.

Die Ablösung von den Eltern als primären Bindungspersonen geschieht erst mit einer langfristigen und bedeutsamen romantischen Partnerschaft. Sie werden dann Teil eines Bindungsnetzwerkes, das bei Adoleszenten im Schnitt fünf Personen umfasst (Taubner, Schröder, Nolte u. Zimmermann, 2016).

Die Bindungsrepräsentation bei Jugendlichen wirkt sich auf vier Bereiche aus:
- auf die Bindungs- und Emotionsregulation in der Verhaltens- und Persönlichkeitsdimension;
- auf die Selbstwert- und Identitätsentwicklung;
- auf die Beziehungsgestaltung zu Eltern und Gleichaltrigen;
- auf die psychosoziale Anpassung, somit auf Delinquenz und psychopathologische Entwicklungen.

Entsprechend der multiplen Perspektivenübernahme und dem formal operationalen Denkmodus verändert sich in der Adoleszenz auch die Mentalisierungsfähigkeit. Dies ermöglicht u. a. eine abstrahierende und genauere Sicht auf die eigenen Bindungserfahrungen. In der Reflexion eigener Gefühle beginnen Adoleszente damit, mehr in generellen Prinzipien zu denken als situationsspezifisch, was die Welt für sie eher komplizierter macht. In Situationen von hohem interpersonellem Stress, wie Verlusterlebnissen, angedrohter Trennung oder Identitätsdiffusion, kann die explizite Mentalisierungsfähigkeit auch bei sicher gebundenen Heranwachsenden nach Meinung mancher Forscher rascher als bei Erwachsenen zusammenbrechen. Eine Schülerstudie aus Deutschland zeigte allerdings, dass die knapp hundert 15–18-Jährigen einer Gemeindestichprobe zumindest in der Interviewsituation ohne »Peerdruck« das gleiche Mentalisierungsniveau wie Erwachsene in nicht-klinischen Kohorten erreichen (Taubner, 2015).

Die Bindungsrepräsentation von Jugendlichen wird wie bei Erwachsenen häufig mit dem *Adult Attachment Interview (AAI)* untersucht, dem besten und meistverwendeten Instrument zur Fremdbeurteilung der Bindung. Der Einsatz des AAI wird ab einem Alter von 16 Jahren empfohlen, die Durchführung ist mit 45–60 Minuten kürzer als bei Erwachsenen, die Auswertung allerdings genauso sicher und reliabel. Näheres dazu im Abschnitt 5.4.1.

Insgesamt kann die Bindungsrepräsentation von Jugendlichen durch die frühkindlichen Bindungserfahrungen gut vorhergesagt werden kann. Auch während des Jugendalters kann sich die Bindungsrepräsentation aufgrund der Lebenserfahrungen verändern; ihre Kontinuität ist allerdings hoch (Zimmermann, Becker-Stoll u. Mohr, 2012).

Die großen Metaanalysen von van IJzendoorn (1995) und Bakermans-Kranenburg und van IJzendoorn (2009) ergaben bei Adoleszenten eine Verteilung der Bindungsrepräsentationen, die zwischen denen der Mütter und der Väter der Jugendlichen lag. Der Anteil der unverarbeiteten Traumata war dabei im AAI geringer als bei den Eltern.

Familiendynamisch gesehen fällt die Adoleszenz der Kinder nicht selten mit einer Midlife-Crisis der Erwachsenen zusammen, die sich auf die zweite Lebenshälfte hin – mit der Erkenntnis nachlassender Leistungsfähigkeit – beruflich, sozial als Paar und als Individuen neu orientieren müssen. Eltern wie Kinder brauchen einander in diesen Lebensphasen, müssen sich aber auch loslassen. Am Ende steht eine neu gefundene Balance zwischen Nähe und Distanz, Führen, Sich-Leiten-Lassen und Eigene-Wege-Gehen, von der im Idealfall alle profitieren. Für die systemische Therapie und Beratung ist es daher wichtig, bei einer Präsentation jugendlicher (Bindungs-)Symptome auch den Blick auf die entwicklungspsychologische Situation der Eltern zu werfen.

5.4 Bindung im Erwachsenenalter

Volljährig, ausgewachsen, geschlechtsreif – dies sind zunächst somatische Begriffe für das Erwachsensein. Der Begriff der Mündigkeit als Feststellung der Selbstverantwortung und Selbstständigkeit in Bezug auf das eigene Leben, den Beruf, die Partnerwahl und die politische Wahlfreiheit bezieht sich auch auf ein bestimmtes Lebensalter, das kulturell immer noch variabel festgelegt wird. Psychosozial lässt sich dieses Stadium aber nur schwer und kaum einheitlich bestimmen. Wenn es um das reflexive Selbst geht, mit freiem Zugang zu den affektiven und kognitiven Dimensionen der eigenen Person und der Umwelt in Wahrnehmung und Handlung, dann wäre gerade mal die Hälfte der Volljährigen erwachsen, nämlich die sicher gebundenen. Ein »Good-enough«-Kriterium wäre: Erwachsen ist diejenige (bzw. derjenige), die somatische, psychische und soziale Dysbalancen bei sich selbst wahrnimmt und – gegebenenfalls mithilfe anderer – so regulieren kann, dass sie im Wesentlichen mit sich und anderen gut zurechtkommt und ihre Entwicklungsaufgaben bewältigt. Das grenzt aber alle aus, die an sich selbst, an ihren Mitmenschen und an der Welt scheitern. Es bleibt also beim Lebensalter als Kriterium. Folgerichtig gelten die wichtigen Instrumente zur Feststellung der Bindung im Erwachsenenalter generell ab 18 Jahre.

Jenseits des Säuglingsalters existiert Bindung in zwei Formen: einmal als beobachtbares Bindungsverhalten und dann zunehmend als mentale Repräsentation, also Denk- und Fühlmuster, die unsere Wahrnehmung einengen oder weiten und unsere Handlungsmöglichkeiten begrenzen oder öffnen. Diese mentalen Muster werden bereits in der vorsprachlichen Entwicklungsphase zugrunde gelegt und im Verlauf der Lebensjahre bis zum Erwachsenenstatus im Sinne eines Entwicklungspfades angereichert und modifiziert. Dies geschieht immer im Wechselspiel zwischen neuen biologischen Möglichkeiten – wie z. B. der Reifung der linken Hemisphäre, wodurch der Spracherwerb und die Ausbildung des deklarativen Gedächtnisses ermöglicht werden – mit den Einflüssen der nahen Bezugspersonen, die Sprache entweder auf ein hoch elaboriertes Level von Begrifflichkeiten und Reflexion fördern können oder eben dies nicht oder sehr verzerrt tun. Auch bei Erwachsenen ist ein aktiviertes Bindungssystem wahrnehmbar, aber eben nicht mehr primär durch unmittelbares Nähe- und Schutzsuchen, sondern eher durch affektive und kognitive Handlungsstile, die der jeweiligen Bindungsrepräsentation entsprechen, die aber häufig auch im Alltag das Erscheinungsbild der Persönlichkeit prägen. Die begriffliche Eingrenzung auf Bindung ist eigentlich nicht korrekt, da ja auch wesentlich die Ausformung des Explorationssystems auf die Bindungsrepräsentation einen Einfluss hat. Aus diesem Grund haben Grossmann und Grossmann (2004/2012) den Begriff der »psychischen Sicherheit« geprägt.

5.4.1 Das Adult Attachment Interview (AAI)

Das Adult Attachment Interview hat sich seit seiner Einführung durch Main, Kaplan und Cassidy (1985) zum »Goldstandard« der Fremdeinschätzung von Bindungsrepräsentationen entwickelt. Das AAI ist ein halbstrukturiertes klinisches Interview, in dem Jugendliche und Erwachsene zu ihren frühen Erfahrungen mit Bezugspersonen in der Herkunftsfamilie befragt werden und über ihre Einschätzung der Bedeutung dieser Erfahrungen aus ihrer aktuellen Sicht. Das Erwachsenen-Bindungsinterview besteht aus einer festgelegten Reihenfolge von Fragen zu den frühen Beziehungen in der Herkunftsfamilie, der Kennzeichnung der Beziehungen zu Mutter und Vater in der Kindheit durch Nennung von fünf Adjektiven oder Wörtern und Belegung dieser mittels konkreter Ereignisse. Weiterhin werden Fragen gestellt dazu, welchem Elternteil sich die interviewte Person näher fühlte und was sie tat, wenn sie sich als Kind unglücklich fühlte oder sich verletzt hatte. Es wird nach frühen Trennungserfahrungen gefragt und nach Gefühlen des Abgelehntwerdens durch die Eltern (siehe Anhang 4).

Durch die Interviewsituation wird das Bindungssystem aktiviert, durch teilweise überraschende Fragen werden bindungsrelevante Erinnerungen wachgerufen, an die die Probanden oft sehr lange nicht oder noch nie gedacht haben. Bei Erwachsenen dauert das Interview im Schnitt 90 Minuten, die komplexe Auswertung, inklusive Transkribierung und Verschriftlichung auch der nonverbalen Gesprächselemente, erfordert hingegen mehr als 15 Stunden, was seine Verwendbarkeit im beraterisch-therapeutischen Alltag einschränkt. Der sehr hohe Aufwand bei der Durchführung und Auswertung des AAI lässt sich – zumindest für Forschungszwecke – durch die gute Vorhersage des kindlichen Bindungsverhaltens in der »Fremden Situation« rechtfertigen. Dies wurde durch die umfangreichen Metaanalysen von *van IJzendoorn (1995)* sowie *Bakermans-Kranenburg* und *van IJzendoorn (2009)* bestätigt. Außerdem erlauben die Fragen eine Einschätzung des Mentalisierungsstatus der Klientin bzw. des Klienten (Steele u. Steele, 2008), und bilden mithin eine Grundlage für eine mentalisierungsbasierte Behandlung (siehe Unterkapitel 8.5).

Die Auswertung der transkribierten Interviews geschieht in mehreren Schritten (Gloger-Tippelt, 2012, S. 102 f.):

Der erste Schritt erfasst über die Skalen der erschlossenen Kindheitserfahrungen mit Vater und Mutter (a) die erlebte liebevolle Zuwendung und (b) nicht liebevolles Elternverhalten wie Zurückweisung, Rollenumkehr, Leistungsdruck und Vernachlässigung ebenso wie Missbrauchs- und Misshandlungserfahrungen.

Im zweiten Schritt wird die mentale Verarbeitung dieser Erfahrungen in Bezug auf die Bindungspersonen erfasst. *Mary Main* benutzte hierfür die vier Maximen für sprachliche Diskurse, die der Sprachphilosoph *Paul Grice* (1975/1989, Original im Anhang 3) aufgestellt hat. Sie sind hilfreich für die Erfassung formaler, nicht inhaltlicher Aspekte der internalen Arbeitsmodelle.

- *Qualität: »Berichte wahrheitsgemäß und bringe Belege, Beispiele für das, was du sagst!«* Das Prinzip Qualität ist verletzt, wenn der Interviewte z. B. auf einer wundervollen Beziehung zu seiner Mutter besteht, aber keine Beispiele auf episodischer Ebene liefern kann.
- *Quantität: »Sei kurz und bündig und trotzdem vollständig!«* Dieses Prinzip ist verletzt, wenn der Interviewte z. B. bei bindungsrelevanten Fragen abblockt oder darauf besteht, sich nicht erinnern zu können, oder er/sie mit langen redundanten Passagen antwortet.
- *Bezug: »Sei relevant!«* Das Prinzip Relevanz ist verletzt, wenn die Interviewte mit anderen Inhalten antwortet, vom Thema abweicht, ablenkt oder sich widerspricht.
- *Modalität: »Sei klar und geordnet!«* Hier geht es um die Wortwahl, Satzabbrüche, Mehrdeutigkeiten, Weitschweifigkeit usw.

Zu der Unsicherheit widerspiegelnden mentalen Verarbeitung der Bindungserfahrungen gehören z. B. Idealisierung, Ärger und Abwertung.

Weitere zehn Skalen beurteilen den allgemeinen mentalen Verarbeitungszustand von Bindungserfahrungen, wie z. B. generelle Abwertung von Bindung oder ein Bestehen auf fehlender Erinnerung. Besonders wichtig für die Klassifikation der Bindungsrepräsentation ist die Skala *Kohärenz* der Schilderungen. Hier wird vermerkt, ob die Antworten in Kooperation mit der Interviewerin erfolgen, ob sie angemessen informativ, logisch widerspruchsfrei, themarelevant und klar sind.

Im Resultat ergibt sich eine Festlegung auf ein Bindungsmodell in vier Hauptkategorien, die im Folgenden noch einmal beschrieben werden.

Eine *sicher-autonome (F = free)* Bindungsrepräsentation (ca. 55 % der Bevölkerung) ermöglicht einen sowohl affektiven und kognitiven Zugang zu positiven und negativen Kindheitserfahrungen. Vergangene und gegenwärtige Lebens- und Beziehungssituationen werden kohärent, offen und frei geschildert. Auch die Erlebnisperspektive anderer kann wahrgenommen und respektiert werden. Das Selbst reagiert flexibel auf unterschiedliche Anforderungen, und die Selbstorganisation ist effektiv. Das Selbstbild ist angemessen, das Sozialverhalten kooperativ. In der Untersuchungssituation entsteht der Eindruck, dass diese Menschen lebhaft und aktiv beteiligt sind, gerne in der ersten Person sprechen und auch durchaus während des Interviewverlaufs Korrekturen zu ihren Aussagen vornehmen. Mary Main, die »Erfinderin« des AAI, nennt dies »metakognitives Monitoring« (2012). Zudem betont sie den Eindruck, dass sicher gebundene Menschen eine konstruktivistische Position gegenüber ihren früheren Erfahrungen einnehmen können, d. h., ihnen ist bewusst, dass ihre Erinnerungen nicht objektiv sind und dass Menschen, über die sie sprechen, eine andere Haltung einnehmen würden.

Je nach Ausprägung der Bindungsunsicherheit fehlen bei den drei als unsicher zu bezeichnenden Bindungsrepräsentationen diese Kriterien teilweise oder ganz:

Erstens: 20–25 % der Menschen weisen eine *unsicher-abwehrende, distanzierte (Ds = dismissing)* Bindungsrepräsentation auf. Hier überwiegen in den Äußerungen die kognitiven Bewertungen von Beziehungserfahrungen. Es finden sich wenige und vage Erinnerungen dazu, wenig Zugang zu Gefühlen. Negative Beziehungserfahrungen werden verleugnet, die Kindheit idealisiert, emotionale Unabhängigkeit wird betont und ein Bedürfnis, öfters allein zu sein. Die Sprache ist eher abstrakt und substantivistisch, generalisierend und »man«-betont. Episodische Belege für genannte »Eigenschaften« fehlen weitgehend. Unsicher-vermeidende Kleinkinder erleben ihre Bindungspersonen oft als emotional zurückgezogen, zurückweisend bis feindselig und fühlen sich unzureichend unterstützt. Sie ziehen sich dementsprechend auch selbst eher zurück und reproduzieren so das Beziehungsmuster. Vermeidend gebundene Erwachsene betonen ihre Autonomie und verleugnen jeden Hilfebedarf.

Beispiel: In der Behandlung eines mir seit Jahren vertrauten jungen Mannes, der seit der frühen Kindheit lebensbedrohliche Erkrankungen sowohl des Vaters wie der Mutter miterlebt hatte, entstand bei mir das Gefühl, zurückgewiesen zu werden durch kurz angebundene Antworten oder ein Beharren darauf, sich nicht erinnern zu können. Mentalisierende Fragen nach dem Selbsterleben oder der Befindlichkeit der nahen Angehörigen wurden durch zähes Schweigen oder »Ganz gut, glaube ich« beantwortet, sodass die Versuchung groß war, das Gespräch früher zu beenden, »denn heute gibt es ja nicht so viel zu besprechen!« Dennoch kam der Heranwachsende regelmäßig und gerne.

Zweitens: Adoleszente und Erwachsene, die noch in Bindungsthematiken *verstrickt* sind (15–20 %) werden als *präokkupiert (E = entangled, d. h. verwickelt)* klassifiziert. Sie überbetonen Gefühle in der Darstellung ihrer Beziehungserfahrungen, vor allem in Form episodischer Erinnerungen mit viel Ärger oder unpräzisen Frustäußerungen, die nicht auf einer globaleren Ebene bewertet und integriert werden können. Der kognitive Aspekt der Schilderungen ist relativ unterrepräsentiert. Sie werden oft von ihren Emotionen überflutet und erzählen weitschweifig, partiell nebulös und verlängern so die Interviewdauer. Es werden vage Phrasen oder Wörter verwendet, Jargon oder auch übertriebene Wendungen (»furchtbar«, »unheimlich«, »total«, »Drama«). Nicht beendete Sätze kommen häufiger vor oder auch ein Wechsel in Kindersprache.

Dies alles macht es wiederum auch ihren eigenen (Kleinst-)Kindern schwer, eine kohärente Erwartungshaltung aufzubauen. Sie fixieren sich intensiv und reagieren heftig auf ihre Mutter und sichern sich so die beständige und verlässliche Zuwendung (Ziegenhain, 1999). Hilfebeziehungen zu verstrickt gebundenen Menschen bergen beim Klienten die Gefahr in sich, den Absprung in die Selbstständigkeit zu verpassen, was manchmal zu einer nicht enden wollenden Hilfekommunikation führen kann.

Drittens: Ein *unverarbeiteter Bindungsmodus (U = unresolved)* im Sinne von Desorganisation und Desorientierung findet sich häufig bei Erwachsenen aus klinischen Stichproben, vor allem bei schweren Traumata wie extreme Verluste, Missbrauch oder Misshandlung. Dieser Modus wird im nächsten Kapitel ausführlich behandelt. Desorganisation ist eine Zusatzklassifikation, die zusätzlich zu einer der drei organisierten Bindungsformen vergeben wird. In der Allgemeinbevölkerung kommt sie bei ca. 15 % vor. Schon Armut erhöht diesen Wert auf 25–35 %, der in klinischen Stichproben bis auf 80 % ansteigt. Die Betroffenen verfügen in der Regel nur über ein schwach ausgebildetes Selbstbewusstsein, erleben sich als wenig autonom, chaotisch und kaum selbstwirksam. Im Gespräch kommen sie nicht auf den Punkt, und lösen durch ihre Unbestimmtheit beim Gegenüber bisweilen Spannung und Strukturierungsimpulse aus. Angebotene Hilfen werden gleichzeitig ersehnt, machen aber auch Angst, weil das eigene Autonomieerleben durch Strukturvorgaben seitens der helfenden (oft ja auch kontrollierenden) Instanz noch weiter geschwächt wird. Aufseiten der Anbieter wird die Fruchtlosigkeit ihrer Hilfsangebote teils depressiv, teils aggressiv verarbeitet, was zu Spaltungsprozessen oder zu Desorganisation im Hilfesystem führen kann. Fundiertes Bindungswissen in Verbindung mit einer reflexiven Haltung kann diesen Mechanismus durchschauen helfen und eine kooperative Basis herstellen.

Wie bei allen unsicheren Bindungsstilen finden sich auch hier erhöhte Cortisolspiegel im Speichel. Durch das chronisch überlastete Stressverarbeitungssystem ist die psychische Regulationsbreite für Affekte, Impulse und Kognitionen schon im Alltag deutlich verringert.

Forschungsergebnisse zum AAI

Die herausragende Bedeutung des AAI für die Grundlagenforschung, aber auch für Beratung und Therapie wurde durch eine große Anzahl von qualitativ hochwertigen Studien belegt. Die bereits erwähnte Metaanalyse von Bakermans-Kranenburg und van IJzendoorn (2009) zur Verteilung der Bindungsrepräsentationen in klinischen und nicht-klinischen Gruppen umfasst mehr als 10.500 AAIs in über 200 Studien. Da ihre Erkenntnisse für den Praxisalltag von Bedeutung sind, erläutere ich im Folgenden einige Aspekte, die durch Abbildung 13 illustriert werden.

Um Abweichungen von einer Normalstichprobe zu erfassen, nutzten die Autoren die kombinierten Studien bei nordamerikanischen Müttern als Referenz, die folgende Bindungsrepräsentationen aufwies: 58 % sichere, 23 % abwehrende und 19 % verstrickt. 18 % erhielten die Zusatzklassifikation U = ungelöstes Trauma, entsprechend der Desorganisation im FST.

Über alle Studien berechnet war die Verteilung deutlich anders: F = 46 %, Ds = 34 %, E = 20 % im Drei-Vektorenmodell (U als Zusatzklassifikation nicht berücksichtigt). Bezogen auf vier Hauptbindungsrepräsentationen, also unter Einschluss von U, ergab sich folgendes Bild: F = 40 %, Ds = 25 %, E = 10 %, U = 25 %.

Die Verteilung der Bindungsmodi war bei Männern und Frauen praktisch gleich – im Unterschied zu häufigen Vorannahmen, dass Männer mehr abweisend und Frauen häufiger verstrickt organisiert sind. Es gab auch keine bedeutsame Abhängigkeit vom Herkunftsland oder von der Sprache. Allerdings zeigten sich bemerkenswerte Abweichungen der Normalstichproben von den klinischen Stichproben, die in der Abbildung 13 illustriert werden. Insbesondere darauf soll hier hingewiesen werden.

Diese Grafik wurde auf der Basis der drei Hauptbindungsrepräsentationen (F, Ds, E) mit U als Zusatzklassifikation berechnet. Der Ursprung der drei Vektoren markiert die benannte Normalverteilung US-amerikanischer Mütter. Auf der x-Achse nimmt der Grad der Unsicherheit nach rechts zu, die y-Achse zeigt die Verteilung unsicher abwehrender versus verstrickter Repräsentationen. Adoleszente und Studierende zeigen eine stärker abwehrende Bindungsrepräsentation als der Durchschnitt der Erwachsenen, was mit der Entwicklungsaufgabe der Ablösung von primären Bindungsbeziehungen zusammenhängen mag. Klinisch auffällige Gruppen unterscheiden sich je nachdem, ob eher externalisierende Störungen, wie z. B. antisoziale Persönlichkeitsstörungen oder internalisierende Störungen wie Depression oder PTSD (Posttraumatic Stress Disorder = PTBS Posttraumatische Belastungsstörung) untersucht wurden. Personen mit externalisierenden Auffälligkeiten zeigten höhere Werte bei abweisenden Strategien. In

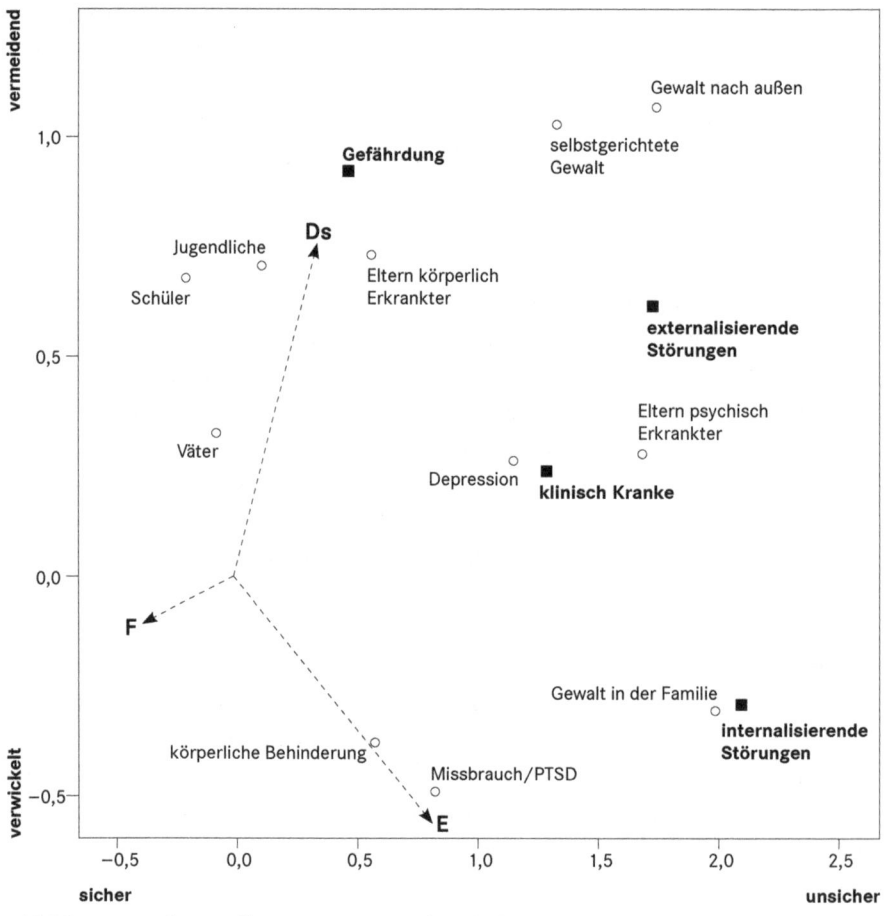

Abbildung 13: Vektorgrafik zur AAI-Metaanalyse (Bakermans-Kranenburg u. van IJzendoorn, 2009, S. 244, Fig. 3, Übersetzung: AT)

Fällen selbst ausgeübter Gewalt gegen sich oder die Außenwelt waren besonders unsichere Bindungsrepräsentationen diagnostizierbar. Opfer von Familiengewalt, depressiv erkrankte Menschen oder Eltern psychisch kranker Menschen zeigten ebenfalls hohe Bindungsunsicherheit, allerdings ohne klare Tendenz in Richtung Verstrickung oder Bindungsabwehr. Hier spielen oft beide Aspekte eine Rolle. Näheres zu diesen Themen in den Kapiteln 6 und 7.

Die Konstruktion des AAI durch Mary Main und Kollegen markiert den Beginn einer neuen Forschungsebene in der Bindungstheorie: Nicht mehr die Verhaltensebene wird erfasst, sondern – durch die Erschließung des Narrativs – eine mentale Repräsentation und damit die inneren Prozesse, die nun der empirischen Forschung zugänglich werden. Die im AAI erfasste Bindungsrepräsentation ist nicht personen- oder kontextabhängig. Das Modell folgt damit der Vorstellung von Bowlby über das *eine* innere Arbeitsmodell.

5.4.2 Weitere Interviewverfahren

Das Erwachsenen-Bindungs-Projektiv (Adult Attachment Projective Picture System – AAP) ist das zweite wichtige interviewgestützte Verfahren; es kann aus Platzgründen nur kurz erwähnt werden. Die Probandin bzw. der Proband wird dabei aufgefordert, zu einfachen Zeichnungen, die in Trennungs- und Angstszenerien das Bindungsverhalten aktivieren, Geschichten zu erzählen. Durchführung und Auswertung des AAP sind etwas weniger aufwendig als beim AAI, es ist aber ebenso valide und reliabel und die Übereinstimmung der Kategorien mit denen des AAI ist hoch. Beide Verfahren sind ähnlich schwer zu erlernen (Buchheim, George, Juen u. West, 2012).

Ein speziell zur Erfassung der mütterlichen Repräsentationen des eigenen Kindes konstruiertes Instrument ist das *Diagnostische Interview zur Eltern-Säuglingsbeziehung (DIESB)*, die von Dunitz-Scheer und Kollegen (1997) ins Deutsche übersetzte Version des »Working Model of the Child Interview« von Zeanah und Barton (1989). Es erschließt über die narrativen Beschreibungen, die die Mutter während des Interviews über ihre Kinder abgibt, die elterlichen Repräsentationen (Crittenden u. Hartl Claussen, 2000). Das halbstrukturierte Interview erfasst einmal inhaltliche Aspekte wie Gefühle, Besorgnisse, Sensibilität für das Kind. Zum anderen kann über strukturell-linguistische Analysen (Detailreichtum der Schilderung und Involviertsein dabei, Kohärenz des Gesagten) die Beziehungsqualität zum Kind erfasst werden. Es wird ähnlich ausgewertet wie das AAI (Trost, 2008a) und die ermittelten Bindungsklassifizierungen korrelieren gut mit denen der »Fremden Situation« (Zeanah u. Benoit, 1995).

5.4.3 Fragebogenverfahren

Unter zeitökonomischen Aspekten, aber auch aus dem etwas anderen Forschungsinteresse der Sozialpsychologie heraus, wurden *Fragebogenverfahren* zur Untersuchung von Bindungsstilen entwickelt, die, anders als ein Interview, konstruktionsbedingt nur die deklarativen Aspekte der Bindungsrepräsentation erfassen, das Bindungssystem primär nicht aktivieren und durch vorformulierte Antworten auch sozial erwünschtes Antwortverhalten anbahnen können. Während die interviewgestützten Verfahren meist kategorial diagnostizieren, ermitteln die Fragebogenverfahren eher Dimensionen der Bindungsrepräsentation, was methodologisch adäquater ist (Bakermans-Kranenburg u. van IJzendoorn, 2009). Dazu werden die Dimensionen bezogen auf spezifische Kontexte oder Beziehungen ermittelt.

Die genannten Argumente räumen Selbstbeurteilungs-Fragebogenverfahren durchaus einen Stellenwert ein; es sollte aber kenntlich gemacht werden, dass sie andere konzeptuelle Grundlagen als das AAI haben. Mittlerweile ist eine große Anzahl von Fragebogenverfahren auf dem Markt. Sie erfassen zum Teil unterschiedliche Dimensionen und sind nicht immer gut validiert (Kirchmann, Singh u. Strauß, 2016). Auch im Hinblick auf die häufig geringen Übereinstimmungen zwischen den Selbstbeschreibungsverfahren untereinander und mit den Interviewverfahren besteht hoher Forschungsbedarf.

Heute wird vielfach davon ausgegangen, dass Menschen mehrere Arbeitsmodelle entwickeln, wobei deren Zuordnung untereinander noch unklar ist (von Sydow, 2015). Im Zusammenhang mit der Hierarchiebildung bei der Gehirnentwicklung ist davon auszugehen, dass am ehesten ein frühes übergeordnetes Modell entsteht, das einerseits wie ein Kern von späteren prägenden Bindungserfahrungen überlagert wird. Andererseits können auch unterschiedlich prägende Erfahrungen nebeneinander zu spezifischen, personenbezogenen Repräsentationen führen. Mikulincer und Shaver, neben Bartholomew und Asendorpf wichtige Protagonisten der »Fragebogen-Verfahrensszene« haben ein hierarchisches *Modell der Bindungsaktivierung* vorgestellt, dessen Algorithmus schlüssig die Aktivierung des Bindungssystems verdeutlicht. Im ersten Modul wird durch Suchen nach Hinweisreizen für mögliche Gefahren das aktuelle Verhalten überwacht. Bei Aktivierung des Bindungssystems wird Nähe entweder zu einer externen oder im Erwachsenenalter auch internalisierten Bezugsperson gesucht. Zur Beruhigung des Bindungssystems wird im Kleinkindalter die physische Präsenz der Bindungsperson benötigt, im späteren Jugend- und Erwachsenenalter genügt oft eine symbolische Präsenz. Im zweiten Modul geht es darum, mithilfe dieser Bezugspersonen Sicherheit wiederherzustellen, um dann wieder zur aktuellen Aktivität zurückzukehren.

5.4 Bindung im Erwachsenenalter

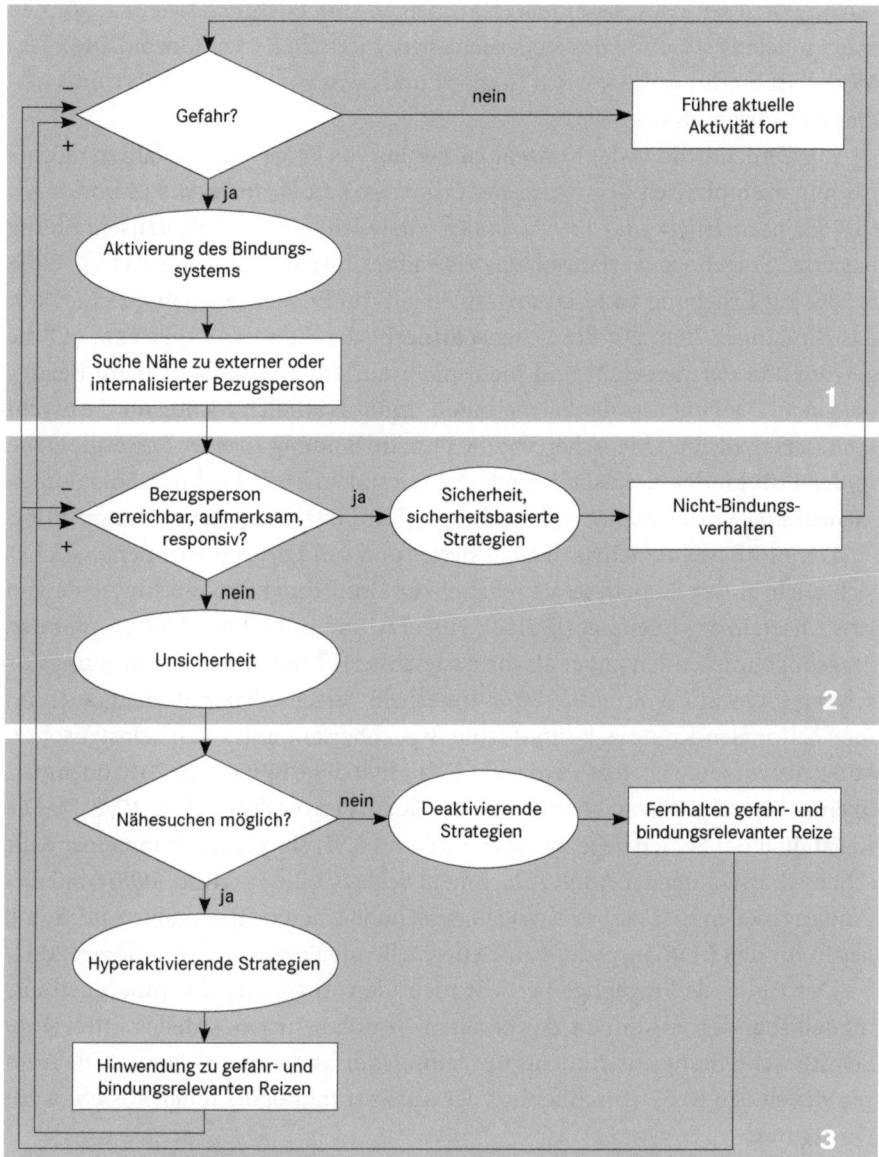

Abbildung 14: Modell der Bindungsaktivierung von Mikulincer und Shaver (2007; aus Asendorpf, 2016, S. 332)

Misslingt die primäre, sicherheitsbasierte Strategie, werden zur Begegnung der Gefahr entweder deaktivierende Strategien, die die bindungsrelevanten Reize fernhalten, oder hyperaktivierende mit einer intensiven Hinwendung zu diesen angewendet. Diese sekundären Strategien sind energieaufwendig, können aber ein relatives Gefühl der Sicherheit wiederherstellen (Asendorpf, 2016). Das Modell ist bindungstheoretisch fundiert und passt gut zu den im FST und AAI diagnostizierten Kategorien.

Zur Verdeutlichung der Konzeptualisierung von Fragebogenverfahren möchte ich nun exemplarisch den *Bielefelder Fragebogen zu Partnerschaftserwartungen (BFPE)*, nach *Höger und Buschkämper* vorstellen, ein auf Selbstzuschreibung basiertes Fragebogenverfahren, das als valides Instrument (Höger et al., 2008, S. 286) zur Erhebung von Bindungsstilen gilt. Im Erwachsenenalter richtet sich das Bindungssystem auf die Lebenspartnerin/den Lebenspartner bzw. auf die gewünschte Partnerschaft und nicht mehr auf die Eltern als primäre Bezugspersonen. Die Funktion der Partnerbindung gilt als ähnlich wichtig für die psychische Sicherheit eines Menschen wie die primäre Bindung zu einer Fürsorgeperson in der Frühkindheit, einschließlich der physiologischen und psychologischen Auswirkung eines Verlustes oder schwerer Konflikte (Zeifman u. Hazan, 2016).

Der BFPE ist ein mehrfach analysiertes und validiertes Instrument, welches sich auch in der Reanalyse als reliabel zur Ermittlung der Bindungsstile von Erwachsenen erwiesen hat (Brähler, Höger u. Stöbel-Richter, 2008). Unter den Fragebogenmethoden gilt er als die bestetablierte Methode in der Bindungsforschung (Schwark u. Strauß, 2007). Innerhalb verschiedener Studien, auch im internationalen Kontext, konnte seine Brauchbarkeit unter den Selbstzuschreibungsinstrumenten belegt werden. Die Validität des BFPE wurde 2010 nochmals in einer repräsentativen Strichprobe bestätigt (Petroswky et al., 2010, S. 7). Die Reliabilität der Skalen liegt zwischen 0.76 und 0.91, ein Vergleich mit einer deutschen Übersetzung der Adult Attachment Scale (Collins u. Read, 1990) und den Bindungsskalen für Paarbeziehungen weist hohe Übereinstimmungen auf. Somit liegen für den BFPE insgesamt zufriedenstellende Ergebnisse vor (Höger, 2002).

Der BFPE als Fragebogen erhebt nicht den Anspruch, das innere Arbeitsmodell abbilden zu können, da vor allem die unbewussten Anteile mittels eines Selbstbeschreibungsinstruments nur teilweise erfasst werden können. Die Autoren stellen den BFPE einschließlich der Auswertungsalgorithmen kostenlos zur Verfügung.

Der Fragebogen (siehe Anhang 5) besteht aus 31 partnerschaftsbezogenen Aussagen, die jeweils auf einer 5-stufigen Likert-Skala bewertet werden. Da im Wesentlichen die bewussten Repräsentationen über eine Partnerschaft erhoben werden, ist es unerheblich, ob zum Untersuchungszeitpunkt tatsächlich eine solche besteht. Aus den Ergebniswerten werden faktorenanalytisch drei Dimensionen von Bindungserwartungen ermittelt (Höger u. Buschkämper, 2002; siehe Abbildung 15):

- »*Zuwendungsbedürfnis*« wird definiert als das wahrgenommene Bedürfnis nach Zuwendung und Nähe.
- Die Dimension »*Akzeptanzprobleme*« beinhaltet die Erwartung, vom Partner nicht gut als Person angenommen zu werden.
- »*Öffnungsbereitschaft*« meint die Bereitschaft, sich dem Partner gegenüber öffnen und über die eigenen Emotionen sprechen zu können.

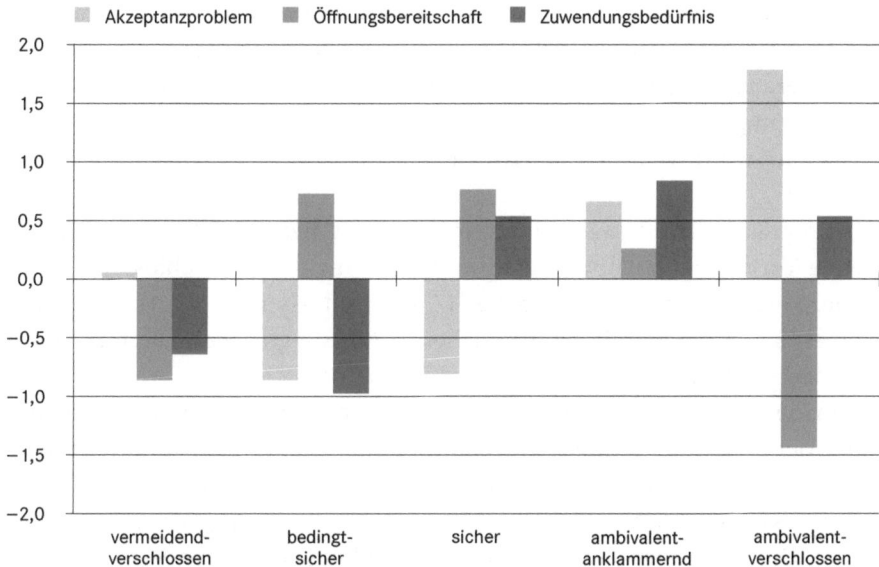

Abbildung 15: Verteilung der Dimensionen im BFPE (Höger u. Buschkämper, 2002, S. 15)

Diese Dimensionen ergeben clusteranalytisch fünf Bindungsmuster. Hierzu werden die Distanzen zu allen Clustern berechnet. Der Proband wird demjenigen zugeordnet, von dem er am wenigsten weit entfernt ist. Insgesamt werden dabei fünf Stile unterschieden, die durch die Ausprägungen der Dimensionen definiert sind:

- Es werden zwei Ausprägungen der hyperaktivierten Bindungsstrategie differenziert, nämlich »ambivalent-anklammernd« und »ambivalent-verschlossen«. Diese grenzen sich vor allem in der Ausprägung der Öffnungsbereitschaft voneinander ab, welche in der verschlossenen Variante niedriger ist.
- Das »vermeidend-verschlossene« Cluster stellt die Ausprägung einer Deaktivierung des Bindungssystems dar und ist durch ein niedrigeres Zuwendungsbedürfnis gekennzeichnet.

- Die »sichere« Strategie zeichnet sich aus durch geringe Werte in Akzeptanzproblemen sowie mittlere Werte in Öffnungsbereitschaft und Zuwendungsbedürfnis.
- Die »bedingt-sichere« Strategie ist besonders erwähnenswert, da sie in dieser Form von den meisten Instrumenten nicht kategorisiert wird. Dieses Cluster stellt eine leicht deaktivierte Strategie dar, die trotz des niedrigeren Zuwendungsbedürfnisses dennoch aufgrund der höheren Öffnungsbereitschaft und den niedrigeren Akzeptanzproblemen zu den *sicheren* Strategien gezählt wird. Auch bei anderen Instrumenten konnte man eine ähnliche Differenzierung feststellen, die aber nicht durch eine neue Kategorisierung (Bindungsstil) erfasst wurde, sondern letztendlich zur sicheren Strategie gezählt wurde (Höger u. Buschkämper, 2002).

Eine repräsentative Untersuchung in der deutschen Bevölkerung ergab folgende Verteilung der Bindungsstile: 20 % vermeidend-verschlossen Gebundene, 39 % ambivalent Gebundene (17 % verschlossen, 22 % anklammernd) und 41 % sicher Gebundene (20 % sicher, 21 % bedingt-sicher) (Brähler, Höger u. Stöbel-Richter, 2008).

In der Psychotherapieforschung wurden einige Studien unter Verwendung der Bielefelder Bindungsfragebögen durchgeführt. Hier konnte ermittelt werden, dass sich 30 % der Psychotherapeuten als vermeidend-verschlossen, 48,8 % als bedingt-sicher, 10 % bzw. 12 % als ambivalent gebunden sehen (Eckert, 2008). Die »Aachener Forschungsgruppe Bindung« hat mittlerweile mehr als 1.100 Personen aus helfenden Berufen mittels des BFPE auf ihren Bindungsstil hin untersuchen können (Trost u. Kreutz-Kielwein, i. V.). Die aktuelle Studie im systemischen Feld wird in Kapitel 9 vorgestellt.

5.5 Bindung im Alter

Das Altern stellt in vielerlei Hinsicht eine große Herausforderung an Körper, Psyche und Sozialleben dar. Folgende existenzielle Entwicklungsaufgaben kennzeichnen diese Phase:
- die Auseinandersetzung mit der nachlassenden Leistungsfähigkeit bei gleichzeitigem Anpassungsdruck an Veränderungen in der räumlichen und sozialen Umwelt;
- die Auseinandersetzung mit dem Verlust von Bedeutung und Einfluss in beruflichen und privaten Feldern und der gleichzeitigen Aufforderung zur Erschließung neuer sozialer und Betätigungsfelder;

– die Auseinandersetzung mit Verlusten von Freunden und nahestehenden Familienmitgliedern durch Tod, damit auch mit dem eigenen Sterben, und der gleichzeitigen Realisierung kontinuierlich erhaltender Lebenszufriedenheit.

Auf der anderen Seite steht im höheren Lebensalter durch den erst späten Primat der Präfrontalregion über dem limbischen System eine bessere Integration vergangener und gegenwärtiger Lebenserfahrungen. Die in dieser Phase stärkere Aktivierung des Altgedächtnisses mag dies fördern. Die Anpassung an die unvermeidlichen Einbußen und Verlusterfahrungen gelingt so oft erstaunlich gut. Selbstwertgefühl und Lebenszufriedenheit bleiben in vielen Fällen stabil (Kirchmann, 2016). In welcher Weise spielen nun Bindungsprozesse eine Rolle für erfolgreiches Altern?

Bereits Bowlby (1979/1999) betont die Bedeutung von Bindung über die gesamte Lebensspanne »von der Wiege bis zum Grabe«, gleichzeitig gibt es bislang nur wenige Studien zu Bindungsmerkmalen im höheren Lebensalter. Brisch (1999/2009) beschreibt exemplarisch das Fallbeispiel der bindungspsychotherapeutischen Behandlung einer älteren Dame, bei der der Umzug in ein Seniorenheim anstand.

Das synergetische – Bindungssystem und Explorationssystem umfassende – »Gefüge psychischer Sicherheit« (Grossmann u. Grossmann, 2012, S. 669) reguliert vom Beginn des Lebens an Emotion, Kognition und Handlungsweisen, insbesondere in Bezug auf Gefahren, Trennungs- und Verlusterfahrungen. Damit muss es auch für die letzten Lebensphasen bedeutsam sein.

Altersbedingt nimmt die Personenzahl im eigenen Sozialsystem in der Regel ab, sowohl aufgrund verringerter Möglichkeiten als auch als Ergebnis einer verringerten Motivation zu sozial weniger bedeutsamen Kontakten. Diese Tendenz ist bei Männern ausgeprägter als bei Frauen. Neben den erwachsenen Kindern und der Lebenspartnerin/dem Lebenspartner spielen im Alter auch symbolische Bindungsfiguren eine größere Rolle. Dies können verstorbene nahe Angehörige, aber auch Jesus, die heilige Maria oder andere Personifizierungen des eigenen Glaubenssystems sein. So wie Übergangsobjekte in den ersten Lebensjahren die reale Präsenz der primären Bindungsfigur ersetzen und zur Beruhigung des kindlichen Organismus beitragen, können diese »zeitlosen« Repräsentationen psychischer Sicherheit vielleicht den Weg aus dem Diesseits in das erwartete Leben nach dem Tod erleichtern.

Es stehen praktisch keine Längsschnittuntersuchungen der alterskorrelierten Veränderungen in der Bindungsrepräsentation zur Verfügung. Aus der bereits mehrfach angeführten Metaanalyse von Bakermans-Kranenburg und van IJzendoorn (2009) lässt sich schließen, dass im höheren Lebensalter die verstrickt-ambivalenten Bindungsmuster abnehmen zugunsten der vermeidenden. Dies passt zu der nunmehr stärker präfrontal regulierten Affektivität und der bereits erwähnten Rückzugstendenz. Kirchmann und Kollegen untersuchten 2013 die Zusammenhänge zwischen Bindungsmerkmalen und der Bewältigung körperlicher Gesundheitsbelastungen (Kirchmann, 2016). Dabei fanden sie heraus, dass die Lebenszufriedenheit weniger von dem Ausmaß körperlicher Krankheitslast als von der Bindungssicherheit abhing. Auch die psychischen Beschwerden von Alzheimerpatienten sind nach einigen Studien bei – vor der Erkrankung – als bindungssicher eingestuften Menschen geringer als bei unsicheren. Entsprechend der Theorie und Erfahrung höherer Ich-Flexibilität bei sicher gebundenen Menschen ist bei diesen auch der Übergang ins Rentenalter mit dem Funktions- und Einkommensverlust besser zu bewältigen. Bindungssicherheit ist offensichtlich auch eine entscheidende personale Ressource zur Bewältigung existenziell bedrohlicher Lebensereignisse.

5.6 Bindung und familiäre Narrative

In einem Buch über den Zusammenhang zwischen Bindungstheorie und systemischer Arbeit darf neben den individuellen und dyadischen Aspekten der Bindungsgeschichte(n) die familiäre Perspektive auf Bindung nicht fehlen. Narrative sind sinnstiftende Erzählungen, also redundante sprachgebundene Wirklichkeitskonstruktionen. Sie kommen in jedem kulturellen Kontext vor, sind essenziell und wandlungsfähig, nicht beliebig und makro- und/oder mikrosozial legitimiert. In Familien begründen sie Identitäten und Wahrheiten, definieren Beziehungen und Aufgaben. Sie sind eigentlich transgenerationale Metaerzählungen, legen sich wie ein Raster auf Ereignisse und Erlebnisse und steuern damit Wahrnehmung und Handeln in Bezug auf das Geschehen, ähnlich wie innere Arbeitsmodelle.

Solche Narrative beeinflussen auch die frühkindliche Hirnorganisation und Sozialisation: Wenn z. B. die bindungsverachtende und Härte idealisierende Erziehungshaltung im nationalsozialistischen Staat (siehe Abschnitt 4.3.2) in einer jungen Mutter mehr Widerhall findet als ihr intuitiver Impuls, das schreiende Baby sofort hoch zu nehmen, wird dies auf die Dauer vermutlich ein bindungsabwehrendes Beziehungsmuster bei dem Kind bewirken.

Jenseits staatlicher Ideologien sind Gefühle und Bindungen ein wesentlicher Motor in Familiensystemen. Auch wenn die Bindungsentwicklung zunächst dyadisch dargestellt wurde, ist der Dritte, in der Regel der Vater, immer bereits mitgedacht und mitwirksam. Dysfunktionale Mutter-Säuglings-Beziehungen sind praktisch nie als ausschließlich dyadisch erklärbar. Der Vater, die Großeltern und das weitere Familiensystem modulieren den Beziehungsaufbau maßgeblich. Dies geschieht über ihre Vorstellungen von Fürsorge, Behütung und Erziehung, geschlechtsspezifischen Rollenzuschreibungen, dann über die gelebte Partnerschaft und ganz besonders über ihre unterstützenden bzw. destruktiven Interaktionen in der Mutterschaftskonstellation

Der intergenerationale Einfluss der Familien-Narrative auf das *Primäre Dreieck* (Vater-Mutter-Kind) kann kaum überschätzt werden und bereits in frühester Säuglingszeit zu Koalitionen, Triangulationen, Konfliktvermeidung oder Ausstoßung motivieren, was sich, anders als bei späteren Konfliktkonstellationen, tief in das kindliche Gehirn einbrennt. *Rudi Dallos* und *Arlene Vetere* haben bereits zu Beginn der 2000er Jahre eine narrative (siehe Abschnitt 2.4.5) Bindungs-Familientherapie konzipiert (Attachment Narrative Therapy: Dallos u. Vetere, 2009; siehe Unterkapitel 8.7.1).

5.7 Veränderungen im Lebenslauf, transgenerationale und transkulturelle Perspektive

5.7.1 Veränderungen der Bindungsrepräsentation im Lebenslauf

Trotz beeindruckender Ergebnisse der Bindungsforschung in den letzten fünfzig Jahren bleibt die Frage der Kontinuität oder Diskontinuität von Bindungsmustern, die in der frühen Kindheit angelegt wurden, empirisch offen. Quer- und längsschnittliche Untersuchungen ergeben immer statistische Maße; die lebenslange Bindungsentwicklung fußt im Letzten aber auf dem Zusammenspiel individueller Faktoren, die im Wechselspiel zwischen (Epi-)Genetik, frühen neurobiologischen Prägungen, intensiven und kontinuierlichen interaktionellen Erfahrungen mit bedeutsamen Menschen und Lebenssituationen in einer nicht-trivialen Bezogenheit kaskadenartig und gleichzeitig zirkulär wirksam werden. Es ist bislang unmöglich gewesen, die von der Wiege bis zum Grabe relevanten Muster psychischer Sicherheit auch über diese Zeitspanne und in einer größeren Kohorte zu untersuchen. Dies scheitert einmal an der Lebenswirklichkeit der Menschen, zum anderen an methodischen Problemen, da für die verschiedenen Lebensalter unterschiedliche Erlebens- und Ausdrucksformen vorrangig sind. Diese müssen auch mit unterschiedlichen Instrumenten erfasst werden, die jeweils etwas andere Parameter erfassen. Das lässt sich leicht an den bereits besprochenen diagnostischen Verfahren nachvollziehen.

Immerhin ergaben sich bei verschiedenen Studien, in denen das gleiche Konstrukt gemessen wurde, also entweder Bindungsverhalten oder Bindungsrepräsentation, hohe Übereinstimmungsraten über mehrere Jahre. Auch gilt es als vergleichsweise gut belegt, dass das frühkindliche Bindungsverhalten relativ verlässlich die mit sechs Jahren erfasste Bindungsrepräsentation vorhersagt (Zellmer, 2012). In der Bielefelder Längsschnittstudie der Gruppe um das Ehepaar Grossmann konnte eine sichere Vertrauensbeziehung mit zehn Jahren durch das Bindungsverhalten in der »Fremden Situation« vorhergesagt werden (Scheuerer-Englisch, 1989). Zimmermann und Ivanski fanden bei der gleichen Kohorte heraus, dass eine sichere Bindungsstrategie mit zehn Jahren die Bindungsrepräsentation im AAI mit 16 Jahren vorhersagt (Zimmermann u. Ivanski, 2014). In der Regel ausgenommen sind Risikopopulationen, bei denen ein schwächerer Zusammenhang ermittelt wird. Eine tabellarische Übersicht findet sich bei Zellmer (2012, S. 37).

Einige gesicherte Erkenntnisse
Pränatale und postnatale Einflüsse auf die Stressregulation in den allerersten Lebensjahren bilden eine lebenslange Grundlage für den Umgang mit intensiven Gefühlen in existenziellen Daseinssituationen.

Dies ist auch der wichtigste Aspekt des Konzeptes »Resilienz«, also der Kompetenz, mit aversiven und bedrohlichen Lebenssituationen konstruktiv fertigzuwerden. Emmy Werner belegte dies als Erste in ihrer eindrucksvollen Längsschnittstudie an allen 698 Kindern der zu Hawaii zugehörigen Insel Kauai. Gerade bei den Hochrisikokindern war die entscheidende Ressource für ein gelingendes Leben trotz widriger Umstände der sichere Bindungsaufbau zu einer responsiv-fürsorglichen Person im ersten Lebensjahr (Werner, 1989).

Der Aufbau einer primären, also sicheren Bindungsstrategie in den ersten Lebensjahren beinhaltet auch mentale Repräsentationen von sich selbst und den Bezugspersonen, die Sicherheit und Interesse an der Umwelt verkörpern. Dazu gehört auch eine gelingende Mentalisierungsentwicklung, d. h. die Förderung eines reflexiven Selbst, von Initiative und Leistungsbereitschaft. Die daraus resultierende Ich-Flexibilität bildet die Grundlage für effektive Coping-Strategien angesichts der Widerfahrnisse des normalen Lebens als Kind, Jugendlicher und Erwachsener. Psychische Sicherheit beim Einjährigen ist ein gut belegter Wegbereiter für eine positive psychische Anpassung bis mindestens ins Jugendalter (Grossmann u. Grossmann, 2012, S. 566).

Der Mensch muss sich in jeder Altersphase spezifischen Entwicklungsthematiken und -aufgaben stellen, deren Bewältigungsmöglichkeit jeweils vom Erfolg oder Misserfolg bei den vorherigen Aufgaben beeinflusst wird. Im Sinne des Prinzips der Entwicklungspfade können neue kritische oder stärkende Lebensereignisse, insbesondere Beziehungserfahrungen, immer nur eine graduelle Abweichung von dem bereits eingeschlagenen Weg bewirken. Dieser folgt ja der verinnerlichten und ab dem späten Vorschulalter generalisierten Bindungsrepräsentation. Die häufig angeführte »180-Grad-Wendung« ist höchst unwahrscheinlich; sie könnte, wenn überhaupt, nur mit sehr hohem psychischen Aufwand bewerkstelligt werden. Sie ereignet sich allenfalls als Folge einer anhaltenden Extremtraumatisierung, dann aber in die hochunsichere Richtung.

Eine Verunsicherung der Bindungsrepräsentation als Folge von Risikoerlebnissen wie Scheidung der Eltern, Verluste durch Tod oder schwere Erkrankungen ist ebenso möglich wie eine Verbesserung des Bindungsmusters durch eine liebevolle Partnerschaft oder eine adäquate Psychotherapie.

Zusammenfassend: Die Stabilität der inneren Arbeitsmodelle wird durch eine Reihe von Faktoren moduliert:
- die erfahrene Unterstützung/Zurückweisung von beiden Elternteilen;
- die Qualität der elterlichen Partnerbeziehung;
- die Bewältigung kindlicher Entwicklungsaufgaben;
- Reifungsfaktoren;
- die kognitive und Mentalisierungsentwicklung, Mind-Mindedness der primären Bezugspersonen (Meins et al., 2012);
- den Einfluss komplexerer sozialer Beziehungen in immer größerem zeitlichen Umfang;
- belastende und kritische Lebensereignisse;
- anhaltende und schwere Traumatisierung.

5.7.2 Transgenerationale Perspektive

Vor gut fünfzig Jahren glaubten die Entwicklungspsychologen, dass frühkindliche Erfahrungen wenig zur Vorhersage über die spätere Persönlichkeitsentwicklung taugten. Heute müssen wir sogar von einer intergenerationalen Stabilität der Bindungsmuster und damit wesentlicher Persönlichkeitszüge ausgehen. Die Erforschung dieser transgenerationalen Weitergabe von Bindungsmustern war ein früher Schwerpunkt der Bindungstheorie, ermöglicht durch die Entwicklung des AAI durch Mary Main und Kollegen. Schon bald wurde klar, dass die im AAI diagnostizierte Bindungsrepräsentation der Mutter sich als verlässlicher Prädiktor des kindlichen Bindungsverhaltens erwies. Diese Erkenntnis wurde bis heute vielfach in Studien repliziert. Entscheidendes Verhaltensmerkmal des Übertragungsweges war die Art und Ausprägung der mütterlichen Feinfühligkeit, aber auch eigene Gefühle und Überzeugungen spielen eine wichtige Rolle. DeWolff und van IJzendoorn (1997) wiesen aber nach, dass die elterliche Sensitivität die Weitergabe der eigenen Bindungsmuster nicht vollständig erklärt, daher ist weitere Forschung erforderlich. Der »Transmission Gap«, also die Lücke zwischen der gefundenen 68–75- und der 100-prozentigen Übereinstimmung, ist zugleich beruhigender Hinweis auf die prinzipiell nicht ausrechenbare Variabilität menschlicher Entwicklung wie auch Ansporn zu Interventionsstudien, die eine doch oft schicksalhafte frühe Weichenstellung verhindern helfen könnten. Erste Arbeiten dazu legen nahe, dass die Mentalitätsfähigkeit der Mutter wie des Vaters die entscheidende Mediatorvariable im Kontext der Bindungstransmission ist (Taubner et al., 2014; Haßelbeck, 2014).

In komplexen Metaanalysen, z. B. bei van IJzendoorn (1995), fand man Übereinstimmungen zwischen Müttern und Kindern von 75 % (sicher/unsicher) bis 68 % (sicher/unsicher-abweisend/unsicher-verstrickt-unverarbeitet). Van IJzendoorn analysierte 18 retrospektive und prospektive Studien. Diese Arbeit wurde in einer aktuellen Metaanalyse von 95 Studien im Wesentlichen bestätigt (Verhage et al., 2016). Metaanalysen der Arbeitsgruppe um Gloger-Tippelt ergaben mit bis 87 % (sicher/unsicher) noch höhere Korrespondenzen (Gomille u. Gloger-Tippelt, 1999). Behringer berichtet aus der Längsschnittstudie des Ehepaares Howard und Miriam Steele (2008), »dass auf der Grundlage der Bindungsrepräsentation der Mutter vor der Geburt des Kindes nicht nur der Bindungsstatus des Kindes in der Fremden Situation im Alter von einem Jahr, sondern auch noch die mit dem AAI erfasste Bindungsrepräsentation des Kindes als Jugendlicher im Alter von 16 Jahren vorhergesagt werden kann« (Behringer, 2016, S. 66). Gleichzeitig scheinen Kontextfaktoren die intergenerationale Transmission zu beeinflussen: Israelische Kibbuzkinder, die im Kinderhaus schliefen, zeigten nur 48 % Konkordanz mit ihrer primären Bindungsperson, bei »Zuhauseschläfern« waren es 76 % (Sagi et al., 1997). Obwohl sich die Mütter tagsüber offen und feinfühlig verhielten, reichte die nächtliche Abwesenheit mit eher unbeständiger Antwort auf kindliche Signale aus, um das aktivierte Bindungssystem zu verunsichern (Scher, 2011).

5.7.3 Transkulturelle Muster

Wenn Bindung ein genetisch verankertes, universelles motivationales System darstellt, müssen Kinder aller Kulturen und Ethnien dieses Bedürfnis zeigen. Gleichermaßen müssen intuitive Kompetenzen bei allen Eltern angelegt sein. Mary Ainsworth begann ihre Bindungsforschung mit einer kurzen Längsschnittstudie in den 1950er Jahren im westafrikanischen Uganda, deren wesentliches Ergebnis die Definierung der drei organisierten Bindungsmuster war. Ihre erste amerikanische Studie, in Baltimore, diente primär der Replikation dieses Ergebnisses. Transkulturelle Studien waren also von Beginn an in der Bindungsforschung gebräuchlich, allerdings sind Anzahl und Kohortengrößen gering,

verglichen mit der Menge an Studien in den europäischen und angloamerikanischen Ländern. Mesman, van IJzendoorn und Sagi-Schwartz (2016) gingen in ihrem Handbuch-Artikel zu den transkulturellen Bindungsmustern drei Hypothesen nach, die sich in diesem Zusammenhang stellen:
1. *Universalitätshypothese:* Alle Säuglinge binden sich an eine (oder mehrere) primäre Bezugsperson(en).
2. *Normativitätshypothese:* Die sichere Bindung ist die häufigste und effektivste Form der Bindung.
3. *Sensitivitätshypothese:* Bindungssicherheit wird vor allem durch feinfühliges Elternverhalten vermittelt.

Eine weitere Annahme der Autoren, die *Kompetenzhypothese,* wurde selten untersucht, dann aber jeweils bestätigt. Sie besagt, dass Bindungssicherheit generell zu einer größeren Fähigkeit führt, negative Emotionen zu regulieren, befriedigende Beziehungen aufzubauen und kognitive Fähigkeiten zu entwickeln.

Zur Überprüfung der Hypothesen verglichen die Autoren eine Reihe von Studien aus den afrikanischen (n=17), lateinamerikanischen (n=6) und ostasiatischen Kulturräumen (n=18) sowie Israel (n=6) mit westeuropäischen (n=9) und US-amerikanischen (n=21) Untersuchungen. Die Unterschiede bei den Fürsorgerollen und -personen waren erheblich. Einige Beispiele:
- Indonesische Kinder wurden 2–3 Jahre gestillt, waren im ersten Lebensjahr immer am Köper der Mutter und schliefen bei ihr bis zum fünften Lebensjahr. Die Mütter heirateten jung und ließen sich oft scheiden.
- Bei den Gusii in Kenia waren Mütter nur für die physische Versorgung ihrer Kinder zuständig, wohingegen ältere Geschwister nur die für spielerische und soziale Aktivitäten bedienten. Die Säuglinge werden per Handschlag begrüßt, und sichere Kinder strecken einen Arm aus, um den Gruß in Empfang zu nehmen, unsichere hingegen vermeiden das Gegenüber.
- Haussa-Mütter in Nigeria teilten sich alle sozialen oder Spielaufgaben mit im Schnitt vier Fürsorgepersonen, dies entsprach den meist vier, jeweils separat wohnenden Ehefrauen der muslimischen Männer. Allein die biologischen Mütter gewährleisteten die physische Fürsorge ihrer Babys. Die Feinfühligkeit aller, inklusive der Väter, war hoch und die Kinder entwickelten Bindungsbeziehungen zu allen. Trotzdem war die Person, die das Kind am meisten hielt und mit ihm interagierte, in der Regel die primäre Bindungsperson (van IJzendoorn u. Sagi-Schwartz, 2008).
- Dogon-Kinder aus Mali, die in der Regel große Feinfühligkeit erfuhren, erlebten den FST als besonders stressig. Sie zeigten hohe Prozentsätze an desorganisierten Bindungsmustern. Das wurde als Ausdruck der beson-

ders hohen Stressbelastung dieser Kinder, die Trennung überhaupt nicht gewohnt waren, verstanden.
- Auch die japanischen Kinder aus der 1. Sapporo-Studie waren durch die – bereits abgemilderte – FST-Prozedur besonders gestresst. Vermeidendes Bindungsverhalten kam dort nicht vor, dafür fand man über 80 % sichere Kinder, der Rest waren ambivalent gebundene Kinder, wobei Desorganisation nicht erfasst wurde. In der 2. Sapporo-Studie (Behrens, Main u. Hesse, 2007) fand man eine fast gleiche Verteilung der Bindungsverhaltensmuster und auch der elterlichen Bindungsmuster wie im globalen Vergleich.
- Efé-Kinder (Pygmäen) aus Sambia wurden tagsüber von vielen Frauen gestillt, erst in der zweiten Hälfte des ersten Lebensjahres bauten sie eine selektive Bindung zu ihrer leiblichen Mutter auf.
- Die kollektivistische Kindererziehung in israelischen Kibbuzim mit eigenen Kinderhäusern kam in zwei Hauptvarianten vor: Bei der einen Form schliefen die Kinder bei ihren Eltern, bei der anderen wurden sie von diesen im Kinderhaus zu Bett gebracht. Erstere waren mit ca. 80 % so sicher gebunden wie israelische Stadtkinder, die zweite Gruppe mit unter 50 % deutlich weniger.

Durch diese beispielhaften Darstellungen wird deutlich, wie unterschiedlich die Regularien bei der Kindererziehung in den verschiedenen Ethnien sind.

Trotz der Verschiedenheiten konnten alle Hypothesen eindrucksvoll bestätigt werden. Sie reflektieren offensichtlich keine Konstrukte westlicher Kulturen und Beobachtungstraditionen, sondern universell gültige Prinzipien von Schutz, Fürsorge und Exploration – bei gleichzeitig hoher adaptiver Variabilität in den unterschiedlichen Kontexten. Allerdings besteht Forschungsbedarf in Bezug auf die erweiterten sozialen Netzwerke, in denen die Kinder aufwachsen und sich entwickeln. Fast überall kommunizieren Kinder mit mehreren Bindungspersonen, einschließlich Geschwistern.

6 Bindung und Trauma

Die Bedeutung belastender Kindheitserfahrungen (Unterkapitel 3.4), von desorganisiertem Bindungsverhalten (Abschnitt 4.3.3) und des unverarbeiteten Bindungsstatus (Abschnitt 5.4.1) wurde bereits angesprochen. Wegen der großen Bedeutung dieser Themen für die frühkindliche Entwicklung und die Entstehung psychopathologischer Störungen von Krankheitswert widme ich ihnen ein eigenes Kapitel.

Der Begriff »Trauma« kommt ursprünglich aus der Unfallmedizin und bedeutet schlicht die Verletzung lebenden Gewebes. Auch wenn *Psychotraumata* seit jeher zu den menschlichen Grunderfahrungen gehören, wurde der Begriff erst in der zweiten Hälfte des 20. Jahrhunderts geprägt. In seinem Vortrag über die Ätiologie der Hysterie (1896) beschrieb Sigmund Freud den Zusammenhang zwischen Hysterie und sexuellem Kindesmissbrauch, den er damals noch als real ansah und nicht wie später für ein Fantasieprodukt hielt. Manchen Autoren gilt dies als Ursprung der modernen Psychotraumatologie, auch wenn das Wort noch nicht verwendet wurde. Man sprach eher von »Kriegsneurosen« bei traumatisierten Rückkehrern oder von »nervösen Störungen« bei kriegstraumatisierten Jugendlichen. »Posttraumatische Belastungsstörungen« wurden erst 1980 in das Diagnosemanual DSM-III aufgenommen. Als Vater der wissenschaftlichen Psychotraumatologie in Deutschland gilt der Kölner Tiefenpsychologe *Gottfried Fischer*. Heute ist der Begriff »Trauma« ein oft trivial und teilweise inflationär benutzter Bestandteil der Alltagssprache; er meint praktisch immer ein Psychotrauma. Der umfangreichen Erforschung von Traumaprozessen ist es zu verdanken, dass wir heute den Traumaphänomenen die angemessene Aufmerksamkeit schenken und über ein dichtes Netzwerk von traumatherapeutischen und -pädagogischen Unterstützungsangeboten verfügen.

Fischer und Riedesser (1998, S. 351) definieren Trauma wie folgt: »Vitales Diskrepanzerlebnis zwischen bedrohlichen Situationsfaktoren und individuellen Bewältigungsmöglichkeiten, welches mit dem Gefühl der Hilflosigkeit und schutzlosen Preisgabe einhergeht und so eine dauerhafte Erschütterung von Selbst- und Weltverständnis bewirkt.«

Landläufig werden zwei Traumatypen unterschieden, die in der Regel unterschiedliche Folgestörungen nach sich ziehen können:
- *Typ-I-Trauma* ist ein einzelnes, unerwartetes und kurzes Trauma. Es ist öffentlich besprechbar, die Erinnerung daran ist klar und lebendig und der Hauptaffekt bei der Wiedererinnerung ist Angst. Es kann eine »*einfache*« *posttraumatische Belastungsstörung* mit Intrusionen (über Sinneswahrnehmung getriggertes traumatisches Wiedererleben mit entsprechenden somatopsychischen Reaktionen), Hyperarousal (Überflutung mit Stresshormonen) und Vermeidung (von Orten, Situationen, Menschen, Beziehungen) auftreten, die aber klar diagnostiziert und gut behandelt werden kann. Ein Typ-I-Trauma kann z. B. ein Verkehrsunfall sein, eine Naturkatastrophe, aber auch ein Überfall, eine einmalige Misshandlung oder Vergewaltigung.
- *Typ-II-Traumata*, auch *Komplextraumatisierung* genannt, sind serielle, länger andauernde zwischenmenschliche Gewalterfahrungen, als Opfer, aber auch als Zeuge. Hierzu gehören Gefangennahmen, Entführungen, länger dauernde Flucht- und Vertreibungsperioden mit den entsprechenden Misshandlungs- und/oder Foltererfahrungen sowie ebenfalls körperliche oder seelische Misshandlung oder längerer Missbrauch in der Familie. Aufgrund der großen Scham bei den Betroffenen sind diese Traumata nicht gut öffentlich besprechbar, und auch die Gedächtnisrepräsentation ist diffus. Es gibt eine starke Tendenz zur *Dissoziation*:

Diese Fähigkeit ist zunächst adaptiv, sie ermöglicht uns abzuschalten, d. h. schwierige Erfahrungen auszublenden, und so den Organismus zu schützen. Ein Alltagsbeispiel: Tagträumen kann beispielsweise in langweiligen Unterrichtssituationen eine angenehme Form der Dissoziation sein, auf die Dauer verliert der Schüler allerdings den Anschluss und kann seine Aufgaben nicht erfüllen. Bei massiven Traumata wird das Geschehen wie durch einen Tunnel, aus der Distanz, losgelöst von Schmerz und Emotionen wahrgenommen und bleibt damit überlebbar. Dies ist in der Akutsituation sinnvoll, nicht aber im posttraumatischen Alltag, wo das fragmentarische Wiedererleben zur Übererregung und Vermeidung mit dem Verlust der Handlungskompetenz führen kann.

Bei langanhaltender Traumatisierung kann diese *Komplexe Posttraumatische Belastungsstörung* andere psychopathologische Symptome nach sich ziehen, die bis zu einer diagnostizierbaren Persönlichkeitsstörung reichen können. Manche Autoren benennen einen zusätzlichen *Typ III*, wenn eine persönlichkeitsprägende Symptomatik hinzukommt, und *Typ IV* mit komplexer dissoziativer Symptomatik im Sinne einer Teilidentitätsstörung oder eines Identitätswechsel (Schellong, 2013).

Komplexe Traumatisierungen sind generell schwer zu behandeln.

In dieser Typologie wird der Entwicklungsaspekt nicht hinreichend berücksichtigt. Im Kontext der Bindungstheorie interessieren wir uns aber dafür ganz besonders.

6.1 Entwicklungs- und Bindungstraumatisierung

Die Bindungswissenschaft hat sich bereits seit Bowlby mit den Folgen traumatischer Erlebnisse auf Eltern und Kinder auseinandergesetzt. Entsprechend der Logik der Gehirnentwicklung wirken traumatische Ereignisse umso stärker auf das Kind ein:
1. Je jünger es ist: Pränatale und Einflüsse im ersten Lebensjahr haben die intensivste Wirkung.
2. Je existenzieller das Kind auf die Person angewiesen ist, von der das Trauma ausgeht, bzw. die durch eigene Traumatisierung in ihrer Schutzfunktion für das Kind beeinträchtigt ist.
3. Je ausgeprägter – im Sinne direkter Gewalt, extremer Vernachlässigung, häufiger Wechsel der Pflegeperson – sie erfahren wird.
4. Je länger die Traumatisierung andauert.

Unter *Entwicklungstraumatisierung* versteht man jede länger anhaltende oder wiederholte psychotraumatische Einwirkung während der Entwicklung bis in die Adoleszenz. Dazu gehören Vernachlässigung, psychische, körperliche und sexuelle Gewalt, Bindungsabbrüche und frühe Fluchterfahrungen (Garbe, 2015), aber auch bereits Armut als ein Gefüge von ökonomischer und sozialer Deprivation kann ein wesentlicher Bedingungsfaktor dafür sein. Je früher eine Entwicklungstraumatisierung stattfindet, umso nachhaltiger moduliert sie auch die nächsten Schritte auf dem eigenen Entwicklungspfad. Der Begriff *Bindungstraumatisierung* (Brisch, 2017) kennzeichnet die anhaltende oder intermittierende Traumatisierung durch Personen, von denen das Kind oder auch der erwachsene Mensch Schutz und Sicherheit erwartet. Häufig überschneiden sich Entwicklungs- und Bindungstraumatisierung. Eine Bindungstraumatisierung kann jedoch z. B. auch stattfinden, wenn ein Ehemann seine primär sicher gebundene Frau über längere Zeit misshandelt, während eine Entwicklungstraumatisierung auch dann gegeben sein kann, wenn vor allem äußere Aspekte von Gefahr und Angst sowie vergangene Traumaerlebnisse bei den Bindungspersonen das Kind sekundär betreffen, weil sie dem Kind nicht hinreichend Schutz, Sicherheit und Antwort geben können. Ähnliches gilt bei massivem Mobbing unter Schulkindern ohne Beteiligung von Bindungspersonen.

Beispiel für eine gelingende posttraumatische Verarbeitung: Virginia (9) entstammt, wie ihre jüngere Schwester, aus einer kurzzeitigen Verbindung ihrer Mutter mit einem amerikanischen Soldaten, während die älteren Geschwister einen anderen Vater haben. Alle haben Vernachlässigung, zeitweise Gewalt und ein unorganisiertes Elternhaus erlebt, sodass das Jugendamt sie dauerhaft in Obhut nahm. Virginia lebt nun in einer gut strukturierten, liebevollen Kinderdorffamilie. Während die ältere Schwester massive dissoziale Verhaltensauffälligkeiten zeigt und ihre jüngere Schwester dauernd überdreht ist und sich nur schwer auf Beziehungen einlassen kann, ist Virginia ein ausgesprochen angepasstes, freundliches und verschmustes Kind. Allerdings wirkt sie überwachsam, kontrollierend und immer leicht angespannt. In der Kindertherapie beschäftigt sie sich mit ihrer Selbstverunsicherung, sie sucht ihre Wurzeln und Vertrauen in einer dauerhaften Beziehung. In der Schule fällt auf, dass sie chaotisch organisiert und sehr leicht abzulenken ist. Ihre Aufmerksamkeitsspanne ist stark verkürzt. Im Laufe von drei Jahren hat sich eine sekundäre Bindungssicherheit zu ihrer Kinderdorfmutter etabliert, und Virginia wird nahezu durchgängig als fröhliches und temperamentvolles Kind erlebt. Immer dann, wenn ihre Mutter sich mit verwirrenden Botschaften (»Ich hole euch vielleicht bald nach Hause!«) meldet, verstärken sich allerdings ihre Aufmerksamkeitsprobleme und das innere Chaos. Sie sucht dann mehr körperliche Nähe und Halt und kommt dabei auch kurzzeitig zur Ruhe.

Traumatisierende Entwicklungsbedingungen lassen sich von außen nicht immer leicht erkennen. Der »Elternwille« hat in Deutschland gesetzlich einen hohen Stellenwert, wohingegen in anderen Ländern, wie z. B. in Finnland, das Aufsichts- und Eingriffsrecht des Staates ausgeprägter und öffentlich anerkannter ist. Dies hat zur Folge, dass – solange ein Kind noch nicht in öffentlicher Betreuung ist – hierzulande auch Jugendämter Schwierigkeiten haben, frühe Verwahrlosung, geschweige denn Gewalt gegen Kinder oder die Traumatisierung des Kindes als Zeuge familiärer Gewalt zu erkennen. Entsprechend den Erkenntnissen zur Bindungstransmission verfügen die meist selbst traumatisierten Eltern der betroffenen Kinder nur über unzureichende Modelle von Entwicklungsförderung und Beziehungsaufbau. Die entsprechenden Aspekte der ganz frühen Eltern-Kind-Interaktion werden in Abschnitt 4.2.4 ausführlich dargestellt.

Im Kindergarten- und Schulalter zeigen die entwicklungstraumatisierten Kinder oft ausgeprägte, aber unspezifische Symptomatiken, deren Ursprung bisweilen nur von besonders couragierten Erzieherinnen oder Lehrern aufgedeckt wird. Streeck-Fischer (2012) benennt Kriterien, die auf traumatisierende Entwicklungsbedingungen hinweisen können. Dazu gehören nahezu alle Symptome, die bei Kindern als Verhaltensauffälligkeit, Regulationsstörung der Impulse, der Aufmerksamkeit, der Körperfunktionen sowie der Mentalisierungsfähigkeit auffallen. Das Kind zeigt in der Regel zwei posttraumatische Symptome im engeren Sinne, z. B. Übererregung, Intrusionen oder Vermeidung. Die Symptome treten über einen Zeitraum von mindestens sechs Monaten auf und beinhalten in der Konsequenz eine funktionelle Beeinträchtigung in der Schule, in der Familie, in der Gleichaltrigengruppe und/oder der eigenen psychosomatischen Gesundheit. Hinter dissozialer oder delinquenter Verhaltensauffälligkeit, hinter depressiver Verstimmung, Symptomen einer Essstörung oder Angstsymptomatik kann sich eine gravierende Traumaerfahrung verbergen. Aus diesem Grunde ist es heute unerlässlich, bei allen kinder- und jugendpsychiatrisch oder in einer Beratungsstelle vorgestellten Kindern und Jugendlichen eine sorgfältige Traumaanamnese und -diagnostik vorzunehmen.

Das Ergebnis einer Entwicklungstraumatisierung kann statistisch, aber nicht individuell abgeschätzt werden. Entscheidend für den Ausgang sind die nicht trivialen Wechselwirkungen zwischen Belastungen und Ressourcen. Erkenntnisse dazu hat die Resilienzforschung der vergangenen Jahrzehnte (z. B. Werner, 1989) beigetragen. Hier eine auszugsweise, allgemeine Auflistung bislang bekannter Aspekte (aus Trost, 2016a, S. 79 f.):

Individuelle protektive Faktoren, die es den Kindern erleichtern, »es zu schaffen« trotz widriger äußerer Umstände:
- Kinder, die bereits eine Beziehung erlebt haben, die getragen hat, wenn mindestens ein Jahr lang eine gute Mutter-Kind-Beziehung bestanden hat – selbst dann, wenn das Kind später von der Mutter misshandelt wird.
- Kinder, die ein heiteres, fröhliches Grundtemperament mitbringen, haben auch unter schwierigen Umweltbedingungen bessere Entwicklungschancen.
- Kinder mit besonders guten Aufmerksamkeits- und Reaktionsfähigkeiten.
- Kinder, die weniger leicht zu irritieren sind und bei ihren einmal gesteckten Zielen bleiben, können unangenehme Situationen relativ gut aushalten und ihr Kernselbst vor Verletzungen schützen.

Resiliente Kinder, die es auch in schlechteren Verhältnissen schaffen, gut durchzukommen, fallen übrigens in Heimen oft dadurch auf, dass sie sich stärker für andere in der Gemeinschaft engagieren, und es gleichzeitig fertigbringen, sich eine Privatsphäre zu schaffen.

Äußere protektive Faktoren:
- Eine stabile und gute familiäre Atmosphäre mit emotionaler Verbundenheit, Förderung von Autonomie der Familienmitglieder, eindeutiger Kommu-

nikation, konsequenter Erziehungshaltung und klarer Aufgabenverteilung liefert beste Entwicklungsbedingungen – auch bei ansonsten belastenden Risikofaktoren.
- Früherkennung von medizinisch-neurologischen Risikofaktoren trägt zur Verhinderung bzw. Begrenzung von körperlichen Behinderungen (sekundären Schäden) bei. Tertiäre Folgen wie Neurotisierung und negative psychosoziale Interaktionen können eher begrenzt bzw. verhindert werden.
- Ein »wissender Zeuge« (Miller, 1999, S. 214 f.), d. h. ein Mensch, der nicht direkt in die problematischen Umstände verwickelt ist, dem das Kind aber als Vertrautem etwas davon erzählen kann (entfernt wohnender Großvater, Lehrer, ältere Geschwister usw.), der dem Kind das Gefühl vermittelt: Hier ist jemand, der zu mir steht, mir ein Stück Wert gibt und der mir eine (mentalisierende) Reflexion über das Erlebte ermöglicht.
- Größere soziale Netze bieten mehr Sicherheit vor psychischer Erkrankung. Eine isoliert lebende Zwei- oder Dreikopffamilie birgt ein höheres Risiko als eine stärker sozial vernetzte größere Familie. Wenn mehrere Erwachsene als Bezugspersonen zur Verfügung stehen, kann das Kind zwischen ihren Verhaltensweisen differenzieren lernen. Es ist nicht nur einer Sichtweise ausgeliefert und es kann sich bei Schwierigkeiten mit dem einen auf den anderen stützen.

Das Zusammenspiel von Risiko- und Protektionsfaktoren, von Krankheits- und Bewältigungsvariablen (Coping) entscheidet wesentlich über Entstehung und Verlauf einer psychischen Störung. Neuere Erkenntnisse zeigen, dass biologische Risiken sich primär in Beeinträchtigungen von motorischen Entwicklungen bemerkbar machen, während der Einfluss psychosozialer Risiken sich stärker in der kognitiven und sozial-emotionalen Entwicklung niederschlägt. Dabei ändert sich auch die relative Bedeutung der Risikofaktoren im Verlauf der Entwicklung. Während biologische Risiken mit zunehmendem Alter an Bedeutung verlieren, wächst im Gegenzug der Einfluss von psychosozialen Risiken (Laucht, 2009).

Viele der aufgeführten Faktoren können erst nach den ersten, positiv verlaufenen Lebensjahren wirksam werden. Die prägende Wirkung einer responsiven und feinfühligen Eltern-Kind-Interaktion von Anfang an ist dabei kaum ersetzbar. Desorganisiertes Bindungsverhalten bezeichnet demnach eine Traumafolgestörung bei Traumatisierung des Kindes während des ersten Lebensjahres, bzw. den unterbrochenen Prozess des Bindungsaufbaus aufgrund einer Traumatisierung der Mutter vor oder während der Schwangerschaft.

6.2 Familiäre Traumatisierung

»Panta Rhei« (πάντα ῥεῖ), »Alles fließt«, besagt Heraklits Flusslehre (Held, 1980) als Metapher für die Prozessualität der Welt. Dies gilt auch für die menschliche Entwicklung, gelegentliche Stockungen unseres Lebensflusses eingerechnet. In Bezug auf die Kindesentwicklung in der Familie würden Bindungstheoretiker von fehlerfreundlichem »Good enough Parenting« sprechen. Bei einer Traumatisierung in der Familie sind mehrere Szenarien vorstellbar, die in unterschiedlicher Weise die Bindungssysteme der Einzelnen beeinflussen und in der Folge den Entwicklungsfortgang behindern können:

Ein individuelles Traumaerlebnis eines Familienmitgliedes, wie z. B. der Unfall eines Kindes oder eine Traumabelastung nach Kriegseinsatz des gerade erwachsenen Sohnes als Soldat, wird häufig von der Familie aufgefangen, gegebenenfalls um den Preis einer »Mitgefühlserschöpfung« (Figley, 2002). Ein solches Erlebnis entspricht einer in existenzieller Lebenssituation unterbrochenen Handlung, in der wirksames Handeln nicht mehr möglich ist. Der – untere limbische – Weg in Flucht oder Kampf ist versperrt, es bleibt oft nur ein dissoziativer Ausstieg. Auch bei optimaler Ausgangslage – einer sicheren Bindung zu beiden Eltern und der Eltern untereinander – wird die massive Stressbelastung des Kindes zu intensiven Resonanzprozessen innerhalb der ganzen Familie führen und damit mit hoher Wahrscheinlichkeit individuelle oder auch systemische Regression auf bereits überwundene Entwicklungsstufen bewirken. Das heißt, Fürsorgeverhalten aus dem frühen Kindesalter wird reaktiviert, die Impuls- und Emotionsregulierung bei den Betroffenen ist eingeschränkt und stellt die Familiendynamik auf die Probe. Da das gezeigte Verhalten zum aktuellen Alter des Kindes nicht zu passen scheint, reagieren Eltern und Geschwister häufig verunsichert, unklar, und zeigen beispielsweise überprotektives, konfrontatives oder eskapistisches Verhalten.

Bei familiären Traumatisierungen – wie z. B. Verluste, Trennungen, plötzliche Todesfälle, Vertreibung, die Diagnose einer unheilbaren Krankheit des Vaters als Familienernährer, das abgebrannte Haus oder auch vergangene Holocausterfahrungen – sind ja per definitionem mindestens mehrere Familienmitglieder, wenn nicht die ganze Familie betroffen. Je nach Betroffenheit, Konstitution und Vorbelastung entwickeln dann einzelne Familienmitglieder eine posttraumatische Belastungsstörung, häufig aber geht das ganze System in eine Traumaresonanz und entwickelt einen desorganisierten, eingefrorenen Interaktionsstil. *Korittko* (2006) hat dazu die Metapher des »erstarrten Mobiles« geprägt, dessen bezogene, ausgewogene Bewegungen wie durch Schockgefrierung angehalten sind. Durch die plötzliche Starre ist das Gebilde zudem hoch fragil geworden. Die traumabezogene Kommunikation kann sich dann ähnlich der Interaktion bei einem Einzelnen auf das ganze Familiensystem ausweiten. Dazu kann ein intrusives Wiedererinnern gehören oder, im Gegenteil, ein tabuisierendes Vermeiden des Gesprächs über das Erlebte. Als dritte Möglichkeit kommt ein dissoziativer Aktionismus infrage, d. h., die Familie übergeht das tragische Ereignis und nimmt etwas anderes, vordergründig Wichtiges, in Angriff.

All diese Reaktionsweisen sind zunächst sowohl nachvollziehbar als auch funktional, insofern sie das Stresssystem bei den Einzelnen in Schach halten. Wenn sich die Eltern in einer solchen Situation auf ihr eigenes Stressmanagement zentrieren, sind sie in der Regel für ihr Krabbelkind emotional weniger verfügbar. Das kann bei diesem zu einer folgenreichen traumatischen Prägung seiner Gehirnorganisation führen und zu einer unsicheren Bindung beitragen. Eine bindungsfokussierte Traumaarbeit wird daher die Kleinstkinder in der Familie besonders im Blick haben und gegebenenfalls spezialisierte Hilfen zur Stärkung ihrer Beziehung zu ihren Bindungspersonen anbieten. Wegen der hohen Entwicklungsgeschwindigkeit in diesem Alter muss die Stockung im (Interaktions-)Fluss rasch beseitigt werden. Eine schnelle Entlastung, gegebenenfalls durch Dritte, und Angebote zur Bewältigung der traumaassoziierten Symptome sind dann dringend geboten. Sie sind abhängig vom sozialen Unterstützungssystem der Familie und bedürfen gegebenenfalls einer professionellen Hilfestellung. Korittko und Pleyer (2010) beschreiben wirkungsvolle Vorgehensweisen, die dieses Ziel erreichen können.

Familiäre Entwicklungs- und Bindungstraumata sind im Unterschied hierzu nicht nur temporäre Barrieren, Verwirbelungen, sondern sie führen in der Regel dazu, dass der Fluss einen anderen Weg nimmt, Fließgeschwindigkeit und -volumen und die Zusammensetzung des Wassers so ändert, dass er sich aufstaut, Zerstörungen anrichtet oder sogar versiegt. Soweit die Metapher.

Während meiner gemeinsamen Tagesklinikzeit mit *Karl Heinz Pleyer* wendeten sich Familien mit Belastungen solcher Art nur in seltenen Fällen selbstständig an Kinder- und jugendpsychiatrische Institutionen. Meist wurden die Kinder in der Schule lern- und verhaltensauffällig, oder das Jugendamt wurde wegen drohender Verwahrlosung und Vernachlässigung tätig. Mit dem Ausbau des Systems früher Hilfen kommen diese Familien, die häufig bereits transgenerationale Bindungstraumata erlebt haben, früher in Beratung und Behandlung. Zudem ist die Schwelle für die Inanspruchnahme psychosozialer Hilfen deutlich gesunken. Das von Pleyer (2003) erforschte und so benannte Konstrukt der »*Parentalen Hilflosigkeit*« hat aber auch heute noch seine Gültigkeit für den Umgang mit diesen hoch belasteten Familien. Der Autor versteht die-

ses Konstrukt als dissoziatives Phänomen, das durch fünf Aspekte beschrieben werden kann:
- Die Eltern bringen ihr Kind aus einer maximalen Stresssituation heraus zur Behandlung und fühlen sich gescheitert:
  • Sie zeigen eine Ambivalenz zwischen Versagensgefühl und der Überzeugung, »alles« getan zu haben, erleben einen familiären Dauerkonflikt und eine Zwangslage.
  • Sie erleben, dass ihre Ressourcen zur adäquaten Beziehungsgestaltung mit dem Kind, zu einer liebevollen und verantwortungsvollen Regulierung des kindlichen Verhaltens erschöpft sind. Sie spüren weder Selbstwirksamkeit noch Selbstvertrauen.
  • Auffälliges Symptomverhalten bei Kind *und* Eltern ist feststellbar.
- Die Eltern spüren Hilflosigkeit und Angst und stecken in einem Annäherungs-/Vermeidungskonflikt. Als Folge von Mentalisierungseinschränkungen nehmen sie Signale des Kindes selektiv falsch wahr, z. B.:
  • Der Wunsch des Kindes nach Nähe wird als »Unterdrückungsversuch« gedeutet.
  • Der Wunsch nach Alleinsein als »Zurückweisung«.
  • Es ist ein Feinfühligkeitsmangel feststellbar und ein dissoziatives Ausblenden von Signalen, die bei den Elternteilen Unbehagen, Schmerz oder Angst auslösen.
- Wir erleben Konfliktvermeidung auf einem hoch gespannten Erregungsniveau: Es existiert ein scheinbar unlösbarer Dauerkonflikt mit subtiler bis offener Abwertung des Kindes, eine klare Position kann nicht bezogen werden, es werden undeutliche, gegebenenfalls widersprüchliche Bindungssignale ausgesandt, Fluchtmanöver, Unterwerfungsmuster, »Totstellreflexe« sind erkennbar.
- In dieser Dauerkrise wird Verantwortung an Außenstehende abgegeben: Eine Diagnostik zur »Ursachensuche« wird eingeleitet und eine therapeutisch-pädagogische Beschäftigung mit dem Kind, die aber wegen der damit verbundenen Selbstwertkränkung nicht ohne Weiteres gelingen darf.
- Fernerhin kann ein Kooperationsverlust auf der Elternebene festgestellt werden: Die Ressourcen von Mutter und Vater sind nicht ausbalanciert, häufig ist eine Disqualifikation und Abwertung männlicher, seltener weiblicher Bewältigungsstrategien auszumachen.

Das zirkuläre Modell dieses sich selbst verstärkenden Teufelskreises (siehe Abbildung 16) verdeutlicht die Dynamik.

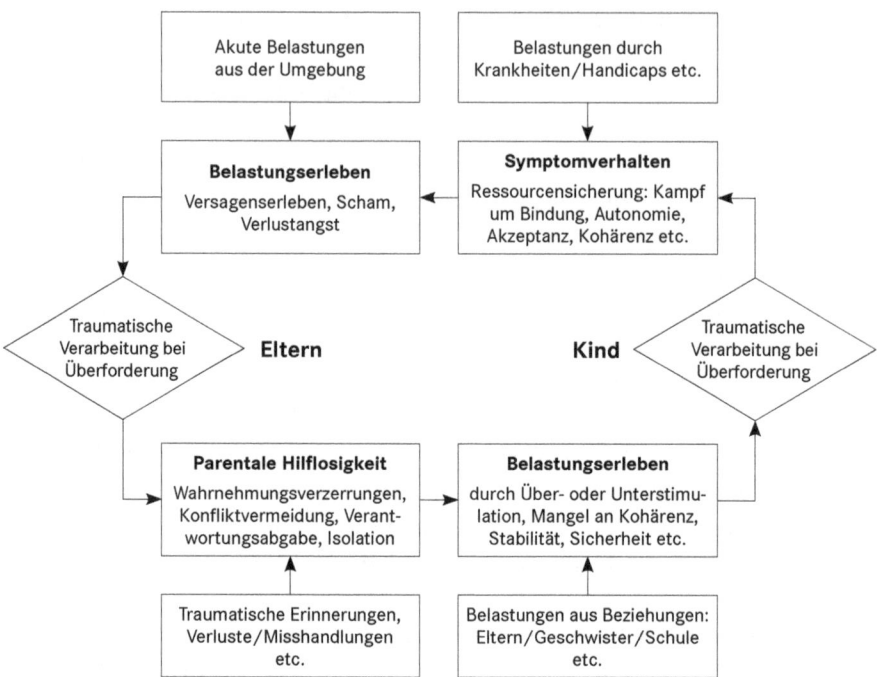

Abbildung 16: Co-traumatische Prozesse (Korittko u. Pleyer, 2010, S. 206)

In aller Regel leben diese Eltern mit hoch unsicheren Bindungsrepräsentationen, manchmal schon in zweiter Generation, und ihre individuellen Bewältigungsversuche verschränken sich zu gemeinsamen Mustern, die letztendlich trotz großer Anstrengung in eine rigide Abwehrkollusion münden. Viele der Eltern, die ihre »schwierigen« Kinder bringen, sind selbst bindungstraumatisiert und haben sich als solche »gefunden«, etwas, das wir in den späten 1980er Jahren zwar gespürt haben, aber noch nicht so benennen konnten. Eine komplexe Fallschilderung aus unserer tagesklinischen Arbeit, die sämtliche systemische Ebenen der Behandlung darstellt, findet sich in Unterkapitel 8.8.

Die Arbeit mit Eltern erfordert einen anschlussfähigen Verstehensrahmen; im systemischen Sinne muss die Frage nach »Opfern« oder »Tätern« mit »sowohl als auch« und »weder-noch« beantwortet werden. Bindungstraumatisierte Eltern kommen über die desaströse Situation ihres Kindes häufig zum ersten Mal an ihre eigenen Verletzungen heran, die bei günstiger Konstellation in einem bindungsorientierten systemischen Behandlungssetting angegangen werden können.

6.3 Desorganisation und unverarbeitete Traumata

In den ersten Studien zur Fremden Situation waren 85–90 % der untersuchten Kinder eindeutig nach den drei organisierten Bindungsmustern klassifizierbar. Die übrigen konnten nicht einem eindeutigen Bindungsverhalten zugeordnet werden. Zudem erlebte *Mary Main*, dass bekanntermaßen schwer traumatisierte Kinder dem sicheren Bindungstyp zuzuordnen waren, obwohl sie belastet wirkten. Dies veranlasste sie, die unklaren Fälle nochmals genau zu sichten. Dabei fand sie dann die in Abschnitt 4.3.3 beschriebenen Verhaltensweisen, deren Auftreten eine Unterbrechung der vorher gezeigten Verhaltensstrategie signalisierte. Sie wurden zusammenfassend als »desorganisiert« bezeichnet (Main u. Solomon, 1986). D = Desorganisiert hatte sich zunächst als Zusatzklassifikation zu den organisierten Bindungsmustern etabliert, wird heute aber häufig als eigenständiges Bindungsverhaltensmuster benannt.

Desorganisiert gebundene Kinder haben häufig die Erfahrung gemacht, dass sie von ihren Bindungspersonen keinen Schutz bekommen, im schlimmsten Fall sogar von ihnen bedroht oder verletzt werden. Auch scheinbar subtile Zurückweisungen wie Lächerlichmachen oder die Abwertung des Leids des Kindes als unbedeutend, spielen eine Rolle, da sie das Erleben des Kindes negieren.

Wie bereits erwähnt, sind *aufseiten des Kindes* somatische und psychische Faktoren mit Desorganisation gehäuft assoziiert: Eine (epi-)genetische Auffälligkeit macht die Säuglinge für die affektive Kommunikation mit der Mutter weniger empfänglich, dies kann aber durch feinfühliges Verhalten neutralisiert werden. Intrauterine Belastung, neurologische Schädigung, häufiger Pflegewechsel und Vernachlässigung oder Misshandlung beeinträchtigen die Regulationsfähigkeit des Kindes. Die eigene Selbstwirksamkeit als entscheidende Möglichkeit, Gefahren und Unsicherheit zu kontrollieren. wird durch ohnmächtige Daueraktivierung, bei bestimmten Störungen auch Dauerdeaktivierung des Bindungssystems untergraben. Durch den Hypercortisolismus aufgrund der anhaltenden neuronalen Ausnahmesituation sind langfristige Gesundheitsschäden oft die Folge.

Auf mütterlicher Seite zählen die Risikofaktoren Armut, massiver psychosozialer Stress oder Verlusterlebnisse durch Tod oder Trennung sowie alle psychischen Erkrankungen, Suchtstörungen und insbesondere eigene aktuelle oder zurückliegende Traumatisierung zum Bedingungsgefüge für Desorganisation.

Abbildung 17 veranschaulicht die Dynamik misslingenden Containings bei desorganisierter Bindung. Die primären, körperlichen Signale des Kindes, wie z. B. Unbehagen oder Schmerz können von der Bindungsperson nicht hinreichend »vorgekaut« (siehe Abschnitt 4.2.3) und damit nicht markiert gespiegelt werden. Die unmarkierte Spiegelung lässt das Kind glauben, nicht es selbst, sondern die Mutter fühle sich unwohl. Damit kann es keine sekundäre kontingente Repräsentation über seine Befindlichkeit aufbauen, es erlebt ein fremdes Selbst und bleibt in der eigenen Körperlichkeit verhaftet. Mental führt das zur Verwirrung und Desorientierung.

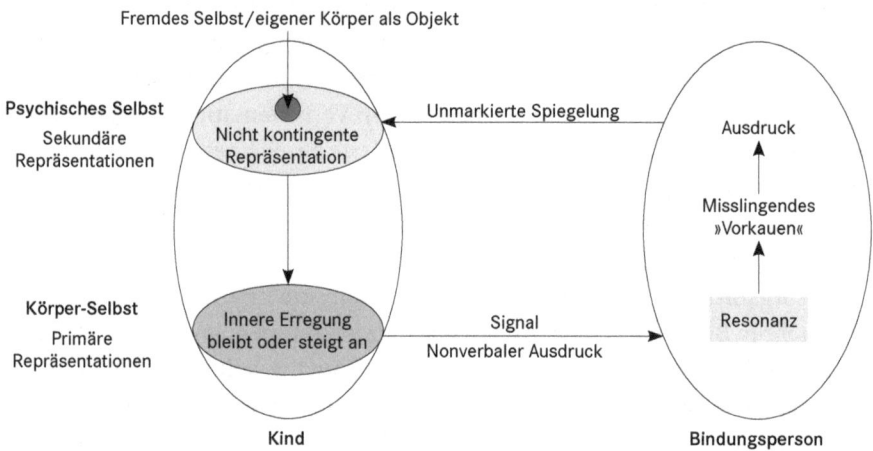

Abbildung 17: Desorganisation und Containing (Schultz-Venrath, 2017, S. 25; nach Bateman u. Fonagy, 2015)

Desorganisiertes Bindungsverhalten findet man in der »Normalbevölkerung« bei ca. 15 %. Schon bei Menschen mit niedrigem Sozialstatus besteht ein erhöhtes Risiko (25–35 %), desorganisiert gebundene Kinder zu haben (Lyons-Ruth u. Jacobvitz, 2016). Bei Säuglingen drogenabhängiger Mütter, misshandelten Kindern und Heimkindern steigen diese Zahlen bis auf 75 % und mehr. Das bedeutet, wir müssen bei der Klientel systemischer Therapie und Beratung oder in der stationären Jugendhilfe mit einer großen Zahl desorganisiert gebundener Kinder rechnen, die in wesentlichen psychischen Funktionen Entwicklungsauffälligkeiten aufweisen. Die Ergebnisse der Studien von Gloger-Tippelt (1999) und der Metaanalyse von van IJzendoorn (1995) zur transgenerationalen Weitergabe von Bindung ergaben Übereinstimmungen zwischen Eltern und Kindern von 75–87 %.

Als wesentlicher Vermittler der Transmission desorganisierter Bindung gelten Angst und Furcht. Eltern desorganisiert gebundener Kinder zeigen in aller Regel entweder geängstigtes oder ängstigendes Verhalten. Das geängstigt-zurückziehende und in der Interaktion kaum präsente Verhalten geht häufiger

6.3 Desorganisation und unverarbeitete Traumata

von wiederholt sexuell missbrauchten Müttern aus, die diese Traumatisierung noch nicht verarbeiten konnten und auch während der Interaktion mit ihren Kleinstkindern mit posttraumatischen Symptomen belastet sind. Sie zeigen Panik im Gesicht, Angst vor ihrem Kleinkind, Rollenumkehrverhalten oder auch sexuelles Verhalten gegenüber ihren Kindern. Sie bedrohen diese nicht, sind aber nicht hinreichend für responsive Interaktionen emotional verfügbar. Diese Kinder werden häufig als *desorganisiert-sicher* diagnostiziert. Andere Elternteile, vor allem wieder die Mütter, die selbst durch körperliche Gewalt traumatisiert wurden, identifizieren sich häufig mit dem Aggressor und verhalten sich selbst bedrohlich, impulsgetrieben oder gewalttätig. Deren Kinder werden oft als *desorganisiert-unsicher* diagnostiziert. Auslöser für diese Verhaltensweisen der Mütter ist nicht selten das kindliche Schreien, auf das misshandelte/missbrauchte Mütter generell eine höhere Reagibilität zeigen. Sie können die normalen Stressreaktionen ihres Kindes als posttraumatischen Trigger erleben, wobei im Sinne des Selbstschutzes die Empathiereaktion gestört ist und die Mütter nicht die Perspektive ihres Kindes einnehmen können (Kreß, Cierpka, Möhler u. Resch, 2012).

Beispiel: Stella (4,8 Jahre) wurde zusammen mit ihrem älteren und jüngeren Bruder aus ihrer Ursprungsfamilie, in der sie Gewalt gegen die Mutter und eigene Vernachlässigung über längere Zeit erlebt hatte, herausgenommen. In der Bereitschaftspflegefamilie zeigt sich, dass sie in der Grob- und Feinmotorik altersgemäß entwickelt ist, dabei mutig und in vielem selbstständig. Sie verfügt allerdings kaum über Kompetenzen im sozio-emotionalen Bereich. Sie kann sich kaum in andere einfühlen und nimmt übermäßig nahen Kontakt zu allen Erwachsenen auf. Sie akzeptiert keine Grenzen und sieht keine eigenen Anteile bei Konflikten. Immer wieder schwankt sie zwischen einem extrem schlechten und einem idealisierten Selbstbild. Sie ist motorisch überaktiv, wirkt getrieben und unter Dauerspannung, bekommt mehrfach am Tag Wutanfälle, verletzt sich selbst und zerstört immer wieder gezielt Dinge ihrer Brüder. Ihre Ausscheidungsfunktionen sind noch instabil. Dabei kann sie erstaunlich gut und fantasievoll spielen und ist sprachlich gut entwickelt. Wenn sie Zuwendung braucht, duldet sie keinen Aufschub, beginnt schnell zu treten und zu schreien und bekommt einen starren Gesichtsausdruck. Nach einem Dreivierteljahr bei der Pflegemutter beginnt sie, sich zu binden, und wird ruhiger und weniger auffällig. Sie muss diese aber nun verlassen, weil sie allein (ohne ihre Brüder, die ihr einziger familiärer Bezugspunkt sind!) in eine Dauerpflegefamilie soll. Stella ist unsicher-desorganisiert gebunden, mit Anzeichen einer Bindungsstörung.

Der unverarbeitete Bindungsstatus (U) bei Erwachsenen teilt sich neben diesen Angst- und Furchtaffekten auch durch irrationale Überzeugungen über die eigene Rolle am Missbrauchs-/Misshandlungsgeschehen mit (»Ich war ja als Mädchen aufreizend für meinen Vater«, »Ich hatte ja Mist gemacht und deswegen Prügel verdient« usw.) oder z. B. durch Selbstverletzungen. Charakteristisch für das Adult Attachment Interview bei ungelösten Traumata ist ein hoher Grad an verbaler und gedanklicher Inkohärenz beim Erwachsenen, sodass bei Schilderungen des Affekterlebens häufig inhaltlich logische Brüche vorkommen. Dieses subtil-dissoziierte Verhalten zeigt sich auch im Alltagsumgang mit dem Kind als »Mikrodissoziation« und weist damit auf die Desorientierung der Mutter hin (Gloger-Tippelt, 2008). Diese oft kleinen »Aussetzer« haben eine ähnliche Wirkung wie das »Still-Face-Paradigma«, eine mittlerweile von etlichen Forschern als ethisch kaum vertretbar angesehene diagnostische Versuchsanordnung: Während einer responsiven Interaktion mit ihrem Säugling friert die Mutter auf Anweisung plötzlich die Mimik ein und reagiert nicht mehr. Dies führt in aller Regel zu einer massiven Stressreaktion mit hoher Wachsamkeit und vielfältigen Bemühungen des Kindes, die Mutter zu erreichen. Manche Kinder können das kaum beenden, andere verlieren völlig die Fassung und manche geben nach kurzer Zeit auf und verfallen in Apathie. Der amerikanische Entwicklungspsychologe *Edward Tronick* führte 1978 erstmalig dieses Experiment durch, um nachzuweisen, dass Säuglinge eigenständig die Interaktion mit ihrer Bezugsperson gestalten und versuchen, in Gang zu halten. Kleinkinder können bei solchem Verhalten der Bindungsperson in real bindungsrelevanten Situationen nicht auf die Mutter als sichere Basis zurückgreifen und haben kein Lernmodell für die Regulation negativer Affekte. Das Kind nimmt die Irritation bzw. Angst der Mutter wahr oder auch die Bedrohung, die von ihr ausgeht, kann sich aber nicht an sie wenden und verfügt auch über keine Strategie, die Beunruhigung zu beenden. Dies führt dann zu den in Abschnitt 4.3.3 beschriebenen Übersprungshandlungen als Ausdruck der Desorganisation/Desorientierung.

Wenn Kleinkinder mit desorganisiertem Bindungsverhalten ins Schulalter kommen, zeigen sie häufig ein kontrollierendes Verhalten, welches in zwei Varianten vorkommt: entweder fürsorglich-pseudoerwachsen oder aggressiv-fordernd. Diese Kinder können kaum Beistand bei einem anderen Menschen suchen. Falls doch, geschieht dies auf eine eher chaotische oder aggressive Art und Weise, die es den angesprochenen Erwachsenen schwer macht, damit positiv umzugehen (Wieland, 2014). Die Kinder zeigen eine zunehmende Dissoziationsneigung als eine primär kreative Art und Weise mit den unvereinbaren Wirklichkeiten umzugehen, die später durch neue belastende Erfahrungen leicht getriggert wird.

Van der Hart, Nijenhuis und Steele (2008) beschreiben ein Modell der strukturellen Dissoziation, in dem sie das Bindungssystem als »unabdingbare Voraussetzung für die Entwicklung und die Kohäsivität anderer Handlungssysteme« darstellen (S. 109, zit. nach Wieland, 2014). Dabei ergänzen sich Verhaltensnetzwerke, die es dem Einzelnen ermöglichen, sich dem Leben anzupassen, und andere, die es gegen Bedrohung verteidigen. Angesichts ausgeprägt ängstigender Ereignisse können diese Teilsysteme nicht mehr zusammenarbeiten, sondern funktionieren isoliert, desintegriert. Damit wird der für das desorganisierte Muster typische Annäherungs-Vermeidungs-Konflikt entkoppelt und dessen neurophysiologische Übererregung umgangen, aber um den Preis der Dissoziation. Diese fungiert somit als ein automatisches Vermeidungsprogramm zum Schutz des Organismus vor Überflutung mit Stresshormonen, sie ähnelt damit dem archaischen Totstellreflex und ermöglicht so das Überleben in unerträglichen Situationen.

Wir können davon ausgehen, dass auch die primären Bezugspersonen von z. B. Kindern und Jugendlichen in stationärer Jugendhilfe oder von schwerer psychisch erkrankten Erwachsenen zu einem großen Teil über ein hoch unsicheres Bindungsmodell als Folge unverarbeiteter Traumata verfügen, und müssen das bei der Hilfeplanung und in der Familienarbeit berücksichtigen.

6.4 Bindungsstörungen

Als Bindungsstörung bezeichnet man extremes, symptomatisches Verhalten, das, entweder hyperaktivierend oder deaktivierend, keine sinnvolle Strategie zum Erreichen von Schutz und Sicherheit bei einer Bezugsperson mehr beinhaltet. Das zentrale Merkmal von Bindung, nämlich eine tragfähige Beziehung zu einer deutlich älteren Bezugsperson, ist bei bindungsgestörten Menschen kaum anzutreffen. Die selektive Nähe und Kontaktsuche zu Bindungspersonen in belastenden und ängstigenden Situationen funktioniert bei einer Bindungsstörung in der Regel nicht mehr. Bindungsstörungen sind durch Fürsorgemängel verursachte, ernst zu nehmende psychische Erkrankungen, die unbehandelt zu massiven emotionalen, kognitiven und sozialen Einschränkungen führen.

Die Klassifikation der Bindungsstörungen ist bislang nur unzureichend operationalisiert (Brisch, 1999/2009); es gibt auch kein übergeordnetes Erklärungsmodell, sondern lediglich einen deskriptiven Zugang zur Symptomatik. Bis zur Einführung der ICD-10 im Jahre 1998 existierte die Diagnose gar nicht. Das aktuell noch verbindliche und finanzierungsrelevante Klassifikationssystem kennt zwei Formen von Bindungsstörungen, die »Reaktive Bindungsstörung des Kindesalters« (F94.1) und die »Bindungsstörung mit Enthemmung«

(F94.2). Letztere entwickelt sich häufig ab dem fünften Lebensjahr aus der reaktiven Bindungsstörung.
- Die *reaktiv* bindungsgestörten Kinder wirken emotional belastet oder auch auffallend zurückgezogen, sie zeigen sich gehemmt, sehr wachsam und ambivalent, gegebenenfalls vermeidend oder aggressiv.
- Das *enthemmt* bindungsgestörte Kind sucht Nähe, Trost und Vertrautheit wahllos bei ihm bekannten und fremden Menschen, es wirkt dabei emotional flach und wenig bezogen. Die Interaktion mit Fremden ist nur wenig moduliert.

Gleichzeitig sind die sozialen Interaktionen der bindungsgestörten Kindern mit Gleichaltrigen beeinträchtigt, sie verhalten sich häufig aggressiv und reagieren inadäquat bis paradox auf Beziehungsangebote von Bezugspersonen und sind häufig wenig emotional ansprechbar.

Als bindungsgestört gelten etwa ein Prozent aller Kinder, wobei die Kriterien im Wesentlichen anhand von Beschreibungen über schwer misshandelte und vernachlässigte Kleinkinder entwickelt worden sind. Nach der Öffnung der rumänischen Kinderheime wurden viele Säuglinge und Kleinkinder in englische und kanadische Familien adoptiert und längsschnittlich von renommierten Forschungsgruppen untersucht (z. B. Rutter, 2006). Dabei bestätigten sich die Kernsymptome der Bindungsstörung mit Enthemmung. Bindungsstörungen wurden häufiger bei längeren Erfahrungen mit früher Deprivation und bei schwerer Misshandlung oder Vernachlässigung diagnostiziert.

Abhängig von der Art und Dauer der schädigenden Einwirkungen können diese Störungen sich zurückbilden, wenn das Beziehungs- und Erziehungsmilieu entsprechend verbessert wird. Die Studien zu den stark deprivierten rumänischen Waisenkindern (Rutter, 2006) haben gezeigt, dass nur bei drastischer Milieuverbesserung vor dem 18. Lebensmonat gute Aufholeffekte im Kognitiven, Motivationalen und Sozialen zu erzielen sind. Andererseits wird aus dem Beschriebenen nochmals deutlich, dass ernste psychische Störungen auf der Grundlage andauernder früher Stressbelastungen entstehen. Von den adoptierten Kindern entwickelten alle eine Bindungsbeziehung zur Adoptivmutter, ca. ein Drittel sogar eine sichere Bindung, mehr als ein Drittel allerdings eine hoch unsichere. Trotz der emotional günstigen Adoptionssituation zeigte sich nur bei einem Fünftel der Kinder eine emotionale Normalisierung, bei vielen allerdings auch eine hohe Stabilität von Symptomen des Aufmerksamkeit-Defizit-Hyperaktivitäts-Syndroms (ADHS). Dessen Ausprägung korrelierte mit dem Ausmaß der Bindungsstörung. Im Heim verbliebene Kinder waren zu mehr als drei Viertel hoch unsicher gebunden.

Angesichts der dürftigen Systematik in der Klassifikation von Bindungsstörungen schlagen Zeanah (1996) und Boris et al. (2004) eine andere Einteilung vor, die mittlerweile validiert wurde:
- Keine explizite Bindungsfigur:
  - undifferenziertes Bindungsverhalten (ähnlich F94.2),
  - Bindungsverhalten mit emotionalem Rückzug (ähnlich F94.1).
- Gestörte Bindungsbeziehung, d. h., die Bindungsfigur ist nicht als sichere Basis/sicherer Hafen verfügbar:
  - mit gehemmtem Bindungsverhalten und hoher Wachsamkeit gegenüber der Bindungsperson,
  - mit gehemmter Exploration und ausgeprägtem Klammern,
  - mit Selbstgefährdung ohne Rückversicherung,
  - mit Rollenumkehr: Kind verhält sich wie eine Fürsorgeperson.
- Unterbrochene Bindung: extreme Trauerreaktion nach Verlust der Bindungsfigur in den ersten drei Lebensjahren.

Brisch (1999/2009) hat diese Typologie der Bindungsstörungen noch erweitert (siehe Auflistung). Trotz umfangreicher Forschungsanstrengungen in den letzten zwei Dekaden fehlt aber immer noch ein integriertes Modell, das die Taxonomie von Bindungsstörungen mit den »klassischen« Bindungsrepräsentationen kombiniert (DeKlyen u. Greenberg, 2016).

Die *Diagnostik von Bindungsstörungen* ist nicht einfach; der Einsatz des Fremde-Situation-Tests gilt als umstritten, da er methodisch auf der impliziten Annahme einer Bindungsbeziehung fußt. Ein ökonomisch verwendbares Instrument ist das *Disturbances of Attachment Interview* (DAI, Smyke u. Zeanah, 1999), das von der Gruppe um Gottfried Spangler ins Deutsche übersetzt und mit Erfolg auf Validität und Reliabilität untersucht wurde (Kliewer-Neumann et al., 2015). Das ca. 30-minütige Interview wird mit der aktuellen Hauptbezugsperson des Kindes durchgeführt. Es erfasst zuverlässig neben den reaktiven Bindungsstörungen mit beiden Subtypen auch die Störungen der sicheren Basis.

Typologie der Bindungsstörungen (nach Brisch/Zeanah):
- Kein erkennbares Bindungsverhalten: Das Bindungssystem ist deaktiviert und abgewehrt (Heimkinder, vielfältige Beziehungsabbrüche), Symptomatik ähnelt Autismus.
- Undifferenziertes Bindungsverhalten: soziale Promiskuität, d. h. Nähesuchen bei allen, insbesondere bei unvertrauten Menschen; Unfallrisikoverhalten (bei Heimkindern mit wechselnden Bezugspersonen).
- Übersteigertes Bindungsverhalten: exzessives Klammern, Trennungsangst (bei Müttern mit Angststörung), gegebenenfalls »Schulphobie«.

- Gehemmtes Bindungsverhalten: übermäßige Anpassung (Ambivalenz zwischen Suche nach Geborgenheit und Angst vor Gewalt).
- Aggressives Bindungsverhalten: körperliche und/oder verbale Aggression (nach Zurückweisung von Bindungswünschen Versuch, diese aggressiv einzufordern; aggressiv-gespanntes Familienklima).
- Bindungsverhalten mit Rollenumkehr: Angst um den realen Verlust der Bezugsperson durch Suizid, Scheidung, psychische/physische Krankheit; Parentifizierung des Kindes, überbesorgt und kontrollierend.
- Bindungsstörung mit Suchtverhalten: häufig zunächst Esssucht als Surrogat für Nähe und Geborgenheit bei einer feinfühligen Bindungsperson, später Verlagerung auf alle Suchtformen möglich. Suchtstoff als Bindungssubstitut.
- Psychosomatische Symptomatik als Zusatzkategorie: Wachstumsretardierung, Ess-, Schrei-, Schlafstörungen, Einnässen etc. (bei psychischer Erkrankung der Mutter, Deprivation).

Bindungsstörungen fußen immer auf – meist langfristigen – Beziehungstraumata, wie z. B. Vernachlässigung und Deprivation. Durch ständig massiv erhöhte Cortisolausschüttung werden große Mengen an Neuronen abgebaut, die Gehirnentwicklung ist nachhaltig gestört. Die Kinder benötigen neben komplexer Frühförderung in aller Regel ein spezielles Beziehungsangebot. Bindungsgestörte Kinder und Jugendliche profitieren oft nicht von näheorientierten Bindungsangeboten, die bei ihnen Angst und Abwehr erzeugen. Pflege- oder Adoptionsfamilien können daher eine wechselseitige Überforderung bedeuten.

Sie benötigen vielmehr klare, verlässliche und haltgebende Strukturen, in denen sie eine minimale Sicherheit finden, um so nach und nach ein organisiertes Selbst- und Bindungskonzept aufzubauen. Diese Kinder sammeln sich zunehmend in Intensiveinrichtungen der Jugendhilfe, wo sie extreme Anforderungen an die Mitarbeiter stellen.

Beispiel: Jeanette, 7 Jahre alt, zeigt ausgeprägtes Unfallrisikoverhalten bei ansonsten kaum selektiver Bindungssuche. Dies führt immer wieder zu großer Aufregung in ihrer Heimgruppe und Ratlosigkeit bei den Erziehern. Solche Kinder haben die Erfahrung gemacht, dass nur Hyperarousal die Bindungsperson herbeiholt, also bringen sie sich in Gefahr.

Einrichtungen müssen gleichzeitig ein liebevolles, nicht zu nahes Beziehungsangebot anbieten und die schweren Impulskontrollstörungen, die Beziehungsverweigerung und die Provokationen zum Rauswurf aushalten. Die zunehmende Bereitschaft der Jugendämter, sehr kleine Kinder aus Kinderschutzgründen zeitig aus ihren Ursprungsfamilien herauszunehmen und für wenige Monate in Bereitschaftspflege zu geben, soll eigentlich Bindungsstörungen vorbeugen. Durch protrahierte Gerichtsverfahren wird aber häufig in diesen Bereitschaftspflegestellen eine neue Bindungsbeziehung zur Pflegemutter aufgebaut, die ja per definitionem wieder getrennt werden muss, wenn die Kinder in eine Dauerpflegestelle kommen. Dies fördert die Entstehung schwerer Bindungsstörungen beim Kind und massive Trauerreaktionen auf beiden Seiten.

6.5 Bindung und Psychopathologie

6.5.1 Diagnose und Psychopathologie

Spätestens an dieser Stelle sind einige Anmerkungen zum Begriff der Diagnose notwendig. Systemisches Denken und Handeln entstand ja ursprünglich, um die Festlegung von Menschen, die mit einer Diagnose von Gegenstandscharakter gelabelt wurden, zu überwinden. Bekannt ist das Bonmot von *Fritz Simon* zur Psychose: »Herr Doktor, ich habe eine Schizophrenie!« »So so, haben Sie sie denn zufällig dabei?«. Simon (1990) zieht den Begriff der »Verrücktheit« vor, u. a. weil er weniger durch medizinische Vorannahmen belastet ist.

Im Verlaufe dieses Buches war immer wieder von diagnostischen Einordnungen, diagnostischen Verfahren die Rede. Im Unterschied zu den klassischen medizinischen Diagnosesystemen, mithilfe derer die Zugänge zu den Finanztöpfen geregelt werden, verstehe ich Diagnosen weniger als persönliche Eigenschaften, denn als interaktionelle Instrumente für die Hilfeplanung. Systemisch Arbeitende sind in aller Regel auf die eine oder andere Art in diagnostizierende Institutionen eingebunden und damit immer im Zwiespalt zwischen dem postulierten Realitätscharakter und der Wirklichkeit der helfenden Begegnung. Derzeit vollzieht sich ein tief greifender Wandel in Bezug auf die Krankheitskonstruktionen, die mit der Einführung des stark interessengeleiteten DSM-V partiell noch abstruser geworden sind und selbst vom renommierten US-National Institute for Mental Health (NIMH) nicht mehr als valide angesehen werden. DSM-V-basierte Forschungsvorhaben werden daher nicht mehr vom NIMH finanziert (Insel, 2013).

Ein neues Ordnungssystem für die Grundlagenwissenschaft, die Research Domain Criteria (RDoC), soll – ausgehend vom neuronalen System des gesunden Gehirns – andere basale diagnostische Kriterien liefern (Aderholt, 2017). Die wesentlichen RDoC sind:
- ein negatives Valenzsystem, inklusive Angst und aversive Motivation,
- ein positives Valenzsystem,

- ein kognitives System,
- ein System für soziale Prozesse,
- ein regulatorisches System für Arousal und Entspannung.

Damit könnten Phänomene wie Störungen von Aufmerksamkeit oder Impulskontrolle, Angst oder Denkstörungen auf eine andere Weise erforscht werden als über den rein sozialen Konsens einer diagnostischen Konstruktion wie z. B. der Schizophrenie, die sich über siebzig Forschungsjahre hin letztlich als nicht valide herausgestellt hat. In diagnostischen Prozessen muss es immer um die Rekontextualisierung von Verhaltensweisen in einem sozialen und individualgeschichtlichen Bezug gehen.

Auch Bindungsdiagnostik ist in der Gefahr, zu pathologisieren, und »Gegenstände«, wie z. B. die »Bindungsstörung«, zu erschaffen. Ich hoffe aber, verdeutlicht zu haben, dass die bindungsdiagnostischen Kategorien zum einen in einen rekursiven Zusammenhang mit frühen biologisch-sozialen Prozessen gebracht werden müssen und zum anderen für Entwicklungsprozesse in Beziehungen genutzt werden sollten.

Der im Folgenden hergestellte Bezug von Bindungsforschung zu gebräuchlichen ICD-/DSM-Diagnosen soll die Verbindung zwischen frühen Lebensereignissen, der entsprechenden Bindungsformierung und späteren Schwierigkeiten in der Lebensführung, die als psychiatrische Störungen diagnostiziert werden, aufzeigen.

Seit Bowlbys erster Publikation über die möglichen Auswirkungen von Verlusterlebnissen und Deprivation, die er bereits während des Zweiten Weltkrieges anhand einer Kohorte von verhaltensauffälligen Jugendlichen veröffentlichte (Bowlby, 1944), war die klinische Bedeutung der Bindungstheorie evident. Es dauerte jedoch noch Jahrzehnte, bis die klinische Bindungsforschung einen nennenswerten Stellenwert gewonnen hatte. Heute gibt es eine große Zahl von Studien, die sich den Bindungsaspekten in der Entstehung psychischer Erkrankungen, in der Psychotherapietheorie und in der empirischen Psychotherapieforschung widmen. Aktuelle Übersichten dazu finden sich in Strauß und Schauenburg (2016) sowie Cassidy und Shaver (2016).

An dieser Stelle sollen neben einführenden Bemerkungen die Bindungsaspekte einiger psychischer Störungen kurz, von Schizophrenie und ADHS etwas ausführlicher abgehandelt werden: Beide wurden lange nicht mit Bindungsthemen in Verbindung gebracht, sie galten im Kern als biologisch verursacht und wurden vorzugsweise mit Psychopharmaka behandelt, auch wenn die sozialen Implikationen dieser Störungen immer anerkannt wurden, große Ressourcen banden und viel Aufmerksamkeit erforderten.

6.5 Bindung und Psychopathologie

Im Verlauf der bindungstheoretischen Kapitel dieses Buches wurden immer wieder die Zusammenhänge zwischen nicht responsiver Beelterung, unsicheren Bindungsmustern und Risiken für die gesamte Entwicklung beschrieben. Anhaltende emotionale Verunsicherung führt zur Aktivierung unbewusst reagierender limbischer und anderer stresssensitiver neuro-endokriner Regelkreise und zwingt das Kind, nach Strategien zur Wiederherstellung seines inneren Gleichgewichtes zu suchen (siehe Unterkapitel 4.3). Solche stressinduzierten, in der Regel unbalancierten Bahnungsprozesse führen in aller Regel zu defizitären Entwicklungen in anderen Bereichen: Wahrnehmung, Motorik, Lernverhalten, Motivierbarkeit, Sozialverhalten. Wenn während der frühkindlichen Entwicklung Erfahrungen aus der Umwelt vorenthalten werden, beispielsweise durch mangelhafte interaktionelle Erfahrungen oder fehlende Sinnesreize, können Hirnfunktionen irreversible Schäden erleiden. Erfährt das kindliche Gehirn nicht genügend auf seine Struktur hin angepasste Zuwendung, wird es – bedingt kompensierbar – unter seinen Möglichkeiten für kognitive und psychosoziale Kompetenz, Liebes- und Lernfähigkeit bleiben.

Bei Kindern, die aufgrund wiederholter emotionaler Traumatisierungen oder chronischer Vernachlässigung keine geeignete Strategie zur Wiederherstellung ihres emotionalen Gleichgewichtes finden, kommt es zu einer lang anhaltenden, unkontrollierbaren Aktivierung ihres neuroendokrinen Stresssystems mit nachhaltigen destabilisierenden Auswirkungen auf körperlicher Ebene (adaptive Veränderungen endokriner und vegetativer Regelkreise, Umbau neuronaler Netzwerke), die in der Regel psychopathologische Syndrome nach sich ziehen. Chronischer Stress zerstört bereits aufgebaute neuronale Strukturen des limbischen Systems, u. a. im Hippocampus, in der Amygdala, oder hemmt ihre Weiterentwicklung. Dazu wird die Hemisphärenvernetzung im Corpus callosum, also die Ausbildung und Verdrahtung der Faserstränge zwischen den Hirnhemisphären, gebremst. Damit wird die funktionelle Integration der Hirnhälften, die wichtig ist für eine Balance von affektiven und kognitiven Prozessen in der Selbstregulation, behindert. Die dadurch verursachten primär organisch begründbaren Regulationsstörungen münden später häufig in komplexe psychische Störungen von Emotionen und Verhalten, Lernen und Beziehungsfähigkeit.

Als Kinder- und Jugendpsychiater habe ich immer wieder und über viele Jahre Jugendhilfeprozesse bei in den ersten Lebensjahren stark deprivierten und traumatisierten Kindern und Jugendlichen begleitet. Trotz eines hochprofessionellen intensivpädagogischen Settings und umfassender psychiatrischer und psychotherapeutischer Hilfen gelang es häufig nicht, den Weg in Richtung einer invalidisierenden psychiatrischen Erkrankung aufzuhalten. Das ist bitter, weist aber umso nachdrücklicher auf die notwendige Primärprävention zu Beginn des Lebens hin.

Eine im ersten Lebensjahr erworbene sichere Bindung ist, wie beschrieben, ein entscheidender Schutzfaktor für die Entwicklung des Kindes und ein Risikopuffer für spätere belastende Lebensereignisse. Das heißt, bei diesen Kindern ist das sogenannte *Stress-Toleranzfenster* (Ogden, Minton u. Pain, 2006) größer als bei den unsicher gebundenen. Die Breite des Korridors, innerhalb dessen ich emotional ausgeglichen oder bei Herausforderungen in der Lage bin, mich selbst zu beruhigen, einen aus dem Gleichgewicht geratenen emotionalen Zustand wieder zu balancieren, entscheidet darüber, ob Stressbelastungen dauerhafte Schäden bewirken können. Bei ständigem Hyperarousal geht das zerebrale System in einen Sympathikus-Hypertonus, und der Organismus reagiert mit Kampf oder Flucht – gegebenenfalls mit unsinnigen Übersprungshandlungen. Panik und Todesangst werden auf unteren limbischen Ebenen prozessiert, ohne bedeutsame Beteiligung reflexiver Funktionen. Bei einer parasympathischen (Vagus-)Übererregung geht unser neuronales System in dissoziative Zustände über, unter Verlust der Kompetenzen zu Gefühlsempfindung, Selbstwahrnehmung und Kontakt zu anderen. Sowohl Hyper- als auch Hypoarousal sind überlebenswichtige Stressantworten – um den Preis reflektierter, planbarer Reaktionen und in der Folge häufiger psychopathologischer Symptome. Die hoch unsichere Bindung gilt somit als Risiko für spätere Entwicklungsstörungen und psychische Auffälligkeit. Bindungsstörungen sind bereits Psychopathologie.

Einfluss auf die Ausprägung von Bindungsverhalten und Bindungsrepräsentation eines Kindes nehmen neben den bereits genannten mütterlichen und kindlichen Variablen auch das soziale Umfeld. Hier wirken sich Impuls- und Affektregulationsstile im familiären Umfeld, Belastungen – wie Alkohol- und Drogenkonsum – unabhängig vom mütterlichen Verhalten aus, während sozioökonomische Risiken wie Arbeitslosigkeit, Armut, inadäquate frühe Kinderbetreuung usw. über ein verringertes Responsivitätserleben der Kleinstkinder Einfluss gewinnen (Raikes u. Thompson, 2005).

Menschen mit psychiatrischen Diagnosen werden in aller Regel nur zu ca. 10 % als sicher gebunden klassifiziert, während mehr als 60 % desorganisiert-ungelöste Muster aufweisen.

6.5.2 Angststörungen

Entsprechend der grundlegenden Bedeutung von Trennungsangst als wesentlichem Auslöser für die Aktivierung des Bindungssystems haben unsichere Bindungsmodelle eine besondere Bedeutung für die Entstehung und Aufrechterhaltung von Angststörungen. Frühe, lang dauernde Trennungen von den Eltern, physische und psychische Gewalt gegen die Kinder, Alkoholmissbrauch und sexuelle, insbesondere intrafamiliäre Gewalt sind hochsignifikant mit Angststörungen assoziiert. Ängstlich-ambivalente und ungelöste Bindungsrepräsentationen sind bei Angstpatienten überrepräsentiert, es lässt sich jedoch keine eindeutige Zuordnung zu einem spezifischen unsicheren Bindungsstil vornehmen (Petrowsky u. Joraschky, 2016). Für das Schul- und Jugendalter wurde die desorganisierte Bindung als bedeutsamer Risikofaktor für die Entwicklung von Angststörungen identifiziert (Achtergarde et al., 2015).

6.5.3 Depression

René Spitz, einer der ersten Empiriker in der psychoanalytischen Tradition, prägte schon in den 1940er Jahren aufgrund seiner Beobachtung in Kinderheimen den Begriff der *Anaklitischen Depression* im Säuglings- und Kleinkindalter, als direkte Folge einschneidender Verlusterlebnisse oder einer längeren Trennung von primären Bezugspersonen. Die Kinder protestieren zunächst, wimmern und weinen anklammernd und ziehen sich in weiterer Folge zurück. Sie leiden an Schlafstörungen, entwickeln Hospitalismussymptome und apathisches Verhalten (Spitz, 1985). Damit ist der Bindungsaspekt der Depression bereits benannt. Insbesondere Kinder mit ambivalent-verstrickten Bindungsmustern neigen im Verlauf ihrer Entwicklung eher zu internalisierenden Störungen wie Angst oder Depression, wohingegen vermeidende Kinder eher aggressiv-externalisierende Störungen entwickeln. Bei emotionaler Überbelastung können jedoch auch sie depressive Zusammenbrüche erleben.

Bindungsunsichere und insbesondere bindungstraumatisierte Menschen haben bekanntlich Schwierigkeiten in der Emotionsregulierung und der Konfliktverarbeitung, sie sind vulnerabel im Hinblick auf Selbstwert- und Selbstbildproblemen und damit auch empfänglicher für depressive Verarbeitungsstrategien. Umgekehrt gilt Bindungssicherheit als Resilienzfaktor gegen depressive Entwicklungen (Schauenburg, 2016).

6.5.4 Persönlichkeitsstörungen

Für die nach ICD-10 diagnostizierten Persönlichkeitsstörungen liegen einige wenige Untersuchungen zur Bindungsrepräsentation vor. Vor allem die ängstlich-unsichere Bindung ist bei der überwiegenden Mehrzahl das vorherrschende Muster, allerdings in Kombination mit Bindungsvermeidung. Die Borderline-Persönlichkeitsstörung (BPS) ist in dieser Hinsicht besonders gut untersucht, die Mehrzahl der oft weiblichen Patienten ist ambivalent/desorganisiert gebunden – ein weiterer Beleg dafür, dass die BPS als chronifizierte Folgestörung früher

Traumatisierung anzusehen ist. Eine aktuelle Überblicksarbeit zeigt dazu, dass früh misshandelte Kinder deutlich häufiger Merkmale einer Borderline-Störung zeigten als nicht misshandelte (Ibrahim, Cosgrave u. Woolgar, 2017).

In der Begleitung von Kindern und Jugendlichen in stationärer Jugendhilfe ist leider immer wieder der Weg von einer Regulationsstörung im Kleinkindalter über eine »ADHS-Diagnose« hin zu stabilem dissozialem Verhalten mit den Merkmalen einer Persönlichkeitsstörung zu beobachten. Ein bindungsorientiertes Verständnis, die Gestaltung der Arbeitsbeziehung als sekundäre Bindungsbeziehung mit der Bereitschaft zu Phasen hochintensiven Aushaltens und der Auseinandersetzung mit den Jugendlichen kann maßgeblich für eine Entwicklung zu Symptomkontrolle, Selbstverantwortung und Beziehungsfähigkeit sein. Bindungs- und mentalisierungsbezogene Therapieansätze spielen folglich heute eine bedeutende Rolle.

6.5.5 Suchtstörungen

Für das Verständnis von substanzbezogenen Störungen spielen ebenso wie für das des Bindungssystems die endogenen Opiate (Endorphine) eine wesentliche Rolle. Sowohl beim Erleben der sicheren Basis als auch beim Konsum exogener Opiate wird das Belohnungssystem über Dopamin und Endorphine stimuliert. Die Adoleszenz als Übergangszeit von der sicheren Basis bei den primären Bezugspersonen zu einer neuen in Liebesbeziehungen ist eine besonders vulnerable Phase für die Entwicklung von Suchtstörungen. Abhängig von der Sicherheit der familiären Basis, d. h. der Möglichkeit, im Bedarfsfall auf die Eltern zurückzugreifen bei gleichzeitig freier Exploration, kann die Ablösung gelingen. Bei Ausstoßungstendenzen, Triangulierung oder Verstrickung in elterliche Beziehungen wird diese Ablösung erschwert, und die Möglichkeit zum Rückgriff auf Suchtstoffe als Bindungssubstitut kann als Erleichterung, quasi als Selbstmedikation, wahrgenommen werden (Schindler, 2016).

Suchtstörungen bei den Eltern sind durch die extremen Unterschiede in der emotionalen Verfügbarkeit für ihre Kleinstkinder prädisponierend für Bindungsunsicherheit bei diesen. Opiatabhängige Mütter verhalten sich ihnen gegenüber gleichgültig, wenn sie intoxikiert sind; in der Abstinenzphase sind sie oft intrusiv und überstimulierend. Sie bieten ihren Kindern damit kein responsiv-verlässliches Gegenüber, die dann in der Folge Regulationsdefizite in vielen Bereichen entwickeln (Trost, 2008a).

6.5.6 Schizophrene Psychosen

Schizophrene Psychosen sind nicht die häufigsten psychischen Erkrankungen, aber sie stehen seit Langem durch ihre drastische Symptomatik, ihre existenznahen Themen im Fokus psychiatrischer, philosophischer und auch gesellschaftspolitischer Erörterungen. Die Psychose betrifft grundlegende Fragen des Menschseins wie: »Kann ich mich als lebendig (versus tot), vital (versus stuporös), abgegrenzt (versus diffus), als Einheit (versus fragmentiert), selbstwirksam (versus ohnmächtig) und mit einer individuellen Identität (versus austauschbar) erleben?« (vgl. Scharfetter, 1976/2010). Der Appellcharakter des existenziellen Leidens der zu Beginn fast immer jungen Menschen hat bei Angehörigen, Professionellen und anderen damit befassten gesellschaftlichen Gruppen regelmäßig Spaltungsprozesse, Parteinahmen und leidenschaftlichen Streit hervorgerufen.

Die reduktionistische Dominanz des medizinisch-genetischen Modells wurde auch von den emanzipatorischen sozialpsychiatrischen Bewegungen nicht grundlegend infrage gestellt. Die bereits in Kapitel 2 genannten systemtheoretischen Erkenntnisse von Bateson und Mitarbeitern belegen jedoch kommunikative und familiendynamische Prozesse im Bedingungsgefüge schizophrenen Krankseins, ohne dass dies langfristige Auswirkungen auf Erklärungsmodelle und Behandlungsformen gehabt hätte. Das weithin bekannte Vulnerabilität-Stress-Modell von Zubin und Spring (1977) führte bereits damals bindungsnahe Überlegungen zur Entstehung dieser Störung ein: Sie »kann dem Einfluss traumatischer Geschehnisse, spezifischer Krankheiten, perinataler Komplikationen sowie dem Einfluss von Familienerfahrungen, Interaktionen unter den jugendlichen Peers und anderen Lebensereignissen geschuldet sein, die sich entweder förderlich oder hinderlich auf das Entstehen einer nachfolgenden Störung auswirken« (S. 109, zit. n. Read u. Gumley, 2009, S. 264). Trotzdem wurden diese Aspekte nur selten untersucht, da das stark an der genvermittelten Neurobiologie ausgerichtete Vulnerabilitätskonzept pränatale und frühkindliche psychosoziale Einwirkungen kaum beachtete (Keshavan, Diwadkar, Montrose, Stanley u. Pettegrew, 2004). Neuere, aber weiterhin defizitorientierte Vulnerabilitätsmodelle (z. B. Resch, 2003) sehen die Entstehung dieser Verletzlichkeit aufgrund von Risikofaktoren – wie schwieriger Lebensereignisse, sozialer Anforderungen und nicht bewältigter Entwicklungsaufgaben – in einem Kreisprozess zwischen

- Defiziten der kognitiven Verarbeitung: Denkstörungen, Mentalisierungsprobleme;
- Defiziten der Affektwahrnehmung: Kommunikationsprobleme;
- Defiziten der Affektregulation: mit einer Übererregung des autonomen Nervensystems.

Auch im psychiatrischen Alltag spielten die sehr frühen Erfahrungen kaum eine Rolle – es sei denn eher anekdotisch: »Pat. regrediert auf Säuglingsniveau«. Die sozialpsychiatrische Orientierung am »Erwachsenenzustand« als Ziel und in der Realbeziehung verhinderte häufig die Wahrnehmung und angemessene Ansprache auf der Ebene des bindungsgestörten, traumatisierten Kindes.

Read und *Gumley* (2009) weisen darauf hin, dass Befragungen in vielen Ländern ergeben haben, dass die Bevölkerung das medizinische Konzept nicht akzeptiert, sondern Schizophrenie als etwas sieht, das eher durch Armut, familiäre Probleme, Misshandlung und Vernachlässigung entsteht als durch defekte Gene. Für die Autoren besteht die Kernfrage darin: »Nehmen psychotische Störungen ihre Genese über einen Entwicklungspfad, der unbewältigte traumatische und/oder Verlusterfahrungen der Eltern, eine frühe Bindungsdesorganisation mit ihren Folgen für die Entwicklung der Persönlichkeit, spätere traumatische Erlebnisse, Mentalisierungsdefizite und ungelöste oder feindlich/hilflose Bindungseinstellungen zusammenführt?« (S. 268).

Mittlerweile liegt eine Reihe Studien zu den trauma- und bindungsassoziierten Aspekten der Schizophrenieentstehung vor. Einige Ergebnisse möchte ich hier kurz skizzieren. Eine Metaanalyse von 46 Studien bei an Psychose erkrankten Frauen kam zu dem Ergebnis, dass 69 % entweder sexuell oder körperlich misshandelt worden waren. Die Inzestrate lag bei fast 30 % (Read, Mosher u. Bentall, 2004). Bei weiteren 31 Studien, die männliche Patienten betrafen, waren die Zahlen nur etwas niedriger. Inzidenzraten früher Vernachlässigung reichten von 22–62 % (Read u. Gumley, 2009).

Eine US-amerikanische Längsschnittstudie zu den kausalen Wirkungen der sogenannten »Expressed Emotions« (EE), einem Begriff, den Read und Gumley als einen »Euphemismus für feindseliges, kritisches und emotional zudringliches Elternverhalten« (S. 241) bezeichnen und der in der Regel in der Rückfallforschung verwendet wurde, erbrachte folgendes Ergebnis: Wenn beide Eltern einen High-EE-Score zeigten, erkrankten die Kind zu 36 % an Schizophrenie, verglichen mit 0 %, wenn nur ein Elternteil dieses Verhalten zeigte.

Therapeuten wissen, dass die Schuldfrage in Schizophrenie-Familien – auch ohne ihr Dazutun – immer präsent ist, aber mit dem biomedizinischen Modell und in der Folge von anklagende Begriffen wie »schizophrenogene Mutter« (Fromm-Reichmann, 1948) wurde die Auseinandersetzung damit tabuisiert bzw. durch pauschale Exkulpierung der Angehörigen neutralisiert. Eine niederländische prospektive Studie (n > 4.000) zeigte, dass je nach Misshandlungsgrad die Wahrscheinlichkeit für Psychose auf das 11–48-Fache im Vergleich zu Kontrollpersonen anstieg, dabei wurden genetische Aspekte herausgerechnet (Janssen et. al., 2004).

Verlust und Traumaerfahrungen spielen noch in weiterer Hinsicht eine Rolle: Read et al. (2004) führen an, dass ca. 20 Studien aus der Zeit 1966 bis 2002 häufigere und frühere Verluste von Elternteilen bei später »Schizophrenen« als die jeweiligen Kontrollgruppen belegen. Andere Studien verweisen darauf, dass bei den Eltern später schizophrener Kinder Trauma und Verlusterfahrungen signifikant häufiger vorkommen und damit eine desorganisierte Bindung des Kindes bahnen. AAI-Studien ergaben bei Patienten mit psychotischen Störungen meist ungelöste (U), desorganisierte Bindungsmuster.

Zusammengefasst: Es gibt mittlerweile eine erdrückende Evidenz für die Bedeutung früher sozialer und traumatischer Prozesse bei der Schizophrenieentstehung. Eine Übersicht dazu bieten auch Aderhold und Borst (2009). Dies ist bedeutsam für eine Konzeptionalisierung adäquater systemischer Therapien bei diesen Störungen.

6.5.7 ADHS

Zu den heutzutage am häufigsten diagnostizierten Entwicklungsstörungen zählt die »Aufmerksamkeitsdefizit-Hyperaktivitätsstörung« (ADHS, engl. ADHD) mit einer weltweiten Prävalenz von ca. 5 %. Jungen sind wesentlich häufiger betroffen als Mädchen. In den letzten Jahren wurde eine Persistenz der Problematik bis ins Erwachsenenalter, allerdings mit sich wandelnder Symptomatik, bei mehr als einem Drittel der Betroffenen festgestellt. Vor allem das hyperaktive Verhalten verschwindet in den meisten Fällen, zur Aufmerksamkeitsproblematik kommen häufig emotionale Labilität, geringe Stresstoleranz und eine chaotischer Selbstorganisation hinzu. Etliche Forscher bezweifeln heute die Krankheitsentität der Diagnose (Kißgen u. Franke, 2016). Dennoch hat die Symptomatik einen gewissen Wiedererkennungswert, sodass »ADHS« im allgemeinen Sprachgebrauch als eine abgrenzbare Krankheit wahrgenommen wird. Allerdings finden sich bei einem Großteil der Patienten weitere Symptome, die zur Diagnose von Komorbiditäten, wie Störungen des Sozialverhaltens, Angststörungen, Lern- und Beziehungsstörungen, führen (Trost, 2016a).

Nach langjähriger Dominanz einer genetischen Verursachungshypothese gilt heute eine komplexe Gen-Umwelt-Interaktion als Auslöser für die Störung. Insbesondere pränatale Stresserlebnisse der Mutter beeinflussen über Neurotransmitter und Stresshormone die Genexpression im kindlichen Gehirn. Kißgen et al. (2009) konnten anhand einer Pilotstudie zeigen, dass die ADHS-Symptomatik umso ausgeprägter ist, je unsicherer die Bindungsrepräsentation der Mütter ausfällt, d. h., Kinder, deren störungsbedingte Auffälligkeiten die größte Herausforderung an den feinfühligen Umgang mit ihren Signalen stellen, treffen auf Mütter, die aufgrund der eigenen Bindungsrepräsentation nur über eingeschränkte Voraussetzungen für feinfühligen Umgang mit kindlichen Signalen verfügen. Auch *Esser, Fischer, Wyschkon, Laucht und Schmidt* (2007) konnten anhand der »Mannheimer Längsschnittstudie« nachweisen, dass die Herkunft der Mutter aus zerrütteten Verhältnissen, Vernachlässigung der Säuglinge durch die Mutter und frühe Kontaktstörungen sowie geringes Geburtsgewicht der Kinder spätere hyperkinetische Störungen am besten voraussagen.

Postnatale Feinfühligkeitsmängel der Bezugspersonen aufgrund traumatischer Erlebnisse beeinflussen über die Gen-Hormon-Umwelt-Interaktion den Bindungsstatus des Kindes (Vuksanovic, 2013). Träger der Risikogenvariante eines Dopamin-Rezeptors zeigen bei wenig feinfühliger Beelterung häufig desorganisiertes Bindungsverhalten, das bei einem feinfühligen Interaktionsstil kaum beobachtet wird. Bei den Kindern mit dem Risiko-Allel können dann im frühen Kindergartenalter – nur bei kontrollierend-unfeinfühligem Verhalten der Mutter – häufig externalisierende Störungen wie ausgeprägt oppositionelles, hyperaktives Verhalten mit geringer Aufmerksamkeitsspanne diagnostiziert werden. Die Arbeitsgruppe um *Nevena Vuksanovic* und *Karl Heinz Brisch* (2015) hat frühere Erkenntnisse zu diesem Bedingungsgefüge eindrucksvoll mit einem umfassenden Forschungskonzept bestätigt: ADHS-Jungen zeigten in ihrer Studie dreimal so häufig Symptome einer posttraumatischen Belastungsstörung wie gesunde Kinder, auch war die häufige Traumabelastung bei den Eltern unübersehbar (vgl. auch Trost, 1994).

Die neu gewonnenen Erkenntnisse implizieren auch andere Behandlungswege: Nicht mehr primär Verhaltenstherapie, psychoedukative Elternberatung und Pharmakotherapie sollten den ausschließlichen Fokus bilden, sondern eine bindungsorientierte und traumafokussierte systemische Behandlung des Kindes und seiner Eltern, die die bewährten Behandlungskonzepte miteinbezieht. Dies gilt umso mehr, als nach Follow-up-Untersuchungen der weltweit bedeutenden US-amerikanischen MTA-Studie Kinder mit ADHS nach acht Jahre dauernder Behandlung in fast allen Lebensbereichen, verglichen mit gesunden Gleichaltrigen, schlechtere Kompetenzen aufwiesen (Molina et al., 2009).

Beispiel: Jolyna, ein waches, intelligentes vierjähriges Mädchen wurde vom Kinderarzt wegen Hyperaktivität und Impulsivität überwiesen. Eine vorhergehende Erziehungsberatung der Mutter war ohne Erfolg geblieben. Sie erschien in Begleitung eines Sozialarbeiters und ihrer Tochter, der Vater unterzog sich noch einer Entwöhnungsbehandlung wegen Alkoholismus. Die Mutter berichtete unter Tränen, das Kind tyrannisiere sie, gehorche nie, zerstöre Dinge und richte durch seinen Jähzorn viel Schaden an. Es beschäftige sich nicht selbst und halte keine Minute

6.5 Bindung und Psychopathologie

still. Die Mutter schien wie hypnotisiert von ihrem zierlichen (95 cm/ 13 kg) Kind. Sie erzählte fernerhin, sie sei Analphabetin, ohne Beruf und habe bereits einen zehnjährigen Sohn, der bei Pflegeeltern lebe. Man habe ihn ihr weggenommen wegen des Verdachts auf Misshandlung. Sie selbst sei im Kinderheim aufgewachsen, weil sie vernachlässigt und geschlagen worden sei. Jolyna sei das einzige Kind ihres Mannes, der sie bis vor wenigen Monaten im Rausch geschlagen und mit dem Messer bedroht habe. Sie hoffe aber, nach der Entwöhnungsbehandlung ihres Mannes einen neuen Anfang machen zu können. Seit Jahren leide sie an heftiger Migräne, und sie fühle sich von Jolyna abgelehnt.

Zum zweiten Termin kommt der Ehemann bereits mit. Schnell wird deutlich, dass Jolyna offenbar eine nahe, auch körperlich herzliche Beziehung zu ihrem Vater hat, während die Mutter im Zusammenhang mit ihrem eigenen negativen Selbstbild dem Kind ambivalent gegenübersteht.

Im Folgenden wurden einige familientherapeutische Sitzungen entsprechend dem lösungsorientiert-systemischen Ansatz von de Shazer mit dem Ehepaar durchgeführt. Schwerpunkt war dabei die Mobilisierung von Ressourcen in der Stärkung der offensichtlich gestörten Bindungen. Bedeutsam war in diesem Zusammenhang, dass die Mutter auf den Vater eifersüchtig war, wenn er mit der Kleinen badete. Um die Mutter in ihrem Selbstwert – und dabei auch die Paarebene – zu stärken, schlug ich vor, der Vater möge auch einmal in der Woche ein schönes Bad für seine Frau bereiten, was diese, zunächst widerstrebend, annahm und genießen lernte. Außerdem möge der Vater seine Tochter zu Respekt gegenüber seiner Frau anhalten, solange diese noch in der »Rekonvaleszenz« von ihrem früh erworbenen Selbsthass sei und es noch nicht selber schaffte. In erstaunlich kurzer Zeit gelang es dem Vater, sich an die Seite seiner Frau zu stellen. Damit gab er ein Stück Exklusivität der Beziehung zu seiner Tochter preis, gewann aber dafür seine Frau, die dann auch erstmals seit Jahren Initiative für eine eigene Weiterbildung ergriff.

Wesentlich für den neuen Mut der Mutter war nach ihrer eigenen Aussage die Umdeutung der Situation seitens des Therapeuten: Jolynas Kampf gegen sie bezwecke nicht ihre Vernichtung, sondern das Herauslocken ihrer Stärke. Sie konnte sich zunehmend aus ihrer biografisch verwurzelten Angst vor existenzieller Bedrohung befreien und Jolyna als das sehen, was sie war: ein aufgewecktes Mädchen, das den eigenen Willen erprobte und darin gehalten werden wollte. Obwohl sie noch heftige Kämpfe mit ihrer Tochter auszufechten hatte, berichtete die Mutter in der Abschlusssitzung stolz, dass es bereits gut ginge, und dass sie zwei Schreibtische gekauft hätten: einen großen für sie selbst und einen kleinen für Jolyna. Sie beide würden jetzt schreiben lernen.

Durch ihr dysreguliertes Verhalten bewirkte Jolyna gleich mehrerlei: Erstens machte sie deutlich, dass die Mutter es ohne den Vater zu Hause nicht schaffte, dass der Vater notwendig war. Zweitens zeigte sie, dass es nach dem alten Muster der Beziehungsgestaltung und Rollenverteilung auch *mit* dem Vater zu Hause nicht ging. Drittens vergrößerte sie das Leiden der Mutter und erzeugte so den notwendigen Leidensdruck für einen Schritt aus deren depressiv-resignativer Haltung. Schließlich sorgte sie für Hilfe von außen. Auf diese Weise war es dann auch möglich, dass Jolynas eigene familiäre Traumatisierung heilen konnte. Ein Follow-up 18 Monate später betätigte einen anhaltenden Effekt dieser kurzen bindungsorientiert-systemischen Behandlung.

7 Beziehungsaspekte einer bindungsorientierten systemischen Arbeit

7.1 Menschenbild, Haltung und professionelle Ethik

Bindungsorientierte systemische Tätigkeit wird – jenseits von theoretischem oder praktischem Wissen – vorrangig durch eine spezifische Haltung verwirklicht. An dieser Stelle sollen daher einige mir bedeutsam erscheinende Aspekte davon dargestellt werden. Haltung ist eine teils bewusste, teils unbewusste mentale Ausstattung, die steuernd unsere Handlungen beeinflusst. Haltungen werden über Bindungsprozesse und Modelllernen schon sehr früh angelegt. Sie können sich lebenslang über das Erleben und Denken, das vor allem neurobiologisch über die obere limbische Ebene und die kognitiv-sprachliche Ebene prozessiert wird (siehe Abschnitt 3.3.4), verändern.

Zur ethischen Grundlegung der systemischen Therapie schrieben bereits *Maturana* und *Varela* in ihrem Grundlagenwerk zum biologisch begründeten Konstruktivismus »Der Baum der Erkenntnis«, als Conclusio: »Die Erkenntnis der Erkenntnis verpflichtet […]. Sie verpflichtet uns zu einer Haltung ständiger Wachsamkeit gegenüber der Versuchung der Gewissheit, sie verpflichtet uns dazu, einzusehen, dass unsere Gewissheiten keine Beweise der Wahrheit sind, dass die Welt, die jedermann sieht, nicht *die* Welt ist, sondern eine Welt, die wir mit anderen hervorbringen. Sie verpflichtet uns dazu, zu sehen, dass die Welt sich nur ändern wird, wenn wir anders leben, sie verpflichtet uns, da wir, wenn wir wissen, dass wir wissen, uns selbst und anderen *gegenüber nicht mehr so tun können, als wüssten wir nicht*« (Maturana u. Varela, 1987, S. 263–265).

7.1.1 Atomismus versus Dialog

Bindungstheorie und Systemtheorien sehen als interpersonelle Ansätze den Menschen nicht primär als Individuum, sondern als Beziehungswesen. Die atomistische Sicht auf den Menschen entstand aus den Bestrebungen der Aufklärung, den einzelnen Menschen als denkendes Wesen (Descartes: »res cogitans«, eigentlich »Denkding«, Söder, 2014) aus der kollektivistischen Gesellschaft in ein freiheitliches Dasein zu führen. Nebenwirkung dieses eigentlich emanzipatorischen Ansatzes war ein isolationistisches Menschenbild mit einem als primär asozial definierten, aggressionsbereiten Einzelnen als Grundmenge: Der Mensch ist dem Menschen ein Wolf! Die utilitaristische Moraltheorie, beginnend mit Thomas Hobbes, orientiert sich dementsprechend am individuellen Lust-/Glücksempfinden. Absolute Werte sind nicht vorgesehen, hingegen wird alles mit allem verrechenbar. Diese Einstellungen sind eine wesentliche Grundlage von marktradikalen Wirtschafts- und Gesellschaftsordnungen. Demgegenüber stehen Konzepte wie die Bindungstheorie, die responsive, kooperative und wertschätzende Interaktionen auf mikro- und makrosozialer Ebene als Quelle von Zufriedenheit und Glück ansehen. In dem durch intersubjektive Bindungen geschaffenen sozialen und moralischen Raum finden die Wertüberzeugungen der Individuen Resonanz, wodurch sich Identitäten der Einzelnen im sozialen Kontext herausbilden können. Nach Taylor (1992, zit. nach Söder, 2014, S. 51) »setzt nicht das Subjekt aus eigener Machtvollkommenheit Werte, sondern der moralische Raum findet im Subjekt Widerhall; gemeinsame Überzeugungen von dem, was gut ist, geben menschlichem Dasein Stabilität.«

Martin Buber konzipierte angesichts der Schrecken des Ersten Weltkrieges seine auch heute noch lesenswerte, einflussreiche philosophische Monografie zum dialogischen Prinzip »Ich und Du«. Darin schreibt er: »Die Welt ist dem Menschen zwiefältig nach seiner zwiefältigen Haltung. Die Haltung des Menschen ist zwiefältig nach der Zwiefalt der Grundworte, die er sprechen kann. Die Grundworte sind nicht Einzelworte, sondern Wortpaare. Das eine Grundwort ist das Wortpaar Ich-Du. Das andere Grundwort ist das Wortpaar Ich-Es […]. Somit ist auch das Ich des Menschen zwiefältig. Denn das Ich des Grundworts Ich-Du ist ein andres als das des Grundworts Ich-Es […]. Es gibt kein Ich an sich, sondern nur das Ich des Grundwortes Ich-Du und das Ich des Grundwortes Ich-Es […]. Die Welt als Erfahrung gehört dem Grundwort Ich-Es zu, das Grundwort Ich-Du stiftet die Welt der Beziehung« (Buber, 1923/1983, S. 9 ff.).

Aus heutiger Perspektive beschreibt Buber hier den grundlegenden Unterschied und das Spannungsverhältnis zwischen Bindung und Exploration in der mentalen Verfassung jedes einzelnen Menschen. Lange vor der ersten Konzeptionierung von Konstruktivismus oder Bindungstheorie liefert Buber im weiteren Verlauf sowohl Ansätze zu konstruktivistischer Erkenntnistheorie als auch zum Primat der Beziehung für das menschliche Leben.

Wie wir heute ja wissen, können sicher gebundene Menschen diese grundlegenden Antagonismen zwischen Welterfahrung und Beziehungserleben besser miteinander vereinbaren als unsicher gebundene. Grundgedanke eines bindungsorientierten Menschenbildes ist es daher, die Erfüllung des Bindungs- und des Explorationsbedürfnisses von Anfang an als existenziell zu begreifen. Aus neurobiologischen, psychologischen und sozialwissenschaftlichen Erkenntnissen ergibt sich, dass beide Antriebe lebenslang bestehen bleiben, in ihren Auswirkungen miteinander verschränkt, allerdings in den verschiedenen Lebensphasen nicht immer gleich gewichtet sind. Kontinuierliche Nahrung für beide Bedürfnisse ermöglicht Selbstorganisationsprozesse, die zu einer Entwicklung des Individuums in seinem sozialen und dinglichen Kontext mit einer Fülle von Wahlmöglichkeiten führen. *Georg Feuser* variiert aus der Sicht einer inklusiven Pädagogik den Buber'schen Satz »Der Mensch wird am Du zum Ich« zu »Er wird zu *dem* Ich, dessen Du wir ihm sind«[4] und markiert damit den Repräsentationscharakter jeder psychischen Entwicklung, abhängig von den nahen Beziehungen jedes Menschen.

Wegbereitend für diese Entwicklung sind Bedingungen von Stabilität: Bindung und Struktur sowie solche von Instabilität: Herausforderung, Verstörung und Destabilisierung. Letztere ermöglichen, z. B. an Entwicklungsübergängen oder in Krisensituationen, adaptive Veränderungen auf dem Weg zu neuer, wiederum vorübergehender Stabilität. Die phylogenetische Ausstattung und die ontogenetische Ausgestaltung des Potenzials auf körperlicher, psychischer, interpersoneller und kultureller Ebene bilden gleichzeitig Grundmatrix und Möglichkeitsräume für menschliches Dasein in Bezogenheit.

Ordnungsbildungen auf und zwischen den genannten Ebenen entstehen nicht instruktiv (systemtheoretisch gesehen sind lebende Systeme nicht instruierbar), sondern eher als Folge fraktaler Logiken und »Sinn-Attraktoren« (Kriz, 2004). Damit meint *Kriz* die Tendenz, dass »Menschen die komplexe und chaotische Welt der Ereignisse und ihrer Erfahrungen so ordnen, dass sie als hinreichend stabil, vorhersagbar und fassbar erscheinen« (zit. nach von Schlippe, 2015, S. 10 f.) und damit Sinn machen.

Der umfassende Einfluss affektiver Faktoren auf alle Denkvorgänge – und damit Ordnungsprozesse – wird von *Ciompi* (1982, 1999) als Affektlogik bezeichnet. Matrix dafür sind frühe Beziehungserfahrungen, die aber eben nicht von allen auf gleiche Weise verarbeitet werden und somit auch nicht unbedingt zu gleichen Repräsentationen führen.

---

4   Zugriff am 31.01.2018 unter www.georg-feuser.com/conpresso/_rubric/index.php?rubric=2

7.1.2 »All You Need Is Love«

Auch fünfzig Jahre nach der Erstveröffentlichung dieses Beatles-Songs – damals hörten und sahen 400 Millionen Menschen an den Fernsehgeräten den Song in der ersten weltweit ausgestrahlten Livesendung – ist die Aussage/Frage aktuell wie eh und je. Das Stück ist komplexer, als man zunächst vermutet: Eingebettet in die ersten Takte der Marseillaise, die die Aspekte von Freiheit, Gleichheit und Brüderlichkeit unter den Menschen hervorhebt, und der 8. Invention für Klavier von Johann Sebastian Bach, sprühend vor Lebensfreude und Leichtigkeit, stehen im Mittelpunkt die Worte »Liebe ist alles, was du brauchst« (… was ihr, man braucht). Obwohl »Love Songs« in aller Regel auf die Höhen und Tiefen von romantischen Zweierbeziehungen bezogen sind, geht es hier offensichtlich um mehr, nämlich um Liebe als kollektives Motiv, als handlungsleitende Einstellung und als Basis aller Lebensfreude und Problemlösung.

Alfred Adler, der Begründer der einflussreichen und gerade heute noch fortschrittlichen »Individualpsychologie« (IP) meinte vor über hundert Jahren, alle Verfehlungen dieser Welt seien das Ergebnis eines Mangels an Liebe. Die Bezeichnung IP ist irreführend, hat Adler doch, anders als sein älteres Vorbild in der psychotherapeutischen Theoriebildung, *Sigmund Freud,* von Anfang an die Bedeutung der realen frühen sozialen Beziehungen für das Wohl und Wehe der Menschen erkannt und in den Fokus seiner Behandlungen gestellt.

Der viel zitierte augustinische Satz »Liebe und tue, was du willst« heißt genau übersetzt: »Wertschätze und tue, was du willst« (»dilige et quod vis fac«). Liebe ist damit zunächst Haltung und dann erst Handlung. Liebe als Begriff ist schwer zu fassen, Zuwendung, Resonanz, Respekt und achtsame Wahrnehmung gehören aber auf jeden Fall dazu. Gleichzeitig sind sie, wie wir wissen, auch Bestandteile einer gelingenden primären Bindungsbeziehung, Sehnsucht aller Menschen und im Speziellen wesentliche Wirkfaktoren einer förderlichen Arbeitsbeziehung im psychosozialen Kontext.

7.1.3 Kooperation

Der bereits erwähnte *Michael Tomasello,* Entwicklungspsychologe und Primatenforscher am Max-Planck-Institut Leipzig, legt in seiner kleinen Monographie »Warum wir kooperieren« (Tomasello, 2010) anhand vieler plastischer Beispiele die Essenz seiner Forschungen zu der Frage dar, was das genuin Menschliche sei. Im Folgenden referiere ich Tomasello sinngemäß: Neben den einzigartigen quantitativen Lernprozessen, die jeder Mensch leisten muss, um inmitten seiner kulturellen Gruppe in sehr unterschiedlich unwirtlicher Umgebung zu

überleben, stellt Tomasello zwei qualitative Besonderheiten der menschlichen Kultur heraus, die sie einmalig auf diesem Planeten machen:
- Die eine nennt er die »*kumulative kulturelle Evolution*«, also eine nicht biologisch-evolutionäre Weiterentwicklung von sozialen und Kommunikationsstrukturen und Techniken, die die rasanten Entwicklungssprünge der Menschheit erklärt. Er nennt dies einen »kulturellen Wagenhebereffekt«: »[J]ede Version einer Vorgehensweise [bleibt] so lange im Repertoire einer Gruppe erhalten [...], bis jemand etwas Neues und Besseres erfindet« (Tomasello, 2010, S. 10). Auf diese Weise kamen wir in vergleichsweise wenigen Generationen vom Faustkeil zur künstlichen Intelligenz. Voraussetzung dafür ist ein situationsungebundener Wissensspeicher, an den jeweils angedockt werden kann.
- Dieser Prozess setzt ebenso wie die zweite qualitative Besonderheit der Menschen, nämlich die *Schaffung von komplexen sozialen Situationen* etwas voraus, das es ebenfalls so nur beim Menschen gibt: *Kooperation*. Tomasello untersuchte zwei essenzielle Komponenten von Kooperation: erstens *Altruismus*, also die Bereitschaft, anderen zu helfen, ohne davon einen primären Nutzen zu haben (z. B. Nicht-Verwandten etwas beizubringen oder mit ihnen zu teilen), und zweitens *Kollaboration*, also die Zusammenarbeit mehrerer Individuen zum gemeinsamen Nutzen. So sind alle komplexen Technologien und soziokulturellen Institutionen nicht Erzeugnisse allein tätiger, sondern gemeinsam handelnder Individuen.

7.1.4 Altruismus

Schon 1,5-jährige Kinder helfen einem Erwachsenen, wenn diesem ein Missgeschick passiert, situationsangemessen und ohne eine Belohnung zu erwarten, also offensichtlich intrinsisch motiviert. Dies gilt auch für Gleichaltrige und ist auch bei Schimpansenkindern in bestimmten Situationen zu beobachten. Sich gegenseitig durch Information zu helfen gibt es allerdings nur bei Menschen, auch schon vor dem Spracherwerb, insbesondere durch Zeigegesten. Menschenaffen können Intentionen von anderen Affen und Menschen erfassen und kommunizieren gestisch, um aufzufordern. Aber nur Menschen kommunizieren zum Zweck des Informierens und des Teilens, weil nur sie Intentionen aufeinander abstimmen. Schimpansen verstehen den Zeigehinweis nicht, der auf die richtige Kiste verweist, unter der das Futter versteckt ist. Nicht-menschliche Primaten können nicht aus ihrer egozentrischen Perspektive auf die Welt heraus, kennen daher keinen gemeinsamen Aufmerksamkeitsraum und somit auch keine Fairness gegenüber anderen. Die Bevorzugung einer gerechten Lösung bei der Aufteilung z. B. von Essen kommt nur bei Menschenkindern vor. Ab dem Alter von etwa drei Jahren machen sich bei diesen Kooperationsformen Sozialisationseffekte und das Erfahren von Reziprozität bemerkbar: Kinder helfen dann denen häufiger, die sich vorher gegenüber anderen besonders hilfsbereit gezeigt haben. Sobald Kinder soziale Normen begriffen haben (»Beim Essen matscht man nicht!«), versuchen sie diese nicht nur zu befolgen, sondern sie auch bei anderen durchzusetzen. Ihnen ist offensichtlich schon sehr früh eine geteilte Intentionalität zu eigen, mittels derer sie zu einem Teil eines größeren »Wir« werden.

»Diese Ergebnisse decken sich mit der Moralbegründung nicht-atomistischer Ethiken. Wenn Bindungsfähigkeit und Anhänglichkeit zur innersten Natur des Menschen gehören, dann steht jegliches menschliche Handeln unter ihrem Einfluss. ›Die Urszene der Moralität [...] ist nicht eine Situation, in der ich eine Handlung auf dich richte oder du eine auf mich, sondern eine Situation, in der wir gemeinsam handeln‹ (Korsgaard, 1996, S. 275). Aus der eingegangenen Bindung erwächst die Verbindlichkeit gemeinsamen Tuns, die shared intention hat als ethische Kehrseite das joint committment (Gräfenhain, Behne, Carpenter, Tomasello, 2009)« (Söder, 2014, S. 51). In Zeiten besinnungsloser Gier als quasi offiziellem ökonomischem Motor befördert eine altruistische Haltung, die ja in weiten Gesellschaftskreisen intensiv gelebt wird, die notwendige langfristige und faire Gegenseitigkeit. Bürgerschaftliches und karitatives Engagement, nicht nur in der Flüchtlingskrise, trägt so entscheidend dazu bei, Responsivität und Menschenwürde im Gemeinwesen zu erhalten.

Natürlich kann nicht die Rede davon sein, dass das »altruistische Gehirn« – so der Titel eines neurobiologisch breit fundierten Buches des amerikanischen Verhaltensbiologen Donald Pfaff (2016) – sich gegenüber den egoistischen, rücksichtslosen Tendenzen in der Welt auf ganzer Linie durchsetzt. Gleichwohl, trotz aller Horrorberichte über Gewalt, Misshandlung und Missbrauch sind diese Formen von Machtausübung und Konfliktregulierung seit dem Mittelalter permanent rückläufig. Altruistisches Handeln entspricht einer weiterentwickelten Selbstorganisation unserer Gehirne als die binären Lösungswege unserer archaischen Hirnteile. Die goldene Regel »Was du nicht willst, das man dir tu, das füg auch keinem andern zu!« bzw. deren Umkehrung: »Was du willst, das man dir tu, das tue auch den anderen!« scheint neurobiologisch, und in der Folge auch sozial, tief verankert zu sein.

Frühe Bindungs- und Bildungsprozesse bringen Menschen auf den Weg zur weiteren Durchsetzung dieses ethischen Prinzips. Binäre Lösungen bedeuten eine Regression auf eine vortriadische Entwicklungsstufe, wie sie noch für Menschenaffen typisch ist. Die Fähigkeit zur triadischen Interaktion muss –

wiewohl evolutionär angelegt – trainiert werden. Nach der ersten Phase der »Shared Attention« ab dem 3. Lebensquartal wird dies durch echte triadische Beziehungen, klassischerweise dem Vater-Mutter-Kind-Dreieck bewirkt. Diese, früher als ödipal bezeichnete Entwicklungsphase des 4.–5. Lebensjahres vollzieht sich heute wesentlich früher. Damit lernt das Kind geteilte Intentionalität und auch Mentalisieren in potenzierter Form. Zudem lernt es Regeln von Subsystemgrenzen (»Wir sind die Eltern und du bist unser geliebtes Kind, wir geben die Richtung vor und achten dabei auf dich und deine Bedürfnisse!«) zu tolerieren und zu akzeptieren, eine wichtige Voraussetzung für die Eingliederung in eine soziale Gemeinschaft, wie z. B. einer Kita, und später für die Schaffung sozialer Institutionen.

7.1.5 Kollaboration/Mutualität

Tomasello erachtet Mutualität, also das Kollaborieren von Menschen im Hinblick auf ein gemeinsames Ziel als noch entscheidenderes Element von Kooperation. Auch diese Fähigkeit erfordert Fähigkeiten und Motivationen für geteilte Intentionalität, also einen Wir-Modus des Denkens, Fühlens und Handelns, der von psychisch gesunden Kleinkindern spätestens im Kita-Alter erreicht wird. Ein gemeinsames Spiel wird um seiner selbst willen betrieben, auch ohne das instrumentelle Ziel einer Belohnung, wobei die Kinder in der Regel selbst auf die Durchsetzung der ihnen bekannten Regeln achten. Voraussetzung dafür ist sowohl das Vertrauen in die prinzipielle Gutartigkeit der Situation als auch eine gewisse (Frustrations-)Toleranz.

Eine weitere Voraussetzung für Mutualität sieht Tomasello in der Entwicklung von gesellschaftlichen Normen für Kooperation und Konformität und von sozialen Institutionen. Zu Letzteren gehören Familien, Schulsysteme, Währungen usw., aber auch Supermärkte als »Futterbeschaffungsstellen« – im Unterschied zur Futtersuche von Primatengruppen in der Natur.

Der Primatenforscher folgert, dass die menschliche Kultur auf der Basis der Kooperationsfähigkeit durch den Zusammenschluss zu gemeinsamen Aktivitäten entstand, wobei noch unbekannt ist, wie und warum es an einem Punkt der Evolution dazu kam.

7.1.6 Achtsamkeit

Seit seiner Veröffentlichung in der Zeitschrift für systemische Therapie im Jahre 1993 begleitet mich ein Aufsatz von *Siegfried Essen:* »Systemische Therapie als Praxis des Nichtanhaftens«. Hier geht es um eine spirituelle Dimension systemischer Familientherapie unter Anwendung buddhistischer Terminologie. Letztendlich verbindet der Autor konstruktivistisches Denken mit einer Praxis der Achtsamkeit – zu einer Zeit, als dieser Begriff noch nicht in aller Munde war. Im Zentrum steht die Loslösung von vorgeformten Meinungen und Beurteilungen in Bezug auf das Gegenüber und die Welt im Allgemeinen. Erst dadurch seien Lösungen zweiter Ordnung möglich, und die entsprechende Bewusstheit sei mit der Haltung eines unvoreingenommenen, liebenden Blicks, der nicht an einem bestimmten Resultat klebt, erreichbar.

Schon *Bateson* bezeichnete die von uns wahrgenommene Welt als Ausdruck einer Unterscheidungsleistung des Geistes. Probleme wären damit übermäßig determinierte Unterscheidungen, Einbahnstraßen des Denkens und Fühlens.

Der Befreiungsprozess hieraus wird von uns Therapie oder auch Beratung genannt. Frei schwebende Achtsamkeit mit einem liebevollen Blick kann dazu einen Weg eröffnen. Auch dies ist Kennzeichen einer responsiven Bindungsbeziehung von Anfang an: Je akzeptierender und achtsam wahrnehmend die Bindungspersonen dem Kind gegenübertritt, umso mehr fühlt es sich erkannt, wertgeschätzt und wirksam und umso mehr kann es sich darauf einlassen, Resonanz zur eigenen Welterfahrung anzunehmen und diese damit einer Entwicklung zugänglich zu machen. Das gilt auch für jede andere asymmetrische Beziehung, z. B. zwischen Therapeut und Klient, Lehrer und Schüler, usw.

Achtsamkeit steht für eine Grundhaltung gegenüber dem eigenen Erleben, die durch mehrere Aspekte gekennzeichnet ist (Schmidt, 2016):
- Gewahrsein – sensorische Bewusstheit ohne Urteil: Ich ziehe meine Schuhe an, und nur das!
- Gegenwartsbezug – ich bleibe im gegenwärtigen Erleben.
- Akzeptanz – ich akzeptiere und greife nicht ein.
- Meine Wahrnehmung geschieht durch einen liebevollen, wertschätzenden und auch neugierigen Blick auf die Welt.
- Nicht Wissen, das Erfahrene zählt.
- Das Tun, weniger das Ergebnis ist bedeutsam.
- Dis-Identifikation – aus: Ich bin wütend! wird: Da ist gerade Wut.

Achtsamkeit gilt mittlerweile in vielen Therapieformen, vor allem in denen der sogenannten 3. Welle der Verhaltenstherapie, als Schlüssel zur Veränderung. Achtsamkeit ist eine durch übende Praxis lernbare haltungsbezogene Kompetenz des Ganz-in-der-Gegenwart-Seins, sowohl aufseiten des Therapeuten als auch der Klientin, die damit ein wichtiges Instrument zur Selbstregulierung in der Hand hat. Damit rückt ein weiterer Aspekt der systemisch-bindungsorientierten Haltung in den Vordergrund.

7.1.7 Übung

Hierzu eine Vorbemerkung: Die Effekte therapeutischen Handelns zeigen sich in zwei Phasen, zu Beginn einer Behandlung stellt sich in aller Regel eine schnelle Besserung ein, die aber noch nicht nachhaltig ist. Sie hängt vom Vertrauensverhältnis des Klienten zum Therapeuten ab und damit am Bindungssystem und dem gemeinsamen Glauben an die Methode. Dies ist eine psycho-physiologische Reaktion, bei der es über das Oxytocin-Serotonin-System zu einer Endorphinausschüttung kommt. Sie ist damit primär limbisch und nicht über die Aktivität der Großhirnrinde determiniert. Die zweite, nachhaltige Phase wird durch eine längerfristige Psychotherapie mit durch Übung bewirkter Veränderung von Gewohnheiten ermöglicht, mit dem Ziel, dass diese in subkorticalen sensomotorisch-limbischen Strukturen verankert werden. Erst in dieser Phase, vergleichbar mit dem Erlernen von Fertigkeiten wie Fahrradfahren usw., kommt eine vermehrte Neurogenese in Gang und neue, stabile synaptische Verbindungen werden geknüpft. Ähnlich verhält es sich in der frühen Eltern-Kind-Interaktion und dem Gehirnaufbau. Nur über ständige Wiederholungen von responsiven Interaktionen (die von Eltern vermutlich nicht *Üben* genannt werden, weil sie den Fluss des täglichen Miteinanders bilden) können höhere Gehirnleistungen angebahnt werden, kann sich das Kind entwickeln (siehe Unterkapitel 3.3).

Haltungen entstehen somit durch Übung, beginnend mit der Körperhaltung und -kontrolle. Bewusstes Üben führt zu einer verbesserten Haltung, die dann automatisiert eingenommen werden kann. Das gilt analog auch für eine therapeutische Haltung von Achtsamkeit oder Ressourcenorientierung. Eine Reihe von neurobiologischen Studien zur Wirksamkeit von Meditation auf diese Haltungen bewies den großen Effekt meditativer Praxis auf Präsenz, Aufmerksamkeit, Emotionskontrolle, Empathie und die Fähigkeit, sich von eingefahrenen Denkmustern zu lösen (Ricard, 2016).

7.1.8 Neutralität

Zum Schluss dieses Unterkapitels noch ein Blick auf die systemisch-bindungsorientierte Haltung zum »Neutralitätsgebot« (vgl. Unterkapitel 2.2): Die Vokabel, zum Prinzip erhoben, wird leicht mit Beziehungsneutralität oder Wertneutralität assoziiert. Das war aber nie die Intention ihrer »Erfinder« bzw. »Erfinderinnen«: Sie wollten so an hilfesuchende oberitalienische Magersuchtsfamilien Anschluss herstellen, bei denen durch die Behandlung ein gesundungsförderlicher Unterschied gemacht werden konnte. Eine Haltung gleich großer Distanz zu allen Familienmitgliedern entsprach nach damaliger Auffassung der am besten passenden Arbeitsbeziehung, da sie am ehesten zur Auflösung der krankheitsinduzierenden Verstrickung dienen könnte.

Mit dem heutigen Wissen über Bindungsdynamiken kann das Postulat justiert werden: Eine allparteilich ausgerichtete Hilfebeziehung, die die Weltsicht aller Beteiligten validiert und das affektiv getönte Bedürfnis nach Unterstützung responsiv beantwortet, ohne dabei den Einladungen zur Parteinahme zu erliegen, ist passend und hilfreich im therapeutisch-beraterischen Kontext.

Anders verhält es sich selbstverständlich, wenn Menschenrechte oder zentrale Werte des Gemeinwesens in einem Zwangshilfekontext, z. B. in der Arbeit mit Tätern sexueller Gewalt oder mit Eltern, die ihr Kind vernachlässigen, gefährdet sind. Auch hier führt nur eine respektvoll-wertschätzende Beziehungsaufnahme und ein Annehmen der Person weiter, allerdings mit deutlich wertender Stellungnahme über das Verhalten bzw. die geäußerte Einstellung des Gegenübers. Anders ist eine authentische Haltung des Therapeuten gar nicht lebbar, und eine haltgebende Beziehung wäre gar nicht möglich. Authentisch meint hier im Sinne von Ruth Cohn die »selektive Authentizität«, sinngemäß: Alles, was ich sage, ist wahr und authentisch, ich sage aber nicht alles, was mir in den Sinn kommt! (Cohn, 1975). Wie in der frühen Bindungsbeziehung müssen auch im Hilfekontext die Interaktionen feinfühlig austariert werden, sodass das Gegenüber möglichst im explorativen Kontakt bleiben kann. *Jürgen Hargens* meint dazu: »So gesehen, begreife ich Haltung als eines meiner persönlichen Merkmale. Meine Haltung, meine Überzeugung definieren mich und sie finden Ausdruck in meinem Tun [...]. Ich bin für mich verantwortlich, und [...] auch verantwortlich, wie ich meine Überzeugungen lebe« (Hargens, 2017, S. 73).

7.2 Zur Arbeitsbeziehung

Der qualifizierte Bindungsblick auf der Basis soliden Bindungswissens ermöglicht zunächst einmal eine adäquatere Einschätzung der zu erwartenden Hilfedynamik. In der Beziehungs- und Situationsdiagnostik, bei der Hilfeplanung kann damit ein Mehr an Verständnis für die Klientinnen und Klienten entstehen sowie auch eine effektivere Herangehensweise bei der Auswahl der indizierten Hilfen.

Insbesondere aber ist die Bindungsorientierung für den Weg zu einer förderlichen Arbeitsbeziehung hilfreich. Wie eine solche helfende Beziehung ausgestaltet werden kann, ist ja letztlich Gegenstand des ganzen Buches, insbesondere auch des nächsten Kapitels. Daher sollen hier nur einige ergänzende Überlegungen eingebracht werden.

Es ist heute unstrittig, dass psychotherapeutische und beraterische Verfahren in ihrer Wirksamkeit hauptsächlich von extratherapeutischen Variablen, also Zusammenhängen, die im Hilfekontext nicht beeinflusst werden, und an zweiter Stelle von der therapeutischen Arbeitsbeziehung bestimmt werden. Spezifische therapeutische Methoden und Techniken klären demgegenüber nur 15 % der Varianz auf, sind also vergleichsweise unwichtig. Allerdings ist eine hohe Interdependenz zwischen diesen Variablen erkennbar: Die therapeutische Grundhaltung wirkt sich in Handlungen, wie der Anwendung bestimmter Techniken, aus, bestimmt damit wesentlich eine förderliche helfende Beziehung und stärkt im Letzten die positiven Erwartungen und die Hoffnung der Klienten. Auch Klaus Grawe (2000) hat die Bedeutung der therapeutischen Beziehung an erster Stelle seiner fünf Prozessvariablen des Therapieerfolgs gewürdigt. Loth (2017) listet, angelehnt an Wampold als wichtigste allgemeine Faktoren auf:
– *Zielübereinstimmung,*
– *Empathie,*
– *Wertschätzung,*
– *ein geschütztes, vertrauliches Setting,*
– *Echtheit.*

Ohne explizit den Bindungsaspekt zu benennen, stellten Loth und von Schlippe bereits 2004 ein Modell der Prozessbeisteuerung in der systemischen Therapie vor, das gleichrangig die sichere Basis als »Metastabilität« und – innerhalb dieses Rahmens – explorative Neugier und Aufregung im Sinne systemischer »Verstörung« beschreibt (siehe Abbildung 18, S. 206).

Der ungewöhnliche Begriff »Beisteuern« wurde von Wolfgang Loth geprägt. Er schreibt dazu (2017, S. 78): »Beisteuern ist nicht das Gleiche wie Steuern, es ist aber auch nicht das Gleiche wie einfach dabeizusitzen. Beisteuern meint die Kompetenz, sich erkennbar, verantwortlich und anschlussfähig daran zu beteiligen, Perspektiven zu weiten und neue Möglichkeiten zu erschließen, ohne dies einseitig und allein entscheidend tun zu können.« Dieses Modell verdeutlicht die Gleichzeitigkeit von stabilisierenden und instabilisierenden Handlungen im systemischen Arbeitsprozess, während das im Folgenden vorgestellte Binden-Halten-Lösen-Modell die Notwendigkeit des ständigen dynamischen Ausbalancierens zwischen den Polen des Dreiecks betont. Aus bindungstheoretischer und neurobiologischer Sicht, insbesondere aus der Perspektive der Polyvagal-Theorie (siehe Abschnitt 3.3.2) ist die Herstellung einer sicheren Atmosphäre in aller Regel zunächst vorrangig.

Die Entscheidung, welcher Schritt der richtige nächste sei, erfolgt einmal nach theoretischen Überlegungen im jeweiligen Behandlungsmodell. Bedeutsamer

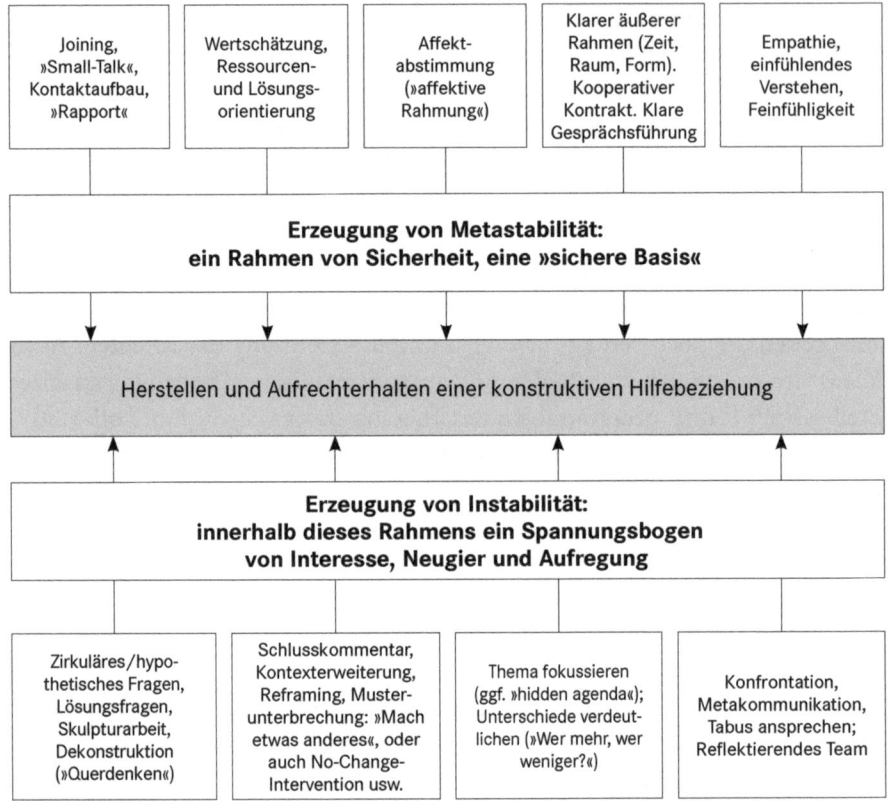

Abbildung 18: Prozessbeisteuerung (nach Loth u. von Schlippe, 2004, S. 342)

dürfte aber das wahrnehmende (achtsame) Pendeln zwischen der Binnenperspektive und der Außenperspektive sein. Dieses meint einmal den Wechsel zwischen Metastabilität und Instabilität im Modell von Loth und Schlippe und im Binden-Halten-Lösen-Modell das Balancieren zwischen den Polen. Zum anderen können mit der Binnenperspektive auch die inneren, im besten Fall intuitiv-professionell gesteuerten Abwägungsprozesse des Therapeuten gemeint sein. Ruth Cohn sagte einmal dazu – im Hinblick auf Gruppenleitungsprozesse: »Schau nach innen, schau nach außen, und entscheide dann!« (Cohn, 1975, S. 214). Mit der Innenschau meinte sie explizit die Wahrnehmung von Körperempfindungen, Affekten, Impulsen und erst in zweiter Linie die gedanklichen Konstruktionen. Wie wir genau die Entscheidung für den nächsten Schritt treffen, bleibt vermutlich noch lange ein Geheimnis. Aber wir können uns trösten: So, wie Säuglinge und Kleinkinder sich den Interventionen ihrer Bezugspersonen gegenüber tolerant verhalten, wenn eine überwiegend gute Passung besteht, so gilt dies auch für unsere Klientinnen und Klienten. Sie schätzen dabei Transparenz und Ehrlichkeit.

8 Praxisnahes Bindungswissen im systemischen Arbeitskontext

Bindungsorientierte systemische Arbeit ist weniger eine Frage spezifischer »Tools« als einer Haltung und eines Aufmerksamkeitsstatus, der die Bindungs- und Mentalisierungsaspekte von Beratung und Therapie im Blick hält. Dazu gehört eine Reihe von methodischen, technischen oder reflexiven Ansätzen, die teilweise schon erwähnt wurden, und von denen einige hier in knapper Form anwendungsorientiert eingebracht werden – beginnend mit dem Binden-Halten-Lösen-Modell als Navigationshilfe.

Konkrete pädagogische, psychosoziale wie auch therapeutische Ansätze, die von der Bindungstheorie profitieren, zielen darauf ab, ein Mehr an Bindungssicherheit beim Gegenüber zu erreichen. Bei älteren Kindern und Erwachsenen ist es darüber hinaus bedeutsam, Bindungsmuster als relativ stabiles Merkmal der Person einzubeziehen und die weiteren Interventionen danach auszurichten. Bowlby postulierte zusammengefasst fünf wesentliche Aufgaben für die klinische Arbeit (nach Gloger-Tippelt u. König, 2009):

- Die Therapeutin (Erziehungsberaterin, klinische Sozialarbeiterin, Pädagogin) steht als sichere Basis für die Selbstexploration zur Verfügung.
- Die Entstehungsgeschichte des aktuellen Problemverhaltens des Patienten wird auf der Grundlage der Bindungsrepräsentation exploriert.
- Etablierte internale Arbeitsmodelle sollen daraufhin geprüft werden, ob sie für die gegenwärtige Realität des Klienten angemessen sind.
- Die Therapeutin regt zur Reflexion über diese Arbeitsmodelle/Bindungsstile in gegenwärtigen wichtigen Beziehungen an.
- Die therapeutische Beziehung wird vor dem Hintergrund der Selbst- und Elternrepräsentanzen des Klienten reflektiert.

8.1 Binden-Halten-Lösen in dynamischer Balance: Eine Navigationshilfe

Das im Folgenden beschriebene Modell (siehe Abbildung 19) wurde erstmals 2002 publiziert (Trost, 2002). Die Gestalt des Dreiecks im Kreis erinnert an das »Modell der Dynamischen Balance« in der Themenzentrierten Interaktion (Farau u. Cohn, 1984, S. 621). In der Tat war Ruth Cohn, die Begründerin der TZI, eine langjährige und wichtige Lehrerin für mich. Sie erhob keinen Anspruch auf die alleinige Urheberschaft dieser Dreiecksgestalt der vier Faktoren. Als wir einmal im Gespräch über die Konzepte waren, meinte sie zu mir: »Es gibt viele Dreiecke und deines ist *eins* davon!« Es wurde dann auch in der TZI-Community rezipiert (Trost, 2006).

Entscheidend ist für mich daran der Aspekt der dynamischen Balance zwischen den drei Polen. In jeder Art von Beziehung, insbesondere aber in helfenden Kontexten, spielen die Aspekte von Beziehung, Halt und Struktur sowie von Veränderung entscheidende Rollen, allerdings in sehr unterschiedlichen Ausprägungen.

So ist z. B. der Bindungsaspekt bei einer Vorlesung weitaus weniger bedeutsam als in einer psychotherapeutischen Arbeitssituation. Wenn aber ein Dozent seine Studierenden weder als Personen wahrnimmt noch sich an sie persönlich wendet, wird die Aufmerksamkeit schnell nachlassen. Das Gleiche gilt für strukturelle Aspekte wie Verlässlichkeit, ein angemessener Raum, Regeln für die Interaktion, um nur einige Beispiele zu nennen. Der Inhalt der Vorlesung kann höchst brillant und spannend sein, er wird nur dann wirksam, wenn die anderen Aspekte angemessen berücksichtigt sind. Wesentlich bedeutsamer ist dies aber, wenn es um therapeutische oder pädagogische Arbeitsbeziehungen geht. In den 1970er Jahren waren erlebnisintensive »Therapien« en vogue, in denen ständig neue, bewegende Erlebnisse induziert wurden, die wegen fehlender Bindung und Halt aber kaum Langzeitwirkung hatten.

Je nach Thema und Auftrag der Arbeitsbeziehung und je nach Ausmaß der Störung verteilen sich die Gewichte anders. Arbeit in der stationären Jugendhilfe benötigt neben dem Beziehungsangebot eine sehr klare, haltgebende Struktur, wohingegen bei sicher gebundenen Beratungsklienten zügig mit der Lösungsarbeit angefangen werden kann. Teilnehmende im Bildungskontext erwarten zunächst Lerninhalte, sind aber auch auf eine minimal haltgebende Struktur und freundliche Zugewandtheit angewiesen.

Für jede Situation gibt es förderliche oder weniger hilfreiche Ausbalancierungen zwischen den drei Polen (Binden – Halten – Lösen), die aber immer alle enthalten sind. Dies zu lernen, erfordert Bindungswissen und Praxis. Dynamische Balance bedeutet, dass kein stabiles, sondern ein stets wechselndes Gleich-

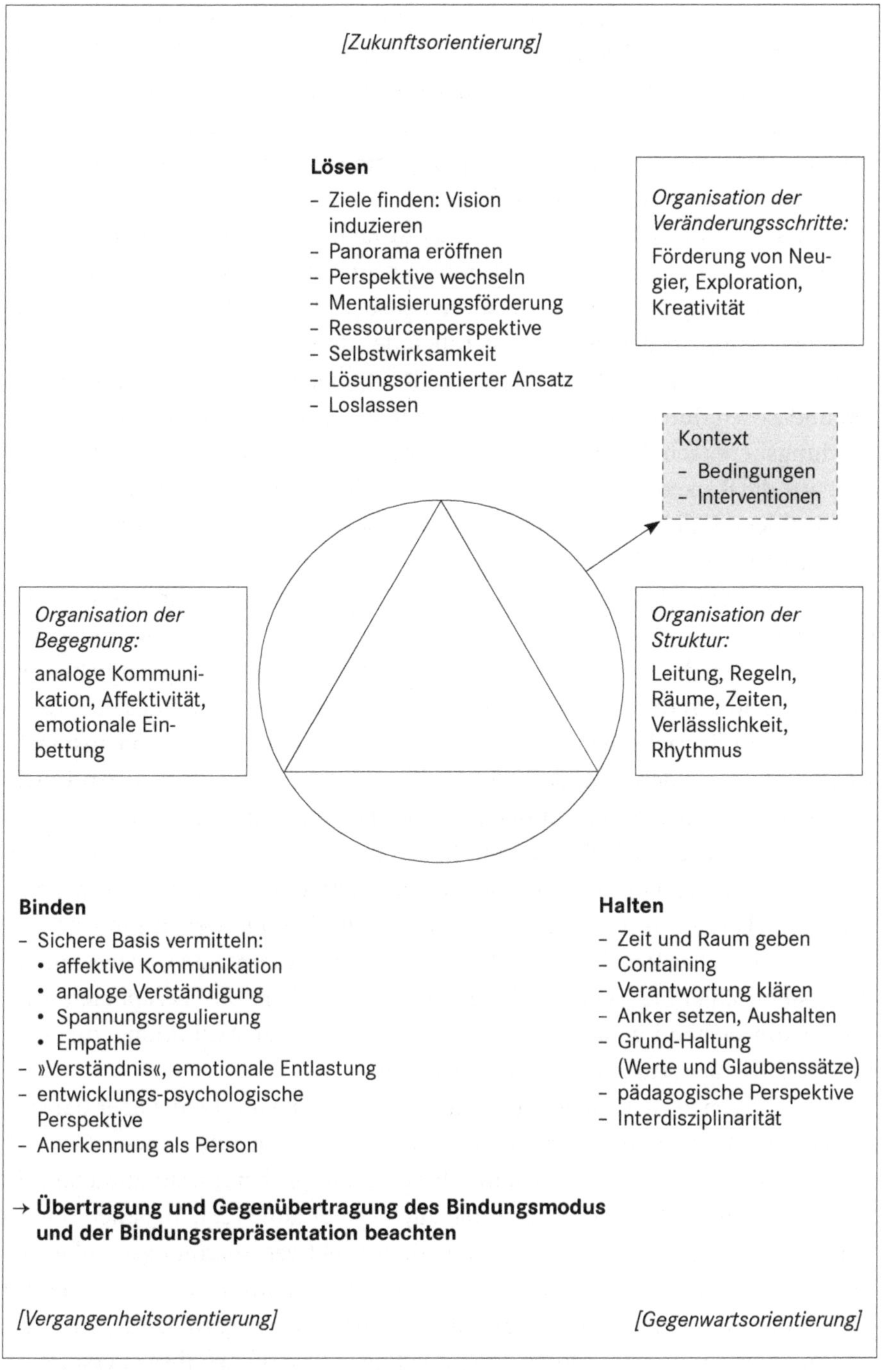

8.1 Binden-Halten-Lösen in dynamischer Balance: Eine Navigationshilfe

[Zukunftsorientierung]

Lösen
- Ziele finden: Vision induzieren
- Panorama eröffnen
- Perspektive wechseln
- Mentalisierungsförderung
- Ressourcenperspektive
- Selbstwirksamkeit
- Lösungsorientierter Ansatz
- Loslassen

Organisation der Veränderungsschritte: Förderung von Neugier, Exploration, Kreativität

Kontext
- Bedingungen
- Interventionen

Organisation der Begegnung: analoge Kommunikation, Affektivität, emotionale Einbettung

Organisation der Struktur: Leitung, Regeln, Räume, Zeiten, Verlässlichkeit, Rhythmus

Binden
- Sichere Basis vermitteln:
  - affektive Kommunikation
  - analoge Verständigung
  - Spannungsregulierung
  - Empathie
- »Verständnis«, emotionale Entlastung
- entwicklungs-psychologische Perspektive
- Anerkennung als Person

Halten
- Zeit und Raum geben
- Containing
- Verantwortung klären
- Anker setzen, Aushalten
- Grund-Haltung (Werte und Glaubenssätze)
- pädagogische Perspektive
- Interdisziplinarität

→ **Übertragung und Gegenübertragung des Bindungsmodus und der Bindungsrepräsentation beachten**

[Vergangenheitsorientierung]   *[Gegenwartsorientierung]*

Abbildung 19: Das Binden-Halten-Lösen-Modell

gewicht zwischen den drei Polen existiert bis auf eine Grundorientierung, die sich aus dem Setting (Therapie, Lehre, Pädagogik usw.) ergibt. Situativ kann die Betonung einmal auf Exploration oder Lösung liegen, ein anderes Mal mehr auf Haltgebung. Je jünger die Kinder, umso bedeutsamer ist der Bindungsaspekt; je schwächer die Regulationskapazität eines Gegenübers ist, umso stärker rückt das Thema Halt in den Vordergrund.

Seit seiner Einführung hat sich das Modell in therapeutischen, pädagogischen und sozialarbeiterischen Kontexten zur Situationsanalyse bewährt. In der Überprüfung der professionellen Arbeitsbeziehung geht es um die Passung zwischen den Erfordernissen hinsichtlich der drei Dimensionen beim Gegenüber versus der eigenen Einstellung und Kompetenz in Bezug auf Binden, Halten und Lösen. Jüngst wurde es auch in der systemischen Hörtherapie, die die Bindungsbereitschaft über akustische Resonanzphänomene verbessern soll, angewandt (Beckedorf u. Müller, 2016). Im Folgenden werde ich die einzelnen Aspekte des Modells kurz beschreiben, von denen einige im nächsten Kapitel ausführlicher behandelt werden:

Der Pol *Binden* bezeichnet die affektiven Aspekte der Arbeitsbeziehung. Auf der Organisationsebene geht es um die Begegnung und dabei insbesondere um die archaischen Aspekte von Affektivität, emotionale Einbettung der helfenden Aktivität und um die analoge Kommunikation, die ja im Säuglingsalter 100 % und auch im Erwachsenenalter noch fast 80 % der Kommunikation ausmacht. Es geht hier um »den Ton, der die Musik macht«, d. h. die überwiegend nicht bewussten Anteile der Kommunikation, die aber von den älteren Hirnteilen des Empfängers blitzschnell für die Einschätzung der Situation als sicher/unsicher, angenehm/unangenehm verwendet werden. Diese Kommunikationsaspekte, die beispielsweise in der Eltern-Säuglingspsychotherapie wegen ihrer großen Bedeutung in aller Regel videografisch erfasst und besprochen werden, sind in der systemischen Praxis ebenfalls wichtig, werden aber von Therapeuten nicht immer hinreichend genau berücksichtigt. Auch in der Ausbildung zur systemischen Therapeutin sind sie oft Nebensache.

Der differenzierte Umgang mit analogen Signalen entscheidet aber darüber, ob das Klientensystem in der therapeutischen Situation eine sichere Basis aufbauen kann. Klienten einer systemischen Beratung/Therapiesituation sind in aller Regel im Erstkontakt, manchmal auch später aufgeregt, ängstlich und in Sorge vor Beurteilung oder Abwertung. Einer effektiven Spannungsregulierung durch beruhigende analoge und verbale Kommunikation kommt daher zur Schaffung einer stabilen Arbeitsgrundlage große Bedeutung zu. Dies führt nicht nur zu einer emotionalen Entlastung der Eltern (die oft aus ihrer Perspektive heraus glauben, alles getan, aber nichts erreicht zu haben), sondern auch des gegebenenfalls betroffenen Kindes. Durch die dadurch ermöglichte Deaktivierung des Bindungssystems kann sich das Klientensystem dann effektiver der Erkundung neuer Möglichkeiten zuwenden.

Zur Bindungsdimension gehört auch eine entwicklungspsychologische Sicht auf Probleme und Symptome. Diese ist manchmal Teil von Umdeutung oder Reframen von Symptomen, die z. B. zunächst als ungezogen und respektlos imponieren, aber ebenso als ein Verharren auf einer früheren Entwicklungsstufe umgedeutet werden können und so dem Verständnis zugänglich werden. Ein sehr impulsiver 8-Jähriger wird so z. B. nicht als ungezogen und böse, sondern als in dem Aspekt *noch* wie ein Kleinkind angesehen, das spezielle Hilfen braucht. Bindungsorientierung ist ein empathischer Prozess, der die Ressourcen und Schwächen des Gegenübers auf der Folie seiner Lebensgeschichte kontextualisiert und wertschätzt. Jeder Mensch will als Person, die trotz erlebter Unzulänglichkeiten im Kern in Ordnung ist, anerkannt werden. Dies zu vermitteln, ist eine Kernkompetenz des systemischen Therapeuten, auch wenn die Klientin diese Haltung zunächst möglicherweise abwehrt. Bindung bezieht sich primär auf Vergangenes, das seine Spuren im Jetzt und eine Präformierung für zukünftiges Handeln hinterlassen hat.

Besonders bedeutsam für die Arbeitsbeziehung sind Übertragungsprozesse und die entsprechende Reaktion der Helferin auf die Übertragungen, die sich aus den Bindungserfahrungen des Klienten speisen (siehe Unterkapitel 8.2).

Die Dimension *Halten* fand in der Vergangenheit im systemischen Diskurs – bis auf die wenigen pädagogischen Bücher – eher wenig Beachtung. Ihre große Bedeutung wurde für mich in der klinisch-psychiatrischen Arbeit, in der stationären Jugendhilfe und in sozialarbeiterischen Hilfekonstellationen erfahrbar. Hoch unsicher gebundene oder bindungsgestörte Menschen haben häufig Schwierigkeiten, eine kohärente Selbst- und Alltagsstruktur aufrechtzuerhalten. Viele psychisch Erkrankten oder sozial auffälligen Kindern und Jugendlichen fällt es schwer, Grenzen einzuhalten, Regeln zu akzeptieren oder sich selbst zu organisieren. Folgerichtig geht es in dieser Dimension um die Organisation der Struktur. Vernachlässigte Kinder und Menschen mit frühen Beziehungstraumata haben häufig nicht die Erfahrung gemacht, dass andere verlässlich sind, sich an Zeiten und Regeln halten, dem Kind einen Rhythmus ermöglichen oder dass sie sich als verantwortliche Leitende verhalten. Halten bedeutet also Zeit und Raum geben, die Verantwortung im System zu klären, d. h. auch als Therapeut die – und nur die – Verantwortung zu übernehmen, die aus der eigenen Rolle heraus angemessen ist.

Es geht wesentlich um Containing (Unterkapitel 8.1), also einen Möglichkeitsraum zu eröffnen, diesen zu schützen und ihn innerlich zu verankern. Ankersetzen kann aber auch bedeuten, einem Kind einen Stein mitzugeben, mithilfe dessen es sich an einen Vorsatz erinnert, an die beruhigende Stimme der Therapeutin usw. Der Begriff Anker stammt aus der Hypnotherapie und dem neurolinguistischen Programmieren (Bandler u. Grinder, 1981) und meint im Grunde die Konditionierung auf einen bedingten Reflex, der normalerweise unbewusst abläuft, in diesem Fall aber bewusst hervorgerufen wird. Ziel ist es, mithilfe eines Gegenstandes (z. B. ein Kuscheltier, das für die Mama steht), einer Melodie oder eines Rituals (»Dreimal durchatmen, dann werde ich ruhig!«) ein bestimmtes Gefühl oder eine Reaktion im Körper auszulösen.

Im intensivpädagogischen Alltag der Jugendhilfe bedeutet Halten sehr häufig *Aushalten*. Der Umgang mit eigener innerer Spannung oder Selbstabwertung sowie erwarteter Ablehnung führt oft zu unerträglichem Verhalten, das eher zu einem dreijährigen als zu einem zwölfjährigen Kind passt, aber eben von diesem noch nicht hinreichend gesteuert werden kann. Für eine Weiterentwicklung der Bindungsfähigkeit ist daher oft dieses Aushalten notwendig. Bei einigen Jugendlichen führt das dazu, dass sie nicht in familiär organisierten, sondern nur in Schichtdienstgruppen leben können, damit die Belastung auf mehrere Schultern verteilt werden kann. Zum Halten gehört damit eine pädagogische Perspektive, die einen langen Atem hat und eine hohe Frustrationstoleranz mitbringt und dabei den kleinsten Ansatz einer Entwicklung wahrnimmt und wertschätzt.

Ein hilfreicher »haltender« systemischer Ansatz zur emotional stimmigen Gestaltung der Beratungs- oder Therapiesituation scheint mir das »Konzept der affektiven Rahmung« aus der Gruppe um Fivaz-Depeursinge am Centre d' Études de la Famille in Lausanne zu sein (siehe Abbildung 20). Der Begriff *Affektive Rahmungsprozesse* bezeichnet – ausgehend von der Eltern-Kind-Triade – ein formelles, abstraktes Konzept zu Interventionen, die menschliche Entwicklung in instabilen Situationen ermöglichen. Hier findet eine sehr anregende Analogiebildung statt: zwischen der interaktionellen Situation des Säuglings

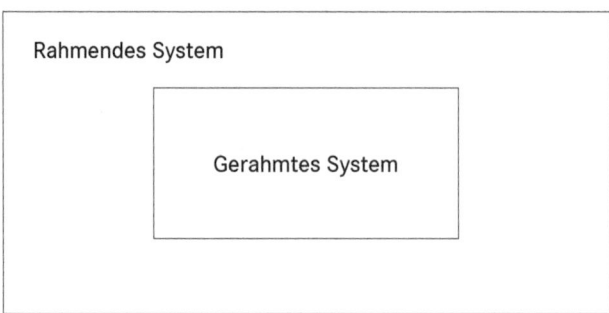

Abbildung 20: Konzept der affektiven Rahmung (nach Fivaz-Depeursinge und Kollegen, vgl. Welter-Enderlin, 1998, S. 217 ff.)

mit seiner primären Bezugsperson einerseits und andererseits der Situation in anderen, temporär oder permanent hierarchischen Settings, beispielsweise in therapeutischen oder Beratungssituationen, im Lehrer-Schüler-Verhältnis oder in den Beziehungen zwischen Firmenleitung und Angestellten.

Welter-Enderlin (1998, S. 220 f.) formuliert es so: »Flexible Einstimmungsbereitschaft und hohe Konstanz beim rahmenden System sind also gleichermaßen wichtig. Sie erlauben dem instabileren System, z. B. einem Säugling, Abweichungen (›Fluktuationen‹) bzw. neues Verhalten auf emotional sicherer Basis auszuprobieren. Eltern müssen sich auf das ihnen anfangs fremde Neugeborene einstimmen, um allmählich seine Präferenzen kennen zu lernen und herauszufinden, wie viel Nähe oder Distanz, wie viel Stimulation, Übertreibung oder Wiederholung ihm guttun. Diese frühen averbalen Austauscherfahrungen werden übrigens später von verbalen Mustern weitergeführt.« Welter-Enderlin bezeichnet »Öffnen« und »Bergen« als therapeutische Kernkompetenzen und wendet das Konzept der affektiven Rahmung vor allem auch auf die Lernprozesse in Therapieausbildung und Supervision an.

Ziele affektiver Rahmungsprozesse:
- »Metastabilisierung« eines instabilen Systems im Wandel (vgl. Winnicotts Begriff des Holding, siehe Abschnitt 4.3.2);
- anhaltende, langfristige Kopplung eines instabilen Systems mit einem rahmenden, konstanteren System (»sichere Basis«);
- Erhaltung der Grundstruktur (»Identität«) von Individuen, Familien, Organisationen;
- Einbettung von nötigen »Fluktuationen« als Vorboten von Entwicklung zur Reorganisation menschlicher Systeme.

Merkmale instabiler gerahmter Systeme (z. B. Säuglinge, Schüler, Therapieklienten):
Hin- und Herbewegungen zwischen
- fokaler Aufmerksamkeit und Rückzug;
- Bereitschaft zu und Verweigerung von Blickkontakt;
- Wachheit und Abwendung;
- verlässlicher »Grundstruktur« und »Fluktuation«.

Merkmale stabiler, rahmender Systeme (z. B. Eltern, Lehrer, Therapeuten):
- verantwortlich für konstante, vorhersagbare, sozial-affektive Kommunikationsangebote, die »langatmiger« sind als die des gerahmten Systems, damit sie zuverlässig rahmen;
- eine temporär leitende Funktion;

– »Metastabilisierung« zwischen Grundstruktur und Wandel im gerahmten System wird durch dessen Koppelung mit dem leitenden System möglich.

Das rahmende System muss zwar temporär stabiler und autonomer sein, sich aber gleichzeitig auf kommunikative Angebote des gerahmten Systems einstimmen. Es entspricht meiner, von vielen Kollegen geteilten Erfahrung, dass die Fähigkeit des Therapeuten, eine haltgebende Umgebung (»Holding Environment«: Winnicott, 1960) zu schaffen, in Psychotherapie und Beratung der ausschlagende unspezifische Faktor ist, der sie wirken lässt. Dabei kann und muss Holding durchaus einmal als Gegenpol zum regressiven Sog der Binden-Dimension eingesetzt werden. Es geht dabei immer wieder auch um Grenzsetzung und Begrenzung reaktivierter archaischer Regungen und Objektbeziehungen.

In komplexeren systemischen Arbeitskontexten erleben wir in der Regel die Notwendigkeit, *interdisziplinär* mit unterschiedlichen Institutionen mit dem Ziel einer Entwicklung der Klienten zusammenzuarbeiten. Diese Institutionen sind in der Regel von eigenen inneren Gesetzmäßigkeiten und Sprachregelungen geprägt. Oft wird die Zusammenarbeit als Ärgernis erlebt; in diesem Modell ist sie ein wesentlicher Teil der Rahmenbedingung für Veränderung beim Klienten. Der Beziehungsaufbau zu Mitarbeiterinnen und Mitarbeitern von »störenden« Institutionen ist oft genauso wichtig wie der zu den eigenen Klienten.

In einem tieferen Sinne spielt in der Halten-Dimension die eigene Grund-Haltung eine wesentliche Rolle. Unsere oft unbewusst gelebten Werte und inneren Glaubenssätze wirken sich über analoge Kommunikationsanteile stärker in der Arbeitsbeziehung aus, als wir glauben und manchmal wahrhaben wollen. Diese Aspekte von Haltung werden in Unterkapitel 7.1 und auch noch im Weiteren besprochen. Das Halten wird in der Gegenwart gelebt, kann hier wirken und auch modifiziert werden.

Binden und Halten bilden die Basis eines möglichen Lösungs- oder Veränderungsprozesses. Sehr bindungssichere und wenig gestresste Menschen kommen mit weniger Halt aus als bindungsunsichere und traumatisierte, bei denen das Stresssystem, insbesondere der Sympathikus daueraktiviert ist. Wenn Klienten, z. B. bindungstraumatisierte Jugendliche in stationärer Jugendhilfe über vertrauensbildende empathische Kommunikation keine Sicherheit aufbauen können, brauchen sie mehr an äußerem Halt, um Entwicklungsschritte gehen zu können. Ist die Achse Binden-Halten hinreichend stabil, können Veränderungsschritte angegangen werden.

Die Dimension *Lösen* entspricht der Orientierung auf die Zukunft; Kreativität, Neugier und Exploration werden gefördert. Hier kann das ganze Repertoire systemischer Methoden und Techniken zum Tragen kommen. Eine Ressourcenperspektive ist dabei essenziell, über Umdeutungsprozesse können neue Perspektiven eröffnet, mittels zirkulären Fragens Zukunftsperspektiven entwickelt und das Erleben der eigenen Wirksamkeit vergrößert werden. Zielfindung bedeutet in diesem Prozess, dass der Klient im Dialog mit dem Berater seine Lösungsvorstellungen entwickelt, die im eigenen Handlungsbereich liegen und kleinschrittig operationalisiert werden.

Sorgfältiges Beachten der Basisvariablen Binden und Halten vergrößert die Chancen für wirksame Lösungsansätze, ist aber, wie immer in der menschlichen Kommunikation, keine Garantie für Erfolg. Hier gilt das Prinzip der Luhmann'schen »Doppelten Kontingenz«: Die Interaktionspartner können weder in den anderen, noch in die Zukunft schauen: »Erstens kommt es anders, und zweitens als man denkt!« Systemisch-bindungsorientierte Arbeit vermehrt aber die Wahlmöglichkeiten, wobei die bisherigen Anstrengungen gewürdigt werden. Zur Verbesserung von Selbstregulation, Reflexionsfähigkeit und Bindungssicherheit stehen mentalisierungsfördernde Ansätze zur Verfügung (Unterkapitel 8.5).

Der Begriff »Loslassen« meint zweierlei: Einerseits geht es um das Loslassen von utopischen Lösungsvorstellungen auf Klienten- und Therapeutenseite, andererseits um das Sich-voneinander-Lösen am Ende einer Arbeitsbeziehung, die, je nach Behandlungsdauer und -dichte, den Charakter einer sekundären Bindungsbeziehung gewonnen hat.

Jedes psychosozial helfende Geschehen findet innerhalb eines *Globe* statt. Dieser Begriff von Ruth Cohn (Farau u. Cohn, 1984) meint sämtliche Kontextbedingungen, die den Rahmen für das eigene Denken, Fühlen und Handeln bilden:
– politische und soziale,
– gesellschaftliche und kulturelle,
– institutionelle und räumliche,
– fiskalische und personelle Bedingungen.

Manche dieser Aspekte haben Auswirkung auf Problemstellung und Lösungsmöglichkeiten und müssen daher im Beratungsprozess dauerhaft mitbeachtet werden. Zu kontextuellen Interventionen können gehören: für reale Entlastung sorgen (Familienhilfe), gegebenenfalls Schutz organisieren (Frauenhaus), die Mobilisierung äußerer Ressourcen, generell eine Rückbindung an die Wirklichkeit außerhalb der Behandlungssituation. Besonders bedeutsam in dem Zusammenhang sind der Einfluss von und der Umgang mit größeren, z. B. staatlichen Systemen wie Behörden und Gerichten (siehe Unterkapitel 9.4).

Je nach pädagogischer oder therapeutischer Einrichtung liegt die notwendige Schwerpunktsetzung unterschiedlich; immer aber sind alle drei Elemente für eine gesunde Entwicklung notwendig: Eine Schule, in der der Bindungspol vernachlässigt wird, wird weniger an Identifikation von Lehrern und Schülern mit ihrer Schule und den Lerninhalten bewirken, damit vermutlich weniger Engagement auf allen Seiten aufweisen. Eine Suchtklinik, in der das Thema Halt nicht hinreichend beachtet wird, wird keine Erfolge erbringen, und eine kinderpsychiatrische Einrichtung, in der keine Förderung von Kreativität, Exploration und Neugier stattfindet, wird ihre Patienten nicht mehr los. Eine Familie, die nach innen hin funktioniert, aber sich nicht an wandelnde Globefaktoren adaptieren kann, wird am Ende scheitern oder Psychopathologie hervorbringen.

Ähnliches gilt für die mikrosoziale Situation der therapeutischen Beziehung: Ich werde immer dann »Widerstand« auf der Klientenseite provozieren, wenn ich ein bedeutsames Bedürfnis nach Bindung, Halt oder Lösung nicht angemessen berücksichtige oder irrtümlich auf meiner persönlichen »Lieblingsseite« verharre. Die Extrempositionen verdeutlichen jeweils durchaus bekannte Gefahren: *Nur* Binden erzeugt Konfluenz und Abhängigkeit, *nur* Halten ist kalt und leblos, *nur* Lösen ist verkopft oder »hysterisch-überdreht« und nicht geerdet. In vielen Fällen gelingt die Balance intuitiv aufgrund eines guten Rapports zwischen Therapeut/Berater und Klienten. In den Fällen eines »unguten Gefühls« über den Verlauf oder sonstiger Komplikationen kann das Modell helfen, die notwendigen Schritte einzuleiten, um eine neue Balance zu finden. Damit lassen sich meiner Überzeugung nach Aggressivität und Destruktivität in Beziehungen zugunsten von kreativer Lebendigkeit wirkungsvoll reduzieren.

Dabei stoßen wir sicherlich auch immer wieder an Barrieren: solche, die das Umfeld uns aufweist, solche, die in der Begrenztheit der Möglichkeiten des Klienten liegen oder aber in unserer eigenen Begrenztheit.

Kurz gesagt: Die Gestaltung der Arbeitsbeziehung im Sinne des Binden-Halten-Lösen-Modells kann wesentlich dabei helfen, die Breite des Stresstoleranzfensters bei der Klientin bzw. im Behandlungssystem zu verbreitern und damit neue Lösungen zu generieren.

8.2 Bindungsrepräsentation und Kommunikation

Grundlage der Entstehung von Bindung ist zunächst einmal eine neurobiologische Disposition, die phylogenetisch bei Säugetieren dem Schutz des Nachwuchses dient .Über individuelles Lernen in Beziehungen werden im Laufe der Lebensgeschichte bindungsrelevante motorische, affektive und kognitive Netzwerke von Bindungsverhalten und Bindungsrepräsentation ausdifferenziert. Auf der Basis der mitgebrachten instinkthaften Disposition bilden sich zunächst primäre sensomotorische Repräsentanzen, wie z. B. über rhythmisches Wiegen, das uns im späteren Kindesalter noch auf der Schaukel in einen bestimmten, meist angenehmen Zustand versetzt. Danach erst entstehen auf der eigenen Biografie fußende symbolische Repräsentanzen von Beziehungen, die im besten Fall nicht nur affektiv-szenisch, sondern sprachlich und gedanklich prozessiert werden. Mit dem Erwerb von Sprache entstehen komplexe Erwartungsstrukturen im Hinblick auf Beziehungen.

In der Zusammenarbeit der unterschiedlichen Hirnebenen werden je nach Vorerfahrung mentale Fähigkeiten zur Selbstregulation in den genannten Netzwerken ausgebildet. Bindungssicherheit bzw. -unsicherheit erfasst daher alle Erlebens und Verhaltensbereiche des Menschen und wirkt sich nicht nur im emotionalen Kontakt aus, sondern in der gesamten Art, zu denken und zu handeln.

Da die meisten Menschen, ihrer Problemlage entsprechend, in einem Zustand hoher Spannung, oft mit Angst und einem eher verminderten Erleben von eigener Autonomie, Kompetenz und Selbstwert in Einrichtungen der psychosozialen Beratung oder anderer Hilfen kommen, müssen wir davon ausgehen,
- dass sich Klient und Helfer, wie in der primären Bindungssituation, in einer asymmetrischen Beziehung wiederfinden, auch wenn diese von beiden Seiten dialogisch und »auf Augenhöhe« gewünscht wird;
- dass in der helfenden Begegnung das jeweilige Bindungssystem beim Ratsuchenden aktiviert wird;
- dass die jeweilige Bindungsrepräsentation der Klientin in der Beratungs-/ Behandlungssituation wirksam wird. Dies kann von geschulten Professionellen sowohl durch die direkte Interaktion als auch in der Wahrnehmung des Übertragungs- und Gegenübertragungsgeschehen erfasst werden.
- Es ist zudem sehr wahrscheinlich, dass dem Bindungstyp entsprechend charakteristische Übertragungen stattfinden. Im Sinne einer professionellen Selbstreflexion müssen wir lernen, angemessen mit diesen Übertragungsreaktionen umzugehen und unsere Gegenübertragungen auf die genannten Bindungsformen zu kontrollieren. Dies kann bedeuten, dass wir stellvertretend väterliche oder mütterliche Funktionen, analog der Situation mit Kindern des entsprechenden Alters, auch beim erwachsenen Gegenüber temporär ausüben, um an die aktuelle Wirklichkeitskonstruktion der Klientin bzw. des Klienten anzuknüpfen oder aber genau dem zu widerstehen. Dies geschieht, um nach und nach das Vertrauen der Klientin in ihre eigenen Möglichkeiten zu stimulieren. Damit nehmen wir die Übertragung an und nutzen sie als Hinweis darauf, wie wir genau die Fähigkeiten zur Generierung neuer Lösungen stärken können, setzen sie zur Ich-Stärkung ein, arbeiten sie aber nicht tiefenpsychologisch im Sinne einer Übertragungsneurose durch.

Der psychoanalytische Begriff der Gegenübertragung meint die Gesamtheit der im Wesentlichen unbewusst vom Klienten auf den Therapeuten übertragenen Gefühlszustände, die dieser dann erlebt. Der bereits mehrfach genannte Allan Schore (2007) hat den zugrunde liegenden Mechanismus der *Projektiven Identifizierung* (PI) genauer untersucht. PI wurde landläufig als früher *Abwehrmechanismus* einer unreifen Psyche angesehen, durch den ein innerer Zustand relativ unschädlich gemacht wurde, indem er in das Gegenüber verlagert wurde. Dieses fühlt dann, was der Klient eigentlich erlebt, wenn er es dann fühlen könnte. Im intensivpädagogischen Umgang mit einem schwer gestörten Jugendlichen beispielsweise kann es beim Behandler zu erheblicher Angst und Wut gleichzeitig kommen, während der agierende Jugendliche relativ cool erscheint. In einem dissoziativen Prozess kann der Jugendliche sein eigenes archaisches Gefühl, das ihn zu überwältigen droht, nicht selbst spüren, sondern »überweist« es an den Erzieher mit dem impliziten Auftrag, es so zu regulieren, dass es keinen Schaden anrichten kann.

Projektive Identifizierung kann jedoch auch als *adäquate* Kommunikationsform eines Säuglings mit seiner primären Bezugsperson verstanden werden. Sie ermöglicht der Pflegeperson, den inneren Zustand des Säuglings zunächst affektiv, dann kognitiv zu erfassen, den dieser nur analog und diffus ausdrücken kann. Der Säugling ist darauf angewiesen, dass die Pflegeperson z.B seinen hinausgeschleuderten Wutaffekt aufnimmt und im Sinne guten Containings sprachlich und analog so wiedergibt, dass er sich beruhigen kann. Wie bereits in Abschnitt 4.2.2 beschrieben, geht Schore davon aus, dass die rechtshemisphärische Kommunikation zwischen Mutter und Säugling der entscheidende Entwicklungspromotor ist. Während die Pflegeperson/der Therapeut normalerweise in der Lage ist, seine Gefühle zu verbalisieren, ist der Klient davon überwältigt, bisweilen wie ein kleiner Säugling. Er benötigt das Aushalten seines diffusen Affektzustandes im Gegenüber und eine rechtshemisphärische Antwort anstelle einer Deutung oder eines Vernunftappells. Nur wenn das geschieht, kann der Betroffene sein Gefühl in modifizierter und verdaulicher Form wieder zu sich nehmen und es – im besten Fall – mentalisieren. Das ist die Voraussetzung für Entwicklung.

Da die rechte Hemisphäre vorrangig analoge, emotionale Signale bearbeitet und für das implizite Lernen zuständig ist, ist dies auch der Ort der inneren Arbeitsmodelle (Becker u. Streek-Fischer, 2012). Innere Arbeitsmodelle sind Navigationshilfen, um mit (früher erlebten) Gefahren umgehen zu können (siehe Unterkapitel 5.2). Sie sind weitgehend unbewusst und erzeugen beim helfend Tätigen charakteristische Gegenübertragungen, die in der therapeutischen Kommunikation genutzt werden können.

8.2 Bindungsrepräsentation und Kommunikation

Die Wahrnehmungsoffenheit für Gegenübertragungen hilft bei der Einschätzung des Bindungsstatus beim Gegenüber und ist damit eine Hilfe, um an die erlebte Wirklichkeit der Klienten Anschluss zu nehmen. Sie erfordert hohe Präsenz und Achtsamkeit vor allem für das eigene Körpererleben, da diese archaischen Affekte häufig über körperbezogene vegetative Reize wie Anspannung, Schwitzen, erhöhte Pulsfrequenz und Ähnliches vermittelt werden. Vorschnellen Änderungsimpulsen auf Helferseite kann durch eine wache und differenzierte Selbstwahrnehmung entgegengewirkt werden.

Generell ist es im Sinne der Annahme und Wertschätzung der Klientin, dem gezeigten Bindungsmuster Akzeptanz, Achtung und positive Konnotation entgegenzubringen. Damit wird das grundlegende Bedürfnis von Menschen berücksichtigt, gesehen und anerkannt zu werden und wirksam zu sein.

In einem lösungsorientierten Umgang mit unsicheren Bindungsmustern in der Arbeitsbeziehung haben sich einige Vorgehensweisen bewährt:

- *Sicher gebundene* Klienten können sich oft gut im Kontakt, mentalisierend und empathisch zeigen. In der Gegenübertragung erscheint das Problem manchmal ganz einfach zu lösen, fast unbedeutend. Der Therapeut fühlt sich allzu sicher mit dem Gegenüber. Ein lösungsorientierter Umgang damit würde darin bestehen, sorgfältig auch kleine Anliegen zu bearbeiten und diese ernst zu nehmen. Es überrascht nicht, dass Therapien mit sicher gebundenen Patienten sich durch eine leichter gelingendere therapeutische Allianz auszeichnen.
- Menschen mit einer *unsicher-abwehrenden* Bindungsrepräsentation zeigen sich häufig primär sachorientiert, verweisen auf den Expertenstatus des Beraters und verlangen präzise Antworten. Sie lassen sich ungern auf Näheangebote in der Arbeitsbeziehung ein, die aus der Gegenübertragung heraus charakteristischerweise gerne eröffnet werden. Gleichzeitig spürt die Therapeutin eine latente eigene Aggression als unbewusste Reaktion auf die demonstrative Souveränität des Klienten. Ein lösungsorientierteres Vorgehen betont die Autonomie des Klienten und verlegt sich zunächst auf eine gemeinsame Suche nach einem Auftrag oder einem konkreten Behandlungsziel. Die projektive Identifizierung mit dem Nähewunsch des Patienten kann erst nach Erreichen einer sicheren Basis gemeinsam reflektiert werden. Studien zur Veränderung der Bindungssicherheit zum Ende einer Psychotherapie zeigten für bindungsvermeidende Patienten bislang keine eindeutige Tendenz (Dinger, 2016).
- Klientinnen und Klienten mit einer *unsicher-präokkupierten* Bindungsrepräsentation bewirken aufgrund ihrer stark wechselnden und intensiven Affektivität in der Gegenübertragung häufig einen inneren Rückzug der Beraterin.

Sie signalisiert dann Abstand, gegebenenfalls auch Ärger mit einer aggressiven Tönung, die vordergründig durch die übersteigerte Affektivität und die diffusen Klagen der Klienten erklärt werden können, im Sinne der Gegenübertragung aber für den Wunsch nach Wahrgenommensein und Eigenständigkeit stehen. Ein lösungsorientierter Umgang mit diesem Muster besteht im Zeigen von Verständnis, Raum für Klagen, dem Verzicht auf schnelle Lösungen und Förderung der Wahrnehmung von Ausnahmen, ganz im Sinn des Umgangs mit der »Klagenden« (De Shazer, 1992). Mehrere Studien legen nahe, dass sich die therapeutische Allianz bei diesen Patienten im Verlaufe der Behandlung stabilisiert und dass Bindungsangst abnimmt (Dinger, 2016).
- Individuen, oder auch Familien, bei denen ein *unverarbeiteter Bindungsstatus* vorherrscht, bilden eine große Herausforderung für strukturgewohnte Therapeuten. Chaotische und anscheinend unorganisierte Kommunikationsweisen führen auf Beraterseite gelegentlich zur Verwirrung oder aber zu starken Ordnungsimpulsen. In der Gegenübertragung besteht die Gefahr, das Gegenüber durch zu viel Strukturvorgabe und Verantwortungsübernahme zu entmündigen und damit das Grundgefühl der desorganisierten Klientinnen zu bestätigen, nämlich dass sie nicht in der Lage sind, ihr Leben in den Griff zu bekommen. Ein lösungsorientierter Ansatz würde darin bestehen, gemeinsam Sinnstrukturen im Chaos zu entdecken, Beispiele für Autonomie und Stärke zu finden, aber auch vorsichtig und im dialogischen Kontakt Halt und Struktur zu geben (Trost u. Wienand, 2000).

Erfordert es für die Beratungskonstellation des 1:1-Settings schon eine hohe Präsenz für die analogen Signale des Klienten, so werden die Anforderungen an adaptive Kommunikationsleistungen bei einem Familiensystem als Gegenüber noch deutlich komplexer. Zur systemischen Ausbildung gehört jedoch auch individuell flexibles Joining, dessen nonverbal-analoge Komponente auf dem Weg zu einer sicheren Basis noch bedeutsamer wird.

Aus dem Genannten wird deutlich, dass es keine genormte »professionelle Distanz« in der systemisch-bindungsorientierten Arbeit geben kann. Auch wenn der Appell zur Distanz aus vielfältiger Erfahrung mit schmerzhaften Grenzverletzungen und Verwicklungen in Bezug auf unsere Klientel herrührt, aus nicht souveränem Umgang mit Nähe und Distanz, aus Hilflosigkeit angesichts als räuberisch und intrusiv erlebter Klienten, ist doch ständiges Feintuning der Arbeitsbeziehung genau wie in der primären Mutter-Kind-Beziehung notwendig, um bei den Klientinnen und Klienten das Gefühl von Angenommensein zu bewirken, Kooperation zu erreichen und Entwicklungsräume zu eröffnen. Eigentlich geht es eher statt um »professionelle Distanz« um »professionelle Nähe«. Eine strikt distante Haltung käme dem Äquivalent einer vermeidenden Bindung gleich, was sich je nach Bindungstyp auf Klientenseite negativ auswirken kann.

8.3 Containing und Asymmetrie der Arbeitsbeziehung

Die Begriffe Containing und Holding sind im Verlauf dieses Buches mehrfach angesprochen und erläutert worden. Ihre grundlegende Bedeutung sowohl für die Entwicklung des kleinen Kindes wie auch in der therapeutischen Arbeitsbeziehung dürfte damit hinreichend erklärt sein. Ein wesentlicher Aspekt dieser Beziehungsdefinitionen wurde allerdings bislang nur ansatzweise erwähnt: die Asymmetrie. Daniel Stern schreibt in seinem Werk zur Mutter-Kind-Psychotherapie, der »Mutterschaftskonstellation« (1998a, S. 11): »Der neue, bislang unbekannte ›Patient‹ ist keine Person, sondern eine – allerdings asymmetrische – Beziehung zwischen einem kleinen Baby und seinen Eltern.« Unter den Bedingungen der Mutterschaftskonstellation (Abschnitt 4.2.1) geht diese Asymmetrie wie in einer Kaskade noch eine Generation weiter; sie betrifft auch die Beziehung der Mutter zu ihrer eigenen Mutter: Jene findet sich mal in der Rolle des Kindes, das von seiner Mutter geachtet, anerkannt und unterstützt werden möchte wieder, und ein anderes Mal in der Mutterrolle gegenüber ihrem eigenen Kind, das ja ähnliche Erwartungen hegt. Die grundlegende Rollenflexibilität verweist darauf, dass es sich hier um einen psychischen Organisator und nicht um die Festschreibung auf eine bestimmte Daseinsform handelt. Ebenso wie die Mutter in anderen Situationen Berufsrollenträgerin, liebende Frau oder Sportlerin sein kann, wird sie in der Mutterschaftskonstellation von dieser zweiseitigen Asymmetrie beeinflusst. Auch der Säugling zeigt im Übrigen von Anfang an seine eigenen Formen von Autonomie und dann wieder seine Hilfsbedürftigkeit.

Asymmetrie darf daher nicht mit klassischer Hierarchie verwechselt werden. Die eingeschränkten kognitiven und operativen Spielräume von Kindern, bei noch unerfahrenen Eltern oder auch bei Klienten dürfen nicht dazu verleiten, die Würde und die grundlegenden intuitiven Fähigkeiten zur Selbstbestimmung und Lösungsfindung im Sinne einer Machthierarchie zu negieren. Eine systemisch-bindungsorientierte Arbeitsbeziehung ist somit gleichzeitig von dem Bewusstsein der Asymmetrie wie auch dem der grundlegenden Gleichwertigkeit und Gleichrangigkeit als vollwertige Personen gekennzeichnet.

Die funktionale Asymmetrie wird bei Eltern (auch Väter gehen in diese Position) von belasteten oder gestörten Kindern oft als »*Gute-Großmutter-Übertragung*« gegenüber der Therapeutin gelebt. Diese besteht in dem Wunsch, von einer mütterlichen Gestalt geachtet zu werden, Unterstützung und Beistand zu finden, von ihr lernen zu können und von ihr anerkannt zu werden (Stern, 1998a). In familientherapeutischen Settings hat diese Übertragung eine große Bedeutung. Eine feinfühlige Beantwortung seitens der Therapeuten ist ein wichtiger Aspekt für die Etablierung der notwendigen sicheren Basis in der Therapie.

Beispiel: Besonders deutlich ist mir dies in der Arbeit mit *drogenabhängigen Müttern kleiner Babys* geworden, die aus ihrer eigenen Biografie heraus und von ihren Suchttherapeuten wenig Nähe gewohnt sind und geradezu um Anerkennung und Wertschätzung betteln (Trost, 2012). Damit erscheint ein therapeutisch-pädagogisches Bündnis, das diese – geschlechtsunabhängige – *Gute-Großmutter-Übertragung* annimmt, für die Drogenmütter besonders sinnvoll. Mitarbeiterinnen in der Frühförderung und Helfer in der Suchtarbeit sollten die mit dieser spezifischen Übertragungsform verbundenen Wünsche nach direkter und emotional getönter Beziehung, Nähe und Akzeptanz in der Mutterrolle wahrnehmen, als adäquat bewerten und reflektiert erfüllen. Die Arbeitsbeziehung zu der Mutter-Kind-Dyade kann auf diese Weise situationsadäquat und ressourcenfördernd gestaltet werden. Mit dieser Nachbeelterung verbessert sich die Chance der Mutter, dass die erste Beziehungsphase zum Kind gelingen kann. In der Drogenarbeit erleben wir – auf dem Hintergrund der oft vereinnahmenden und doch inkonsistenten Beziehungswünsche der Klienten – häufig distanziertere Beziehungsverhältnisse als beispielsweise in der Frühförderung. In Bezug auf die jungen Mütter sollte die notwendige Abgrenzung so subtil erfolgen, dass trotzdem eine signifikante emotionale Beziehung gelebt werden kann und auch eine positive Übertragung möglich bleibt. Von der ständigen dynamischen Balancierung zwischen Nähebedürfnissen der Klientin und notwendigem professionellen Abstand hängt oft das Gelingen der helfenden Begleitung ab. Angemessene Nähe und Bestärkung fördert die Kooperationsfähigkeit und die Bereitschaft zum Mentalisieren. Gerade massiv traumatisierte Menschen benötigen dazu immer wieder eine dezidierte Parteinahme für sie als Person anstelle systemisch definierter Neutralität.

8.4 Analoge und affektive Kommunikation, Körpersprache und körperorientiertes Vorgehen

Ein Säugling erlebt die Qualität seines eigenen Affektzustandes vor allem anhand nonverbal kodierter Reaktionen anderer Menschen, primär seiner Bindungspersonen. Das Gesicht seiner Mutter und seines Vaters fungiert dabei wie ein Bildschirm, der dem Säugling anzeigt, wie er sich selbst fühlt. »Das alles erlebt der Säugling als Spannungskonturen in einem bestimmten Rhythmus, im Umgang mit seinem Gewicht und in einem ihn umgebenden Raum, also in einer körpersprachlich kodierten Atmosphäre« (Trautmann-Voigt u. Moll, 2011, S. 91). Wenn die Eltern ihr Verhalten im Mentalisierungssinn (siehe Abschnitt 5.1.3) spielerisch abgestimmt markieren, trägt dies in einem rekursiven Konstruktionsprozess zur Selbstentwicklung des Babys bei.

Feinfühliges, responsives Verhalten ist in allen Lebensaltern ein analoger Kommunikationsprozess, der trotz späterer Dominanz der digitalen Kommunikation (Kommunikation durch die semantische Bedeutung von Worten) auch jenseits der Kleinstkindphase von größter Bedeutung bleibt: Nonverbales Verhalten wie Mimik, Gestik, Körperhaltung und Bewegung sowie Klang, Rhythmus und Lautstärke der sprachlichen Äußerungen modulieren dabei das Miteinander. Es gibt viele Hinweise darauf, dass die beziehungsstiftenden Kommunikationsleistungen des Menschen, vor allem auch die Spannungsregulierung und Affektabstimmung, vorsprachlicher Natur sind und bleiben (Chasiotis u. Keller, 1995).

Über unsere archaischen Wahrnehmungssysteme der unteren limbischen Ebene nehmen wir sehr fein und kaum bewusst die analogen Kommunikationssignale unserer Gesprächspartner auf, reagieren oft spontan und unkontrolliert auf die enthaltenen Informationen – und das in der Regel schneller als auf die gesprochenen Inhalte. Vor allem inkongruente Botschaften, d. h. Widersprüche zwischen analoger und digitaler Kommunikation, aktivieren unsere Alarmsysteme. Bindungswissen hilft, diese Signale einzuordnen und im Klientenkontakt zu nutzen.

Unter den Gründerpersönlichkeiten der systemischen Familientherapie war es *Virginia Satir,* die die körpersprachlichen und analogen Botschaften am deutlichsten in den Fokus von Wahrnehmung und Intervention rückte. Mit ihrem radikal humanistischen, ressourcenbetonten und kommunikationsfokussierten Ansatz erreichte und berührte sie viele Menschen, Klienten wie Ausbildungsteilnehmende. Den von ihr definierten vier unausgewogenen Kommunikationsmustern, auch Überlebenshaltungen genannt (Beschwichtigen, Anklagen, irrelevantes Reagieren und Rationalisieren), stellte sie das *kongruente Kommunikationsmuster* als optimale Voraussetzung für ein gelingendes Leben gegenüber und definierte es zugleich auch als Ziel erfolgreicher therapeutischer Arbeit (Satir 1975, 2004). Dieses kongruente Muster von Wahrnehmung und Kommunikation nahm das zwanzig Jahre später durch Bowlby, Ainsworth und andere Forscher empirisch ermittelte sichere Bindungsmuster sowohl in seiner Phänomenologie als auch in seinen Auswirkungen vorweg.

Mit der von ihr entwickelten Familienskulptur erreichte Satir in feinfühligem Vorgehen zunächst eine verbesserte Selbstwahrnehmung und intensiveres Selbsterleben beim Einzelnen und im System. Gleichzeitig wurde die externalisierte Familiendynamik einer Außenwahrnehmung zugänglich und konnte von den Systemmitgliedern unter Anleitung der Therapeuten verändert werden. Satir hatte dabei mit dem Selbstwerterleben und der Selbstwirksamkeit ihrer Protagonisten wiederum zwei grundlegende Variable bindungsorientierten Denkens und Handelns im Blick. Einen entscheidenden Einfluss auf die Wirksamkeit ihrer Methode hatte dabei ihre bewundernswert leichte, selbstverständliche und dabei vorher unkompliziert vereinbarte Art, mit körperlicher Berührung umzugehen. Die Hand auf den Arm der Klientin zu legen, in Familienskulpturen auch Umarmungen vorzuschlagen, oder sich selbst unmittelbar zwischen zwei Personen zu positionieren, war selbstverständlich, half beim Verstehen der Situation, ebenso wie bei der Lösung von Konflikten. Körperliche Berührung ist im deutschsprachigen Raum eher ungebräuchlich und mit Ängsten behaftet. Im Sinne der Herstellung einer sicheren Basis kann es aber sinnvoll und ausgesprochen hilfreich sein, darüber Zugang zu ressourcevollen frühen Erfahrungen zu schaffen. Selbstverständlich muss Berührung professionell gekonnt und reflektiert sein, insbesondere in der zu erwartenden Wirkung auf Übertragung und Gegenübertragung im Behandlungsprozess, aber das gilt ja für jede Intervention.

Im frühen Bindungsaufbau sind Körpererleben und Körpersignale zentral. Ein Säugling verständigt sich ausschließlich über seine Körpersprache und, wie wir wissen, dieser Lebensbereich bleibt auch nach dem Spracherwerb zentral. Die Beachtung und Nutzung von Körperlichkeit hat je nach konzeptioneller Ausrichtung in Therapie und Beratung unterschiedliches Gewicht, sollte aber nie außer Acht gelassen werden.

Embodimentforschung, ein Element der neueren Kognitionswissenschaft, postuliert, dass jegliches Bewusstsein einen Körper benötigt, also eine physische Interaktion voraussetzt (Tschacher u. Storch, 2010). Jede psychotherapeutische Interaktion ist in einen Leib-Seele-Zusammenhang eingebettet, gleichzeitig beeinflussen Bewegungen und Körperzustände die Psyche und umgekehrt. Sportliche Betätigung wirkt antidepressiv, und Lachen steckt an. »Embodied« heißt also, dass Kognition in dauernder Wechselwirkung mit dem Zustand des Körpers stattfindet, in den die Kognition eingebettet ist. Dazu gehören Körperhaltung und Körperausdruck ebenso wie Affekte und Gefühle. Kognitive Muster werden damit in zirkulärer Beeinflussung von körperlichen Vorgängen und Umweltvariablen ausgestaltet. Ein sehr einfaches Beispiel dazu: Ich gehe hungrig durch die Stadt und meine Wahrnehmung richtet sich auf Informationen über Essbares, ich nehme jeden Duft und jede Imbissreklame wahr. Nachdem ich gesättigt bin, interessieren mich in derselben Straße nur noch die Buchauslagen und Schuhgeschäfte.

In der bindungsorientierten Arbeit sollten wir also der Körper-Geist-Interaktion systematische Aufmerksamkeit widmen. Körperbezogene Ansätze gibt es in der systemischen Therapie von Beginn an; Skulptur- und Aufstellungsarbeit,

8.4 Analoge und affektive Kommunikation, Körpersprache und körperorientiertes Vorgehen

Rollenspiel und Leerer-Stuhl-Technik gehören dazu. Anregungen finden sich z. B. bei Baxa, Essen und Kreszmeier (2004) oder Wienands (2017). Die ständige Beachtung dieser Dimension könnte allerdings einen höheren Stellenwert einnehmen. Storch und Tschacher (2015) schlagen eine praktikable Haltung vor, die sie mit dem Kürzel *AAO* bezeichnen und mithilfe derer die Randbedingungen für selbstorganisierende Prozesse geschaffen werden sollen:
- A wie »Aufmerksam sein!« auf die Situation, auf die eigenen Affekte und die des Gegenübers;
- A wie »Augen auf!« im Wechsel zwischen direktem Blickkontakt und peripherem Gesichtsfeld;
- O wie »Ohren auf!« im Sinne von offenem, achtsamem Hören im Unterschied zum Aufnehmen eines akustischen Stimulus, der letztlich nur die eigene innere Szenerie in Gang bringt.

AAO ähnelt der in Unterkapitel 7.1 besprochenen achtsamen Präsenz. Mithilfe von AAO kann *Rapport* entstehen, ein Begriff aus dem Neurolinguistischen Programmieren (z. B. Kraft, 1998), der über eine primär nicht bewusste Synchronisierung körperlicher Ausdrucksformen zu einer – komplexitätsreduzierenden – affektiven und kognitiven Ankopplung zweier oder mehrerer Individuen führen kann. Im systemtheoretischen Sinne handelt es sich bei dieser Synchronie um eine Musterbildung in der Selbstorganisation eines komplexen Systems. Ganz praktisch: Anhand der Synchronisation von Mimik, Gestik und Körperhaltung können Sie beispielsweise bei einem Paar, das Sie in einem Café beobachten, mit einiger Wahrscheinlichkeit vorhersagen, ob sie einträchtig, neutral oder zerstritten diesen Ort verlassen werden. Synchronie entsteht oft intuitiv, kann aber auch bewusst zur Herstellung eines förderlichen Arbeitskontaktes hergestellt werden: durch eine bewusste Angleichung von z. B. Körperhaltung, stimmlicher Modulation oder Sprechrhythmus.

Durch die Entwicklung von traumatherapeutischen Verfahren in den vergangenen Jahren und ihrer Anwendung im systemischen Feld wurde die Notwendigkeit, die Körper-Geist-Interaktion verstärkt zu berücksichtigen, noch deutlicher. Der erfolgreiche Einsatz von EMDR (Eye Movement Desensitization and Reprocessing/Desensibilisierung und Verarbeitung durch Augenbewegung; Hofmann, 2006) und Klopftechniken wie PEP (Prozess- und Embodimentfokussierte Psychologie; Bohne, 2016) zur Stabilisierung von Traumapatienten im Hinblick auf eine mögliche Verarbeitung des Erlebten bestätigt dies.

Praktisch hilfreiche und einfache Übungen zur psychohygienisch wirksamen Stärkung des eigenen Embodiments der systemischen Beraterin finden sich bei Julie Henderson (2001) oder Susanne Altmeyer (2015).

8.5 Bindungsdiagnostik im systemischen Prozess

Nach systemischem Verständnis ist es nicht möglich, eine Reihenfolge festzulegen, in der zunächst die Diagnostik und dann die Intervention kommt, weil bereits jede Kommunikation interventiven Charakter aufweist. In der frühen systemischen Literatur wurde dies anhand des Telefonates zur ersten Terminabsprache immer wieder verdeutlicht. So wie die Fantasien über das ungeborene Kind bereits seine Eltern in der Schwangerschaft beschäftigen, so wird ein Klient bereits vor dem ersten Termin Erwartungen und Hypothesen darüber bilden, wer und was ihn erwartet. Vergleichbares gilt für die Beraterin am anderen Ende der Telefonleitung. Die im vorigen Kapitel beschriebene Haltung von Achtsamkeit gegenüber präverbalen und verbalen Übertragungsprozessen und ihre lösungsorientierte Beantwortung kennzeichnet eine offene und responsive Einstellung gegenüber diesen Fantasien.

Darüber hinaus kann es sinnvoll sein, formalisierte Bindungsdiagnostik in den Verlauf des systemischen Behandlungsprozesses einzubeziehen. Gerade in der Arbeit mit kleineren Kindern kann eine ressourcenorientierte Video-Interaktionsbeobachtung neue Erkenntnisse bringen und Handlungsoptionen eröffnen. Als Wahrnehmungsraster für das erste Lebensjahr kann dabei z. B. die »Feinfühligkeitsskala« von Ainsworth, die »Emotional Availability Scales« von Biringen oder die »Beurteilungsskala für eine Mutter-Kind-Spielsituation« von Chatoor/Pal-Handl orientierend – und immer eingebettet in einen systemischen Diskurs – verwendet werden (siehe Unterkapitel 4.2 und Anhang 2). Die für Vorschul- oder Schulkinder im Rahmen familiärer Interventionen passende Arbeit mit dem Familienbrett oder mit anderen Spielfiguren kann im Sinne des »Geschichtenergänzungsverfahrens zur Bindung« (GEV-B) von Gloger-Tippelt und König bindungsdiagnostisch verwertet werden (siehe Unterkapitel 5.3). Auch klassisch-projektive Verfahren aus der Kinderpsychotherapie wie der Familie-in-Tieren-Test (Brem-Gräser, 2006), der Düss-Fabel-Test (Düss, 1956) oder der Szeno-Test (Staabs, 1938/2004) erbringen mit einem Bindungsblick neue Erkenntnisse (Wienand, 2016).

Bennett und *Nelson* (2011) plädieren für ein Erlernen und Anwenden des Adult Attachment Interviews (George, Kaplan u. Main 2001) als »Goldstandard« der Erwachsenen-Bindungsdiagnostik auch im Kontext der klinischen Sozialarbeit. Für Forschungsaufgaben ist eine differenzierte Schulung gefordert, im klinischen Kontext ermöglicht bereits das Interview eine Einschätzung des Bindungshintergrundes und der zu erwartenden Arbeitsbeziehung (siehe Abschnitt 5.4.1 und Anhang 4). Mittels seiner Verwendung stimmt sich die Professionelle systemischer Praxis auf die affektive Situation der Klientin ein.

Zur expliziten Erfassung von Bindungsstörungen bietet sich das »Disturbances of Attachment Interview« (DAI) von *Smyke* und *Zeanah* an (siehe Unterkapitel 6.3).

Analog lassen sich diese Empfehlungen auf jegliches bindungsdiagnostische Verfahren und jede systemische Beratungs-/Therapiesituation übertragen. Eine einführende Schulung ist sinnvoll und notwendig, eine exakte Auswertung wird aber am ehesten in Forschungssituationen realisiert.

In der Familienarbeit bekommen z. B. das Genogramm oder das Familienbrett (Ludewig, Pflieger, Wilken u. Jacobskötter, 1985) als dissoziierte Familienskulptur sowohl diagnostische als auch therapeutische Bedeutung. Spezifische Bindungsthematiken im System können auch mit diesen Medien visualisiert, gegebenenfalls aufgestellt und im Probehandeln bewegt werden. Wie bereits erwähnt (Abschnitt 5.1.3), kann mentalisierendes zirkuläres Fragen sowohl Aufschluss über die Qualität sekundärer Repräsentationen bei den Klienten geben als auch Ideen für das weitere Vorgehen liefern.

8.6 Mentalisieren in der systemischen Arbeit

Die gelingende, normale Mentalisierungsentwicklung wurde in Abschnitt 5.1.3 ausführlich dargestellt. Der Fokus in Beratung und Therapie liegt aber, insbesondere unter einer Bindungsperspektive, auf dem Umgang mit eingeschränkter oder gar scheiternder Mentalisierungsfähigkeit. Diese kann bei Misslingen der Affektspiegelung entstehen, z. B. durch fehlendes Markieren, mit der Folge, dass der Affekt der Bezugsperson zugeschrieben wird und vom Säugling nicht als Spiegelung verstanden werden kann. Durch Fehlinterpretation eines kindlichen Affektes infolge des Besetztseins der Bezugsperson mit eigenen ungelösten Konflikten kann es zu inkongruentem Spiegeln kommen, das dann zu einer verzerrten Wahrnehmung des eigenen Gefühls beim Kind führt und damit die Selbstentwicklung behindert. Wenn die Affektspiegelung fehlt, wie z. B. häufig bei einer depressiven Mutter, kann der Säugling keine sekundären Repräsentanzen seiner primären Affekte verinnerlichen und lernt nicht, diese zu verstehen und zu differenzieren (siehe Unterkapitel 6.3, Abbildung 17). Zudem versetzt die Nicht-Reaktion der Bezugsperson das Kind in existenzielle Not bis hin zur Panik und schließlich Resignation. Bindungstraumatisierungen haben einen ähnlichen Effekt; darüber hinaus führen sie häufig zu einer Identifikation mit dem Aggressor. Das heißt, das Kind verlagert Teile des Aggressors in sein eigenes Selbst mit der Folge der Selbstentfremdung oder Fragmentierung.

Seit der Entwicklung des Mentalisierungskonzeptes am Londoner University College durch die psychoanalytische Forschungsgruppe um *Peter Fonagy* vor noch nicht mal zwanzig Jahren ist eine Reihe von mentalisierungsbasierten Behandlungsansätzen bei verschiedenen psychischen Störungen eingesetzt worden. Das Mentalisierungskonzept selbst begründet keine eigene neue Therapierichtung, beansprucht jedoch, ein grundlegender gemeinsamer Faktor psychotherapeutischen Handelns zu sein (Allan, Fonagy u. Bateman, 2016). Es verbindet die tiefenpsychologischen Aspekte von Repräsentation und vor bewussten Motiven mit behavioralen Aspekten von Validierung, Verstärkung und Übung und liefert auch für die systemische Arbeit einen Verstehens- und Handlungsrahmen.

8.6.1 Epistemisches Vertrauen

Dieser Begriff kennzeichnet das basale Vertrauen in eine Bezugsperson als sichere Informationsquelle (Wilson u. Sperber, 2012). Es entsteht durch kontingente Spiegelung und Anwendung der intuitiven elterlichen Kompetenzen im Säuglingsalter, somit ist es mit Bindungssicherheit assoziiert. Bei unsicher gebundenen und vor allem persönlichkeitsgestörten Menschen besteht oft ein epistemisches Misstrauen, da sie sich selbst ihrer Wahrnehmung nicht sicher sind und gleichzeitig Bezugspersonen nicht trauen können. Dies ist sicher auch ein Hintergrund der aktuellen »Fake News«-Debatte. Mentalisieren scheint sich ohne dieses Erkenntnisvertrauen nicht entwickeln zu können. Mentalisierende Interventionen, die das eigene wie das Innenleben des Gegenübers wahrnehmen und anerkennen, können umgekehrt auch das epistemische Vertrauen bei den Klienten verbessern.

8.6.2 Mentalisierungsdiagnostik

Meist wird die Mentalisierungsfähigkeit klinisch erfasst. Dabei beachtet der Therapeut die allgemeine Mentalisierungsfähigkeit über Kontexte und Beziehungen hinweg, das Vorkommen von prämentalisierenden Modi (siehe Abschnitt 5.1.3) und den Bindungsstatus inklusive des Gebrauchs deaktivierender, hyperaktivierender und sicherer Strategien.

Das bislang einzige standardisierte Instrument zur Erfassung der Mentalisierungsfähigkeit ist die Reflective Self Functioning Scale (RSFS). Auf der Basis des Adult Attachment Interviews, bei dessen Durchführung ja regelmäßig das Bindungssystem aktiviert wird, werden mentalisierende sprachliche Äußerungen des Probanden untersucht und systematisch einem Mentalisierungsgrad zugeordnet. Das Verfahren ist verlässlich, aber sehr aufwendig und somit für die alltägliche Praxis kaum geeignet.

Fonagy et al. (2016) haben ein leicht handhabbares Fragebogenverfahren, den Reflective Functioning Questionnaire (RFQ) vorgestellt, dessen Validierung nahezu abgeschlossen ist. Das Instrument besteht aus nur acht Fragen (siehe Anhang 6), es eignet sich als Screening-Verfahren für die Forschung und als Anregung für eine mentalisierende Gesprächspraxis.

8.6.3 Mentalisierungsbasierte Therapie (MBT)

Die Mentalisierungsbasierte Therapie (MBT) ist eine manualisierte psychodynamische Therapiemethode, die sich vor allem auf die Förderung der Mentalisierungsfähigkeit richtet. Ihre Anwendung ist insbesondere bei Borderline- und komplexen Persönlichkeits- und Traumafolgestörungen in verschiedenen Settings nachhaltig erfolgreich (Bolm, 2015).

Bei früh traumatisierten, hochgradig bindungsunsicheren Menschen mit einer Borderline-Persönlichkeitsstörung wurden, verglichen mit Kontrollstichproben, signifikant niedrigere Mentalisierungsfähigkeiten festgestellt. Der Zusammenhang zwischen den massiven aversiven Erlebnissen und der späteren Persönlichkeitsstörung mit den typischen ausgeprägten Affekt- und Impulskontrollproblemen sowie den Selbst- und Fremdwahrnehmungsproblemen wird offensichtlich zumindest partiell über die Mentalisierungsfunktion vermittelt. Durch die MBT konnten diese in einem 18-monatigen teilstationären Behandlungssetting verbessert und eher sichere innere Arbeitsmodelle verankert werden. Mittlerweile gibt es unterschiedliche MBT-Settings für den stationären oder ambulanten Bereich ebenso wie spezialisierte Adaptationen für andere Störungsbilder: so für Jugendliche (MBT-A, Taubner u. Volkert, 2017), Familien (MBT-F, Asen und Fonagy, 2014) sowie für die Gruppentherapie (MBT-G), hier mit besonders guten Effektstärken (Felsberger u. Schultz-Venrath, 2016). Die multiple affektive Spiegelung in therapeutischen Gruppen gilt als besonders wirkungsvoll. Eine Übersicht zu Indikationen und Ergebnissen aller Einsatzbereiche der MBT findet sich z. B. bei Taubner (2015).

Folgende Therapieziele können mithilfe der MBT formuliert werden (Cordes u. Schultz-Venrath, 2015):
- eigene Gefühle und Intentionen im Kontext der Familie bemerken;
- Gefühle und Intentionen anderer Familienmitglieder wahrnehmen;
- die eigenen Affekte verbalisieren, modulieren und damit das eigene Verhalten wirksamer steuern;
- durch Zuhören und Nachfragen Verständnis und Empathie für das Gegenüber steigern.

8.6.4 Mentalisieren im systemischen Kontext

Systemisches Handeln, ob im 1:1-Beratungskontext, in der Familientherapie oder der aufsuchenden Sozialarbeit, findet häufig mit unsicher gebundenen Klienten statt. Mentalisierungsfördernde Hilfen können positiv auf die Bindungsrepräsentation wirken und zudem den Rapport zu den Klienten vertiefen (Fonagy et al., 2008), daher sollte der Mentalisierungsfunktion in der helfenden Beziehung besondere Aufmerksamkeit gewidmet werden.

Die ausführlich beschriebenen systemisch-bindungsorientierten Haltungen und Vorgehensweisen zur Gestaltung der Arbeitsbeziehung (siehe Kapitel 7) gelten uneingeschränkt; darüber hinaus sind hier noch einige Aspekte erwähnenswert:
- Wie in allen therapeutischen Verfahren haben Klientinnen und Klienten in der Regel auch im systemischen Erstkontakt Angst vor der neuen Situation, sie schämen sich für das vermeintliche eigene Versagen und sind unsicher gegenüber den Personen, die ihnen helfen sollen. Dadurch ist mit hoher Wahrscheinlichkeit das Bindungssystem aktiviert und das Mentalisieren eingeschränkt. Paradoxerweise ist Mentalisieren ja dann am schwierigsten, wenn man es am dringendsten braucht. Je unsicherer die eigene Bindungsrepräsentation, umso wahrscheinlicher ist es, dass es in einer solchen Situation zu Mentalisierungseinbrüchen und Rückgriffen auf prämentalisierende Modi kommt. Ein systemischer Therapeut sollte das erkennen und damit umgehen können (siehe Abschnitt 8.6.5).
- Therapeutisches Mentalisieren ist ebenfalls eher ein Aspekt von Haltung und eine Einstellung als eine Technik. Die Förderung der Mentalisierungsfähigkeit des Klienten gelingt dabei am besten, wenn der Therapeut sich selbst gegenüber und dem Klienten gegenüber eine solche Haltung einnimmt. Eine Haltung des Nichtwissens und der Neugier, wie in der systemischen Arbeit üblich, ist dabei ausgesprochen nützlich und ermöglicht beiden ein Erforschen der inneren und der äußeren Welten. Dies ist ein wichtiger Beitrag zur Herstellung von epistemischem Vertrauen
- Auch die – selektiv authentisch – vorgetragenen inneren Prozesse des Therapeuten und ihre Besprechung eignen sich zur Verbesserung der Mentalisierungsfähigkeit: »Ihr Ärger macht mich jetzt ratlos. Einerseits erschreckt er mich, sodass ich mich zurückziehen will, andererseits vermute ich, dass sie verzweifelt sind. Stimmt das?«
- Mentalisierungsbasiertes Arbeiten erfordert eine aktive Gesprächsführung seitens des Beraters auf dem Hintergrund der »sicheren Basis« und auf einem mittleren Intensitätslevel. Vor allem schwerer belastete Patienten vertragen

keine längeren Schweigephasen oder unstrukturierte Sitzungsabläufe. Dabei sind ein ruhiges Metrum und eine mittlere Stimmlage hilfreich, um die notwendige Verlangsamung der oft impulsiv-affektiven Prozesse zu erreichen. MBT-Therapeuten unterbrechen nicht-mentalisierende Interaktionen, setzen neu an, und bahnen ein mentalisierendes Verständnis – ein für Systemiker eher ungewohntes Vorgehen. Dieses – zuvor vereinbarte – »Stop, Rewind, Explore!« wird beispielsweise bei durchgehender Vorwurfshaltung im Äquivalenzmodus eingesetzt, um vom puren Affekt zum mentalisierenden Perspektivenwechsel zu kommen.
– Wenn es mit Affekten gerade hoch hergeht, ist es sinnvoll, wie im erzieherischen Kontakt mit den eigenen Kindern, durch Verlangsamung, nonverbale Deeskalation, z. B. durch Senken der Stimme und durch sehr einfache, kurze Interventionen steuernd zur Beruhigung beizutragen.

Zirkuläres Fragen als Basistechnik in der systemischen Arbeit eignet sich sehr gut zur Förderung der Mentalisierung, wenn es das beobachtbare Verhalten immer wieder mit inneren Zuständen in Verbindung bringt und mit dem Erleben der/des Betroffenen abgleicht. »Was denken Sie, warum Ihr Sohn bei der Äußerung Ihrer Frau so das Gesicht verzieht? Das ist ihm peinlich! Zum Sohn: Ist dir das peinlich, macht es dich wütend oder fühlst du dich missverstanden?« usw. Hier findet dann gleichzeitig das systemische Generieren von Hypothesen und die Anregung von Mentalisieren statt.

Zu Beginn einer therapeutischen Arbeitsbeziehung kann es allerdings günstiger sein, über mentalisierenden Austausch mit einem Einzelnen, z. B. dem betroffenen Kind, die sichere Basis zu stärken.

Beispiel aus einem Erstkontakt: »Du siehst so aus, als sei dir das unangenehm, hier zu sein. Ist das so? Ich glaube, mir würde es genauso gehen.« usw. Und dann erst beziehe ich zirkulär die Eltern ein. Das trägt der Tatsache Rechnung, dass zu Beginn in der Regel das Bindungssystem mindestens des Kindes aktiviert ist, es allerdings häufig bei den Eltern nicht die sichere Basis findet. Aus diesem Grund befasse ich mich im Erstkontakt in aller Regel zunächst mit dem Kind und bitte die Eltern, sich bequem zurückzusetzen, ich würde jetzt erst mal einen Kontakt zu ihrem Kind aufnehmen wollen und sie dann später befragen. Ich spreche dann mit dem Kind zunächst über allgemeine Dinge – Hobbys, Freunde, in welche Klasse es geht – und stelle eine affektive Resonanz her. Dies führt häufig zu einer Entspannung, aber auch leichten Verwirrung beim Kind, das entweder mit der Befragung über »das Problem« rechnet oder aber damit, dass als Erstes die Eltern Raum bekommen, ihre Klagen bezüglich des Kindes anzubringen.

Über die nonverbale oder manchmal auch verbale Interaktion von Eltern und Kind erhalte ich sofort Informationen zu ihrer Beziehung wie auch zur Mentalisierungsfunktion: Manchmal schaut das Kind bei jeder Frage, die ich an es richte, unsicher ins Gesicht der Mutter oder erwartet von dieser in einer fordernden Weise, dass sie antworten solle. Manchmal reagieren die Eltern bei jeder Frage an das Kind mit einer heftigen nonverbalen Reaktion, manchmal antworten sie unaufgefordert für das Kind, usw. Auf spielerische Weise kann ich das aufgreifen und bisweilen sogar provozierend mit dem Kind eine Wette abschließen, wie lange sich die Mutter/ der Vater zurückhalten kann. (Was ja gelegentlich genau der Klage entspricht, die die Eltern bezüglich des Kindes vorbringen: Es könne nicht abwarten, rede immer dazwischen, usw.). Das kann dann zum – oft humorvollen – Gegenstand weiterer systemischer Gespräche werden.

8.6.5 Mentalisieren in der Familienarbeit

Mentalisierungsfördernde Interventionen in Familien könnten sein (Brockmann u. Kirsch, 2015):
- Zirkulär auf gegenwärtige Wahrnehmungen, Gefühle und Gedanken fokussieren und diese mit dem Beziehungsgeschehen verknüpfen. Allein das fördert die Einnahme unterschiedlicher Sichtweisen, vorausgesetzt es ist eine sichere Basis im Therapiesetting etabliert und die Familie ist nicht hoch verstrickt. Gleichzeitig wird Achtsamkeit gestärkt.
- Alternative Erklärungen anbieten, zu unterschiedlichen Perspektiven ermutigen, in »Bindungssprache« ausgedrückt: spielfeinfühlig die Exploration fördern.
- Markiert spiegeln, unter Wahrung einer warmen, akzeptierenden Gesprächsatmosphäre. Mit Humor geht das oft besser.

In der *Mentalisierungsbasierten Familientherapie* (MBFT, auch MBT-F genannt: Asen u. Fonagy, 2010, 2014) sollen Familien dabei unterstützt werden, die oft zwanghaft temporalisierten Interaktionskreisläufe dadurch zu verlangsamen, dass auf das innere Befinden Einzelner im Moment eingegangen wird. Manchmal hilft eine »offizielle« symbolische Stopptaste oder eine Stoppuhr als Strukturhilfe für gleichlange Redezeiten. Die Berücksichtigung innerer Zustände bewirkt in der Regel mehr Ruhe und eine bessere Vertrauensbasis. Außerdem soll in der MBFT Eltern dabei geholfen werden, Mentalisierungsfähigkeit bei ihren Kindern zu entwickeln.

Mentalisierungsprobleme in Familien haben natürlich auch adaptive Funktionen, wie z. B. nicht aushaltbare Widersprüche oder Konflikte aus der Kommunikation herauszuhalten, um eine irgendwie erträgliche häusliche Atmosphäre zu ermöglichen. Insofern muss auch mit Mentalisierungsförderung kontextabhängig sensibel umgegangen werden.

Mentalisierungsfertigkeiten sind bei den einzelnen Familienmitgliedern in der Regel in unterschiedlichem Maß verfügbar, abhängig von jeweiligen Konfliktkonstellationen, Ängsten und Affekten wie Scham oder Schuldgefühlen. Die genaue Wahrnehmung dieser Unterschiede innerhalb der Familie und die Unterstützung zur Mentalisierung der inneren Zustände anderer Familienmitglieder oder der eigenen gilt Asen und Fonagy als wesentlicher therapeutischer Wirkfaktor der MBFT.

Sie schlagen eine »Mentalisierungsschleife« als rekursiven Rahmen für mentalisierungsgestützte Wahrnehmung und Interventionen in der Familienarbeit vor (Asen u. Fonagy, 2014, S. 243 f.):
- *Interpunktieren:* Ich bemerke, dass, wenn A mit B spricht, C sich wegdreht.
- *Überprüfen:* Hat noch jemand das festgestellt?
- *Mentalisieren:* Was glaubst du, worum es hier gerade geht? Was bringt C dazu, sich wegzudrehen? (Dies zirkulär fortsetzen ...) Wie mag es C gehen, und was bewirkt das bei B, usw.
- *Generalisieren:* Lässt sich diese Sequenz auch in anderen Kontexten beobachten? Wie ist es dann?
- *Revidieren:* Welche Gefühle und Gedanken sind heute hier zum Ausdruck gekommen? Wie werten Sie jetzt diese Erkenntnis/Verständigung/Erhellung?

Die Autoren sehen eine Reihe von Schnittmengen der MBTF zur systemischen Therapie:
- »Offenheit für Entdeckungen« entspricht der Neugier in der systemischen Arbeit.
- »Reflektierendes Betrachten« anstelle kontrollierend-zwanghaften Handelns erinnert an das »reflektierende Team« Tom Andersens.
- »Perspektivenübernahme« wird durch zirkuläres Fragen gefördert.
- »Versöhnlichkeit« akzeptiert die vielleicht nicht ganz akzeptablen Handlungen des anderen, nachdem man sein Motiv verstanden hat.
- »Vertrauensvolle Haltung« anstatt ängstlich-paranoiden Misstrauens wird in der systemischen Praxis durch authentisch-transparentes Vorgehen und entlang einer möglichst sorgfältigen Auftragsklärung verwirklicht.
- »Bescheidenheit« entspricht dem systemischen Wissen, dass keine instruktive Interaktion möglich ist und Menschen nicht linear reagieren.
- »Verspieltheit« und selbstironischer Humor ermöglichen Distanz zu sich selbst und fördern behutsam neue Sichtweisen. Ähnliches gilt im Systemischen für die »Respektlosigkeit« (Irreverence) Cecchins.

– Der »Glaube an Veränderbarkeit« entspricht einer Ressourcensicht und dem Wissen, dass nichts gleich bleibt.

»Verantwortung übernehmen« und »Zurechenbarkeit akzeptieren« bedeutet in der MBTF, dass sich »die Handlungen einer Person aus den Gedanken, Gefühlen, Wünschen, Überzeugungen und dem Wollen dieser Person ergeben, unabhängig davon, ob sie sich zu dem Zeitpunkt, wenn es geschieht, dessen bewusst ist oder nicht« (Asen u. Fonagy, 2014, S. 237).

Anders als von der klassischen systemischen Therapie postuliert, beruhen die Bindungstheorie ebenso wie die mentalisierungsbasierten Therapien auf einem normativen Konzept, bei dem Abweichungen als Störungen definiert sind. Das heißt, wenn in einer Familie deutliche Mentalisierungsschwierigkeiten bei einem oder beiden Elternteilen wahrgenommen werden, wird das aufgegriffen und auf zirkuläre Weise versucht, zu verstehen, woher die Blockade kommt, um im nächsten Schritt diese Person dann beim Mentalisieren zu unterstützen. Gerade in Fällen von chronischen familiären Belastungen ist dies besonders wichtig. Schieflagen entstehen häufig, wenn ein Elternteil psychisch erkrankt oder massiv traumatisiert ist.

Dann kann es in einer Art Rollenumkehr dazu kommen, dass das Kind besonders gut den elterlichen Zustand mentalisiert, aber aufgrund seiner Position ohnmächtig bleibt. Manche Kinder hypermentalisieren, indem sie ihrem Elternteil einfallsreiche, aber unzutreffende innere Zustände zuschreiben oder, im umgekehrten Fall, verschließen sie sich gegenüber allem, was von diesem kommt und mentalisieren kaum. Bei anhaltenden psychischen Erkrankungen oder chronifizierten posttraumatischen Zuständen kann es auch dazu kommen, dass das einfühlungsbegabte Kind zu sehr den belasteten Elternteil mentalisiert und sich selbst, seine eigenen Affekte und inneren Zustände dabei aus dem Blick verliert. Es pseudomentalisiert andere, kann sich selbst aber nicht als Korrektiv dazu spüren.

In hoch strittigen Paarsituationen entfällt das Mentalisieren des eigenen Affektes und des anderen in aller Regel, was ein anwesendes Kind nicht selten in einen paralysierten Status des Nichtmentalisierens versetzt, insbesondere wenn eine Partei versucht, es für seinen Standpunkt einzunehmen. In Familiengesprächen mit alleinerziehenden Elternteilen und einem Kind entsteht nicht selten die Gefahr, dass dem Kind etwas zugeschrieben wird, was allein zu dem anderen Elternteil gehört: »Du legst es ja darauf an, dass ich dich zu deinem Vater schicke!« »Dir ist ja egal, wie es mir geht!« Solche, nicht mentalisierenden Affektäußerungen können nicht auf zirkuläre Weise mentalisierend verarbeitet werden. Hier muss der Therapeut die affektive Botschaft aufnehmen und sie mit dem inneren Status des Sprechers in Verbindung bringen.

Wie bereits erwähnt, brechen die Mentalisierungsfähigkeiten in einer hochgestressten Situation häufig zusammen, sodass die Beteiligten sich vorwiegend in den prämentalisierenden Modi des Äquivalenzmodus oder des Als-ob-Modus verständigen, gelegentlich auch im teleologischen Modus (siehe Abschnitt 5.1.3). Es ist wichtig, dies zu erkennen und darauf zu reagieren.

Aufgrund des hohen Handlungsdrucks im *teleologischen Modus* fühlt sich die Therapeutin/Beraterin nicht selten bedrängt, manipuliert und als Person nicht wahrgenommen. Ziel wäre hier, den Gesprächsfluss zu verlangsamen und gemeinsam zu einem Verstehen der Konfliktsituation zu kommen. Im fortgeschrittenen Beratungs-/Therapieverlauf bieten sich empathiefördernde Übungen zur Perspektivenübernahme des Gegenübers an, wie z. B. Rollenspiele, Arbeit mit dem »Leeren Stuhl« oder Ähnliches.

Im *Äquivalenzmodus* zählt nur das, was in der akuten Situation real vorhanden ist; daher macht es oft Sinn, Veränderungen in der äußeren Welt zu installieren, z. B. indem man in der Familiensitzung jemand umsetzt.

Beispiel: Ich wurde gebeten, mit der Familie eine Krisensitzung in der Schule zu begleiten. Der zwölfjährige Tom stand kurz vor dem schulischen Scheitern. Er saß zwischen der Direktorin, der Lehrerin und seiner Mutter, während der (als psychisch krank diagnostizierte und selbst unglückliche) Vater ihn von einer Außenposition aus beschuldigte und sich ganz offensichtlich keinen Reim auf die Verfassung seines Sohnes machen konnte. Tom wirkte verstockt und hilflos, und je mehr die Mutter um Verständigung warb, umso verständnisloser wirkte der Vater. Als ich vorschlug, den Jungen neben seinen Vater zu setzen und dies auch geschah, begann Tom zu weinen. Die Haltung des Vaters wandelte sich, und er konnte schließlich den Arm um Toms Schulter legen. Wir konnten dann die Gefühlslagen der Beteiligten besprechen, und nach dieser Schlüsselszene wurde ein neues Arrangement vereinbart: Tom, der anders als der ältere Bruder bei der Mutter lebte, ging von nun an regelmäßig nachmittags zum arbeitslosen Vater, der mit ihm lernte. Dies verbesserte sowohl seine schulische Situation als auch sein Selbstwerterleben erheblich.

Die sprachliche Kommunikation bei Klienten im Äquivalenzmodus richtet sich auf das Generieren möglicher alternativer Sichtweisen. Überzeugenwollen als Gegenübertragungsreaktion hilft ebenso wenig wie eine affektive Gegenreaktion auf die so überzeugend vorgetragenen »Wahrheiten«.

Im *Als-ob-Modus* fehlt häufig der Bezug zum Konkreten und zu den eigenen Affekten. Hintergrund ist die Angst vor Konflikten oder zu hoher emotionaler Erregung. Ein Lösungsweg besteht im konkreten Nachfragen und auf den Punkt kommen bei Betonung des sicheren Rahmens: »Mein Mann ist irgendwie nie greifbar!« »Was genau würden Sie bei Ihrem Mann gern (be-)greifen und wann fehlt Ihnen das am meisten?« Und, im nächsten Schritt: »Wie genau und wo in Ihrem Körper spüren Sie das?«

Eine hartnäckige, durchaus auch mild provozierend-herausfordernde Haltung bei gleichzeitiger neugieriger Zugewandtheit, gewürzt mit einer Prise Humor kennzeichnet eine wirkungsvolle Therapeutin im Umgang mit prämentalisierenden Modi.

8.6.6 Das Metamodell der Sprache

Ein ausgesprochen hilfreiches Modell zum Umgang mit sprachlichen Mustern bei Mentalisierungsschwierigkeiten ist das von den Begründern des NLP (Neurolinguistisches Programmieren) John Bandler und Michael Grinder schon in den 1980er Jahren vorgestellte Metamodell der Sprache (Cameron-Bandler, 1983). Von der Annahme ausgehend, dass menschliche Sprache die (symbolische) Repräsentation der (affektiv-kognitiven) Repräsentation einer (somatosensorischen) Erfahrung darstellt, hatten die beiden Autoren therapeutische Dialoge von Virginia Satir und Fritz Perls, dem Begründer der Gestalttherapie, auf ihre linguistische Struktur hin untersucht. Ihr Ziel war es, zu verstehen, was genau diese Therapeuten so erfolgreich machte.

Menschen erzeugen Landkarten von den Territorien ihrer Erfahrung, die nach ihren Erlebnisbedingungen und Bedürfnissen konstruiert werden. Bandler und Grinder fanden drei universale Gestaltungsprozesse, mit denen wir unsere Modelle erschaffen: Generalisierung, Tilgung und Verzerrung. Mit ihren Fragetechniken, auf dem Boden einer ressourcenorientierten Grundhaltung, waren Satir und Perls – später untersuchten die NLP-Begründer auch noch andere Protagonisten der Psychotherapieszene wie Bateson, Haley oder Erickson – offenbar besonders erfolgreich darin, den in der Oberflächenstruktur der Sprache verloren gegangenen Bezug zu den realen Erfahrungen wiederherzustellen. Mittlerweile ist das Modell vielfach publiziert, einschließlich einer Reihe von Übungsanleitungen zum Erlernen dieser Technik (z. B. Kraft, 1998; Grochowiak, 1996; auch Barthelmess, 2016). An dieser Stelle sollen die drei Grundmuster nur kurz beschrieben und je *eine* mögliche Intervention dazu dargestellt werden.

Generalisieren ist eine Möglichkeit, Ordnung in die Welt der Dinge zu bringen, notwendig, um sich z. B. über Möbelstücke, Tiere oder Verhaltensgewohnheiten usw. zu unterhalten. Wenn allerdings eine Einzelerfahrung: »Ich wurde von einem Hund gebissen« generalisiert wird zu: »Alle Hunde sind gefährlich!«, entsteht eine Sicht der Welt, die den Bewegungsfreiraum deutlich einschränkt, da ein unbefangener Umgang mit Hunden nicht mehr möglich ist (Kraft, 1998). Mittels professioneller Fragetechniken kann die Generalisierung auf die konkrete Erfahrung zurückgeführt und diese dann bearbeitet werden. In diesem sehr simplen Beispiel lautete die Frage dann: »Woher wissen Sie so genau, dass *alle* Hunde gefährlich sind?« oder noch knapper: »*Alle?*«

Tilgen heißt, dass Teile der ursprünglichen Erfahrung in der Oberflächenstruktur weggelassen werden. Wenn jemand sagt: »Ich arbeite zu viel«, tilgt das in der Aussage den Bezugsindex: Zu viel in Bezug auf was? Zu viel am Tag, für *das* Geld, für eine gute Work-Life-Balance? Die therapeutische Frage würde demnach immer den fehlenden Bezugsindex fokussieren.

Verzerren: »Die Aggression dieses Jungen ist unerträglich!« Zu Verzerrungen gehören z. B. Nominalisierungen, d. h., aus einer Tätigkeit wird ein Substantiv. Die Frage hieße dann: »Was genau macht der Junge, dass Sie es nicht ertragen können?«

Wie zirkuläres Fragen ist auch gutes Fragen im Metamodell erlernbar und eine hilfreiche praktische Technik im Zusammenhang mit der systemisch-bindungsorientierten Haltung von Achtsamkeit, Respekt und Ressourcenorientierung. Es fördert Mentalisierungsfähigkeiten dadurch, dass es den affektiven Kontakt zu dem auslösenden Ereignis bei der jeweiligen Art der Modellierung wiederherstellt. Die Kommunikationsformen nach Virginia Satir, unsicher-vermeidendes, unsicher-ambivalentes oder desorganisiertes Bindungsverhalten oder die eben beschriebenen prämentalisierenden Modi der Äquivalenz und des Als-ob enthalten die genannten Sprachmuster in der einen oder anderen Ausgestaltung. Mit dem richtigen Gespür angewandt, ermöglicht das Fragen Zugang zu verschütteten oder blockierenden Erlebnissen und regt das Nachdenken über sich selbst und das Gegenüber an, während gleichzeitig die therapeutische Allianz vertieft wird.

8.7 Weitere bindungsbasierte Verfahren in der Familienarbeit

Im Verlauf dieses Kapitels wurden bereits eine Reihe von Haltungsaspekten und Methoden für den praktischen Einsatz dargestellt. Alle dienen dazu, die Balance zwischen Bindungssicherheit und Explorationsanreiz immer wieder herzustellen, um Metakognition und die reflexiven Selbstfunktionen zu unterstützen und zu fördern. Eine Fülle von Anregungen, gerade auch für den Umgang mit Emotionen, findet sich auch in den Therapietools zur Paar- und Familientherapie von Hertlein und Viers (2011).

Im Folgenden werde ich noch zwei bewährte Konzepte detaillierter vorstellen, den *Bindungsorientierten Narrativen Ansatz* in der systemischen Psychotherapie von Dallos und Vetere (2009, 2014) und die *Bindungsbasierte Familientherapie* von Diamond und Levy (2010).

8.7.1 Attachment Narrative Therapy (ANT)

Die klinischen Psychologen und Systemtherapeuten *Rudi Dallos* (Plymouth) und *Arlene Vetere* (Oslo) bringen in ihrem ANT-Projekt Bindungstheorie und narrative Theorie mit der systemischen Arbeit in einem integrierten Ansatz zusammen (Dallos u. Vetere, 2009). Sie sind der Überzeugung, dass die systemische Perspektive elegante Beschreibungen von problemerhaltenden Interaktionen in den Familien liefert, aber wenig darüber aussagen kann, wie und warum diese Muster entstanden sind. Die Bindungstheorie sieht Abhängigkeit und Autonomie als zwei gleich wichtige Seiten derselben Münze an und bietet ein kausales Entwicklungsmodell, war aber lange im Fokus zu stark dyadisch und auch eher defizitorientiert ausgerichtet. Beide Modelle können durch einen narrativen Ansatz, der vor allen Dingen die Erzeugung von Bedeutung und Sinn als zentral im Familienleben ansieht, ergänzt werden. In der Entwicklung neuer Erzählungen über Liebe, Unterstützung und Verständnis kann so eine tiefere Verständigung und ein Aufbau von sekundärer Bindungssicherheit (»Earned Security«) entstehen. Auch belastende intergenerationale Skripte können damit korrigiert werden.

Dallos und Vetere verstehen ihre Arbeit als einen zirkulären Prozess des »Working within and between« (2014, S. 497). »Within« bedeutet, vorrangig das Bedürfnis nach emotionaler Unterstützung und Trost (engl.: comfort, soothing) ernst zu nehmen und eine sichere Basis für jeden Einzelnen im therapeutischen Prozess zu etablieren. Erst danach ist es möglich, die Affektkonstellationen, familiäre »Trostmuster«, Narrative und Skripte im Sinne des »Between« rational zu erfassen, zu reflektieren und gegebenenfalls zu korrigieren.

ANT umfasst vier bedeutsame Stadien (Dallos u. Draper, 2015):

1. Eine sichere Basis etablieren: Zu Beginn der Behandlung liegt die Betonung auf Sicherheit und Validierung, in dem Wissen, dass eine Therapie für viele Familien eine zunächst angstvolle Erfahrung sein kann. Der Arbeitsprozess wird transparent dargestellt, und die Familienmitglieder werden eingeladen, sich über dessen Passung in Bezug auf Geschwindigkeit, Vertiefung und ihre Empfindungen dabei zu äußern. Damit wird indirekt die Aufmerksamkeit auf die Gefühle der verschiedenen Familienmitglieder gelegt und darauf, wie sie kommuniziert werden. Gleichzeitig wird die Autonomie der Familie betont und ihr Einfluss auf Themen und Prozessgestaltung. Die Therapeutin weist auch darauf hin, dass negative oder stressende Gefühle benannt werden können und dass sie darauf antworten wird. Informationen über die Arbeitsweise in den künftigen Therapiesitzungen werden entweder durch eine Informationsbroschüre, einen persönlichen Brief an die Familie oder ein klärendes Gespräch übermittelt. Dazu gehört insbesondere, dass ein wesentlicher Teil der

Behandlung darin besteht, die Beziehungen und Bindungen in der Familie zu betrachten, ebenso wie ihre Erklärungen und Narrative dazu.

2. *Exploration:* In dieser Phase wird Material für anschließende Veränderungsprozesse gesammelt mithilfe verschiedener Erkundungsmöglichkeiten, wie
- auf inter- und intragenerationale Bindungsaspekte fokussierte Genogrammarbeit;
- Skulpturarbeit mit Familienmitgliedern oder mit Gegenständen. z. B. dem Familienbrett;
- interaktionelle Muster – wie Vermeidung oder Verstrickung – aufdecken, validieren und erweitern;
- korrektive oder replikative Skripte (Byng-Hall, 1995) im Familiennarrativ identifizieren und reflektieren: »Was denken Sie, wie Ihre Paarbeziehung ähnlich oder anders ist, als die Ihrer Eltern?« »Was machen Sie anders in der Kindererziehung als Ihre Eltern?«;
- Aufspüren von Bindungsmustern, -traumata, -dilemmata innerhalb der Familie: Betrug, Verlassenwerden, Loyalitätskonflikte usw. (Dallos und Draper weisen darauf hin, dass diese Themen meist in der mittleren Therapiephase aufkommen, häufig zu Zeiten, wenn sowohl Familie als auch Therapeut das Gefühl des Feststeckens haben);
- die Problembeschreibungen und -erklärungen der Familienmitglieder;
- das Erforschen transgenerationaler Trostmuster: »Als Sie als Kind sich irritiert oder verletzt gefühlt haben, was geschah dann seitens Ihrer Mutter/Ihres Vaters? Was half, damit Sie sich besser fühlten? Wie trösten Sie sich heute in Ihrer Familie, als Paar, Ihre Kinder?«

Die Fragen sind zum Teil ähnlich denen des AAI, werden aber nicht allein verbal, sondern wenn möglich szenisch-interaktionell, in jedem Fall aber emotional vertiefend verhandelt. Über das wiederholte gemeinsame Aushandeln des Umgangs miteinander in Bezug auf Arbeitstempo, Gefühlsvertiefung, Strukturierung seitens des Therapeuten wird immer wieder die metakognitive Ebene aktiviert, was eine Form permanenter Mentalisierungsübung bedeutet. Zirkuläres Vorgehen mit dem Reflecting Team kann zusätzlich zu einer vertiefenden Erkundung und Erweiterung der Narrative beitragen.

3. *Problemlösungsversuche, Ausnahmen, Alternativen:* Auf der Basis des explorierten Materials wird im systemisch-lösungsorientierten Sinne nach vergangenen Erfolgen, Ausnahmen vom Problemverhalten, neuen korrektiven Skripten, Wünschen und Zukunftsvorstellungen geforscht. Emotionen werden manchmal erstmalig beim Namen genannt, und die eigenen Gefühlserfahrungen und die anderer können näher beleuchtet und bestenfalls bewältigt werden.

Eltern sagen an dieser Stelle oft, dass sie emotional verfügbarer als ihre eigenen Eltern sein wollten, aber dass sie das Gefühl hätten, es sei ihnen nicht wirklich gelungen. Auch hier hilft der Therapeut immer wieder, eine Außenperspektive einzunehmen und sich in die emotionale Lage des Gegenübers zu versetzen, zuzuhören und eine neugierige Wertschätzung für die Erfahrung der anderen zu entwickeln (Vetere, 2015).

4. *Die therapeutische Basis aufrechterhalten:* Das bis dahin aufgebaute Vertrauensverhältnis zum Therapeuten stellt für viele Familien eine neue und stärkende Erfahrung dar. Sie fragen sich, wie das neu Gelernte in den zukünftigen Alltag übertragen werden kann und was zu tun ist, wenn sich erneut Schwierigkeiten einstellen. Allein das Wissen, sich jederzeit wieder an den Therapeuten wenden zu können, beruhigt und schafft ein Gefühl, unterstützt zu sein. Häufig werden die zugesagten möglichen späteren Sitzungen dann nicht mehr benötigt.

Für mich ist es selbstverständlich geworden, meinen Patientenfamilien eine Handynummer zu geben mit dem Hinweis, dass sie sich melden können, falls sie es für notwendig erachten. Nie habe ich erlebt, dass dieses Angebot missbraucht wurde. In den Fällen, als es genutzt wurde, war meist ein kurzes, ermutigendes Gespräch ausreichend, um den Entwicklungsprozess fortsetzen zu können, und nur ganz gelegentlich eine Krisensitzung. Die Therapeutinnen in meiner Praxis geben den Kindern zum Abschluss der Behandlung nicht nur das gemeinsam erstellte Fotobuch zum Verlauf mit, sondern auch einen Gutschein für eine Extrastunde bei akutem Bedarf.

Die ANT ermöglicht viele neue Erfahrungen, u. a. sich selbst besänftigen zu lernen, Mitgefühl zu entwickeln und Behaglichkeit zu geben, zu suchen und zu empfangen. Durch eine aktive therapeutische Prozesssteuerung wird eine förderliche Informationsverarbeitung ermöglicht. Dies geschieht z. B. durch responsives Nachfragen und Verlangsamung des oft affektiv-temporalisierten Geschehens zur Verbesserung der Beziehungswahrnehmung (Vetere, 2015).

Mich hat bei der ANT besonders berührt, dass sie meines Wissens das einzige systemische Verfahren ist, das die Persönlichkeit, die Lebensgeschichte und die Bindungserfahrungen der Therapeuten konsequent mit in den Blick nimmt. Dallos und Vetere gehen in ihren Aufsätzen mit gutem Beispiel voran. Viele Therapeuten erleben, dass während der Arbeit mit Klienten der eigene Film mitläuft, und wir darüber sowohl in Resonanz mit unseren Klienten als auch zu neuen Erkenntnissen über uns selbst kommen. Kohärente und integrierte Repräsentationen sind für Therapeuten genauso wichtig wie für die Klientenfamilien. Im Sinne des dialogischen Prinzips halte ich es daher für durchaus hilfreich, solches Erleben auf selektiv-authentische Weise (Cohn, 1975, S. 123) in den Prozess einzubringen. Patienten fühlen sich dadurch gewertschätzt und selbstwirksam, und der Arbeitsprozess bleibt im Fluss.

8.7.2 Attachment-Based Family Therapy (ABFT)

Die Attachment-Based Family Therapy ist das bislang einzige manualisierte und empirisch breit gestützte Familientherapiemodell (Diamond, Russon u. Johnson, 2016), das entwickelt wurde, um auf bindungstheoretischer Basis zwischenmenschliche Brüche in der Familie zu »reparieren« und eine emotionell schützende, auf Sicherheit basierende Eltern-Kind-Beziehung wiederaufzubauen. Das ABFT-Modell ist erwachsen aus der Tradition der Strukturellen Familientherapie von Minuchin, wird allerdings ergänzt durch aktuelle systemische Ansätze wie die Multidimensionale Familientherapie (Liddle, 1999) und die Emotionsfokussierte Therapie (Greenberg u. Johnson, 1988). ABFT wurde insbesondere in der Anwendung bei Familien von suizidalen und depressiven Jugendlichen aus unterprivilegierten Schichten angewandt und evaluiert.

Der Ansatz macht sich das existenzielle, angeborene Bedürfnis nach bedeutsamen und sicheren Bindungsbeziehungen zunutze. Deshalb beginnt ABFT auch nicht mit Verhaltensanalysen oder Problemlösungsansätzen, sondern damit, beziehungsbelastende Erfahrungen des betroffenen Jugendlichen zu erforschen und der Familie zu helfen, miteinander einen authentischen und emotionalen, dabei im Therapieprozess regulierten Austausch über diese für den Jugendlichen enttäuschenden, traurigen und vielleicht traumatischen Erfahrungen zu führen. Das führt auf einer Ebene dazu, dass diese Belastungen gelöst oder zumindest durchgearbeitet werden. Auf einer anderen Ebene ergibt sich dadurch eine neue Gelegenheit für die Adoleszenten und Eltern, verbesserte Fertigkeiten im Umgang miteinander einzusetzen. Auf einer dritten Ebene wird eine korrektive Bindungserfahrung ermöglicht: Wenn Kinder nämlich ihre Verletzbarkeit zeigen und die Eltern dabei verfügbar und responsiv bei ihnen sein können. Das bedeutet, ABFT zielt ausdrücklich auf die Verbesserung der Bindungssicherheit als primären »Mechanismus« von Veränderung. Damit wird »Earned Security« (Phelps, Belsky u. Crnic, 1998) im direkten Dialog der Beteiligten angestoßen: entlasten, verzeihen, Empathie fördern. ABFT versteht sich als prozessorientierte Behandlung, verfügt dennoch über einen sorgfältig konstruierten und in verschiedenen Forschungsdesigns evaluierten Leitfaden, der fünf Schritte vorsieht:

1. Umdeutung der Beziehung – vom Zorn zur Suche nach Unterstützung durch die Eltern: In der gemeinsamen ersten Sitzung wird zunächst Raum für die Problemgeschichte gegeben, bereits nach der ersten Hälfte aber führt der Therapeut mit der Frage: »Als du dich so schlecht gefühlt hast, warum hast du dich dann nicht an deine Eltern gewandt, um Unterstützung zu bekommen?« die Beziehungsdimension ein und die Frage, wie Rückzug und Abstand zwischen dem Kind und seinen primären Bindungspersonen entstanden sind, um dann im Verlauf der Sitzung Kommunikationsblockaden und Vertrauensbarrieren zu thematisieren. Dies ist für den Jugendlichen häufig das erste Mal, dass er seine Verletzungen und Enttäuschungen ansprechen kann. Der Therapeut stellt explizit keine ursächliche Verbindung zwischen den Kommunikationsschwierigkeiten und der Symptomatik her, sondern eröffnet die Perspektive, dass mit einer zukünftig verbesserten, vertrauensvolleren Interaktion gegebenenfalls neu aufkommende Schwierigkeiten gemeinsam besser zu bewältigen wären.

2. Herstellen einer Beziehung zum Jugendlichen – »Störung« als interpersonell definieren, Unterstützung anbieten: In 2–4 Einzelgesprächen mit dem Jugendlichen wird die therapeutische Allianz zu diesem verstärkt und der interpersonelle statt intrapersonelle Charakter der Symptomatik etabliert.

3. Herstellen einer Beziehung zu den Eltern – eigene Geschichte validieren und als Ressource für das Kind verstehen: In weiteren 2–4 Gesprächen mit den Eltern lernt der Therapeut diese mit ihrer eigenen Lebensgeschichte näher kennen, inklusive generationenübergreifender Muster von emotionaler Vernachlässigung oder Traumatisierung und deutet deren Erfahrungen als Ressource zum Verständnis und zur Unterstützung ihres Heranwachsenden.

4. Wiederherstellen der Bindung – »contained« durch den Therapeuten geben die Eltern den Affekten des Kindes Raum und validieren die Wahrnehmung und die Gefühle ihres Kindes: Der im Wesentlichen moderierende Therapeut kommentiert unterstützend, fördert Mentalisierung und nicht-defensives Verhalten der Eltern. Dieser zentrale Baustein kann die Basis für eine Wiederherstellung der Bindungsbeziehung auf der Basis von aktuellem responsivem Erleben bedeuten. Das Kind kann sich »nachbeeltert« fühlen und sein inneres Arbeitsmodell der geringen emotionalen Verfügbarkeit seiner Eltern revidieren (1–4 gemeinsame Sitzungen).

5. Formung von Kompetenzen – Selbstwert, Autonomie, Selbstwirksamkeit aufbauen: Der letzte Therapieabschnitt (1–10 Sitzungen) dient der Festigung des Erreichten und fokussiert zunehmend auf die Autonomie des Adoleszenten und seine aktuellen Entwicklungsaufgaben – mit den Eltern als sicherer Basis für diese Schritte.

ABFT wurde seit über 15 Jahren in zahlreichen Forschungsprojekten evaluiert und ist in den USA als evidenzbasiertes Verfahren mit erheblicher Wirkung bei der Zielklientel anerkannt.

8.8 Eine systemisch-bindungsorientierte Behandlung: Paul, seine Familie und das Umfeld[5]

Systemische Arbeit, in welchem Anwendungsfeld auch immer, spielt sich, wie das ganze Leben, in Geschichten ab. Im Erzählen werden Wirklichkeiten und Wahrheiten erzeugt, Sichtweisen eröffnet oder verschlossen. Dabei sind die Geschichten der betroffenen Kinder vielfach andere als die der Eltern und diese wiederum anders als die der Therapeuten, Ärzte, Lehrer, Sozialpädagogen ... In diesem Abschnitt wird – aus unterschiedlichen Perspektiven heraus – die Geschichte eines Jungen erzählt, der seit seiner frühen Kindheit multiple Symptome psychischer Störung gezeigt hat. Gleichzeitig handelt es sich auch um die exemplarische Darstellung eines tagesklinischen Behandlungskonzeptes. Tagesklinische Behandlung gilt seit Langem als wirksame Möglichkeit, auch komplexe Verhaltensauffälligkeiten zu behandeln. Besonders günstig ist dabei die Kombination von intensiver Behandlung, In-House-Beschulung, der umfassenden Einbeziehung der Familie und dem gleichzeitigen Verbleib des Kindes im häuslichen Umfeld. Zur Illustration der besprochenen Schritte und Aspekte im bindungsorientiert-systemischen Arbeitsprozess wird das Fallbeispiel als Ganzes eingebracht.

Vorstellungsanlass

Frau B. stellte ihren Sohn Paul, damals knapp neun Jahre alt, in der kinder- und jugendpsychiatrischen Ambulanz vor. Sie nannte folgende Sorgen:

Paul zeige schon länger extreme Verhaltensstörungen, er schreie laut und unmotiviert, verletze sich bewusst selbst, schnüffle an Lösungsmitteln. Zudem sei er sehr albern und spiele den Clown. Er zeige große Ängstlichkeit, sei sehr sensibel und empfindlich, aber auch häufig sehr erregbar, unbeherrscht und ungehorsam. Abends wolle er nicht ins Bett, schlafe schlecht ein, wache oft nachts auf und habe Albträume. Außerdem lüge er, er sei unehrlich, ausgesprochen zappelig und nervös. Bei Regelübertretungen bestrafe sie ihn aber eher nicht. Sie versuche dann mit ihm zu reden, ebenso ihr Mann. Sie als Mutter habe das bessere Verhältnis zu ihm, ihr Mann sei der Adoptivvater und lehne ihn eigentlich ab. Personen, die Leistung von ihm verlangten, lehne Paul regelmäßig ab. In der Schule störe er andauernd, sei unkonzentriert, zappelig und aggressiv, trotzdem gehe er gerne in seine dritte Klasse. Die Anfertigung der Hausaufgaben sei allerdings ein ständiger Kampf, er

---

5 Diese Fallgeschichte wurde in abgewandelter Form bereits publiziert (Trost, 2016a). Wiederverwendung mit freundlicher Genehmigung des Verlages Modernes Lernen/Borgmann, Dortmund.

arbeite unter ihrer Aufsicht bis zu zwei Stunden täglich trödelig und nachlässig daran herum. Paul habe trotz dieser Verhaltensauffälligkeiten einige Freunde, von denen ließe er sich aber sehr leicht beeinflussen und nehme ihnen auch schon mal etwas weg.

Die Geschichte der Mutter und Pauls erste Lebensjahre

Um Pauls Werdegang verstehen zu können, ist es aus Bindungsperspektive notwendig, zunächst die Geschichte der Mutter zu umreißen. Kinder treffen ja schon zum Zeitpunkt ihrer Zeugung auf ein familiäres System, das durch die individuelle Geschichte der Elternteile geprägt wurde und das dem Kind bereits bestimmte Wahrnehmungs-, Kommunikations-, und Entwicklungsmöglichkeiten erleichtert und andere erschwert (siehe auch das Genogramm der Familie, Abbildung 21).

Frau B. war die ersten Lebensjahre bei ihrer Großmutter aufgewachsen. Ihre Mutter war, als Frau B. noch ein Säugling war, umgezogen, um eine neue Familie zu gründen. Ihren eigenen Vater hatte Frau B. nicht kennengelernt. Nach vier Jahren wurde sie dann nachgeholt. Von dem neuen Mann ihrer Mutter wurde Frau B. als Stiefkind zurückgesetzt, geschlagen und in ihrem Freiraum stark eingeengt. Noch mit dreizehn Jahren musste sie am späten Nachmittag ins Bett und wurde eingeschlossen. Durch häufiges Ausreißen erweiterte sie ihre Überlebens- und Daseinstechniken, landete schließlich in einer Heimeinrichtung, von wo sie auch immer wieder entwich. Der Arzt, der die Mädchen untersuchte, nachdem sie von ihren Ausreißversuchen zurückgebracht wurden, stellte fest, dass sie zu diesem Zeitpunkt bereits tablettenabhängig war und verschaffte ihr gegen sexuelle Dienstleistungen weitere Medikamente.

Nach ihrem ersten Suizidversuch kam Frau B. in eine Entzugsklinik, wo sie eine Pflegerin kennenlernte, die sie an Kindes statt aufnahm. Offensichtlich hatte das junge Mädchen die Fähigkeit, andere Menschen positiv für sich einzunehmen. Allerdings musste sie dieses Haus später wieder verlassen. Zu diesem Zeitpunkt war sie fünfzehn Jahre alt, nahm sich eine eigene Wohnung und begann, um sich ihren Lebensunterhalt zu finanzieren, in einer Bar zu arbeiten, zunächst als Kellnerin. Später wurde sie dazu angehalten, sich mit den Männern sexuell zu beschäftigen. Sie habe, berichtet sie, viel Valium genommen, um das zu ertragen. Nach einiger Zeit wurde sie von einem amerikanischen Soldaten schwanger, der sie gerne mochte und der auch das Kind, ein Mädchen (Judy), bejahte. Er bot ihr an, in die USA nachzukommen, was sie aber nicht wollte. Nach dieser Ablehnung wurde die in die USA mitgenommene Tochter auf tragische Weise vom Hund dieses Mannes durch Bisswunden tödlich verletzt, worauf dieser sich das Leben nahm.

8.8 Eine systemisch-bindungsorientierte Behandlung

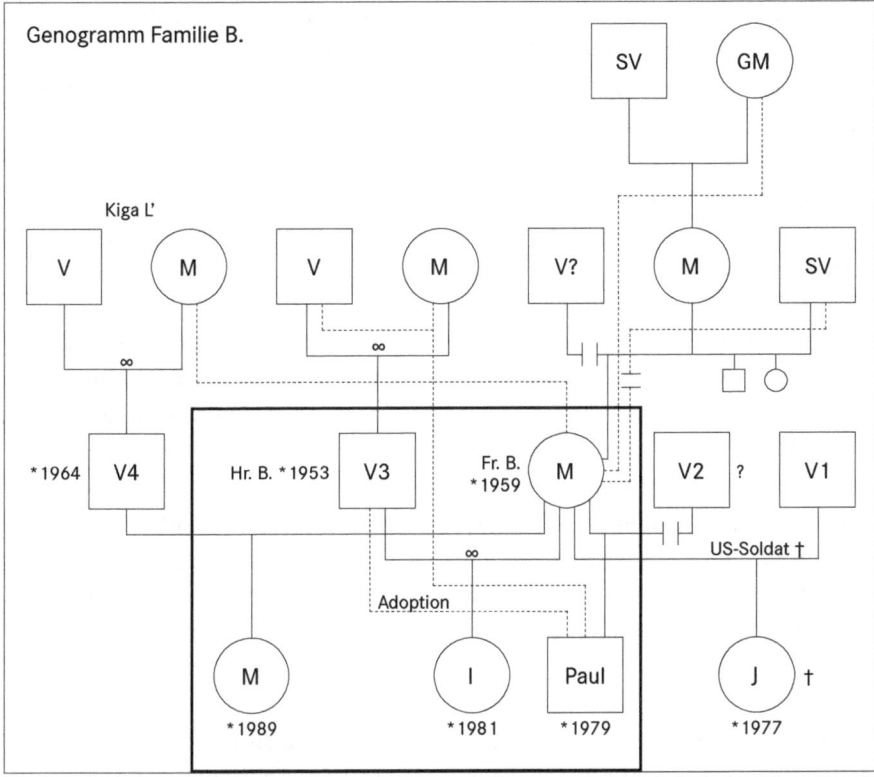

Abbildung 21: Genogramm der Familie B.

Erläuterungen: In der untersten Zeile sind die Namen der Kinder eingezeichnet: J (Judy), Paul, I (Inge), M (Mona, die später noch dazukam). Sie sind mit den jeweiligen Elternteilen auf der mittleren Generationsebene mittels durchgezogener Linien verbunden. Pauls leiblicher Vater ist unbekannt: die Linie zu ihm ist unterbrochen dargestellt. Der schwarze Kasten markiert die zusammenlebenden Familienmitglieder. Die obere Ebene stellt die Großelterngeneration dar. Dieses Zeichen ∞ bezeichnet eine eheliche Verbindung, V = Vater, SV = Stiefvater, M = Mutter, GM = Großmutter der Mutter. Mit gestrichelten Linien sind besondere Beziehungen gekennzeichnet.

Die zweite Schwangerschaft, aus der dann Paul hervorging, entstand durch einen nicht identifizierten »Kunden« (V 2 im Genogramm) in der Bar. Sie habe zunächst ihren Zustand verleugnet, dann viel Sport getrieben, um das Kind zu verlieren. Weiterhin habe sie ständig Valium genommen und viel Alkohol getrunken. Nach einigen Monaten akzeptierte sie die Schwangerschaft und wandte sie sich um Hilfe ans Jugend- und Sozialamt. Sie konnte mit deren Hilfe ihre bayerische Heimatregion verlassen, wohl auch um ihre Geschichte hinter sich zu lassen, und kam so in ein Mutter-Kind-Heim im Rheinland. Wegen Fruchtwasserverlustes habe sie die letzten drei Wochen liegen müssen und ihr Sohn Paul kam schließlich in der 31. Schwangerschaftswoche mit 1.850 g Körpergewicht per Saugglocke zur Welt. Er wurde zunächst beatmet, ein Blutaustausch war zweimal notwendig, Paul hatte eine Gelbsucht und blieb über vier Wochen im Inkubator. Auch danach habe sie sich als Mutter nicht gut um ihn kümmern können, weil sie im Heim habe mitarbeiten müssen, während der Junge von Erzieherinnen versorgt wurde. Sie habe ihn auch nicht gestillt. Bis zum dritten Lebensjahr habe sich keine rechte Mutter-Kind-Beziehung entwickeln können.

In einer Art Torschlusspanik habe sie ihren jetzigen Mann (V 3) nach wenigen Wochen Bekanntschaft geheiratet. Dieser, ein kontaktgehemmter und sich minderwertig fühlender Mensch, hatte eine Heiratsanzeige aufgegeben. Er nahm an, eine Frau mit Kind würde ihn leichter nehmen als eine ohne, und er verliebte sich in Frau B. Diese nahm ihn zum Ehemann, weniger aus Liebe, sondern als Möglichkeit, aus dem Heim herauszukommen und versorgt zu sein. Das Paar zog dann zunächst in die Wohnung der Eltern des Mannes. Zwei Jahre später – die Familie hatte inzwischen eine eigene Wohnung bezogen – kam als erstes und einziges gemeinsames Kind die Tochter Inge auf die Welt. Der Vater hatte mittlerweile Paul adoptiert, um »es leichter zu machen«. (Er konnte dies nur *so* sagen, nicht *»mir«* oder *»ihm«* leichter zu machen).

Zur besseren Verständlichkeit dient das Genogramm, die grafische Darstellung des Familienstammbaums von Pauls Familie (siehe Abbildung 21).

Pauls weitere Geschichte

Im Alter von zwei Jahren kam Paul zur Beobachtung wieder in einer Kinderklinik, da er schon seit dem achten Lebensmonat sehr unruhig gewesen war, schlecht gegessen, viel geschrieen hatte und sich auf kein Spiel konzentrieren konnte. Damals wirkte die Mutter auf die behandelnden Ärzte in der Erziehung sehr unsicher und ambivalent ihrem Sohn gegenüber. Paul hatte wegen seiner Unruhezustände bereits verschiedene Psychopharmaka bekommen. Er wirkte zu dem Zeitpunkt vom körperlichen und psychischen Gesamtverhalten zunächst altersgemäß, interessiert und sehr durchsetzungsstark. Wegen seiner Verhaltensauffälligkeiten wurde bereits zu diesem Zeitpunkt Spieltherapie und Erziehungsberatung empfohlen und – ohne dauerhaft positive Auswirkungen – auch durchgeführt. Wegen einer Sprachentwicklungsverzögerung erhielt Paul auch Logopädie.

Die Mutter verliebte sich während dieser Zeit in den Sohn (V 4) der Kindergartenleiterin ihres Sohnes, in der sie so etwas wie eine Ersatzmutter für sich sah. Der Ehemann hatte sich von Frau B. als Partner mittlerweile deutlich zurückgezogen, er verstand die Ehe eher als Versorgungsgemeinschaft. Eigentlich waren beide auf der Suche nach einem gegengeschlechtlichen Elternteil. Der Vater blieb die Woche über oft über Nacht im Büro und kam nur am Wochenende nach Hause. Er gab an, den »Freund« der Ehefrau teilweise sogar als Entlastung zu erleben, weil dieser sich um die Frau und die Kinder kümmerte. Er selbst war froh, von seiner Frau im Alltag versorgt zu werden, andererseits erlebte er natürlich die Anwesenheit diese Mannes – der wie ein Sunnyboy auftrat, der lebendig war und Spaß an den Kindern hatte – als narzisstische Kränkung und als erhebliche Störung der familiären Einheit.

Zu Beginn der Schulbesuchszeit wurde Paul dann als sehr aggressiv und unruhig erlebt, er schlug andere Kinder und kotete zuletzt auch ein. Mit acht Jahren kam er wieder in die Kinderklinik, weil er absichtlich Geschirrspülmittel geschluckt hatte und Reißzwecken in seinen Arm gebohrt hatte. Als Grund gab er ein von der Mutter als Strafe verhängtes Fernsehverbot an. In dieser Zeit gab es phasenweise Zustände mit großer Unruhe, er sei zeitweise »nicht ansprechbar« gewesen, lief ziellos umher und urinierte in andere Zimmer.

Ein Jahr später erfolgte ein weiterer Kinderklinikaufenthalt, bei dem seine nächtlichen Abwesenheitszustände differenzialdiagnostisch abgeklärt und als Schlafwandeln gedeutet wurden. Im EEG fanden sich leichte Allgemeinveränderungen. Wegen der motorischen Unruhe wurde auch eine Schilddrüsendiagnostik – mit negativem Ergebnis – durchgeführt. Psychologische Untersuchungen sprachen damals für einen überdurchschnittlichen Intelligenzquotienten. Mittlerweile war bereits von mehreren Seiten befürchtet worden, dass eine Heimunterbringung des Jungen nicht zu vermeiden wäre.

Zum Zeitpunkt der Vorstellung Pauls in der Klinik plante Frau B., sich von ihrem Mann zu trennen und bei ihrem Freund oder auch allein zu bleiben. »Eigentlich brauche ich keinen Mann«, sagte sie einmal. Kurz darauf wurde sie von diesem Freund schwanger. Dies stürzte die Familie zunächst in eine neue Krise, die aber – während Pauls Behandlungszeit in der Tagesklinik – konstruktiv gelöst werden konnte. Mona, das vierte Kind, wurde geboren. Seit dieser Zeit leben Vater (Herr B.), Mutter, Paul, Inge und Mona zusammen. Familie B. wirkte, von außen gesehen, wie eine durchschnittliche bürgerliche Familie. Aber vor allem die Eltern und Paul erlebten sich immer wieder massiven, subjektiv kaum zu bewältigenden Stresssituationen ausgesetzt: im Zusammenhang mit Aktualisierungen der eigenen Vorgeschichte, mit eigenen inneren Bildern und dem alltäglichen Lebenskampf. Mutter und Sohn verfügten über hoch unsichere Bindungsmodelle, der Adoptivvater war zumindest bindungsvermeidend.

Pauls Weg in die Tagesklinik

Nach systemischem Verständnis beginnt eine therapeutische/beraterische Arbeitsbeziehung mit der persönlichen Anmeldung, spätestens aber in der ersten Begegnung zwischen Hilfesuchendem und professionellem Helfer. Ab diesem Zeitpunkt bilden alle Beteiligten Hypothesen, die bereits erkenntnis- und handlungsleitend sind: das Helfersystem über die psychische und interaktionelle Dynamik aufseiten der Klienten, die Klienten über die Institution und die Personen, auf die sie treffen. Damit wird die Phase der ersten Kontaktaufnahme prägend, wenn nicht entscheidend für den weiteren Verlauf.

In diesem Fall ließen die bei der Anmeldung von der Mutter gegebenen Vorinformationen und die Berichte der überweisenden Beratungsstelle bei den Ambulanzmitarbeitern eine tagesklinische Behandlung bei Paul sinnvoll erscheinen. Aus diesem Grund wurde ich als Tagesklinikleiter eingeladen. Da systemisch-bindungsorientiertes Handeln bereits in der Kontaktaufnahme beginnt, ist es notwendig, diese Phase sorgfältig zu planen, durchzuführen und zu reflektieren, um für alle Beteiligten günstige Ausgangsbedingungen zu schaffen. Häufig werden wir ja mit einer dramatischen und bewegenden Geschichte konfrontiert, und wir reagieren bereits: mimisch, gestisch, verbal, und interpunktieren so das Geschehen.

Schon im ersten Gespräch (siehe Abbildung 22) wie auch im weiteren Diagnostik- und Therapieprozess und dann in der Tagesklinik versuchten wir, die Wirklichkeit der Familie auf mehreren Ebenen zu erfassen:
- Die äußeren Realitäten, die *»Fakten«*, wie z. B. Geburts-, Heirats-, Trennungs- und Todesdaten.
- Die Sichtweisen *(Episteme)*, über das, was passiert. Diese Ebene meint den Bedeutungsgehalt, den Menschen den äußerlich beobachtbaren Ereignissen zuweisen, die sie bei sich und anderen erleben.

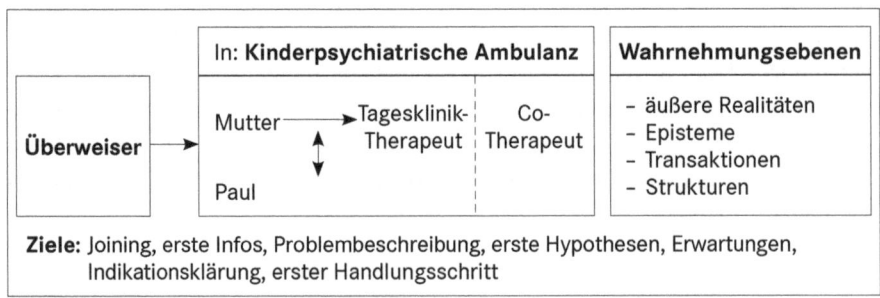

Abbildung 22: Erstes Familiengespräch vor der Aufnahme in die Tagesklinik

8.8 Eine systemisch-bindungsorientierte Behandlung 249

- Die *Interaktionen* sowie Transaktionen innerhalb der Familie. Der Begriff *Transaktionen* meint hier die wiederkehrenden Muster im Handlungs- und Gesprächsablauf. Hier achten wir insbesondere auf bindungsrelevante Ereignisse, Zu- oder Abwendung, Bewertung des kindlichen und des eigenen Verhaltens, die Kongruenz von verbalem und nonverbalem Verhalten sowie mentalisierende Gesprächsanteile.
- Weiterhin versuchen wir, schon etwas von den *Strukturen* innerhalb dieser Familie zu erfassen, d. h. der Frage nachzugehen, ob beispielsweise feste Koalitionen zwischen einzelnen Familienmitgliedern auch über Generationen hinweg gebildet worden sind. Die Frage der Innen- und Außengrenzen des Gesamtsystems und der Subsysteme und auch mehrgenerationale Aspekte von Beziehungsmustern und Symptomweitergabe finden Berücksichtigung (Levold, 1984).

Zu den Hypothesen: Wir gewannen den Eindruck, dass Paul sowohl eine sichere Bindung wie auch ein sicherer Halt in seinem Leben, insbesondere in seiner Familie fehlte. Die körperlichen und seelischen Bedrohungen der Schwangerschaft, seiner Geburt und Frühkindheit hatten dazu geführt, dass er in seiner frühen Ich-Entwicklung gestört war, mit stark eingeschränktem Urvertrauen. Die frühe Mutter-Kind-Interaktion und der Bindungsaufbau waren nicht gelungen. Damit blieb er ein Stück fixiert in der ersten Lebensphase, in der es um das Ankommen in der Welt geht, in der das Lebensthema »Urvertrauen versus Urmisstrauen« (Erikson) eine große Rolle spielt. Paul war zu keinem Zeitpunkt psychotisch, aber wir erlebten in der Behandlung immer wieder paranoide Tendenzen, Spaltungsprozesse und eine massive frei flottierende Angst, heute würde man sagen: posttraumatische Symptome im Kontext einer ausgeprägten Bindungsunsicherheit. Die Entwicklung der Bindungen zu seinen primären Bezugspersonen blieb bis zum Zeitpunkt der tagesklinischen Behandlung konflikthaft und unklar. Aus psychodynamischer Perspektive konnte man von einer schweren narzisstischen Störung sprechen, die im späteren Jugendalter wohl als Borderline-Störung diagnostiziert worden wäre.

Aus diesen Hypothesen leiteten wir ab, dass er verstärktes »Holding« (»Gehaltenwerden«) im Sinne Winnicotts brauchte: Sicherheit und Klarheit, eine deutliche Beziehungsstruktur und viel Verlässlichkeit der – möglichst stabilen – Bezugspersonen.

Aus der Vorgeschichte konnten wir auch die Annahme ableiten, dass Frau B. in ihrem Leben nie eine ungestörte, ressourcenvolle Beziehung zu einem Mann gehabt hatte und sich vermutlich auch selbst kaum annehmen konnte. Gleichzeitig fiel auf, dass Paul das einzige männliche Kind dieser Frau war. Wir mussten also, auch nach ihren Schilderungen über die Art der Erziehungsschwierigkeiten, von einer sehr frühen ambivalenten und gleichzeitig symbiotischen Mutter-Kind-Beziehung ausgehen: Die Individuen waren relativ schlecht voneinander getrennt, die Rollen diffus. Einmal war Paul Ergebnis eines »Berufsunfalls« und von daher nicht das a priori gewollte und geliebte Kind, gleichzeitig war er ein Junge bei einer Mutter, die mit Männern nur ausbeuterische und negative Erfahrungen gemacht hatte, wobei sie sich andererseits nach einer kraftvollen väterlich-männlichen Figur sehnte. Mit Paul verband sie eine enge Schicksalsgemeinschaft, die intensivste Bindung, die sie vermutlich je hatte.

Es musste somit ein Rahmen für die Verantwortungsbereiche und Ziele festgelegt werden: Es schien dazu unabdingbar, den (Adoptiv-)Vater, von dem wir annahmen, dass er in der Familie eher eine periphere Position einnahm, mit einzubeziehen. Wir erfuhren, dass er während des Erstkontaktes im Auto draußen wartete, und so ging ich danach zu ihm hinaus, berichtete ihm, dass ich sehr davon beeindruckt sei, wie die Familie bislang mit dem schwierigen Jungen umgegangen ist, und dass die Behandler, um Paul helfen zu können, sein väterliches Wissen und seine Erfahrung mit dem Kind bräuchten. Der Vater konnte dies zunächst kaum glauben, war aber bereit, beim nächsten Termin mitzukommen.

Beim zweiten Termin (siehe Abbildung 23), bereits in der Tagesklinik, waren der Vater, Inge, die Mutter und Paul anwesend. Es ging jetzt darum, Einblick in die Institution, in die das Kind vielleicht gegeben werden sollte, zu erhalten. Ebenso sollten die möglichen Betreuer erste Bekanntschaft mit der Familie machen, und es sollte eine Bezugsbetreuerin gefunden werden. Während das Erstgespräch darauf abzielte, überhaupt eine Behandlungsmöglichkeit in der Tagesklinik abzuklären, sollte beim zweiten Termin bereits der mögliche Behandlungsrahmen als Voraussetzung einer sicheren therapeutischen Basis abgesteckt werden. In Anwesenheit der Bezugsbetreuerin (Patin) wurden neue Informationen gesammelt, es wurde versucht, eine erste Zielbeschreibung von den Eltern zu hören und sie mit unseren Möglichkeiten in Einklang zu bringen.

Dabei war die Suche nach Ressourcen innerhalb des Familiensystems von Anfang an besonders wichtig: Diesen Eltern wirklich in einem systemisch-

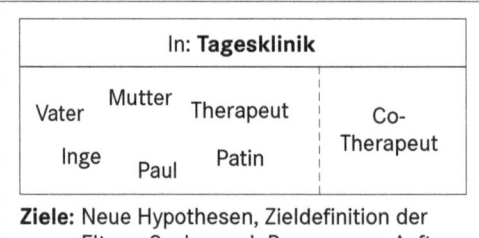

Abbildung 23: Zweites Familienvorgespräch

bindungsorientierten Verständnis zu begegnen, hieß, ihre vielleicht ihnen selbst gering erscheinenden Ressourcen herauszustreichen, sie als Kraftquellen zu nutzen und im Sinne einer besseren Selbstakzeptanz zu stärken: Wer sich selbst besser akzeptiert, kann auch andere besser annehmen. Damit würde auch die Fähigkeit, Grenzen zu anderen zu halten und zu setzen, verbessert.

Zu den Ressourcen in dieser Familie:
- Bereitschaft, etwas zu tun und sich Hilfe zu holen.
- Der Vater »hielt die Stellung«, obwohl er wie ein »getretener Hund« wirkte.
- Der Vater war bereit, am Therapieprozess teilzunehmen, auch wenn er laut eigener Aussage keinen Nutzen von der Therapie erwartete.
- Der Vater war trotz der Kränkung, die er seitens seiner Frau erlebt hatte, bereit, bei ihr zu bleiben.
- Paul war intelligent und in guten Zeiten sozial wach und hilfsbereit.
- Die Mutter liebte den Jungen, wenn auch ambivalent.
- Die Kinder waren trotz ihrer Patchworksituation im positiven Sinn aufeinander bezogen.
- Die Mutter war in der Lage, eine funktionierende Alltagsstruktur aufrechtzuerhalten.

Am dritten Vorgespräch (siehe Abbildung 24) nahm zusätzlich Pauls zukünftige Lehrerin in der Tagesklinik teil. Da die Kinder fast die Hälfte ihres Tages in der Schule verbrachten, war eine gute Kooperation mit der Lehrerin und eine Abstimmung der Therapieinhalte und Therapieziele ebenso wie der pädagogischen Aspekte der Behandlung essenziell. Die Lehrerin hatte auch zu entscheiden, ob sie dieses Kind mit in ihre Klasse nehmen wollte.

Das entspricht dem *Prinzip des »vollen Ja«* zu dem Kind, das sich die Tagesklinik zu eigen gemacht hatte. Nur so kann im systemisch-bindungsorientierten Sinne die sichere Basis geschaffen werden. Fast alle Kinder, die schwerere

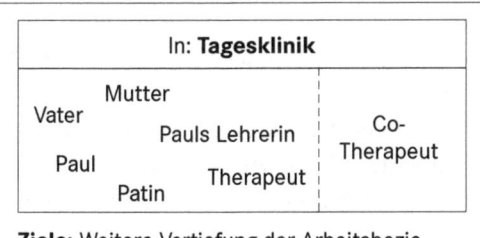

Abbildung 24: Drittes Familienvorgespräch

psychische Symptome aufweisen, haben nach unserer Erfahrung über längere Zeit, oft von Beginn ihres Lebens an, wiederholte »Jeins« aus ihrer sozialen Umgebung erfahren. Dieses »Jein« sehen wir als wesentlichen Teil des Problems an, da es das Kind in unsicherer und unklarer Beziehungsposition lässt. Das Prinzip des »vollen Ja« betrifft also nicht nur die Lehrerin, sondern auch die Patin und den Therapeuten. Alle Teammitglieder, die in signifikanter Weise mit dem Kind und seiner Familie zu tun haben werden, lernen die Familie kennen und können in etwa einschätzen, mit wem sie »das Risiko« und die Beziehung eingehen. Dabei werden emotional begründete Vorbehalte ebenso ernst genommen wie fachlich formulierte. Bleibt es trotz versuchter Klärung bei deutlichen Einwänden gegen die Behandlung, wird eine neue Konstellation gesucht oder – im Extremfall – kommt die Behandlung nicht zustande. Dies ist praktisch nie vorgekommen: Die prinzipielle Möglichkeit einer Ablehnung sowohl seitens der Familie als aufseiten der Tagesklinik unterstreicht aber die fachliche und personale Eigenständigkeit und Verantwortlichkeit der therapeutisch und pädagogisch tätigen Mitarbeiter sowie auch des Patientensystems. Es fördert zudem die Motivation der Beteiligten und eine Bereitschaft, in Krisensituationen später durchzuhalten.

Nur bei einem klaren »Ja« kommt ein Therapievertrag zustande: Das Kind bekommt einen festen Platz auf der Warteliste. Während einer eventuellen Wartezeit finden bereits stützende und klärende Familiengespräche statt. In Pauls Fall erfolgte die Aufnahme wenige Tage nach dem dritten Vorgespräch.

Exkurs: Behandlungsziele

Eine gelingende Kooperation von Kind, Familie und Tagesklinik wird nur möglich sein, wenn Behandlungsziele klar benannt und einvernehmlich akzeptiert sind. Mit der Frage: »Woran werden Sie bzw. wir erkennen, dass genau das erreicht wurde, was Sie wollen?« wird bereits der Zustand nach der Lösung des Problems fokussiert. Es liegt in der Natur menschlichen Verhaltens, dass diese Ziele im Behandlungsverlauf immer wieder in kooperativer Weise modifiziert werden. Die Operationalisierung der Ziele hilft zudem, notwendige Trauerarbeit bei unrealistischen Zukunftsvorstellungen einzuleiten und tatsächlich nur »machbare« Veränderungen anzusteuern.

Wie bereits beschrieben, gehen wir bei der Aushandlung des Behandlungskontraktes von der Problembeschreibung der Eltern bzw. des Überweisers aus und treten mit den Beteiligten in einen zirkulären Prozess der Zielfindung und Zieldefinition ein.

Generell lassen sich drei Hauptkategorien bei den von Eltern angegebenen Zielen herausfiltern:

- *Kontrolle:* »Marcus soll das Richtige zur rechten Zeit am rechten Platz tun«, sagt die Mutter eines Jungen mit einer leichteren Stoffwechselkrankheit, der im Unterricht wie ein Hund bellend umherkroch oder laut Kirchenlieder sang.
- *Entwicklung:* »Philipp soll mehr Selbstbewusstsein bekommen und mehr Kontakt zu Gleichaltrigen«, so die Eltern eines emotional gestörten und psycho-somatisch reagierenden neunjährigen Jungen.
- *Hilfe für die Familie:* »Frieden in der Familie soll wiederhergestellt werden!« »Wie können wir mit Nina besser umgehen, sie besser verstehen?«

Aus den Zielen ergibt sich häufig auch der Typ des Behandlungsauftrages. Während bei der Aufnahme weniger als 20 % der Eltern die Symptomatik als Familienproblem angesehen hatten, so waren es zum Zeitpunkt der Entlassung über 80 %. Das heißt, es ist im Verlauf der Behandlung eine »Verflüssigung« der Sichtweisen eingetreten – eine wichtige Voraussetzung für die Entwicklung der familiären Dynamik.

Das Definieren der Verantwortungsbereiche

Die Betreuerin als hauptverantwortliche pädagogische Bezugsperson während des tagesklinischen Aufenthaltes des Kindes handelt mit dem zuständigen Elternteil ihre Aufgaben durch die Klärung etwa folgender Fragen aus:
- »Worauf soll ich in der Zeit des Aufenthaltes erzieherisch besonders achten?«
- »Welche Schwierigkeit wird für mich vermutlich zu erwarten sein?«
- »Was genau soll ich tun, wenn das Kind das von Ihnen geschilderte kritische Verhalten zeigen wird, und was auf jeden Fall nicht?«
- »Wie werde ich erfahren, wenn Sie mit meinen Maßnahmen nicht einverstanden sind?« usw.

Die Betreuerin stellt ihre Arbeit damit in den Dienst der Eltern. Besonders für solche Eltern, die sich gern als inkonsequent und wenig durchsetzungsfähig darstellen, hat sich dieses Vorgehen als wirksame therapeutische »Falle« erwiesen: Sie müssen dann Stellung beziehen, Verantwortung übernehmen und Autorität (mit ihren Konsequenzen) annehmen oder offen »Nein« dazu sagen. Gleichzeitig wird die Selbstwirksamkeit der Eltern erhöht und ihre Bedeutsamkeit für die Behandlung. Das bei vollstationären Behandlungen häufige und zweischneidige »Abgeben« des Kindes zur »Reparatur« durch die Experten wird durch diese immer wieder neu auszuhandelnde Arbeitsbeziehung verhindert. In jedem Fall eröffnet sich so für das Kind und die anderen Beteiligten eine Chance, Klarheit zu gewinnen und die Verantwortungshierarchien neu zu definieren.

Abbildung 25 zeigt die normalerweise anzustrebende Klarheit der verschiedenen Verantwortungsbereiche und ihre Querverbindungen.

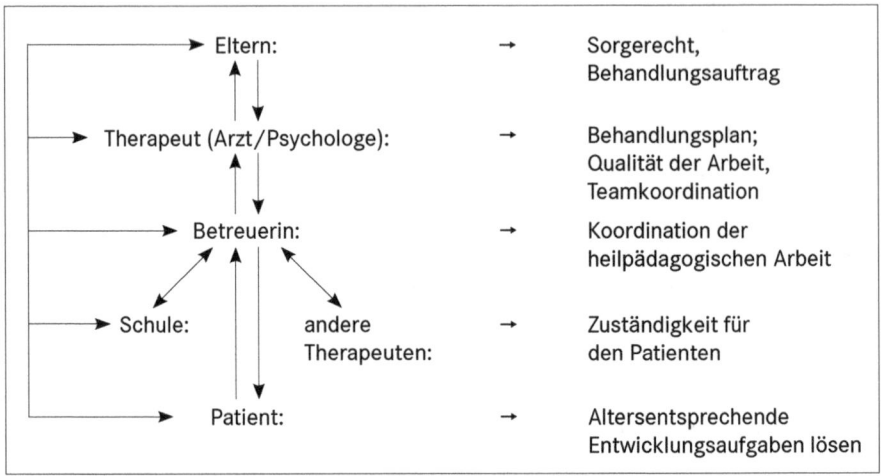

Abbildung 25: Verantwortungsebenen in der Behandlung

Nach Gesprächen, die dem Herstellen einer therapeutisch wirksamen Beziehungsstruktur dienen, die Erwartungen und Ziele aufseiten des Kindes, seiner Familie und der Tagesklinik abklären, kann die Aufnahme in die teilstationäre Behandlung erfolgen. Wie im klinischen Rahmen üblich, wird – nach Absprache mit den Bezugspersonen – eine ausführliche Diagnostik durchgeführt, soweit dies nicht im Vorfeld schon geschehen ist. Parallel dazu beginnen der Alltag in der Tagesklinik, die Schule und die Therapien.

Bei Paul haben wir unter einer tiefenpsychologisch-bindungsorientierten und familiendynamischen Gesamtperspektive sowohl einzeltherapeutisch als auch gruppen- und milieutherapeutisch gearbeitet. Hinzu kamen funktionelle Trainings zur Förderung bestimmter Einzelaspekte:

Die *einzeltherapeutische* Arbeit übernahm Pauls Betreuerin, eine erfahrene Kinderkrankenschwester mit mehreren Zusatzausbildungen und großer klinischer Erfahrung in der Kinder- und Jugendpsychiatrie. In Abstimmung mit dem ärztlichen Leiter hat sie körpernah, struktur- und haltgebend Unterstützung bei der Bewältigung seiner basalen Ängste angeboten. In der ersten Zeit ist Paul regelmäßig »ausgerastet«. Er hatte intensive paranoide Ängste: Die Suppe sei vergiftet, man wolle ihm etwas Böses. Er fühlte sich bedroht von der ganzen Welt. In diesem Außer- und

Nebensichsein atmete sie mit ihm, hielt ihn fest, sprach mit ihm, streichelte ihn – und unternahm all die Dinge, die nötig waren, um ihm ein Stück basaler Sicherheit zu vermitteln. Diese Art der Therapie geschah naturgemäß situationsgebunden und nicht in Form von terminlich fixierten Einzelstunden.

Bei dieser Familie war ein regelmäßiger, manchmal täglicher Telefonkontakt zwischen Mutter und Betreuerin notwendig und sinnvoll. So konnten sich beide über das, was vorgefallen war, austauschen, gegenseitig unterstützen und auf diese Weise eine Symmetrie herstellen, die aufkeimende Rivalitätsgefühle über die Rolle der »besseren Mutter« überwinden half und zusätzlich als adäquate Antwort auf Pauls manchmal paranoides Misstrauen hilfreich war. Durch diese Kommunikation auf Augenhöhe konnte mit der Mutter quasi ein Feinfühligkeits- und ein Mentalisierungstraining gemacht werden, ohne dass Insuffizienzgefühle, die ohnehin vorhanden waren, verstärkt wurden.

In den parallel zur tagesklinischen Behandlung stattfindenden familientherapeutischen Gesprächen (alle drei bis vier Wochen) wurden diese zum therapeutischen Halten angeleitet: Das in der Tagesklinik sich bewährende Vorgehen sollte so auf den häuslichen Bereich übertragen werden. Dies war insbesondere deshalb wichtig, weil die Mutter sich sehr erziehungsunsicher fühlte und mit dem körperlichen Halten eine Alternative zum eigenen Nervenverlieren, Ausrasten oder Schlagen angeboten wurde, die beiden Seiten guttat. Auch biografische Themen und die Paarbeziehung wurden besprochen.

Zu Pauls Auffälligkeiten gehörte ebenfalls, dass er nicht gut spielen konnte. So spielte die Betreuerin dann oft mit ihm zunächst allein, dann in kleineren Gruppen. Auch dieses wurde den Eltern vermittelt.

Heilpädagogische Übungsbehandlung und motopädische Behandlung wurden als Verfahren zur Verbesserung von Koordination, Feinmotorik, Balance- und Raumempfinden, Hautwahrnehmung und Handlungsplanung eingesetzt. Im Laufe der Jahre wurde dieser Bereich erheblich ausgebaut, da – wie sowohl aus der eigenen Statistik als auch aus anderen Untersuchungen ersichtlich wird – teilstationär behandelte Kinder überproportional häufig (50–60 %) von Teilleistungsschwächen und Verarbeitungsstörungen betroffen sind.

Autogenes Training und Musikstunden: Weniger zur Förderung von Einzelfertigkeiten als zur Anbahnung von innerer Entspannung und zur Verbesserung des Kontaktes zu sich selbst lernte Paul – trotz seiner hyperkinetischen Verhaltensweisen – das autogene Training in einer Kleingruppe mit anderen Kindern. Zusätzlich erhielt er musiktherapeutische Stunden, mit deren Hilfe er – über sein Rhythmusgefühl und seinen Sinn für Töne – zu einem inneren Zustand kam, der ihm Ruhe gab.

Neben den individuumzentrierten Förder- und Behandlungsmaßnahmen nehmen die Tagesklinikkinder auch an gruppentherapeutischen Aktivitäten teil: In

Paul	Eltern
- Einzeltherapie (Bindungs- und körperorientierte Psychotherapie/therapeutisches Halten) - Musikstunden - Autogenes Training - Heilpädagogische Übungsbehandlung - Motopädische Behandlung - Gruppentherapie als Interaktions- und Konflikttraining, Maltherapie - Schulische Förderung in Kleinstklasse (5-6 Schüler)	- Einzel-/Paargespräch mit ärztlichem Leiter/heilpädagogisch ausgebildeter Erzieherin (psychodynamische und pädagogische Themen) - Anleitung zur Gestaltung von Entspannungssituationen zuhause - Anleitung zum therapeutischen Halten, zum heilpädagogischen Spiel - Anleitung zur kreativen Konfliktbewältigung - Lehrerkontakte/Absprachen über Hausaufgaben/Übungen
Regelmäßige familientherapeutische Sitzungen zur aktuellen und tieferen Bearbeitung auftretender Konflikte, zur Integration aller Behandlungsmaßnahmen.	
– Integration aller Behandlungsmaßnahmen –	

Abbildung 26: Ebenen der therapeutisch-heilpädagogischen Arbeit

der *Interaktionsgruppe* werden Konflikte zwischen den Kindern aufgegriffen und modellhaft besprochen, in der *Gruppenmaltherapie* spezifische Themen unter tiefenpsychologischer Perspektive auf nonverbaler Weise behandelt. Dem entspricht auf der *Ebene der Elternarbeit* eine Anleitung zur kreativen Konfliktbewältigung im häuslichen Bereich.

Einen großen Raum nahm die schulische Förderung in der Kleinstklasse ein. Auf der Elternebene entsprachen dem wiederum regelmäßige Kontakte zwischen Schule und Eltern, Absprachen über Hausaufgaben, zusätzliche Übungen, die meist unter Betreuung der Patin, manchmal aber auch zuhause unter elterlicher Supervision abgeleistet wurden.

Eine Integration sämtlicher pädagogischer und therapeutischer Maßnahmen fand in den familientherapeutischen Kontakten statt, die je nach Bedarf in unterschiedlichen Settings, unter Einbeziehung der Eltern des Kindes, der Lehrer, der Betreuerinnen oder auch einzelner Therapeuten aus den anderen Bereichen verabredet wurden.

Zum Verlauf der Behandlung

Nach Pauls Aufnahme in die Tagesklinik gewannen wir recht früh eine Bestätigung unseres Eindrucks, dass Paul emotional sehr verunsichert war und ständig überprüfen musste, inwieweit er noch in seiner Familie bleiben kann. Schließlich schwebte ja noch das Damoklesschwert der drohenden Heimeinweisung über ihm. Paul musste austesten, inwieweit er einen Platz in dieser Familie hatte. Er zeigte durch sein ganzes Verhalten immer wieder, dass er Halt und Sicherheit suchte. Durch das therapeutische Halten konnten Unruhezustände in Entspannungszustände überführt werden, und wir konnten nach und nach Paul in eine triadische Beziehung zu seinen Eltern einführen, die bislang nicht möglich gewesen war. Ein Beispiel: Wir schlugen vor, dass er abends vom Vater auf den Schoß genommen wurde, während die Mutter ihm vorlas. Die Mutter hatte ja dem Vater immer wieder den Auftrag gegeben, mit dem Jungen zu spielen, was dieser jedoch nicht gut konnte. Das einfache Auf-den-Schoß-Nehmen mit dem Zulassen von Körperkontakt machte dann auf eine andere Weise seine Präsenz und Bedeutung deutlich. Es half auch dem Vater, einen neuen Platz innerhalb dieser Familie zu finden. Durch die Anwesenheit des Freundes, die neue Schwangerschaft und die unklare Beziehungsdefinition seiner Frau war seine Position ja nur schwer fassbar gewesen. Die vierte Schwangerschaft von Frau B. wurde dann auch intensiver Gegenstand der familientherapeutischen Beratungen. Es gelang ihr schließlich, sich für ihren Mann zu entscheiden und das Kind in die Familie mit einzubringen. Dadurch wurde die »Wertigkeit« des Vaters erhöht und er nahm aktiver an der ganzen Behandlung teil. Er nahm das Baby schließlich sehr liebevoll an.

Nach und nach gelang es, das aufgeregte und schreiende Kommunizieren von Paul zugunsten einer gelasseneren und altersentsprechenderen Interaktion zu vermindern. Sein Misstrauen, er würde Gift bekommen (fußend auf seiner früheren Erfahrung von Beruhigungsmitteln im Essen) konnte langsam in den Hintergrund treten. Dann hatte er eine längere Zeit über eine anale Problematik gezeigt: Paul hielt tagelang seinen Stuhl inne, schmierte mit Kot und thematisierte immer wieder die Fragen von Wahrheit und Lüge. Zu Hause erzählte er in den ersten Wochen haarsträubende Geschichten über die Tagesklinik, die die Mutter verunsicherten. Wir verstanden das als unbewussten Ausdruck eines Verlangens von sehr enger Kooperation zwischen der Tagesklinik und seiner Mutter. Dies führte zu den bereits erwähnten, oft täglichen Telefonkontakten, die das Misstrauen überwinden halfen und für Paul eine gute Beziehungsbasis zwischen Elternhaus und Tagesklinik schaffen konnten.

Paul war andererseits auch sehr bereit, loszulassen, wenn er vorgelesen bekam oder eine Einzelzuwendung erhielt. Die anfangs starken Konzentrationsstörungen konnten durch die einzelne Zuwendung von Erwachsenen auf diese Weise meist kompensiert werden. Eine Medikation haben wir nicht eingesetzt.

Immer wieder »schaffte« es Paul, die Mutter zum Zweifeln zu bringen, ob die Behandlung nützlich war. Vor allem der Vater hatte über lange Zeit die Einstellung, dass sich sowieso nichts ändern könne, und wir scheiterten immer wieder darin, ihm durch die real erfahrenen Verbesserungen bei Paul vom Gegenteil zu überzeugen. Erst nach einiger Zeit verstanden wir diese Aussage des Vaters als Metapher für sein eigenes Bedürfnis nach Sicherheit vor zu großer Veränderung. Wir konnten dann akzeptieren, dass er dies sagte, und arbeiteten fortan mit ihm nur noch daran, wie wir mit konkreten Schwierigkeiten umgehen könnten, ohne »Veränderung« als Ziel zu formulieren. Durch unser Annehmen seines Weltbildes konnte er seine Haltung dann nach und nach etwas lockern, sodass er bei der Entlassung verhalten lächelnd einräumen konnte, dass sich doch einiges verändert hätte.

Während die Einzelarbeit mit der Mutter, die vor allem die Betreuerin übernahm, führte der Vater von sich aus mehrere Einzelgespräche mit mir als ärztlichem Leiter, zu dem er Vertrauen fasste und über seine eigenen Ängste und Befürchtungen sprechen konnte. Dies betraf nicht nur seine eigenen Lebensängste, sondern vor allem auch seinen schwierigen Kontakt zu Paul, den er ja auf der einen Seite ablehnte, was er sich auf der anderen Seite aber auch nicht eingestehen konnte. Nachdem wir ihm ausdrücklich die »Erlaubnis« zur Ablehnung gaben und die »Erlaubnis«, seine leibliche Tochter mehr lieben zu dürfen als seinen Adoptivsohn, entspannte sich dieses Verhältnis zunehmend: Er konnte, weil er es nicht musste, den Jungen besser annehmen und später mit Freude auch mit ihm spielen.

Pauls schulische Entwicklung in der Tagesklinik

In der Grundschulklasse wurde Paul mit vier anderen Kindern beschult. Auch hier verhielt er sich häufig unkonzentriert, ablenkbar und störend. Er benötigte zusätzliche heilpädagogische Übungsbehandlung, um seine Konzentrations- und Wahrnehmungsfähigkeiten zu verbessern. Die Schulleistungen, im ersten Halbjahr sehr mäßig, verbesserten sich nach und nach, Ausdauer und Konzentration normalisierten sich fast. Nach einiger Zeit machte er sogar seine Hausaufgaben selbstständig, nachdem die Mutter gelernt hatte, mehr spielerisch mit seinem Kampfverhalten in dieser Thematik umzugehen. Im Sachkundeunterricht fiel er sogar durch besonders gutes Wissen auf.

Wie es nach der Behandlung weiterging

Gegen Ende des Schuljahres entschlossen sich die Eltern – dabei ging die Initiative vom Vater aus –, den Sohn erst einmal aus der Tagesklinik herauszunehmen und in die Grundschule zurückzuschulen. Wir befürchteten zunächst, dass der Vater mit diesem Schritt das Scheitern der Maßnahme dokumentieren und allen beweisen wollte, dass Paul nun doch ins Heim müsste. Uns schien zu diesem Zeitpunkt der Übergang in eine Regelschule nahezu aussichtslos. Auf der anderen Seite bedeutete die Initiative des Vaters aber auch eine Veränderung im familiären Transaktionsgefüge. Seine Aufwertung als Person und seine deutlicher werdende Stellung als Familienoberhaupt war nicht zu übersehen. Aus diesem Grund stimmten wir diesem Vorschlag mit Überzeugung zu. Die Lehrerin bahnte Kontakte zur überweisenden und wiederaufnehmenden Grundschule an, und der Rektor bemühte sich persönlich um die Wiedereingliederung des Jungen. In dieser kleinen, dörflichen Grundschule nahm der Rektor ihn in seine eigene Klasse und beaufsichtigte ihn auch noch nachmittags bei den Hausaufgaben. Nach einigen Kämpfen fügte sich Paul gut in die Gruppe ein und die Mutter, die früher auf einer eher geschwisterlichen Ebene um die Erledigung der Hausaufgaben gekämpft hatte, war von dieser Arbeit jetzt völlig entlastet.

Zu Hause war Paul dann nur noch selten angespannt. Er schrie kaum mehr, sodass die Eltern auch nicht befürchten mussten, zur Räumung der Wohnung gezwungen zu werden.

Ein halbes Jahr später war sogar der Vater mit der Situation sehr zufrieden. Alle in der Familie hatten einen neuen Platz gefunden. Paul kam ab und zu in die Tagesklinik, brachte einmal einen selbstgebacken Kuchen mit, eine Metapher dafür, dass er nun auch für sich selbst sorgen konnte.

Nach zwei, vier, sechs und zehn Jahren haben wir eine Nachkontrolle durchgeführt: Paul war erwachsen geworden, er lebte in einer eigenen Wohnung, er arbeitete, hatte aber wenig Kontakte. Die Eltern lebten im eigenen Haus, waren aber als Paar getrennt. Alle Beteiligten hatten sich weiterentwickelt, waren im Umgang mit sich selbst und anderen sicherer geworden und kamen mit ihrem Leben zurecht. Wunder sind allerdings nicht geschehen: Wir konnten an einer biografischen Station Stagnation beseitigen, die rigiden Strukturen sind durchlässiger geworden, aber im Letzten ähnlich geblieben.

Schlussbetrachtung

Der beschriebene Fall ist hochkomplex, aber für ein klinisches Setting nicht ungewöhnlich und in allen Aspekten so abgelaufen. Er gibt damit Gelegenheit, Normales und Auffälliges, Sichtweisen und Hintergründe, Risiken und Ressourcen von allen Seiten zu betrachten und die Behandlung über einen längeren Zeitraum zu beobachten. Damals war bindungstheoretisches und traumaorientiertes Denken im klinischen Raum noch nicht verbreitet, allerdings hatten wir mit über neun Monaten wesentlich mehr Zeit für eine vertiefte therapeutische Beziehung und Wirksamkeit, als das heute möglich ist. Die Arbeitsweise der Tagesklinik implizierte im Letzten, dass hier nicht nur Funktionsbeziehungen, sondern sekundäre Bindungsbeziehungen entstanden waren und gestaltet werden wollten. Die Eltern des Kindes waren bereit, sich im Sinne der »Gute Großeltern-Übertragung« nachbeeltern zu lassen, das Kind entwickelte im Zusammenhang mit den subsidiären Funktionen der Therapeuten/Bezugsbetreuerinnen die Bereitschaft, elterliche Bindung anzunehmen und sein begründetes Misstrauen partiell aufzugeben. Damit konnte sich Entwicklung auf vielen Ebenen ereignen und die Beteiligten wurden zufriedener mit ihrem Leben.

8.9 Bindungsprävention und Evaluation

Mit zunehmend verbesserter Erkenntnislage zu der existenziellen Bedeutung der frühen Bindungsbeziehungen für den gesamten Lebensverlauf wurde Prävention immer wichtiger. In den vergangenen Jahrzehnten haben sich einige Präventionsprogramme zur Förderung einer sicheren Bindungsentwicklung – meist in den Feldern Früher Hilfen – etabliert. Diese Programme beruhen auf bindungstheoretischen Erkenntnissen und werden ergänzt durch systemische und behavioral-kognitive Methoden wie Psychoedukation, Videoanalyse und Hausaufgaben. Insbesondere die manualisierten Ansätze sind naturgemäß einer empirischen Erforschung leichter zugänglich und daher bereits gut evaluiert.

8.9.1 Ansätze zur Bindungsprävention

Stellvertretend sollen an dieser Stelle drei bewährte Verfahren vorgestellt werden:

STEEP™
STEEP™ (Steps Toward Effective and Enjoyable Parenting) ist ein seit dreißig Jahren laufendes, überaus erfolgreiches (Suess, Bohlen, Carlson, Spangler u. Frumentia Maier, 2016) aufsuchendes Programm Früher Hilfen zur Förderung sicherer Eltern-Kind-Bindungen. Dabei geht es um die Stärkung der elterlichen Kompetenz im Umgang mit dem Kind und um die Förderung sozialer Unterstützung und Integration. Zielgruppe sind Mütter oder Familien, deren Kinder in ein hochbelastetes Umfeld hineingeboren werden. Die Mütter werden pädagogisch-psychologisch von der Schwangerschaft bis zum Ende des zweiten Lebensjahres begleitet und in wöchentlichen Hausbesuchen werden Feinfühligkeit eingeübt und die individuellen Ressourcen der Mütter gestärkt. Dies geschieht u. a. durch die Videointervention »Seeing is Believing™«. Die Videoaufnahmen werden im Sinne einer Stärkung der reflexiven Funktionen der Mutter gemeinsam besprochen. Das aufsuchende Vorgehen wird durch ein Gruppenangebot ergänzt.

Bei STEEP™ ist die Person der Beraterin von zentraler Bedeutung, das Ergebnis des Prozesses hängt daher relativ stark von ihrer Ausbildung, Persönlichkeit und eigenen Bindungssicherheit ab.

Ein besonderer Fokus der deutschen Interventionsstudie ist die »Freude am Kind«. Die Langzeit-Minnesota-Studie der konzeptionellen Eltern von STEEP™, *Byron Egeland* und *Martha Erickson* (1999) hatte ergeben, dass die erreichte sichere Eltern-Kind-Bindung nur dann aufrechterhalten wird, wenn die belas-

8.9 Bindungsprävention und Evaluation

teten Mütter Freude im Umgang mit ihren Kindern empfinden und das Zusammensein mit ihnen auch genießen können.

Circle of Security (CoS)

Bob Marvin und Kollegen entwickelten im Jahr 2002 die in Abbildung 27 wiedergegebene Grafik im Rahmen eines Unterstützungsprogramms für hochbelastete Mütter von Kleinkindern, um ihnen den Kern der Bindungstheorie nahezubringen und Verständnis für die Entstehung zerstörerischer Verhaltensweisen bei ihrem Kind zu wecken. Sie stellt eine Art kognitiver Landkarte zur Diagnostik der Schwierigkeiten in der Erziehung und Beziehung dar. In der Gruppentherapie dient sie als Referenzrahmen, in dem die Eltern sich und ihr Kind positionieren und Fehlabstimmungen erkennen können. Daraus entstand ein hochdifferenziertes Interventionsprogramm von zwanzig Wochen in Kleingruppen à 6 Hauptbindungspersonen von Kindern zwischen 1 und 4 Jahren mit intensiver Analyse von Videoclips, die von den Elternteilen im Umgang mit ihrem Kind angefertigt werden. Die

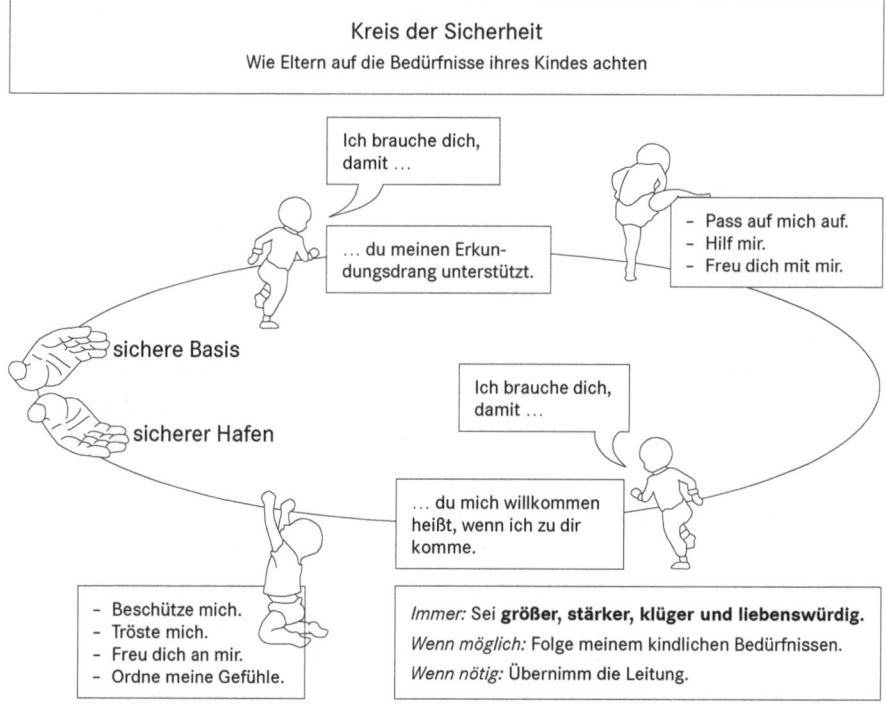

Abbildung 27: Der Kreis der Sicherheit (Marvin, Cooper, Hoffman u. Powell, 2002; www.circleofsecurity.org, 14.10.17)

anschließenden Gespräche werden für jede Dyade individuell aus der Kenntnis des Bindungsmusters des Kindes und des Fürsorgemusters der Bezugsperson zugeschnitten.

Aufgrund des sehr hohen Aufwandes dieses umfassenden Programms wurde die Kurzform CoS-P (acht Hausbesuche in vier Wochen) entwickelt, die sich ebenfalls als gut wirksam erwiesen hat und die 2013 vom US-Gesundheitsministerium als evidenzbasiertes Verfahren anerkannt wurde (CWIG, 2013).

CoS-P beginnt mit einer leichtverständlichen Einführung in bindungstheoretische Konzepte anhand von Videoclips und führt dann über ein Feinfühligkeitstraining zur Stärkung der Mentalisierungsfunktion in Bezug auf die Kinder. Mit wachsender Vertrautheit von Beraterin und Mutter wird dann auf die eigenen Stärken und das Bindungsmuster der Mütter fokussiert. Ziel ist es, die mütterliche Fähigkeit zur Co-Regulation als Schritt zur kindlichen Selbstregulation zu stärken. Destruktives Verhalten des Kindes wird als Hilferuf an die – kompetentere – Mutter umgedeutet, und es werden Fertigkeiten zu beruhigender, strukturierender und liebevoller Hilfestellung vermittelt.

CoS ist mittlerweile in mehr als dreißig Ländern verbreitet, über 15.000 Menschen wurden darin geschult. Trotz der großen Popularität des Ansatzes ist die Forschungslage noch eher dürftig. Das Verfahren ist wie STEEP™ und SAFE® gesetzlich geschützt, für Lehrzwecke können jedoch Materialien von der Homepage www.circleofsecurity.org heruntergeladen werden.

SAFE® und B.A.S.E.®-Babywatching

Das von *Karl Heinz Brisch* entwickelte Präventionsprogramm SAFE® (Sichere Ausbildung für Eltern) richtet sich an alle werdenden Eltern, mit verfügbaren Programmadaptationen für spezifische Zielgruppen wie z. B. psychisch kranke oder suchtkranke Eltern.

Die werdenden Eltern setzen sich mit ihrer eigenen Bindungsgeschichte auseinander und können, dadurch sensibilisiert, die Beziehung zu ihrem Kind reflektiert und positiv gestalten. Dies wird durch ein vorgeburtliches Feinfühligkeitstraining vorbereitet und nach der Geburt durch videobasiertes Feinfühligkeitsfeedback sowohl für die Mutter als auch für den Vater begleitet.

Die Elternkurse mit Gruppen von 5–10 Elternpaaren finden vorzugsweise an Sonntagen statt, wenn voraussichtlich beide Elternteile zeitlich verfügbar sind. Vier ganztägige Seminare liegen vorgeburtlich und sechs im Verlauf des ersten Lebensjahres. Die Gruppenseminare werden jeweils von zwei SAFE®-Mentorinnen/Mentoren geleitet. In den vorgeburtlichen Modulen geht es um eine grundlegende Einführung in die Bindungsthematik anhand von Videobeispielen, vor allem aber darum, dass mögliche Traumaerfahrungen nicht an das Kind weitergegeben werden. Zusätzlich sind bis zu fünf Einzelgespräche vorgesehen, in denen vor der Geburt das Erwachsenen-Bindungsinterview durchgeführt und Trauma-Fragebögen bearbeitet werden. Nach der Geburt soll die elterliche Feinfühligkeit anhand eines videobasierten Feedbacks zu Alltagssituationen wie Wickeln, Füttern und Spielen mit dem Säugling gestärkt werden. Eine Telefonhotline ist für die Teilnehmenden während der gesamten Kurszeit tagsüber eingerichtet. Sie dient der kurzfristigen Unterstützung bei akutem Bedarf, z. B. bei Anzeichen unverarbeiteter Traumata. Hier erfolgt gegebenenfalls eine Weitervermittlung zur traumaorientierten Psychotherapie.

Menschen mit psychosozialer oder medizinischer Grundausbildung können sich kostengünstig an vier Seminartagen theoretisch und praktisch zum SAFE®-Mentor weiterbilden. In den elf Jahren seit Einführung des Programms wurden über 3.500 SAFE®-Mentorinnen/Mentoren weltweit ausgebildet. Dazu kommen Aufbautrainings für Krippenerzieherinnen zur Gestaltung einer bindungssensiblen Eingewöhnung, für die Arbeit in Mutter-Kind-Heimen oder in Schulen. Eine erste Evaluationsstudie (Trost u. Landers, 2017) zeigte, dass eine konsequente Teilnahme am SAFE®-Programm bei den Kindern zu häufigerer Bindungssicherheit führt und Traumaauswirkungen bei den Eltern auffangen kann.

Ein weiteres erwähnenswertes und vor allem unkonventionelles und sogar kostenneutrales Programm zur sekundären Prävention ist B.A.S.E.®-Babywatching (Baby-Beobachtung im Kindergarten und in der Schule gegen Aggression und Angst zur Förderung von Sensitivität und Empathie). Es wurde nach Studien zur Vorbeugung von aggressiven Verhaltensstörungen bei Kindergartenkindern, die in Philadelphia von dem Kinderanalytiker *Henri Parens* durchgeführt wurden, ebenfalls von Brisch in München konzipiert. Eine in dem Ansatz fortgebildete B.A.S.E.®-Gruppenleiterin sitzt mit einer Kindergruppe im Stuhlkreis. Sie beobachten über den Zeitraum eines ganzen Jahres wöchentlich ca. eine halbe bis dreiviertel Stunde lang gemeinsam eine Mutter oder einen Vater mit ihrem zu Beginn wenige Wochen alten Baby, die sich in der Mitte des Kreises auf eine Decke befinden und sich ganz alltäglichen Dingen wie Spielen, Stillen, Wickeln widmen. Durch eine mentalisierungsfördernde Fragetechnik lernen die Kinder in diesen Interaktionsbeobachtungen, sich in die Gefühle und Motive des Elternteils und des Babys einzufühlen.

Erste Evaluationsstudien zeigen, dass auf diese Weise sowohl die Empathiefähigkeit der Kinder wie auch ein positives Sozialverhalten gefördert wird. Sie beginnen diese Fähigkeit auf alltägliche Situationen mit ihren Peers zu übertragen, zeigen sich weniger ängstlich und aggressiv und dazu sozialer (Hollerbach, 2017). Auch dieses Verfahren ist mittlerweile international gefragt; es wird in

Kindergärten, Schulen, Tagesstätten und mittlerweile sogar Senioreneinrichtungen eingesetzt (Pohl, 2017).

8.9.2 Effekte bindungsorientierter Behandlung und Prävention

Für die gängigen Präventions- und Interventionsmodelle liegt eine Reihe von kleinen Effektivitätsstudien vor, die zwar allesamt ihre Wirksamkeit belegen, allerdings oft noch nicht den strengen wissenschaftlichen Standards genügen.

Bakermans-Kranenburg, van IJzendoorn und Juffer (2003) untersuchten in einer Metaanalyse die Effektivität präventiver und therapeutischer Interventionen, die auf eine Verbesserung der elterlichen Feinfühligkeit und der frühkindlichen Bindungssicherheit zielten. Es wurden 70 Studien einbezogen, die 88 Interventionseffekte auf Feinfühligkeit (n = 7,636) und/oder Bindung (n = 1,503) aufzeigten. Die effektivsten Interventionen umfassten eine moderate Anzahl von Sitzungen und hatten einen eindeutigen Fokus auf das Verhalten (in Familien mit oder ohne vielfältige Probleme). Interventionen, die effektiver die Feinfühligkeit verbesserten, waren das auch in Bezug auf die Bindungssicherheit, was die Annahme der kausalen Rolle der Feinfühligkeit beim Bindungsaufbau stützt. Je früher und je nachhaltiger ein kindliches Gehirn Erfahrungen mit Feinfühligkeit, Mentalisierungsförderung und bindungsstärkenden Angeboten machen kann, umso nachhaltiger und gründlicher wird der Effekt sein. Auch in Adoptions- und Pflegefamilien und in stabilen und dauerhaften stationären Kinder- und Jugendhilfe-Settings ist viel erreichbar. Dies hängt allerdings auch ab von der genetischen Vulnerabilität und den frühesten Erfahrungen – ab dem Beginn der Schwangerschaft. Häufig kann eine sekundäre Bindungssicherheit (Earned Security) erreicht werden, dabei ist eine kompetente fachliche Begleitung von Kindern und ihren Ersatzelternteilen im Sinn der Gute-Großmutter-Übertragung (siehe Unterkapitel 8.3) wesentlich für ein Gelingen.

Es ist ermutigend zu erfahren, dass therapeutische Interventionen wirklich helfen und dass primär unsichere Bindungsmuster durch liebevolle und klar strukturierte Aufwachsbedingungen weitgehend kompensiert werden können. Mittlerweile liegt auch eine Reihe von Studien zu der Frage vor, ob Psychotherapie die Bindungssicherheit und Mentalisierungsfähigkeit erhöhen kann. Ehrenthal (2016) stellt in einem Übersichtsartikel fest, dass die Mehrzahl der publizierten Studien eine Zunahme der Bindungssicherheit sowohl aus Patientensicht als auch im Expertenrating nachweist. Fast trivial ist die Feststellung, dass persönliche, aber auch therapeutenspezifische Bindungssicherheit des Patienten ein Prädiktor für ein gutes Psychotherapieergebnis darstellt.

Als »earned-secure« werden Erwachsene klassifiziert, die ihre schwierigen, oft traumatischen Kindheitsbedingungen aus einer kohärenten Perspektive betrachten können und somit über aktuelle sichere Bindungsrepräsentationen verfügen. Obwohl eine gewisse Vulnerabilität bleibt, z. B. für Depression, zeigte sich in mehreren Studien (Pearson, Cohn, Cowan u. Cowan, 1994), dass das Verhalten dieser Eltern gegenüber ihren Kleinstkindern überwiegend feinfühlig, vergleichbar mit dem der primär sicher gebundenen Eltern war. An dieser Stelle wurde offenbar die transgenerationale Weitergabe eines unsicheren Bindungsmusters unterbrochen.

8.10 Handlungsmaximen für bindungsorientiertes Denken und Handeln in der systemischen Arbeit

Auflistungen von Kernsätzen reduzieren Komplexität oft in ungünstiger Weise; sie können das verstehende Lesen eines ganzen Buches nicht ersetzen. Trotzdem sollen zum Schluss dieses Kapitels die mir wichtig erscheinenden Handlungsmaximen zusammengefasst werden. Einige davon hat *Kirsten von Sydow* bereits 2008 in den systemischen Diskurs eingebracht. Für eine gelingende systemische Arbeit ist demnach eine Reihe von bindungsassoziierten Aspekten essenziell, die in den jeweiligen Kapiteln ausführlich behandelt werden:
- In jeder systemischen Behandlung die Bindungsdimension berücksichtigen und wertschätzen.
- Die Therapeutin bzw. den Therapeuten als sichere Basis etablieren: kongruent und empathisch in der nonverbalen und verbalen Kommunikation, transparent und verlässlich, warmherzig und klar.
- Containing und Affektregulation je nach aktueller Situation gestalten.
- Asymmetrie, Gleichrangigkeit und Würde beachten.
- Immer wieder: Mentalisieren – auch modellhaft – fördern.
- Die emotionale Dichte in Interaktion und Setting dem Gegenüber und seiner aktuellen Verfassung angemessen regulieren.
- Die Exploration von nahen Beziehungen, auch in der Mehrgenerationenperspektive ressourcenorientiert unterstützen.
- Kontext- und traumasensibel vorgehen, dabei Systemdynamiken beachten.
- Die Arbeitsbeziehung laufend überprüfen, dabei Übertragungs- und Gegenübertragungsreaktionen sowie Reinszenierungen alter Muster beachten.
- Eigene Bindungsmuster kennen und bei der Arbeit berücksichtigen.
- Die Bedeutung von Begegnung (Binden), Struktur (Halten) und Förderung von Neugier und Kreativität (Lösen) im Behandlungsprozess dynamisch ausbalancieren.

- Soziale und politische Kontextfaktoren einbeziehen.
- Achtsam mit Trennungen (Urlaube, Abschiede) umgehen.
- Gegebenenfalls bewährte bindungsorientierte Verfahren in Diagnostik und Behandlung (AAI, ANT, ABFT usw.) nutzen.
- Bindungsprävention im Blick haben, anstoßen, durchführen.

Und: Das ganze Buch lesen – sonst versteht man diese Kernsätze auch nicht wirklich!

9 Bindungsstile und Bindungswissen in helfenden Professionen

(unter Mitwirkung von Diana Kreutz-Kielwein)

9.1 Bindungsstile in der Sozialen Arbeit und bei Psychotherapeutinnen/-therapeuten

Die in der Anfangszeit der systemischen Bewegung oft favorisierte »klassisch«-systemische Kurzzeitbehandlung mit 5–10 Einheiten und langen Intervallen entsprach der Annahme, dass nach Anschlussnehmen an die familiären Wirklichkeitskonstruktionen im Wesentlichen die systemischen Verstörungen mit langen Wirk- und Gärzeiten für bedeutsame Veränderungsprozesse ausreichten. Unter weitgehender Ausklammerung der affektiven Anteile der Arbeitsbeziehung zu den Therapeuten wurde angenommen, dass sich Übertragungsprozesse nach psychoanalytischem Verständnis weitgehend vermeiden lassen.

Dieses Konzept hat sich als begrenzt erwiesen und gilt in den meisten Fällen klinischer Behandlung nur sehr eingeschränkt. In höherfrequenten Beratungs-/Therapiesettings und komplexeren Therapiesystemen fungieren Therapeuten häufig als sekundäre Bindungspersonen und damit auch als Übertragungsobjekte. Mit der bewussten Vergegenwärtigung von Bindungsproblemen und frühen Traumatisierungen bei einem Großteil unserer Klienten rückt auch die Bedeutung des Wissens über Bindungsprozesse und die Frage nach der eigenen Bindungsrepräsentation für den Verlauf der Behandlung in den Fokus. Den eigenen Bindungsstil und damit seine Stärken wie auch seine eigene Vulnerabilität im Hinblick auf die unterschiedlichen Beziehungsangebote seitens der Klientel zu kennen und reflektieren zu können, bewahrt vor unprofessionellem Agieren und eigenem Leid.

Die Psychotherapieforschung zeigt, dass der Behandlungsprozess durch die Bindungsmuster sowohl der Therapeutin wie des Klienten beeinflusst wird. Ein sicheres Bindungsmuster aufseiten des Therapeuten hat erwartungsgemäß den positivsten Effekt auf die Intervention und die Bewertung seitens des Patienten bezogen auf die Therapie (Schauenburg et. al., 2010). Es sind aber nicht alle Menschen sicher gebunden, auch nicht solche in helfenden Berufen. Da das Bindungssystem vor allem in intimen, existenziellen Beziehungen aktiviert wird, können ambivalent oder vermeidend gebundene Professionelle durchaus interaktionell angemessene und erfolgreiche Hilfeprozesse durchführen. Ein eigenes unsicheres Bindungsmuster disqualifiziert nicht per se, schließlich stellt es eine in der Regel funktionierende adaptive Strategie dar. Gefahren entstehen, wenn die eigene Arbeit und die Arbeitsbeziehung nicht hinreichend reflektiert werden. Mit zunehmender professioneller Erfahrung wächst in der Regel auch die Fähigkeit zur Metareflexion des eigenen Tuns. Je stärker aber das – unsichere – Bindungsmuster auf Klientinnenseite mit den entsprechenden »Einladungen« zu Gegenübertragungen in der Arbeitsbeziehung wirksam wird, umso größer die Versuchung, bei eigener ambivalenter Bindung, auf dieses Verstrickungsangebot unprofessionell zu reagieren, oder bei vermeidendem Bindungsstil, sich auf die Bearbeitung kognitiver Aspekte zu verlegen und den Beziehungsanteil zu vernachlässigen. Hier ist eine hohe reflexive Kompetenz der Fachkräfte essenziell.

Es liegen bislang nur wenige Untersuchungen vor, die die Bindungssicherheit der Helfer selbst in den Blick nehmen. Dies ist aber eine wichtige Variable für die Qualität und Effektivität der Arbeitsbeziehung. Suess, Bohlen, Mali und Frumentia Maier (2010) führten eine Untersuchung bei STEEP™-Beraterinnen und -Beratern durch, wobei sich nur 22 % als sicher gebunden erwiesen. STEEP™ (siehe Unterkapitel 8.9) ist seit nahezu dreißig Jahren ein erfolgreiches Programm Früher Hilfen zur Förderung sicherer Eltern-Kind-Bindungen (Suess et al., 2016). Die selbst sicher gebundenen Beraterinnen waren deutlich erfolgreicher in der Wegbereitung sicherer Eltern-Kind-Bindungen. In zwei Studien mit Psychotherapeuten wurden im Unterschied dazu mehr deaktivierende Strategien gefunden (Schauenburg, Dinger u. Buchheim, 2006; Eckert, 2008).

Die Aachener »Forschungsgruppe Bindung« hat im Laufe der vergangenen sieben Jahre an die 1.600 Personen mit dem BFPE (siehe Abschnitt 5.4.3) auf ihren Bindungsstil hin untersucht. Die grau unterlegten Spalten in der Übersichtstabelle kennzeichnen die sicher/bedingt sicher gebundenen Personen. *Kreutz* und *Trost* (2014) fanden bei einer Online-Befragung von 219 Professionellen Sozialer Arbeit nur 30 % (bedingt) sicher Gebundene (siehe Zeile 4 der Tabelle 4). Die Teilnehmenden dieser Befragung verfügten über 6–20 Jahre Berufserfahrung und sie beschrieben sich im BFPE als zu fast 60 % ambivalent gebunden. Dieser Befund zeigt sich in ähnlicher Weise aber auch bei den von uns untersuchten systemischen Therapeuten und Beratern (64,1 %) und bei den Sozialarbeiterinnen, die auch auf sekundäre Traumatisierung hin untersucht wurden (47,7 %). Während die repräsentative Stichprobe der deutschen Bevölkerung ein relativ homogenes Bild über alle Bindungscluster abgibt, finden sich bei unserer Kontrollgruppe – 280 Maschinenbau-Studierende – passend zu den Klischeeerwartungen von mehr an Technik als an Beziehungen interessierten angehenden Ingenieuren – besonders viele Individuen, die sich als vermeidend-verschlossen beschrieben. Tabelle 4 gibt einen Überblick über die untersuchten Kohorten, das Durchschnittsalter und die ermittelten Bindungsstile.

Tabelle 4: Bindungsstile der untersuchten Kohorten im Vergleich zur durchschnittlichen Bevölkerung

Kohorte	n	Alter Ø	Vv %	Bs %	S %	Aa %	Av %
Studierende Soziale Arbeit (S. A.)	575	24,2	14,6	45,7	13,4	16,0	10,3
Studierende EFL	148	36,8	15,5	70,9	6,1	3,4	4,1
Professionelle Soziale Arbeit	219	41,0	10,5	20,5	9,6	35,6	23,7
Soziale Arbeit Sekundärtrauma	109	47,9	13,8	33,9	4,6	30,3	17,4
Individualtherapeuten und -beraterinnen	102	52,1	22,6	64,2	0,9	6,6	5,7
Systemische Berater und Therapeutinnen	276	47,2	13,4	17,0	5,4	38,0	26,1
Gesamt N psychosoziale Berufe	1.345	34,8	14,4	39,4	8,9	22,3	14,9
Studierende Maschinenbau	280	21,0	35,0	35,4	5,7	13,6	10,4
Repräsentative Stichprobe deutsche Bevölkerung	*1.406*	*34,6*	*20,6*	*21,3*	*19,6*	*21,6*	*16,9*

Erklärungen:
Studierende S. A.: *Studierende KatHO-Aachen, BA, MA; Hochschule Saxion, Enschede (NL) – paper-pencil*
Professionelle S. A.: *Sozialarbeiterinnen und Sozialpädagogen aus unterschiedlichen Berufsfeldern – online*
S. A. Sekundärtrauma: *Sozialarbeiterinnen und Sozialpädagogen aus unterschiedlichen Berufsfeldern, auch mit Fragebogen zur sekundären Traumatisierung untersucht – online*
Studierende EFL: *Mehrere Gruppen Masterstudierende Ehe-, Familien-Lebensberatung in Köln, Münster, Freiburg, Hildesheim – paper-pencil*
Individualtherapeuten und -beraterinnen: *über die Gesellschaft f. Individualpsychologie, Köln – online*
Systemische Berater und Therapeutinnen: *über DGSF und SG – online*
Studierende Maschinenbau: *Vergleichsgruppe zur ersten Kohorte Studierende Soziale Arbeit (n= 228), beide Aachen – paper-pencil*
Deutsche Bevölkerung repräsentativ *(Brähler, Höger u. Stöbel-Richter, 2008)*

Alter = Durchschnittsalter, **Vv** = vermeidend-verschlossen, **Bs** = Bedingt sicher, **S** = sicher, **Aa** = Ambivalent-anklammernd, **Av** = Ambivalent-verschlossen

9.2 Bindungsstile und Bindungswissen bei systemischen Beraterinnen und Therapeuten[6]

9.2.1 Bindungsstile

Über die Mailinglisten der DGSF und der Systemischen Gesellschaft sowie über die Zeitschriften »Kontext« (DGSF) und »systeme« (SG) konnten 276 Probanden dazu motiviert werden, an unserer Onlinebefragung teilzunehmen (siehe Tabelle 5, vgl. Tabelle 4: Zeile 7).

Tabelle 5: Alters- und Geschlechtsverteilung systemische Studienteilnehmende

	N =	W/M %	Alter Ø
Studienteilnehmende	276	81,5/18,5	47,15
DGSF-Mitglieder	6.564	74,0/23,0	49,74
SG-Mitglieder	1.269	67,8/32,2	52,60

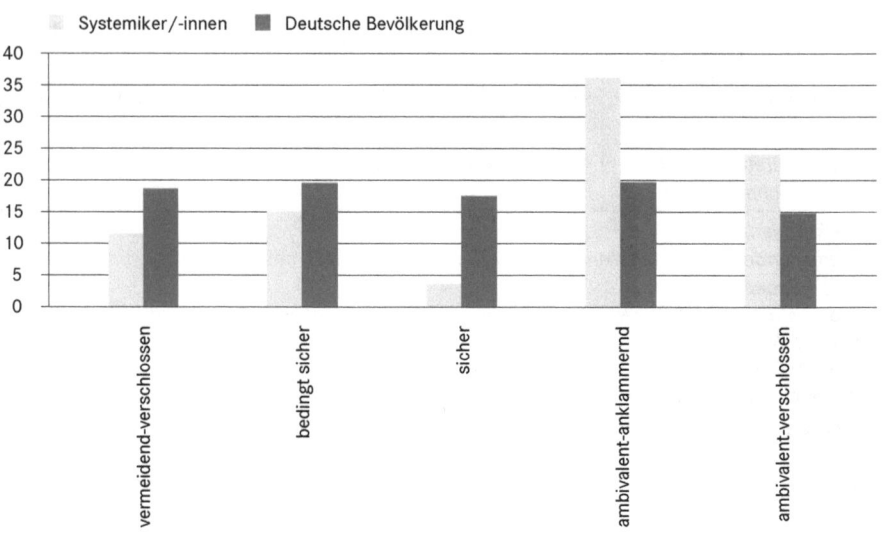

Abbildung 28: Vergleich Bindungsstile Systemiker/-innen versus deutsche Bevölkerung

---

6 Siehe auch Trost (2016b) und Kaufmann (2016).

Die Teilnehmenden waren im Mittel 47 Jahre alt, der Männeranteil mit 18,5 % noch geringer als bei den Verbandsmitgliedern. Die meisten beschrieben sich als eklektisch ausgebildet und nicht einer spezifischen systemischen Schule zugehörig. Viele hatten mehrere systemische Abschlüsse; die Arbeitsfelder waren breit gestreut. Ihre systemisch ausgerichtete Wochenarbeitszeit gaben sie mit 18 Stunden im Mittel an, wobei viele sowohl angestellt als auch selbstständig tätig waren, mit einer starken Streuung der Arbeitsjahre. Die Probanden hatten sich im Median elf Jahre mit systemischen Theorien beschäftigt.

Im Vergleich (siehe Abbildung 28) zu der repräsentativen Stichprobe von Brähler et al. (2008) beschrieben sich die teilnehmenden systemischen Berater und Therapeutinnen als wesentlich unsicherer gebunden, mit einer besonders häufigen Ausprägung der *hyperaktivierenden, ambivalenten Bindungsstile*. Ähnlich haben wird es nur bei der erwähnten Befragung von Professionellen der Sozialen Arbeit gefunden (siehe Tabelle 4: Zeile 4). Statistische Vergleiche der Bindungsstile mit Arbeitsfeldern, systemischen Abschlüssen, Lehrbefähigung oder Geschlecht waren nicht signifikant.

Wir konnten jedoch einen Alterseffekt feststellen: Systemiker/-innen mit deaktivierenden (vermeidenden) Bindungsstilen waren im Schnitt älter als die mit hyperaktivierenden (verstrickt-ambivalenten). Diesen Befund haben wir bei allen befragten (angehenden) psychosozialen Profis überprüft, mit ähnlichem Ergebnis: Unter denjenigen mit einem sicheren Bindungsstil waren häufiger Jüngere, während die Ambivalent-Verschlossenen, ähnlich wie die Vermeidend-Verschlossenen zur ältesten Gruppe gehörten.

Die folgenden Netzdiagramme bilden die mittlere Distanz der jeweiligen Kohorte zu den fünf Bindungsclustern ab. Durch die Übereinanderprojektion der Flächen, die durch die Verbindungslinien zwischen den Distanzen zu den Clustern (Bindungsstilen) gebildet werden, kann die Verteilung der Bindungsstile in den unterschiedliche Kohorten grafisch dargestellt werden.

Sowohl die mit Anfang 20 Jahren jungen Bachelor-Studierenden der Sozialen Arbeit (BASA; siehe Abbildung 29) als auch die im Schnitt 34 Jahre alten, meist nach Primärstudium und Familiengründung sich einem neuen, erweiternden Tätigkeit zuwendenden Master-Studierenden der Ehe-Familien- und Lebensberatung (EFL; siehe Abbildung 30) (jeweils hellgrau unterlegt) beschreiben sich als viel häufiger sicher gebunden als die mehr den hyperaktivierenden Stilen zuneigenden Systemiker/-innen (dunkelgrau).

272 9 Bindungsstile und Bindungswissen in helfenden Professionen

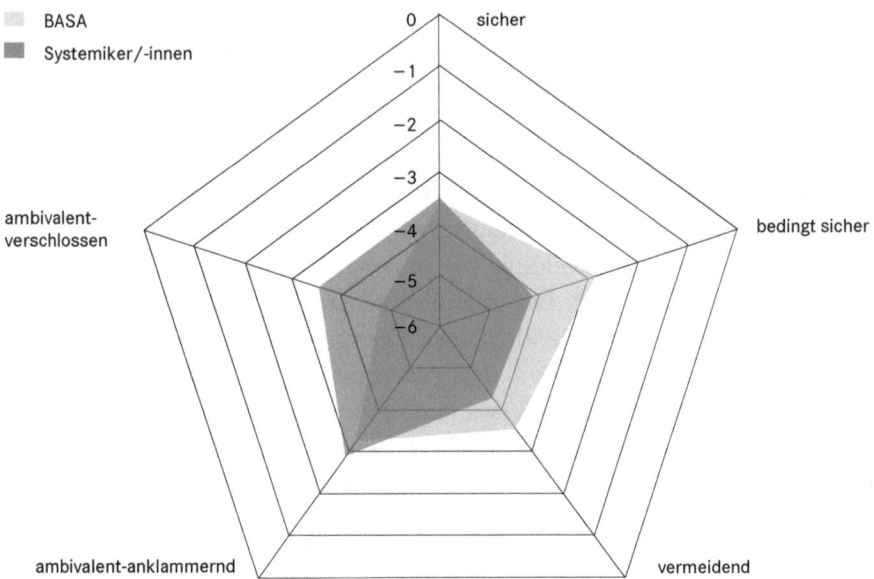

Abbildung 29: Distanz zu Clustern: BA-Studierende Soziale Arbeit (BASA) (Aachen, 1. Erhebung) versus Systemiker/-innen

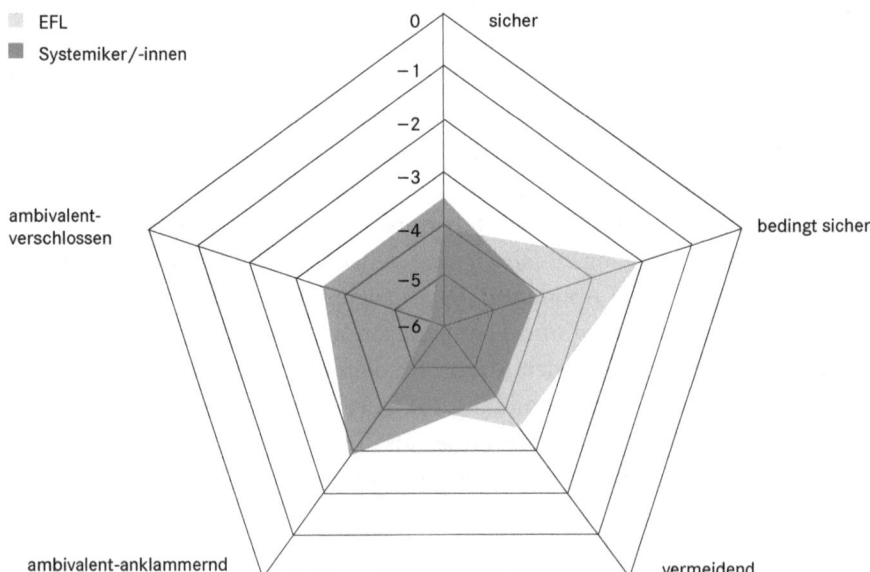

Abbildung 30: Distanz zu Clustern: MA-Studierende Ehe-Familien-Lebensberatung (EFL) versus Systemiker/-innen

9.2.2 Bindungswissen

Wie in Kapitel 8 verdeutlicht, enthalten viele systemische Prozessvariablen und methodische Zugänge bindungstheoretische Aspekte. Für eine effektive und bewusste Gestaltung der Arbeitsbeziehung ebenso wie für die Einschätzung der eigenen beraterischen/therapeutischen Wirksamkeit sind sowohl theoretisches Bindungswissen als auch ein Zugang zum eigenen Bindungsstil bedeutsam. Beides gehört bis heute weder zum Standardumfang der beruflichen Basisqualifikationen noch zu dem der systemischen Weiterbildung. Entsprechendes Wissen muss in der Regel über Fortbildungen zusätzlich erworben werden.

In der Selbstauskunft bewerteten die Probanden ihr bindungstheoretisches Wissen zu 60 % gut und sehr gut, die Relevanz dieses Wissens für die Arbeit schätzten allerdings nur knapp 55 % als hoch ein, der Rest fand Bindungswissen mittel- bis nicht relevant. Es wundert nicht, dass die Relevanzeinschätzung am höchsten mit dem sicheren Bindungsstil korrelierte und am niedrigsten mit dem vermeidend-verschlossenen.

In einer früheren Untersuchung (2011) haben wir (Berg u. Trost, 2014) 283 Mitarbeiter nordrhein-westfälischer Erziehungsberatungsstellen nach ihren Kenntnissen zur Bindungstheorie befragt. Alle Teilnehmenden verfügten über humanwissenschaftliche Studienabschlüsse. Nahezu alle befragten Berater gaben an, Kenntnisse zur Bindungstheorie zu besitzen, jedoch nur die Hälfte schätzten dabei ihre Kenntnisse als gut ein. Um diese Kenntnisse zu operationalisieren, wurden zusätzlich Fragen zu spezifischen bindungstheoretischen Begriffen und Verfahren gestellt. Nur 13 % konnten als tiefergehend bindungstheoretisch versiert eingeschätzt werden, wohingegen 26 % nur über sehr wenige bindungstheoretische Erkenntnisse verfügte. Eine Mehrheit gab widersprüchliche und nicht eindeutig zuzuordnende Antworten.

Eine neuere Studie (Simons, 2017) greift diese Methodik auf. 147 Individualpsychologische Therapeuten und Berater, zu 43 % Psychologinnen/Psychologen, und im Mittel mit 16 Jahre Berufserfahrung, wurden nach ihren Kenntnissen zur Bindungstheorie befragt. Hier waren es immerhin 64 % und noch häufiger die jüngst ausgebildeten, die über spezifisches Bindungswissen verfügten. Die subjektive Einschätzung deckte sich dabei im Wesentlichen mit der objektiven. Dementsprechend empfanden 92 % die Erkenntnisse der Bindungstheorie als sehr wichtig für ihre Arbeit. 46 % verwendeten Begrifflichkeiten und Konzepte der Bindungstheorie regelmäßig oder häufig in der Arbeit und zur persönlichen Reflexion.

Angesichts der großen Bedeutung der Bindungstheorie und des inkorporierten Bindungswissens ist zu fordern, dass eine entsprechende Kenntnisvermittlung in jegliche beraterische und therapeutische Grundausbildung zu integrieren ist. Dies gilt ausdrücklich auch für das systemische Feld.

9.2.3 Diskussion der Ergebnisse

Wie ist der hohe Anteil ambivalenter Bindungsstile bei den Systemikern zu erklären? Die gleiche Frage gilt für die Kohorte der berufserfahrenen Sozialarbeiter/-innen. Hier hatten wir eine Rücklaufquote von ca. 70 % im Unterschied zu den Systemikern, die bei ca. 7 % lag, wenn wir annehmen, dass ca. 50 % aller Fachverbandsmitglieder erreicht wurden. Die Erhebung war also in keinem Fall repräsentativ, und es stellt sich die Frage, *wer* (an Bindungsthemen interessierte Systemiker?) *mit welcher Motivation* daran teilgenommen hat und ob dies bereits eine Vorauswahl in Richtung hyperaktivierender Bindungsstile bedeutete.

Ist es auch denkbar, dass ambivalent gebundene Menschen sich eher die belastenden, beziehungsintensiven therapeutischen Arbeitsfelder aussuchen? Könnte es vielleicht sein, dass Menschen, die vorwiegend in therapeutischen Arbeitsfeldern arbeiten, im Laufe der Zeit einen ambivalenteren Bindungsstil entwickeln? Professionelle in vielen systemischen und/oder sozialarbeiterischen Feldern befassen sich tagtäglich mit zum Teil schwer traumatisierten Klienten, die auf Beziehungsangebote nicht selten mit Ablehnung, Misstrauen und Versagenserwartung reagieren. Diese Erfahrung könnte langfristig einen Einfluss auf das eigene innere Arbeitsmodell – im Sinne einer Erwartung, abgelehnt zu werden – haben. Dazu kommt die belastende Erfahrung, am »Elend« der Klienten teilzuhaben, ohne oft schnell und effektiv helfen zu können. Gerade bei tendenziell ambivalent gebundenen Menschen ist zudem die »Ansteckungsgefahr« im Sinne einer sekundären Traumatisierung höher als bei sicher oder vermeidend gebundenen.

Soweit die Spekulationen. Als Reflexionshilfe für die eigene Motivationslage und innere Verfasstheit eignen sie sich allemal, auch wenn zur Validierung der Ergebnisse und zur weiteren Klärung der Fragen neue Forschungsanstrengungen notwendig sind.

Neben den Risiken für das eigene Selbstbild und im Hinblick auf die erhöhte Verstrickungsbereitschaft im Klientenkontakt weisen ambivalent gebundene Menschen auch spezifische Ressourcen für die helfenden Berufe auf. Sie haben in der Regel empfindliche Antennen für den inneren Zustand des Gegenübers und sind bereit zu einem emotionalen Investment in den Beratungsprozess. Auch bei Frustration des Angebotes bemühen sie sich, in Verbindung zu bleiben. Gut reflektierte ambivalent gebundene Profis können ein für ihre Klienten erreichbares Modell im Umgang mit Angst, Wut und Ärger darstellen. Mithilfe von erworbenen Mentalisierungskompetenzen und einer achtsamen Grundhaltung kann sogar eine besonders tragfähige Arbeitsbeziehung erreicht werden.

Als Risiko bleibt die schnelle, reflektorische Aktivierung des eigenen Bindungssystems, die sich empathieeinschränkend auswirken kann. Selbstreflexion und regelmäßige Supervision ermöglichen Lernprozesse in Richtung einer »Earned Security« und vermindern die Gefahr, den Klienten unbewusst für eigene Bindungsbedürfnisse zu »missbrauchen«.

9.3 Sekundärtraumatisierung

Vor ca. zwanzig Jahren begannen Wissenschaftler, berufsbedingte Belastungen von Einsatzkräften, Krisenhelfern und Traumatherapeuten zu untersuchen (Krüsmann, 2012). Nach »Überlastungserscheinungen« und Burn-out rückten schließlich psychotraumatische Verarbeitungsmodi in den Blick. In den 1990er Jahren tauchte erstmals der Begriff der »sekundären Traumatisierung« in der Forschungsliteratur auf und umschrieb damit eine Belastungsreaktion, die nicht durch eigene traumatische Erfahrungen entsteht, sondern durch das Anhören von Berichten über oder die Zeugenschaft von Traumatisierungen anderer hervorgerufen wird. In dem dadurch ausgelösten Forschungsdiskurs wird belegt, dass allein durch den indirekten Kontakt mit Traumamaterial und durch das Mitfühlen am Schicksal des Gegenübers beim Zuhörer ähnliche Symptome wie beim Traumaopfer selbst auftreten können (Stamm, 2002). *Judith Daniels* (2006) befragte nahezu 1.000 Psychotherapeuten und weitere 200 Personen anderer helfender Berufsgruppen. Die Untersuchung erbrachte, dass sekundäre Traumatisierung eine offenbar häufig auftretende berufsbedingte Belastung ist. 29,1 % der Befragten wurden als sekundär traumatisiert eingestuft, wobei kein signifikanter Unterschied zwischen den Berufsgruppen festzustellen war.

Daniels (2011) definiert sekundäre Traumatisierung als eine »Ansteckung« mit typischen posttraumatischen Symptomen, die allein durch die Arbeit mit traumatisierter Klientel, nicht durch eigene traumatische Erfahrungen zustande kommt, und zwar in einer Dosis-Wirkungsbeziehung. Die Symptome ähneln denen einer Primärtraumatisierung. Es treten belastende Gefühle – wie Entsetzen, Wut, Angst, Scham, Depression und klassische dissoziative Phänomene – als Schutzmechanismus zur Stressreduktion auf. Dazukommen psychosomatische Symptome wie Unruhe, Schlafstörungen und Kopfschmerzen mit der Folge von Vermeidungsverhalten und Abstumpfung gegenüber den Klientinnen und Klienten.

Pentz und *Trost* (2015a) fanden bei 109 online befragten Fachkräften der Sozialen Arbeit mit im Schnitt 19 Jahren Berufserfahrung eine Berufsprävalenz der sekundären Traumatisierung von fast 27 %. Das ist unwesentlich weniger als bei Traumatherapeutinnen und -therapeuten (29 %) und wesentlich höher als in Kinder- und Jugendhilfe-Stichproben (Scherwath u. Friedrich. 2012: 16 %; Heimes, Heithausen, Konrad u. Trost, 2013: 17 %).

Pentz konnte nachweisen, dass das BFPE-Profil des ambivalenten Bindungsstiles signifikant mit der Schwere der sekundären Traumatisierung korreliert war. Sekundäre Traumatisierung hing damit in unserer Untersuchung hochsignifikant mit einem unsicheren Bindungsstil, insbesondere mit dem vermeidend-verschlossenen zusammen. Die Zahlen sind noch zu gering, um eine Verallgemeinerung zuzulassen. Der Befund wirft jedoch ein Licht auf mögliche negative Auswirkungen belastender Klientenkontakte auf die eigene psychische Ausgeglichenheit und Leistungsfähigkeit.

Bindungsunsicherheit erweist sich aber wiederum als Vulnerabilitätsfaktor im Arbeitsleben, wohingegen eine sichere Bindungsstrategie als Schutzfaktor gegenüber Sekundärtraumatisierung gelten kann. Eine US-amerikanische Studie an 670 Probanden zeigte zudem, dass sicher gebundene Menschen wesentlich effektiver eine gute Work-Life-Balance aufrechterhalten und dass die Balance zwischen Bindung und Exploration leichter gelingt (Hazan u. Shaver, 1990).

9.4 Unsichere Bindungsmuster und Hilfeprozess

Wir sind in den meisten Feldern systemischer Arbeit überwiegend mit unsicher gebundenen Menschen konfrontiert. Im therapeutischen Feld und im Jugendhilfebereich (Zegers, Schuengel, van Ijzendoorn u. Janssens, 2006) begegnen uns häufig desorganisierte und unsicher-ambivalente Bindungsmuster. Dies erfordert eine ausgeprägte Wachheit gegenüber dem Beziehungsgefüge Institution-Professionelle-Klient, damit nicht unbewusst die eigentlich angestrebte Befähigung zum selbstregulierten, autonomen Leben behindert wird (Hartmann, 2003). Entscheidend im Hilfeprozess ist aus bindungstheoretischer Sicht das Angebot des »sicheren Hafens«, um dem Klienten neue Erfahrungen und feinfühlige Explorationshilfen anzubieten, sodass er seine eingefahrenen Wege verlassen kann. Hier ist es besonders wichtig, emotional korrigierende Erfahrungen bzw. »schützende Inselerfahrungen« (Gahleitner, 2011, S. 48) anzubieten. Gleichzeitig müssen wir uns vergegenwärtigen, dass »unsere« Vorstellungen von Bindung, z. B. bei bindungstraumatisierten Kindern und Jugendlichen, nicht unbedingt mit deren Möglichkeiten übereinstimmen. Die emotional haltende Funktion liebevoll-responsiver Bindungsangebote überfordert desorganisierte oder bindungsgestörte Kinder; sie sind auf sehr klare und strukturierende pädagogische Umgangsweisen angewiesen. Bei zu viel »Gefühl« und Nähe, wie sie beispielsweise von unsicher-ambivalenten Pädagogen oder Therapeuten angeboten werden, reagieren sie eher mit Verwirrung und Eskalation als mit einer Beruhigung ihres Stressverarbeitungssystems.

Darüber hinaus gilt die Erkenntnis, dass es bei der hochbelasteten Klientel der systemisch-klinischen oder sozialarbeiterischen Tätigkeitsfelder und den allenthalben vorgefundenen sicheren und unsicheren Bindungsmustern der Profis entscheidend darauf ankommt, wie die Institution, der Arbeitgeber diesen Umständen Rechnung trägt. Dazu gehören nicht nur regelmäßige (!) Supervision und Fortbildungen mit bindungstheoretischer Fundierung, sondern die Institution, der Arbeitgeber muss selbst eine »sichere Basis«, einen Container, eine haltgebende Struktur für ihre Professionellen bieten, damit diese sich in ihrer Beziehungs- und Explorationskompetenz weiterentwickeln können. Nur in einem »Gedeihraum« können wir die von uns erwarteten psychosozialen Höchstleistungen für und mit unserer Klientel erbringen, ohne dabei selbst auf Dauer krank und deformiert zu werden.

Über diese Funktion hinaus muss die institutionelle Leitung auch den Hilfeprozess als Ganzes im Blick behalten, der angesichts hoch unsicher gebundener Klientel und vielen beteiligten Hilfeinstitutionen oft selbst desorganisiert zu werden droht. Am Beispiel der Fremdplatzierung von Kindern ergeben sich so Adressierungsprobleme bei den Eltern: Wer ist wirklich Hilfeadressat? Gibt es noch Freiwilligkeit und Partizipation der primären Bezugspersonen? Wie kann mit dem Problem der elterlichen Scham interinstitutionell umgegangen werden? Bei ausgeprägt desorganisierten Individuen oder Systemen stellt sich angesichts der manchmal anscheinend gegeneinander oder sich gegenseitig neutralisieren Bemühungen ein Gefühl von Sinnlosigkeit bei den Helfern im Sinne eines »Apathie-Nutzlosigkeits-Syndroms« (Schleiffer, 2015, S. 95) ein.

In pädagogischen und therapeutischen Institutionen kommt zunehmend eine Bindungsorientierung im Wissen und Verhalten an; wesentlich schwieriger ist das noch bei Ämtern und Gerichten, z. B. bei der familiären Bereitschaftspflege, die ja als Schnittstelle zwischen Inobhutnahme und Weitervermittlung eines in der Regel sehr kleinen Kindes dient. Lange Verfahrensdauer und finanzielle Abwägungen führen leider häufig dazu, dass entgegen besseren (Bindungs-)Wissens die Kinder nicht nur die vorgesehenen wenigen Monate, sondern in ihrem hoch vulnerablen Status intensivster Gehirnentwicklung weit über ein Jahr in der Bereitschaftspflege bleiben, sich dort binden und dementsprechend beim Wechsel in die Dauerpflege einen erneuten traumatischen Verlust erleben müssen. Diese Fragen in Bezug auf größere Systeme und deren Umgang mit Bindungsthemen leiten zum nächsten Kapitel über.

10 Ökonomische und politische Aspekte der Bindungsförderung

Vom Anfang des Lebens an sind Bindungsbeziehungen die bedeutsamsten und einflussreichsten Beziehungen im Leben eines Kindes. Sie bereiten den Boden für die emotionalen und kognitiven Bewertungen von sozialen und dinglichen Erfahrungen sowie für die Bedeutungsgebungen über sich selbst und andere. Bindungsbeziehungen beeinflussen Gedanken, Gefühle, Motive und nahe Beziehungen ein Leben lang und sind damit die Grundlage von Resilienz und Salutogenese. Trotz großen Reichtums und einer vergleichsweise gut funktionierenden Zivilgesellschaft in unserem Land wächst schätzungsweise ein Viertel unserer Kinder unter benachteiligenden Umständen auf. Dazu gehört Armut, die sich aber nicht nur in mangelhaftem Zugang zu materiellen Ressourcen äußert, sondern insbesondere in einem Bedingungsgefüge schlechterer Voraussetzungen für die Frühsozialisation, für eine gute neuronale und Bindungsentwicklung von Anfang an.

Dies spiegelt sich auch in aktuellen Untersuchungen wie z. B. der KiGGS-Studie (Robert-Koch-Institut, 2006). Die BELLA-Studie (Ravens-Sieberer, Wille, Bettge u. Erhart, 2007) erfasste 2.863 deutsche Kinder und Jugendliche (7–17 Jahre) im Rahmen einer repräsentativen Teilstichprobe aus dem Kinder-Gesundheitssurvey (KiGGS-Studie, 17.641 Probanden). Durch die BELLA-Studie sollte erfasst werden, wie hoch der Anteil an Kindern und Jugendlichen in Deutschland ist, die z. B. unter Angststörungen, Depressionen oder Hyperaktivität leiden. Außerdem wurde untersucht, inwiefern sich familiäre, biologische und soziale Faktoren auf die psychische Gesundheit von Kindern und Jugendlichen auswirken. Mittlerweile liegen erste Auswertungen vor. Bedeutsam dabei erscheint, dass bei einer durchschnittlichen Prävalenz von fast 22 % aller Kinder mit einer wahrscheinlich behandlungsbedürftigen psychischen Störung eine niedrige sozioökonomische Situation besonders durchschlägt. Dazu tragen insbesondere allgemeine Belastungsfaktoren wie Familienkonflikte, elterliche Belastung, ein psychisch kranker Elternteil und eine insgesamt niedrige psychische Lebensqualität der Eltern bei. Die meisten dieser Kinder erhalten keine problemangemessenen Hilfen; vor allem Jungen im

Grundschulalter werden allenfalls durch Ergotherapie »aufgefangen«. Ergotherapeuten allein können das Problem aber nicht meistern, ebenso wenig wie Kinderpsychotherapeuten oder Familienbegleiter. Körperlich behinderte oder entwicklungsauffällige Kinder zeigen noch erheblich höhere Raten an psychischen Störungen als körperlich gesunde. In aller Regel finden wir
- auf der *individuellen Ebene* eine Kombination von Stressbelastung und Entwicklungsbeeinträchtigung, die sich auf motorische und andere Teilleistungsfähigkeiten und auf die Verhaltensregulation auswirken;
- auf der *Familienebene* elterliche Erziehungsunsicherheit, Familienkonflikte und Strukturdefizite;
- auf der *institutionellen* Ebene eine mangelhafte Kooperation im Sinn der anzustrebenden Ziele.

Dazu kommt, dass die Geister der deutschen Geschichte, insbesondere der NS-Zeit, in der aktuellen Erziehungslandschaft immer noch ihr Unwesen treiben. Beziehungsfeindliche Einstellungen früherer Generationen (siehe Abschnitt 4.3.2) sind längst nicht überwunden. Insbesondere der fatale Missbrauch von Erziehung im Dienst der nationalsozialistischen Ideologie mit ihrer Repression von Autonomie und Emotionalität in einem autoritär-gewaltsamen Erziehungsstil und ihrer Verteufelung von Empathie und emotionaler Bindung wirken nach bis in die zweite, wenn nicht sogar dritte Nachkriegsgeneration (Chamberlain, 1997), aber auch die – scheinbar gegenläufigen – ideologischen Auswüchse der antiautoritären Erziehung. Sie wirken nach als unsicher-vermeidende Bindungsmuster, als generelle Beziehungsunsicherheit, als fatale Mischung aus Gewährenlassen und Durchbrüchen eines gewaltsam-autoritären Erziehungsstils (Papoušek, 2009). Daran haben leider weder das Gesetz zur Ächtung von Gewalt in der Erziehung (Neufassung § 1631 BGB vom 2.11.2000) noch die UN-Kinderrechtskonvention (1989) Entscheidendes geändert. Neue Wege zeigt z. B. das systemische Konzept der elterlichen Präsenz von Omer und von Schlippe (2002) auf, das sich auch bei der Gewaltprävention in Schule und öffentlichen Räumen bewährt (Omer u. von Schlippe, 2010).

Die geschilderte Situation ist nicht nur individuell gefährlich. Nach den Erkenntnissen des russischen Wirtschaftswissenschaftlers *Leo Nefiodow* (1996), der in Nachfolge von *Nikolai Kondratjew* die langwelligen Zyklen der Weltwirtschaft untersucht, wird der nächste Zyklus und damit die gesellschaftliche Produktivität davon abhängen, inwieweit eine Gesellschaft psychosoziale Gesundheit und eine Grundkompetenz zur Kooperation erreicht. Wir verzeichnen z. B. seit über zwanzig Jahren ein starkes Wachstum an Beratungsaktivitäten in Wirtschaftsunternehmen, weil man erkannt hatte, dass das Personal mit seinen

Querelen und die oft fehlende Fähigkeit zur Kooperation der wesentliche Grund dafür ist, dass die Produktivität stagniert. Das heißt, die psychopädagogische und ethische Grundlegung, die wir *jetzt* einer Gesellschaft von *morgen* geben, ist wirtschaftlich und sozial entscheidend.

Für einen funktionierenden gesellschaftlichen Zusammenhalt ist die Erkenntnis von Bedeutung, dass durch angemessene Frühsozialisation aggressives Verhalten verlernt und nicht gelernt wird. Sichere Bindungsbeziehungen können die Aggressionsentwicklung abpuffern, weil sie das Mentalisieren fördern, ebenso wie die erwähnte Erziehung durch Unterwerfung, Zwang und Missachtung der kindlichen Aggression Vorschub leistet (Allan, Fonagy u. Bateman, 2016). Diese Autoren führen an, »die Machtkämpfe, die sich auf den Pausenhöfen unserer Grundschulen abspielen, sind lediglich ein verkleinertes Abbild der tausendfach gefährlicheren globalen Konflikte, von denen wir tagtäglich in den Nachrichten über Terrorangriffe, Krieg und Völkermord hören« (S. 416). Gleichzeitig fördert eine sichere Bindung das genannte »epistemische Vertrauen« in den Wahrheitsgehalt der Informationen, die wir von relevanten Anderen bekommen. Epistemisches Vertrauen auf der Basis individuellen wie kollektiven Selbstwertgefühls ist damit ein wichtiges Element zur Deeskalation von politischen und gesellschaftlichen Konflikten, die sich aus paranoiden Ängsten speisen und letzlich zur Kriegsprävention.

Sven Fuchs (2012) beschreibt in seiner Monografie »Als Kind geliebte Menschen fangen keine Kriege an« die traumatische (Früh-)Kindheit ausgewählter politischer Führer von Ludwig XIII über Napoleon, Hitler, Stalin, Clinton, Bush. Aktuelle Machtpolitiker lassen sich hier einreihen. Dies postuliert natürlich kein lineares Ursache-Wirkungsverhältnis: Bindungstraumata sind aber relevanter Teil eines systemischen Bedingungsgefüges zwischen Krieg und Frieden. *Hannah Arendt* richtete in ihrem Buch »Eichmann in Jerusalem: Ein Bericht von der Banalität des Bösen« (1963) ihre Aufmerksamkeit auf die potenziell globale Größenordnung von Verbrechen, die auf defizitäres und verzerrtes Mentalisieren zurückgehen. *Allen, Fonagy und Bateman* (2016) nennen dies »Geistesblindheit«, also die Unfähigkeit, andere als eigenständige, menschliche Wesen zu mentalisieren und zu respektieren. Moralentwicklung ist notwendigerweise selbstreflexiv: Erst wenn ich weiß, dass ich hasse, liebe, Angst habe, kann ich eine Haltung dazu entwickeln und mich fragen, ob dies gut, schlecht, sinnvoll ist. Damit beruht das Moralempfinden einer Gesellschaft auf der Fähigkeit und Bereitschaft zu mentalisieren, mithin auf einer gelungenen Bindungsentwicklung. Soziale Umwelten, in denen nicht oder kaum mentalisiert wird, bevorzugen teleologisches Verhalten, somit primär Aktion und weniger Kommunikation und Reflexion. Problemlösungen, die der Komplexität unserer Welt angemessen wären, werden dadurch quasi verunmöglicht.

Die bahnbrechende Studie von *Heckman und Masterov* (2007), bei der es um Investitionen in kindliche Bildung zur Erhöhung des »Humankapitals« bei benachteiligten Kindern geht, verdeutlicht eindrucksvoll, dass sich der Einsatz von Finanzmitteln nur bis zum mittleren Schulalter »auszahlt«. Wenn bis zu diesem Alter Gelder nicht effektiv zur Verbesserung der Frühsozialisation eingesetzt worden sind, nützen auch spätere Investitionen nichts. Das ist auch der Grund, warum Jugendhilfekosten, die ab dem Schulalter zur Abwendung von Sozialisationsdefiziten eingesetzt werden, in aller Regel ins Unermessliche ansteigen. Deutsche Wirtschaftswissenschaftler (Pfeiffer u. Reuss, 2008) wiesen nach, dass eine effiziente Familienpolitik die ertragreichste politische Maßnahme zur Steigerung des Humankapitals und zur Reduktion von Ungleichheit ist. Für das Lebenseinkommen sei die frühe Kindheit mit 40 %, die mittlere Kindheit mit 31 % und das restliche Leben mit nur 29 % bedeutsam. All dies steht in Einklang mit den neurobiologischen Erkenntnissen und denen der Bindungstheorie.

»Die Erkenntnis der Erkenntnis verpflichtet«, sagen *Maturana und Varela* (1987, S. 263). Die Erkenntnisse der Neurobiologie, der Säuglings- und Bindungsforschung sowie der lösungsorientierten systemischen Arbeit können nicht einfach im akademischen Raum bleiben, sie verlangen nach sozialpolitischer Anwendung. Neurobiologen wie *Gerald Hüther* (z. B. 1999), der sich in der Grundlagenforschung mit Hirnentwicklungsstörungen befasst hat, führen an, dass eine wesentliche Ursache für Hirnentwicklungsstörungen mangelnde Fürsorge ist, mangelnde Geborgenheit. In einer Welt, in der Geborgenheit verloren geht, kann Hirnentwicklung nicht mehr menschenangemessen normal verlaufen. Wenn wir unser plastisches, komplexes und lernfähiges Gehirn bis ins hohe Alter weiterentwickeln wollen, müssen wir ein Weltbild und damit eine Gesellschaft verabschieden, die allein auf Konkurrenz und Wettbewerb setzt. Wir bleiben gesund und am Leben, solange unsere Regelsysteme die von außen kommenden Störungen ausgleichen können. Neben den biologischen Herausforderungen gehört dazu vor allem psychosozialer Stress. Übermäßig belastende Verstörungen kann unser Gehirn auf Dauer nicht mehr ausgleichen. In der Konsequenz bedeutet dies Entwicklungsstillstand, Regression auf primitivere Verhaltensstufen, Krankheit, Tod und – sehr langfristig gedacht – Aussterben.

Materielle und psychische Unabhängigkeit als höchster Wert postmoderner Lebensführung ist ein irrationales Trugbild und führt langfristig zum Zerfall mikro- und makrosozialer Systeme. Nur wenn die soziale Verankerung eines Menschen breit genug ist und wenn die Person über ein umfangreiches Wissen und vielseitige Kompetenzen verfügen kann, wird sich das herausbilden, was eine Gesellschaft zusammenhalten kann: die Fähigkeit zur Wahrnehmung sozialer Verantwortung. Nach schlechten PISA-Ergebnissen und den dramatischen Vernachlässigungsfällen und Kindstötungen der letzten Jahre scheint sich die öffentliche Meinung und damit die Politik langsam zu besinnen, dass unsere Gesellschaft nur dann eine Zukunftschance hat, wenn sie einen Gedeihraum für die jungen Eltern und ihre Kinder einrichtet, ihre Lebens- und Arbeitsbedingungen verbessert, und so dafür sorgt, dass chronischer Stress nicht zu Entwicklungsbehinderungen, zu psychischer und körperlicher Krankheit führt.

Der Dreh- und Angelpunkt für eine gute Entwicklung des Kindes liegt in der emotionalen und psychosozialen Unterstützung der Eltern von Anfang an. Damit erscheint ein therapeutisch-pädagogisches Bündnis, wie es *Daniel Stern* mit der »Gute-Großmutter-Übertragung« (siehe Unterkapitel 8.3) beschrieben hat, für diese Zielgruppe besonders sinnvoll. Das finnische »Neuvola«-Präventions- und Interventionskonzept verwirklicht seit bereits vielen Jahren genau dies: »Die ›Neuvola-Tanten‹, Hebammen und Krankenschwestern, die eine fünfjährige Ausbildung absolviert haben, um diesen Beruf auszuüben, stellen schon während der Schwangerschaft den ersten Kontakt zu Müttern und Vätern her und führen die ersten vertrauensfördernden Gespräche. Informationen über das soziale Umfeld, mögliche Erbkrankheiten und persönliche Probleme werden hier aufgenommen. Es wird eine Gesundheitskartei angelegt. [...] Bis zum Schuleintritt gehen Mütter und Väter mindestens einmal im Jahr zu ihrer ›Neuvola-Tante‹, um über Fortschritte und Probleme zu sprechen. Im Gesundheitszentrum arbeiten außerdem auch PsychologInnen, LogopädInnen, ErgotherapeutInnen und SozialarbeiterInnen. Sie arbeiten vernetzt mit den Kindergärten und Schulen zusammen, um Informationen über die Heranwachsenden zu geben [...]. Das finnische Bildungssystem baut auf gegenseitigem Vertrauen auf. Im Mittelpunkt von allem, was in der Kita getan wird, steht das Kind. Liebe, Geborgenheit, Grenzen, klare Rituale und Ehrlichkeit sind Grundpfeiler der Erziehung in Finnland« (Gerigk u. Pavel, 2006). 99 % aller finnischen Eltern nutzen dieses freiwillige Angebot. Ähnlich vorbildliche Einrichtungen finden sich in den »Early Excellence Centres« in Großbritannien.

Diese Modelle werden in einigen Modellprojekten ansatzweise auf deutsche Verhältnisse übertragen, z. B. in den Städten Ludwigsburg und Dormagen und in der Region Oberlausitz. Von einer flächendeckenden Umsetzung sind wir allerdings noch weit entfernt. In jedem Fall wird ein solches primärpräventives Instrument gesellschaftlich sinnvoller und letztlich auch wesentlich kostengünstiger sein, als sekundär- oder gar tertiärpräventive Ansätze, die natürlich auch notwendig sind und deren Entwicklung im Bereich der Kinderschutzorganisationen und der Sozialpädiatrie derzeit vorangetrieben wird, z. B. das »Düsseldorfer Hochrisikoprojekt«, das »Potsdamer Frühinterventionsprojekt« oder der »Stuttgarter Kinderschutzbogen für Kinderärzte«.

Generell sind nachhaltige Beziehungs-, Erziehungs- und Bildungspartnerschaften zwischen professionellen Akteuren und den Eltern ab der Schwangerschaft bis zur Einschulung und darüber hinaus ein Gebot der Vernunft. Es liegen heute hinreichend Erkenntnisse und Expertisen zu einer menschenwürdigen und entwicklungsfördernden Gestaltung frühester Bildungsprozesse vor. Dies betrifft z. B. die Krippenbetreuung als wichtiges Thema in der Debatte um die Vereinbarkeit von Familie und Beruf. Eine bindungsförderliche Gestaltung der Eingewöhnung und eine Definition von guter Qualität in Krippen wurde bereits 2008 von der *Gesellschaft für seelische Gesundheit in der frühen Kindheit* (GAIMH) verabschiedet. Leider wird ihre Umsetzung immer wieder durch kurzsichtige Finanzüberlegungen blockiert, was zu einer größeren Zahl gestresster Kinder und Eltern führt – mit den bekannten Entwicklungsrisiken.

Auf der anderen Seite engagieren sich zunehmend nicht nur Einzelpersonen, sondern auch Organisationen für eine Gesellschaft, die die menschlichen Grundbedürfnisse in den Mittelpunkt stellt, wie z. B. die genannte GAIMH. Die DGSF als größter Verband systemisch Arbeitender ist u. a. im Nationalen Zentrum Frühe Hilfen (NZFH) aktiv, und etliche Leiter psychosomatischer Kliniken, viele Ärzte und andere Professionelle im psychosozialen Bereich treten für eine andere Medizin, eine andere Gesellschaft ein, die ein Zusammenleben in Würde besser ermöglicht (www.aufruf-zum-leben.de).

Schlussfolgerungen für eine bindungssensible Sozialpolitik
Damit die evolutionär angelegte Bereitschaft zu dialogischer Kooperation in einem Menschen auch verwirklicht werden kann, braucht es grundlegende Voraussetzungen, die von politischen Akteuren geschaffen werden können. Nach allen aktuellen Erkenntnissen ist der Aufbau einer primären Bindungsbeziehung, meist zwischen Mutter und Kind, für die individuelle bio-psycho-soziale Disposition zur Entwicklung eines kompetenten Selbst und damit für Kooperations- und Friedensfähigkeit entscheidend.

Eine ungestörte, responsive und von den weiteren Bezugssystemen (Vater, Familie, soziale Gruppe usw.) im Sinne von »Containment« unterstützte Frühsozialisation in Schwangerschaft und ersten Lebensjahren ist nahezu ein Garant für eine gesunde Psyche des Kindes im Hinblick auf die genannten »menschlichen« Fähigkeiten. Dadurch wird der Boden für eine Wirksamkeit der notwendigen weiteren Aktivitäten zur Werte- und Sozialentwicklung gelegt.

Resilienz, also die in unseren Zeiten so gewünschte Fähigkeit, mit aversiven Erfahrungen nahezu unbeschadet fertigzuwerden, gründet im Wesentlichen auf Bindungssicherheit (siehe Abschnitt 5.7.1).

Vor- und/oder nachgeburtliche Traumatisierung von bzw. durch Mutter und Vater bewirken in den meisten Fällen eine Selbstorganisation des kindlichen Gehirns, die auf primäres Überleben und nicht auf »gutes«, integrierendes Lernen ausgerichtet ist. Mentalisierungsdefizite, Störungen von Impulsivität und Affektregulation, geringe Ich-Flexibilität, eine Disposition zu eher binären als ambivalenten Lösungen und ein erhöhtes Risiko für psychopathologische Störungen sind häufig die Folge. Abhilfe bei bereits bestehenden belastenden Vorbedingungen oder gar Schädigungen zu schaffen, ist extrem aufwendig und teuer. Aber auch bei traumatisierten Müttern und Vätern ist es möglich, durch entsprechende bindungstherapeutische Hilfen die 1:1-Weitergabe der gestressten und damit nicht menschenoptimal arbeitenden Gehirnorganisation an das Baby zu verhindern.

Vordringliche Aufgabe heutiger Sozial- und Wirtschaftspolitik muss es daher sein, die erste Lebensphase der Menschen zu schützen und Bedingungen zu schaffen, unter denen Menschen ihre elterlichen Aufgaben möglichst stressarm wahrnehmen können, um ihnen und damit auch ihren Kindern weitreichende Kompetenzen zu erschließen.

Eine weitere wesentliche Frage wird sein, wie die In-Out-Group-Grenzen geöffnet werden können, sodass es kooperatives Verhalten und damit Frieden zwischen unterschiedlichen sozialen, ethnischen und kulturellen Gruppierungen geben kann. Die Friedenspädagogik und verwandte Forschungsbereiche nähern sich dem auf vielfältige Weise (Frieters-Reermann u. Lang-Wojtasik, 2015; Trost, 2015a). Frühe interkulturelle und inklusive Begegnungen zwischen den primär vorurteilsfreien Kleinkindern können ein wichtiger erster Schritt dazu sein.

Aus meiner Perspektive erscheinen der Schutz der Schwangerschaft, eine geschützte und gelungene Primärsozialisation im Sinne von responsiver Interaktion ab der Geburt und sichere Bindung notwendige, wenngleich nicht hinreichende Voraussetzungen dafür zu sein. Sicher gebundene Menschen ruhen mehr in sich, sind emotional stabiler, freier in der Wahrnehmung und Handlungsfähigkeit und können daher auch eher das Wagnis einer gruppenüberschreitenden Kommunikation und Kooperation eingehen.

Um diesen Schatz zu heben, braucht es flächendeckende qualifizierte und laufend evaluierte Begleitungs- und Bildungsangebote für werdende Eltern und junge Familien, insbesondere aber auch für Entscheider in Politik und Wirtschaft. Auf deren Einsicht und ihre Bereitschaft, in längerfristigen Zyklen zu denken und aktuelle kurzfristige Prioritäten zu überdenken, wird es ankommen.

11 Fazit und Ausblick: Bindungsorientierung für die systemische Arbeit

Am Beginn dieses Buches steht die rhetorische Frage: »Bindung ist alles – ist ohne Bindung alles nichts?« Aus Sicht der aktuellen Forschung in Neurobiologie und Bindungswissenschaft, und ich hoffe dafür hinreichend Argumente geliefert zu haben, ist Bindung beileibe nicht alles, aber ohne Bindung ist im anthropologischen Sinne tatsächlich alles nichts! Ohne die Bindungsaspekte im Blick zu haben, können wir weder als Individuen überleben noch eine menschenwürdige Gesellschaft gestalten. Das »Gefüge psychischer Sicherheit« ist menschenangemessen und für ein gelingendes Leben essenziell. Dieses Gefüge wächst von der Zeugung an auf dem Boden evolutionär-biologischer Dispositionen in stetiger Wechselwirkung zwischen Körper und Psyche durch den Einfluss der Interaktionen mit den primären Bezugspersonen. Ein responsiver, respekt- und liebevoller Bindungsaufbau und die beständige, feinfühlige Förderung von Exploration ermöglichen eine neuronale Selbstorganisation, die einen Menschen hervorbringt, der gleichzeitig autonom sein kann und sich seiner Interdependenz bewusst ist, der gleichzeitig konflikt- und friedensfähig ist und sich sowohl als Einzelner wie auch als Beziehungswesen erlebt und definiert. Dies geschieht bereits von Anfang an in einem systemischen Geflecht von Beziehungen, das über das rein Dyadische der primär beforschten Mutter-Kind-Beziehung hinausweist.

Was sind die letzten Bausteine der sozialen Welt? Die Bindungsforschung wie auch die Systemwissenschaften haben sowohl theoretisch als auch empirisch gezeigt, dass »die menschliche Gesellschaft nicht einfach aus atomaren Individuen besteht, sondern die menschliche Natur zutiefst auf Sozialität angelegt ist und der Einzelmensch nur durch das soziale Gegenüber zu sich selbst kommt. Vierhundert Jahre lang hat sich die Idee des Atomismus als scheinbar unhinterfragbare Selbstverständlichkeit in das kollektive Bewusstsein eingebrannt. ›Die Idee sitzt gleichsam als Brille auf unserer Nase, und was wir ansehen, sehen wir durch sie. Wir kommen gar nicht auf den Gedanken, sie abzunehmen‹ (Wittgenstein 1953, 296, § 103). Um die Fülle menschlicher Realität in einer anthropologischen und ethischen Theorie angemessen beschreiben zu können, wird es Zeit, die Brille zu wechseln« (Söder, 2014, S. 52).

Bindungsorientierung und systemische Arbeit zusammen bilden keinen neuen Ansatz, aber einen Rahmen, der uns hilft, einiges von dem, was wir tun und erleben, durch eine andere Brille zu sehen. Viele Menschen haben damit bereits begonnen, aber dieses neue Bewusstsein hat noch nicht die kritische Masse erreicht, um die notwendigen Änderungen im Hinblick auf die Zukunft der Menschen auf diesem Planeten einzuleiten. Die Versuchungen der Gier scheinen die gemeinsamen Überzeugungen von dem, was gut für die Menschen und ihren Lebensraum ist, faktisch zu unterminieren. Nur in der möglichst empathiegeleiteten Kommunikation mit anderen generieren wir Sinngebungen, die die konstruktionsbedingte Einengung von Einzelnen oder Gruppen transzendieren können. Lebewesen sind ja nach systemisch-konstruktivistischer Sicht operational geschlossen.

In einem Interview anlässlich des Kongresses »Das Ende der großen Entwürfe und das Blühen systemischer Praxis« fragte *Haja Molter Gianfranco Cecchin*: »Wir haben nicht genug intellektuelle Kapazität?« Dieser antwortete: »Vielleicht konnte die Menschheit bisher nicht genügend Gehirn entwickeln, das in diesem Sinne nützlich wäre. Das Einzige, was wir heute entwickeln, ist diese Art von Bewusstheit. Das hilft. Zumindest haben wir diese Bewusstheit für kleine Systeme. Wenn wir weiter über unsere Arbeit mit den kleinen Systemen sprechen, wird diese Idee sich verbreiten« (Molter, 2012, S. 61).

Die Entwicklung des Großhirns schreitet bekanntlich mit der Größe der sozialen Gruppe (siehe Abschnitt 3.3.5) und mit responsiven Bindungsbeziehungen voran. Wenn Bindungsforschung und Systemwissenschaften einen Sinn haben, dann doch den, dass sie uns auf empirisch-wissenschaftlicher Basis den Weg zeigt, wie mehr Menschen besser »erwachsen« werden können.

Konkret ist damit das Hauptziel systemisch-bindungsorientierter Arbeit die Entwicklungsförderung für Einzelne, Familien und größere Systeme. Wir müssen die angebotenen Probleme, Aufgaben oder Themen so annehmen und so damit umgehen, dass das Wachstum des Einzelnen und seines Bezugssystems ermöglicht wird: durch Ermutigung, Stärkung des Selbstgefühls und des Vertrauens in Beziehungen, kurz: Progression fördern, Regression abbauen, Stagnation verhindern! Dies geschieht innerhalb der gesellschaftlichen, globalen und zeitgeschichtlichen geschilderten Kontextbedingungen. Anders als zu Zeiten der therapeutischen Revolutionen der 1960er und 70er Jahre, als es schwerpunktmäßig um Befreiung aus starren Konventionen und Verhaltensmustern ging, also um den explorativen, den *Lösen*-Aspekt, kommen wir heute in der Zeit der Herausforderungen und Zumutungen postmodernen Lebens wieder zu einer stärkeren Betonung von *Binden* und *Halten* (siehe Unterkapitel 8.1).

Die Kunst ist es, dass wir lernen, uns möglichst selbstbestimmt ein hinreichend stabiles und flexibles soziokulturelles Schnittmuster für eine eigene kohärente und gleichzeitig facettenreiche Identität als Individuum und als mikrosoziales, im Weiteren sogar makrosoziales System schaffen.

Eine Reihe von epidemiologisch relevanten psychischen Störungen ist durch ein neuronales Hemmungsdefizit im ZNS gekennzeichnet. Nur in einer immer wieder neu zu findenden Balance zwischen neuronaler Erregung und Hemmung, zwischen Expansion und Verzicht können Menschen wie Ökosysteme überleben und sich weiterentwickeln. Die bereits mehrfach zitierte *Ruth Cohn* benannte unsere Situation einmal mit dem Kunstwort »Zuvielisation«. Es geht also offenbar in der Weiterentwicklung nicht mehr primär um ein »Mehr« sondern, das zeigen uns die Ökowissenschaften täglich, um ein »Weniger« und »Anders«. Um auf dem Weg voranzukommen, ist Innehalten, achtsames Wahrnehmen seiner Selbst, des Gegenübers und der Welt ein erster Schritt zu verantwortungsvollem Handeln.

Systemwissenschaft und Bindungstheorie haben in den vergangenen fünfzig Jahren vieles bewirkt. Ihre Konzepte sind in die Alltagspsychologie und in das Denken über Veränderung eingegangen. Die Zeiten überspitzter Glaubensverkündigung mit dem Anspruch, alles erklären zu wollen, wie sie für jede neue Wissenschaft typisch ist, wurden in beiden Disziplinen längst überwunden. Es ist nun Zeit für ein synergetisches Miteinander, bei dem sich auch die Unterschiede und Reibungspunkte zeigen dürfen. Immerhin sind beide Theorien auf interaktionellen Mustern und Sinnerzeugung gegründet, dabei kontextbezogen und ressourcenorientiert. Beide binden sich an ähnliche Werthaltungen und sind sowohl neurobiologisch als auch psychosozial fundiert.

Viele (Forschungs-)Fragen sind aber noch ungeklärt oder nicht hinreichend erforscht. Einige davon sollen zum Abschluss benannt werden.

- Wir wissen noch wenig darüber, wie das Kleinstkind diskordante Bindungen zu seinen Elternteilen in ein einheitliches mentales Modell integriert und wie genau diese Unterschiede im Lebensverlauf wirken (Sroufe, 2016).
- Die Qualität und Quantität sozialer Nähe verändert nicht nur die Stressregulation, sondern bereits sehr früh die Wahrnehmungsorganisation (siehe Unterkapitel 3.5). Es fehlt aber noch an tragfähigen neurobiologischen Befunden, die Bindung im Zusammenspiel mit anderen neuralen Systemen wie Gedächtnis, Motivation, Emotionsregulation und sozialer Zugehörigkeit konzeptionell beschreiben könnten.
- Triadische oder allgemein über die Dyade hinausgehende systemisch angelegte Forschungsdesigns, die sich auf die Untersuchung von komplexen Bindungen richten, die real beobachtbar oder symbolisch repräsentiert sind, fehlen noch vollständig.

- Während die systemische Therapie und Beratung sich seit Langem intensiv mit der Dynamik familiärer Beziehungen befasst, sind die Einflüsse von Peerbeziehungen, kulturellen, religiösen und anderen sozialen Milieus auf die Fähigkeit sowie die Bereitschaft zu effektiver Selbstregulation und auf die inneren Arbeitsmodelle von Bindung und Exploration noch weitgehend unerforscht. Auch hier wäre noch »ein Kontinent zu erobern«[7] (John Bowlby).
- Der bereits mehrfach zitierte *Michael Tomasello* bezeichnete es als »das größte Mysterium der menschlichen Kooperation, wie wir entscheiden, wann wir kooperieren und wann wir uns lieber um uns selbst kümmern« (Tenzer, 2014, S. 34). Ist es das tatsächlich?
- Im »Handbook of Attachment« (Cassidy u. Shaver, 2016) fragen *Rutter* und *Azis-Clauson* (2016), was es für einen evolutionären Sinn haben könnte, wenn in den meisten Gesellschaften sichere und unsichere Bindungsmuster ungefähr gleich verteilt sind. Generell gilt ja nur das sichere Bindungsmuster als optimal adaptiv für die Herausforderungen des Lebens. Möglicherweise ist eine Streuung von Bindungsstilen für eine Gesellschaft evolutionär vorteilhaft, ohne dass wir bislang wüssten, warum.
- *Peter Sloterdijk* (2009) – bedeutender und sicher nicht unumstrittener zeitgenössischer Philosoph – postuliert im Anschluss an die biologische Abgrenzung und Abwehrbereitschaft aller Lebewesen eine »*Allgemeine Immunologie*«, mit deren Hilfe er auch soziale Abgrenzungsformen wie Nationen, Kulturen oder Religionen verstehen will. Er möchte damit eine Wissenschaft der Bedingungen, die Leben ermöglichen, begründen – ähnlich wie die Metaphysik der Antike, die ja die Naturwissenschaften in der Allgemeinheit ihre Erkenntnisse überbieten sollte. Jegliches Leben sei ohne Schutzmechanismen gefährdet, konstatiert er; jeder biologische oder auch soziale Organismus müsse auf Schaden gefasst sein (Sloterdijk, 2017). Wenn wir Bindung als wesentlichen Bestandteil eines solchen Schutzsystems verstehen, das sich ja zunächst auf das werdende Individuum richtet, wäre das Scheitern einer gelingenden Bindungsentwicklung fatal: sowohl für den Einzelnen als auch für seine Soziabilität, im weiteren Sinne also für ein lebendiges und kraftvolles Gemeinwesen. Auch hier gilt es, weiterzudenken und zu forschen.

---

7 »The truth is that the least-studied phase of human development remains the phase during which a child is acquiring all that makes him most distinctively human. Here is still a continent to conquer« (Bowlby, 1970, S. 358).

11 Fazit und Ausblick: Bindungsorientierung für die systemische Arbeit

Ich habe mich bemüht, den aktuellen Stand neurowissenschaftlicher und bindungstheoretischer Forschung mit der systemischen Theorie und Praxis zu verknüpfen, wohl wissend, dass schon morgen neue und andere Erkenntnisse vorliegen werden. Keine Zeit in der Menschheitsgeschichte verfügte über so viel Wissen über Natur, Wesen und Entwicklung des Menschen als Einzelnem und im sozialen Verbund. Allerdings ist unser Wissen noch immer eine kleine Insel in einem Ozean des Nichtwissens. Die Erkenntnis, dass die Erde – und damit der Mensch – nicht das Zentrum des Universums, sondern ein kleiner Punkt am Rand einer kleinen Galaxis ist, hat den Menschen mehr verändert als die technische Glanzleistung einer Mondlandung mit der narzisstischen Aufwertung einer einzelnen Nation. Nach dem Ende unhinterfragter Autoritäten ist der Mensch heute gleichzeitig auf sich zurückgeworfen und als primär soziales Wesen auf Beziehung und Gemeinschaft hin orientiert. Wir sind aufgerufen, unser Leben in dieser Spannung zu gestalten. Bindungswissenschaft und systemische Theorien haben zu dem aktuellen Wissen beigetragen. Ob wir es in produktive Handlung zum Wohle des Ganzen umsetzen werden, ist noch ungewiss, aber, wie Hölderlin sagte: »Wo aber Gefahr ist, wächst das Rettende auch.« Diesem Optimismus möchte ich mich anschließen und hoffend anfügen: »Et hätt noch emmer jot jejange!«, wie man in meiner rheinischen Heimat sagt.

Die Leserinnen und Leser mögen bei der Lektüre der einzelnen Kapitel selbst herausfinden, was davon für sie selbst zutreffend und nutzbar ist und wie sie ihre eigene Verbindung zwischen Bindungstheorie und systemischer Praxis gestalten wollen.

Literatur

Achtergarde, S., Müller, J., Poster, C., Wessing, I., Mayer, A., Romer, G. (2015). Der Zusammenhang von Bindungsmustern und der Entwicklung von Angstsymptomen im Kindes- und Jugendalter. Praxis der Kinderpsychologie und Kinderpsychiatrie, 64, 496–525.
Aderhold, V. (2017). Das Unwesen psychischer Krankheiten. Familiendynamik, 42 (2), 112–120.
Aderhold, V., Borst, U. (2009). Viele Wege in die Psychose. Neue Empirie zur alten Hypothese von Vulnerabilität und Stress. Familiendynamik, 34 (4), 370–385.
Ahnert, L. (2004). Frühe Bindung – Entstehung und Entwicklung. München: Reinhardt.
Ahrendt, H. (1963/1986). Eichmann in Jerusalem. Ein Bericht von der Banalität des Bösen. München: Piper.
Ainsworth, M. D. S (1977). Feinfühligkeit versus Unempfindlichkeit gegenüber Signalen des Babys. In K. E. Grossmann (Hrsg.), Entwicklung der Lernfähigkeit in der sozialen Umwelt (S. 96–107). München: Kindler.
Ainsworth, M. D. S., Blehar, M. C., Waters, E., Wall, S. (1978). Patterns of attachment – A psychological study of the strange Situation. Hillsdale, NJ: Erlbaum.
Allan, J. G., Fonagy, P., Bateman, A. W. (2016). Mentalisieren in der psychotherapeutischen Praxis. Konzept und Umsetzung aus einer Hand. Stuttgart: Klett-Cotta.
Altmeyer, S. (2015). Die Weisheit des Körpers nutzen – Zapchen, eine Embodiment-Methode zum Sich-Wohlfühlen. Kontext – Zeitschrift für Systemische Therapie und Familientherapie, 46 (3), 210–226.
Anda, R. F., Dong, M., Brown, D. W., Felitti, V. J., Giles, W. H., Perry, G. S., Edwards, V. J., Dube, S. R. (2009). The relationship of adverse childhood experiences to a history of premature death of family members. BMC Public Health, 9 (1), 1–10.
Andersen, T. (1990). Das reflektierende Team. Dialoge und Dialoge über die Dialoge. Dortmund: Borgmann.
Asen, E. (2009). Multifamilientherapie. Familiendynamik, 34 (3), 228–235.
Asen, E., Scholz, M. (2012). Praxis der Multifamilientherapie (2., vollständig überarb. und erw. Aufl.). Heidelberg: Carl Auer.
Asen, E., Fonagy, P. (2010). Mentalisierungsbasierte Familientherapie. Psychotherapie im Dialog – Familientherapie, 11, 239–243.
Asen, E., Fonagy, P. (2014). Mentalisierungsbasierte therapeutische Interventionen für Familien. Familiendynamik, 39 (3), 234–249.
Asendorpf, J. B. (2016). Bindung im Erwachsenenalter. In H.-W. Bierhoff, D. Frey (Hrsg.), Soziale Motive und soziale Einstellungen (Enzyklopädie der Psychologie. Serie Sozialpsychologie, Bd. 2, S. 323–352). Göttingen: Hogrefe.
Ayres, J. (2002). Bausteine der kindlichen Entwicklung. Die Bedeutung der Integration der Sinne für die Entwicklung des Kindes. Berlin: Springer.
Baghai, T., Rupprecht, R. (2015). Dickdarmmikrobiom, Stressregulation, Inflammation und Psyche. Der Neurologe und Psychiater, 16 (9), 30–34.

Bakermans-Kranenburg, M. J., van IJzendoorn, M. H., Juffer, F. (2003). Less is more: Meta-analyses of sensitivity and attachment interventions in early childhood. Psychological Bulletin, 129 (2), 195–215.
Bakermans-Kranenburg, M. J., van IJzendoorn, M. H. (2009). The first 10,000 Adult Attachment Interviews in clinical and non-clinical groups, Attachment & Human Development, 11 (3), 223–263. DOI: 10.1080/
Bandler, R., Grinder, J. (1981). Neue Wege der Kurzzeittherapie. Neurolinguistische Programme. Paderborn: Junfermann.
Bandler, R., Grinder, J., Satir, V. (1976). Mit Familien reden – Gesprächsmuster und therapeutische Veränderung. Stuttgart: Klett-Cotta.
Barthelmess, M. (2016). Die systemische Haltung. Was systemisches Arbeiten im Kern ausmacht. Göttingen: Vandenhoeck & Ruprecht.
Bateman, A., Fonagy, P. (Hrsg.) (2015). Handbuch Mentalisieren. Gießen: Psychosozial-Verlag.
Bateson, G. (1981). Ökologie des Geistes. Anthropologische, psychologische, biologische und epistemologische Perspektiven. Frankfurt a. M.: Suhrkamp.
Bateson, G., Jackson, D. D., Haley, J., Weakland, J. (1956). Toward a theory of Schizophrenia. Behavioral Sciences, 1, 251–264.
Bauer, J. (2005). Warum ich fühle, was du fühlst. Intuitive Kommunikation und das Geheimnis der Spiegelneurone. Hamburg: Hoffmann und Campe.
Bauer, J. (2009). Das kooperative Gen. Abschied vom Darwinismus. Hamburg: Hoffmann und Campe.
Baxa, G. L., Essen, C., Kreszmeier, A. H. (Hrsg.) (2004). Verkörperungen. Systemische Aufstellungen, Körperarbeit und Ritual (2., erw. Aufl.). Heidelberg: Carl Auer.
Beckedorf, D., Müller, F. (2016). Von der Resonanz zur Bindung. Förderung von Wahrnehmung und Bindung durch die Systemische Hörtherapie. Gießen: Psychosozial-Verlag.
Becker, T., Streek-Fischer, A. (2012). Rechtshemisphärisch Aushalten statt linkshemisphärisch deuten. Projektive Identifizierung als interpersonaler Mechanismus zur Entwicklung der Fähigkeit zur Affektregulation. Praxis der Kinderpsychologie und Kinderpsychiatrie, 61, 348–359.
Beckes, l., IJzerman, H., Tops, M. (2015). Toward a radically embodied neuroscience of attachment and relationships. Frontiers in Human Neuroscience, 9, 266–284.
Beebe, B., Lachmann, F. M. (2004). Säuglingsforschung und die Psychotherapie Erwachsener. Wie interaktive Prozesse entstehen und zu Veränderungen führen. Stuttgart: Klett-Cotta.
Behrens, K., Main, M., Hesse, E. (2007). Mothers Attachment Status as determined by the Aduld Attachment Interview predicts their 6-year-olds' Responses to Separation and Reunion: A Study conducted in Japan. Developmental Psychology, 43, 1553–1567.
Behringer, J. (2016). Das innere Arbeitsmodell von Bindung bei Erwachsenen. In B. Strauß, H. Schauenburg (Hrsg.), Bindung in Psychologie und Medizin. Grundlagen, Klinik und Forschung – Ein Handbuch (S. 54–78). Stuttgart: Kohlhammer.
Belsky, J. (1997). Variation in susceptibility to environmental influence: An evolutionary argument. Psychological Inquiry, 8 (3), 182–186.
Bennett, S., Deal, K. H. (2011). Implications of Attachment Theory for Social Work Education. In S. Bennett, J. K. Nelson (Eds.), Adult Attachment in Clinical Social Work (pp. 253–263). New York: Springer.
Bennett, S., Nelson, J. K. (2011). Contemporary Theory and Research on Adult Attachment. In S. Bennett, J. K. Nelson (Eds.), Adult Attachment in Clinical Social Work (pp. 31–55). New York: Springer.
Berg, M., Trost, A. (2013). Der professionelle Blick auf die Eltern-Kind-Beziehung: Bindungswissen in der Erziehungsberatung. Ergebnisse einer Untersuchung in Nordrhein-Westfalen. Jahrbuch BKE (Bundeskonferenz für Erziehungsberatung).

Berg, M., Trost, A. (2014). Bindungswissen in der Erziehungsberatung. Befunde und Perspektiven für die diagnostische und therapeutische Arbeit mit Familien. In A. Trost (Hrsg.), Bindungsorientierung in der Sozialen Arbeit. Grundlagen – Forschungsergebnisse – Anwendungsbereiche (S. 239–258). Dortmund: Borgmann.

Bertalanffy, L. v. (1969). General System Theory. Foundations, Development, Applications. New York: Braziller.

Bertsch, K., Gamer, M., Schmidt, B., Schmidinger, I., Walther, S., Kästel, T., Schnell, K., Büchel, C., Domes, G., Herpertz, S. (2013). Oxytocin and Reduction of Social Threat Hypersensitivity in Women with Borderline Personality Disorder. American Journal of Psychiatry, 170 (10), 1169–1177.

Bion, W. R. (1963). Elements of Psycho-Analysis. London: Heinemann.

Biringen, Z., Robinson, J., Emde, R. N. (1998). The emotional availability scales (3rd ed.), unpublished manuscript, Department of Human Development & Family Studies, Colorado State University, Fort. Collins, CO.

Blume, M. (2010). Antoinette Brown Blackwell – Eine weibliche Antwort auf Charles Darwin. Zugriff am 22.10.2017 unter https://scilogs.spektrum.de/natur-des-glaubens/antoinette-brown-blackwell-eine-weibliche-antwort-auf-charles-darwin/

Bohne, M. (Hrsg.) (2016). Klopfen mit PEP. Prozess- und Embodimentfokussierte Psychologie in Therapie und Coaching. Heidelberg: Carl Auer.

Bolm, T. (2015). Mentalisierungsbasierte Therapie. München: Reinhardt.

Boris, N., Hinshaw-Fuselier, S., Smyke, A., Scheeringa, M., Heller, S., Zeanah, C. H. (2004). Comparing Criteria for Attachment Disorders: Establishing Reliability and Validity in High-Risk Samples. Journal of the American Academy of Child and Adolescent Psychiatry, 43 (5), 568–577.

Borst, U., Fischer, H. R., Schlippe, A. von (2012). Wie kommt das Eigene ins Spiel? Zum therapeutischen Umgang mit eigenen, unverfügbaren Eigenschaften wie dem Geschlecht, dem Alter, der Hautfarbe, dem Glauben ... Familiendynamik, 37 (4), 308–312.

Borst, U., Fischer, H. R., Schlippe, A. von (2014). Eine Einladung zum Dialog: Ambivalenz in Theorie und Praxis. Selbstverständlich – verdrängt – verkannt – entwicklungsfähig? Familiendynamik, 39 (2), 171–171.

Boscolo, L., Bertrando, P. (1997). Systemische Einzeltherapie. Heidelberg: Carl Auer.

Boszormenyi-Nagy, I., Spark, G. M. (1973/2013). Unsichtbare Bindungen. Die Dynamik familiärer Systeme. Stuttgart: Klett-Cotta.

Bowlby, J. (1944). Forty-four juvenile thieves: Their characters and home. International Journal of Psychoanalysis, 25, 19–25.

Bowlby, J. (1970). Attachment and loss, Vol. 1. Attachment. London: The Hogarth Press.

Bowlby, J. (1975). Bindung. Eine Analyse der Mutter-Kind-Beziehung. Frankfurt a. M.: Fischer.

Bowlby, J. (1979). The Making and Breaking of Affectional Bonds. London: Tavistock.

Brähler, E., Höger, D., Stöbel-Richter, Y. (2008). Reanalyse des Bielefelder Fragebogens zur Partnerschaftserwartungen (BFPE). Psychotherapie und Psychosomatische Medizin, 7, 284–294.

Brem-Gräser, L. (1975/2006). Familie in Tieren. Die Familiensituation im Spiegel der Kinderzeichnung (9. Aufl.). München: Reinhardt.

Bretherton, I. (2001). Zur Konzeption innerer Arbeitsmodelle in der Bindungstheorie. In G. Gloger-Tippelt (Hrsg.), Bindung im Erwachsenenalter. Ein Handbuch für Forschung und Praxis (S. 52–74). Bern: Huber.

Bretherton, I., Prentiss, C., Ridgeway, D. (1990). Children's representations of family relationships in a story completion task at 37 and 54 months. In I. Bretherton, M. Watson (Eds.), Children's perspectives on the family (pp. 85–105). San Francisco: Jossey-Bass.

Brisch, K. H. (1999/2009). Bindungsstörungen. Von der Bindungstheorie zur Therapie (9., vollst. überarb. und erw. Aufl.). Stuttgart: Klett-Cotta.

Brisch, K. H. (Hrsg.) (2014). Bindung und Jugend. Individualität, Gruppen und Autonomie. Stuttgart: Klett-Cotta.

Brisch, K. H. (Hrsg.) (2015). Bindung und Psychosomatik. Stuttgart: Klett-Cotta.
Brisch, K. H. (2017). Trauma ist nicht gleich Trauma. In K. H. Brisch (Hrsg.), Bindungstraumatisierungen. Wenn Bindungspersonen zu Tätern werden (S. 12–22). Stuttgart: Klett-Cotta.
Brisch, K. H., Hellbrügge, T. (Hrsg.) (2009). Bindung und Trauma. Risiken und Schutzfaktoren für die Entwicklung von Kindern. Stuttgart: Klett-Cotta.
Brockmann, J., Kirsch, H. (2015). Mentalisieren in der Psychotherapie. Psychotherapeutenjournal, 15 (1), 13–22.
Brown-Blackwell, A. (1875). The sexes throughout nature. New York: Putnam and Son.
Buber, M. (1923/1983). Ich und Du (11., durchges. Aufl.). Heidelberg: Schneider.
Buchäckert, Y. (2017). Epigenetische Diagnostik: DNA-Methylierung und Krebsgeschehen. Umwelt-Medizin-Gesellschaft, 30 (2), 13–16.
Buchheim, A., George, C., Juen, F., West, M. (2012). Das Adult Attachment Projective Picture System. In G. Gloger-Tippelt (Hrsg.), Bindung im Erwachsenenalter. Ein Handbuch für Forschung und Praxis (S. 355–379). Bern: Huber.
Burr, W. (1993). Evaluation lösungsorientierter Kurztherapie. Familiendynamik, 18 (1), 11–21.
Byng-Hall, J. (1995). Re-Writing Family Scripts. New York: Guilford Press.
Caby, F. (2008). Reflektierende Familien oder: Benchmarking für Familiensysteme. Forum für Kinder- und Jugendpsychiatrie, Psychosomatik und Psychotherapie, 18 (4), 46–59.
Cameron-Bandler, L. (1983). Wieder Zusammenfinden. NLP – neue Wege der Paartherapie. Paderborn: Junfermann.
Candelaria, M., Teti, D. M., Black, M. M. (2011). Multi-risk Infants: Predicting attachment security from sociodemographic, psychosocial, and health risk among African-American preterm infants. Journal of Child Psychology and Psychiatry, and Allied Disciplines, 52 (8), 870–877.
Cassidy, J., Shaver, P. R. (Eds.) (2016). Handbook of Attachment. New York: Guilford Press.
Cecchin, G., Lane, G., Ray, W. A. (1993). Respektlosigkeit – eine Überlebensstrategie für Therapeuten. Heidelberg: Carl Auer.
Centers for Disease Control and Prevention (2014). The ACE Pyramid. https://web.archive.org/web/20151210060741/http://www.cdc.gov:80/violenceprevention/acestudy/pyramid.html (4.8.2017).
Chamberlain, S. (1997). Adolf Hitler, die deutsche Mutter und ihr erstes Kind. Gießen: Psychosozial-Verlag.
Chasiotis, A., Keller, H. (1995). Zur Relevanz evolutionsbiologischer Überlegungen für klinische Psychologie und Psychotherapie. In H. Petzold (Hrsg.), Die Kraft liebevoller Blicke. Psychotherapie und Babyforschung. Bd. 2 (S. 45–74). Paderborn: Junfermann.
Chatoor, I., Getson, P., Menvielle, E., Brasseux, C., O'Donnell, R., Rivera, Y., Mrazek, D. A. (1997). A Feeding Scale for Research and Clinical Practice to Assess Mother-Infant Interactions in the first three Years of Life. Infant Mental Health Journal, 18, 76–91.
Cierpka, M. (1991). Entwicklungen in der Familientherapie. Praxis der Psychotherapie und Psychosomatik, 36, 32–44.
Ciompi, L. (1982). Affektlogik: über die Struktur der Psyche und ihre Entwicklung. Ein Beitrag zur Schizophrenieforschung. Stuttgart: Klett-Cotta.
Ciompi, l. (1999). Die emotionalen Grundlagen des Denkens. Entwurf einer fraktalen Affektlogik. Göttingen: Vandenhoeck & Ruprecht.
Coan, J. (2016). Toward a Neuroscience of Attachment. In J. Cassidy, P. R. Shaver (Eds.), Handbook of Attachment (pp. 242–269). New York: Guilford Press.
Cohn, R. C. (1975). Von der Psychoanalyse zur Themenzentrierten Interaktion. Stuttgart: Klett-Cotta.
Collins, N. L., Read, S. J. (1990). Adult attachment, working models, and relationship quality in dating couples. Journal of Personality and Social Psychology, 58, 644–663.
Cordes, A., Schulz-Venrath, U. (2015). Mentalisieren im System. Familiendynamik, 40 (2), 128–141.

Crittenden, P. M. (1994). The preschool assessment of attachment. Coding manual. Unveröffentlichtes Manuskript. Miami: Family Relations Institute.
Crittenden, P. M., Hartl Claussen, A. (Eds.) (2000). The Organization of Attachment Relationships. Maturation, Culture, And Context. Cambridge u. New York: Cambrigde University Press.
CWIG Child Welfare Information Gateway (2013). Parent education to strengthen families and reduce the risk of maltreatment. Washington, DC: U.S. Department of Health and Human Services, Children's Bureau.
Dallos, R., Draper, R. (2015). An Introduction to Family Therapy. Systemic Theory and Practice. London: Open University Press.
Dallos, R., Vetere, A. (2009). Systemic Therapy and Attachment Narratives. Hove: Routledge.
Dallos, R., Vetere, A. (2014). Systemic Therapy and Attachment Narratives: Attachment Narratives Therapy. Clinical Child Psychology and Psychiatry, 19 (4), 494–502.
Damasio, A. R. (1998). Descartes' Irrtum. Fühlen, Denken und das menschliche Gehirn. München: List.
Daniels, J. (2006). Sekundäre Traumatisierung. Kritische Prüfung eines Konstruktes. Dissertation Universität Bielefeld.
Daniels., J. (2011). Sekundäre Traumatisierung in der Traumaarbeit. In S. Friedrich (Hrsg.), Umgang mit Traumatisierung – an der Schnittstelle zwischen Psychologie, Pädagogik und Sozialer Arbeit (S. 27–36). Morrisville: Lulu.
De Dreu, C. (2012). Oxytocin modulates cooperation within and competition between groups: An integrative review and research agenda. Hormones and Behavior, 61, 419–428.
DeKlyen, M., Greenberg, M. (2016). Attachment and Psychopathology in Childhood. In J. Cassidy, P. R. Shaver (Eds.), Handbook of Attachment (pp. 639–666). New York: Guilford Press.
Dell, P., Goolishian, H. (1981). Ordnung durch Fluktuation: eine evolutionäre Epistemologie für menschliche Systeme. Familiendynamik, 6 (2), 104–122.
De Shazer, S. (1989). Der Dreh. Überraschende Wendungen und Lösungen in der Kurzzeittherapie. Heidelberg: Carl Auer.
De Shazer, S. (1992). Wege der erfolgreichen Kurztherapie. Stuttgart: Klett-Cotta.
De Shazer, S. (1996). »Worte waren ursprünglich Zauber«: Lösungsorientierte Therapie in Theorie und Praxis. Dortmund: Verlag Modernes Lernen.
DeWolff, M., van IJzendoorn, M. (1997). Sensitivity and Attachment: A Meta-Analysis on Parental Antecedents of Infant Attachment. Child Development, 68 (4), 571–591.
Diamond, G. M, Levy, S. (2010). Bindungsorientierte Familientherapie für Jugendliche. Psychotherapie im Dialog, 11, 244–248.
Diamond, G. M., Russon, J., Johnson, S. (2016). Attachment-Based Family Theraypy: A Review of the Empirical Support. Family Process, 55 (3), 595–610.
Dinger, U. (2016). Bindungsaspekte im Psychotherapieprozess. In B. Strauß, H. Schauenburg (Hrsg.), Bindung in Psychologie und Medizin. Grundlagen, Klinik und Forschung – Ein Handbuch (S. 270–282). Stuttgart: Kohlhammer.
Di Pellegrino, G., Fadiga, L., Fogassi, L., Gallese, V., Rizolatti, G. (1992). Understanding motor events: a neurophysiological study. Experimental Brain Research, 91, 176–180.
Ditzen, B., Heinrichs, M. (2016). Neurobiologie der Bindung. In B. Strauß, H. Schauenburg (Hrsg.), Bindung in Psychologie und Medizin. Grundlagen, Klinik und Forschung – Ein Handbuch (S. 122–134). Stuttgart: Kohlhammer.
Dunbar, R. I. M. (1992). Neocortex size as a constraint on group size in primates. Journal of Human Evolution, 20, 469–493.
Dunitz-Scheer, M., Scheer, P. J., Dunitz-Scheer, N. A. (1997). Interaktionsdiagnostik. In H. Keller (Hrsg.), Handbuch der Kleinkindforschung (2. Aufl., S. 209–234). Bern: Huber.
Düss, L (1956). Fabelmethode und Untersuchungen über den Widerstand in der Kinderanalyse. Biel: Institut für Psycho-Hygiene.

Eckert, J. (2008). Bindung von Psychotherapeuten. In B. Strauß (Hrsg.), Bindung und Psychopathologie (S. 333–348). Stuttgart: Klett-Cotta.
Edelman, G M. (1989). Neural Darwinism. The Theory of neuronal group selection. Oxford: Oxford University Press.
Egeland, B., Carlson, E., Sroufe, A. (1993). Resilience as process. Development and Psychopathology, 5 (4), 517–528.
Egeland, B., Erickson, M. F. (1999). Findings from the Parent-Child-Project and Implications for early Intervention. Zero to Three Journal, 20 (2), 3–10.
Egle, U. T., Hardt, J., Nickel, R., Kappis, B., Hoffmann, S. O. (2002). Früher Stress und Langzeitfolgen für die Gesundheit. Wissenschaftlicher Erkenntnisstand und Forschungsdesiderate. Zeitschrift für Psychosomatische Medizin und Psychotherapie, 48 (4), 411–434.
Ehrenthal, J. (2016). Bindung und Psychotherapie. In B. Strauß, H. Schauenburg (Hrsg.), Bindung in Psychologie und Medizin. Grundlagen, Klinik und Forschung – Ein Handbuch (S. 260–269). Stuttgart: Kohlhammer.
Ehrlich, K., Miller, G., Jones, D., Cassidy, J. (2016). Attachment and Psychoneuroimmunology. In J. Cassidy, P. R. Shaver (Eds.), Handbook of Attachment (pp. 180–201). New York: Guilford Press.
Eisenberg, J., Wahrman, O. (1994). Brief Strategic Therapy in a Child Community Clinic: A follow-Up-Report. Israel Journal of Psychiatry and Relateted Sciences, 31 (1), 37–40.
Entringer, S., Kumstra, R., Hellhammer, D. H., Wadhwa, P. D., Wust, S. (2009). Prenatal exposure to maternal psychosocial stress and HPA-axis regulation in Young adults. Hormones and Behavior, 55, 292–298.
Essen, S. (1993). Systemische Therapie als Praxis des Nichtanhaftens. Zeitschrift für systemische Therapie und Beratung, 11 (1), 32–38.
Esser, G., Fischer, S., Wyschkon, A., Laucht, M., Schmidt, M. (2007). Vorboten hyperkinetischer Störungen – Früherkennung bereits im Säuglingsalter möglich? Zeitschrift für Kinder- und Jugendpsychiatrie und Psychotherapie, 35 (3), 179–188.
Farau, A., Cohn, R. C. (1984). Gelebte Geschichte der Psychotherapie. Zwei Perspektiven. Stuttgart: Klett-Cotta.
Felitti, V. J. (2002). The relationship of adverse childhood experiences to adult health: Turning gold into lead. Zeitschrift für Psychosomatische Medizin und Psychotherapie, 48, 359–369.
Felsberger, H., Schultz-Venrath, U. (2016). Mentalisieren in Gruppen: Mentalisieren in Klinik und Praxis. Stuttgart: Klett-Cotta.
Figley, C. (2002). Mitgefühlserschöpfung. Der Preis des Helfens. In B. Hudnall Stamm (Hrsg.), Sekundäre Traumastörungen. Wie Kliniker, Forscher und Erzieher sich vor traumatischen Auswirkungen ihrer Arbeit schützen können (S. 41–59). Paderborn. Junfermann.
Fischer, H. R., Retzer, A., Schweitzer, J. (Hrsg.) (1992). Das Ende der großen Entwürfe. Frankfurt a. M.: Suhrkamp.
Fischer, G., Riedesser, P. (1998). Lehrbuch der Psychotraumatologie. München: Reinhardt.
Fivaz-Depeursinge, E., Corboz-Warnery, A. (2001). Das Primäre Dreieck. Vater, Mutter und Kind aus entwicklungstheoretisch-systemischer Sicht. Heidelberg: Carl Auer.
Foerster, H. von (1993). KybernEthik. Berlin: Merve.
Fonagy, P. (2007). Der Interpersonale Interpretationsmechanismus (IIM). Analytische Kinder- und Jugendlichen-Psychotherapie (AKJP), 38, 134 (2), 197–222.
Fonagy, P., Gergely, G., Jurist, E. L., Target, M. (2008). Affektregulierung, Mentalisierung und die Entwicklung des Selbst (Kapitel 4: Die Theorie des sozialen Biofeedbacks durch mütterliche Affektspiegelung, S. 153–209). Stuttgart: Klett-Cotta.
Fonagy, P., Luyten, P., Moulton-Perkins, A., Lee, Y-W., Warren, F., Howard, S., Ghinai, R., Fearon, P., Lowyck, B. (2016). Development and Validation of a Self-ReportMeasure of Mentalizing: The Reflective FunctioningQuestionnaire. PLoS ONE 11 (7). Zugriff am 31.01.2018 unter https://doi.org/10.1371/journal.pone.0158678

Fraiberg, S., Adelson, E., Shapiro, V. (1975). Ghosts in the nursery. Journal of the American Academy of Child Psychiatry, 14, 387–422.
Fremmer-Bombik, E. (2002). Innere Arbeitsmodelle von Bindung. In G. Spangler, P. Zimmermann (Hrsg.), Die Bindungstheorie. Grundlagen, Forschung und Anwendung (S. 109–119). Stuttgart: Klett-Cotta.
Friedrich, S. (Hrsg.) (2011). Umgang mit Traumatisierung – an der Schnittstelle zwischen Psychologie, Pädagogik und Sozialer Arbeit. Morrisville: Lulu.
Frieters-Reermann, N., Lang-Wojtasik, G. (Hrsg.) (2015). Friedenspädagogik und Gewaltfreiheit. Denkanstöße für eine differenzsensible Kommunikations- und Konfliktkultur (Schriften der KatHO-NRW, Bd. 21). Opladen: Budrich.
Frisch, M. (1964). Mein Name sei Gantenbein. Frankfurt a. M.: Suhrkamp.
Fromm-Reichmann, F. (1948). Notes on the development of treatment of schizophrenics by psychoanalytic psychotherapy. Psychiatry, 11, 263–273.
Fuchs, S. (2012). Als Kind geliebte Menschen fangen keine Kriege an: Plädoyer für einen offenen Blick auf die Kindheitsursprünge von Kriegen. Arbeitspapiere zur Internationalen Politik und Außenpolitik (AIPA), 4.
Fürstenau, P. (1992). Entwicklungsförderung durch Therapie. Grundlagen psychoanalytisch-systemischer Psychotherapie. München: Pfeiffer.
Gahleitner, S. B. (2011). Kleine Kinder in kritischen Lebenslagen. Was Fachkräfte über Trauma wissen müssen und wie sie helfen können. Sozial Extra, 10, 46–49.
Garbe, E. (2015). Das kindliche Entwicklungstrauma. Verstehen und bewältigen. Stuttgart: Klett-Cotta.
Gergen, K., Epstein, E. (2005). Von der Behandlung zum Dialog. Familiendynamik, 30 (2), 184–198.
George, C., Kaplan, N., Main, M. (2001). Adult Attachment Interview (Orig. 1985). In G. Gloger-Tippelt (Hrsg.), Bindung im Erwachsenenalter. Ein Handbuch für Forschung und Praxis (S. 364–387). Bern: Huber.
Gerigk, M., Pavel, S. M (2006). Bildung beginnt mit der Schwangerschaft. Bbz – Berliner Bildungszeitschrift der GEW, 6. Zugriff am 31.01.2018 unter https://www.gew-berlin.de/1808_2099.php
Glasersfeld, E. von (1996). Radikaler Konstruktivismus. Ideen, Ergebnisse, Probleme. Frankfurt a. M.: Suhrkamp.
Gloger-Tippelt, G. (1999). Transmission von Bindung über die Generationen – Der Beitrag des Adult Attachment Interview. Praxis der Kinderpsychologie und Kinderpsychiatrie, 48, 73–85.
Gloger-Tippelt, G. (2008). Bindung in der Kindheit. Grundlagen, Auswirkung von traumatischen Erfahrungen und Prävention. In M. Franz, B. West-Leuer (Hrsg.), Bindung – Trauma – Prävention. Entwicklungschancen bei Kindern und Jugendlichen als Folge ihrer Beziehungserfahrungen (S. 39–72). Gießen: Psychosozial-Verlag.
Gloger-Tippelt, G. (Hrsg.) (2012). Bindung im Erwachsenenalter. Ein Handbuch für Forschung und Praxis. Bern: Huber.
Gloger-Tippelt, G., König, L. (2009). Bindung in der mittleren Kindheit. Das Geschichtenergänzungsverfahren zur Bindung 5- bis 8-jähriger Kinder (GEV-B). Weinheim u. Basel: Beltz.
Gomille, B. (2012). Unsicher-präokkupierte mentale Bindungsmodelle. In G. Gloger-Tippelt (Hrsg.), Bindung im Erwachsenenalter. Ein Handbuch für Forschung und Praxis (S. 201–225). Bern: Huber.
Gomille, B., Gloger-Tippelt, G. (1999). Transgenerationale Vermittlung von Bindung: Zusammenhänge zwischen den mentalen Bindungsmodellen von Müttern, den Bindungsmustern ihrer Kleinkinder sowie Erlebens- und Verhaltensweisen der Mütter beim Übergang zur Elternschaft. Praxis der Kinderpsychologie und Kinderpsychiatrie, 48 (2), 101–112.
Goolishian, H. P., Anderson, H. (1989). From Construction to Conversation: A Book of Readings. Galveston: Galveston Family Institute.
Gräfenhain, M., Behne, T., Carpenter, M., Tomasello, M. (2009). Young Children's Understanding of Joint Committments. Develomental Psychology, 45, 1430–1443.

Grawe, K. (2000). Psychologische Therapie (2., korrigierte Aufl.). Göttingen: Hogrefe.
Greenberg, L. S., Johnson, S. M. (1988). Emotionally focused therapy for couples. New York: Guilford Press.
Grice, H. P. (1975/1989). Logic and Conversation. In P. Cole, J. Morgan (Eds.), Syntax and Semantics (Vol. 3: Speech Acts, pp. 41–58). New York: Academic Press. Reprinted: Grice, H. P. (1989). Studies in the Way of Word (pp. 22–40). Cambrigde, MA: Harvard University Press.
Grochowiak, K. (1996). Das NLP Practitioner-Handbuch. Paderborn: Junfermann.
Grossarth-Maticek, R. (2003). Selbstregulation, Autonomie und Gesundheit. Krankheitsfaktoren und soziale Gesundheitsressourcen im sozio-psycho-biologischen System. Berlin: De Gruyter.
Grossarth-Maticek, R. (2008). Synergetische Präventivmedizin. Forschungsstrategien für Gesundheit. Heidelberg: Springer.
Grossmann, K. (1990). Entfremdung, Abhängigkeit und Anhänglichkeit im Lichte der Bindungstheorie. Praxis der Psychotherapie und Psychosomatik, 35, 231–238.
Grossmann, K., Grossmann, K. E. (2004/2012). Bindungen – das Gefüge psychischer Sicherheit. Stuttgart: Klett-Cotta.
Guggenmos, J. (1964). Was denkt die Maus am Donnerstag? 123 Gedichte für Kinder. Recklinghausen: Georg Bitter Verlag.
Guntern, G. (1980). Die kopernikanische Revolution in der Psychotherapie: der Wandel vom psychoanalytischen zum systemischen Paradigma. Familiendynamik, 5, 2–41.
Haarer, J. (1934). Die deutsche Mutter und ihr erstes Kind. München: Carl Gerber.
Haarer, J., Haarer, G. (2012). Die deutsche Mutter und ihr letztes Kind. Mit Vorwort herausgegeben von Rose Ahlheim. Hannover: Offizin Verlag.
Hadders-Algra, M. (2006). Die neuronale Gruppenselektionstheorie. Bewegung und Entwicklung, 10–18.
Haken, H. (1984). Erfolgsgeheimnisse der Natur. Synergetik – die Lehre vom Zusammenwirken. Frankfurt a. M.: Ullstein.
Hanswille, R., Kissenbeck, A. (2008). Systemische Traumatherapie. Konzepte und Methoden für die Praxis. Heidelberg: Carl Auer.
Hargens, J. (2017). Neutralität und Allparteilichkeit oder: Was hat denn das mit Haltung zu tun? – Ein überaus persönlicher Blick. Zeitschrift für systemische Therapie und Beratung, 35 (2), 72–74.
Hartmann, H.-P. (2003). Der Beitrag der Erkenntnisse der Bindungsforschung für die Psychotherapie der Zukunft. Psychotherapie, 8 (2), 280–293.
Haßelbeck, J. H. (2014). Väterliche Mentalisierungsfähigkeit und Kleinkindentwicklung: Bindung, Vater-Kind-Spiel, Emotionsregulation. Wien: Unveröffentlichte Diplomarbeit.
Hauptmann, J., Schmitz, A. (2016). Mentalisieren in der Frühförderung. Aachen: Unveröffentlichte Masterarbeit.
Hazan, C., Shaver, P. (1990). Love and work: an Attachment-theoretical perspective. Journal of Personality and Social Psychology, 59, 511–524.
Heckman, J., Masterov, D. (2007). The Productivity Argument for Investing in Young Children. Review of Agricultural Economics, 29 (3), 446–493.
Heimes, A., Heithausen, A., Konrad, M., Trost, A. (2013). Sekundäre Traumatisierung als Risiko für Fachkräfte der Kinder- und Jugendhilfe. Aachen: Unveröffentlichte Forschungsarbeit.
Held, K. (1980). Heraklit, Parmenides und der Anfang von Philosophie und Wissenschaft. Berlin: De Gruyter.
Henderson, J. (2001). Embodying Well-Being oder wie man sich trotz allem wohl fühlen kann. Bielefeld: AJZ.
Hensch, T. (2016). The Power of the Infant Brain. Scientific American, 2, 64–69.
Hensch, T., Bilimoria, P. (2012). Re-opening Windows: Manipulating Critical Periods for Brain Development. Cerebrum, 11 (7/8). Published online 29.8.2012. https://www.ncbi.nlm.nih.gov/pmc/articles/PMC3574806/
Hertlein, K., Viers, D. (Hrsg.) (2011). Therapie-Tools Paar- und Familientherapie. Weinheim: Beltz.

Höger, Diether (2002). Fragebögen zur Erfassung von Bindungsstilen. In B. Strauß, A. Buchheim, H. Kächele (Hrsg.), Klinische Bindungsforschung: Theorien – Methoden –Ergebnisse (S. 94–117). Stuttgart: Schattauer.

Höger, D., Buschkämper, S. (2002). Der Bielefelder Fragebogen zu Partnerschaftserwartungen (BFPE). Ein alternativer Vorschlag zur Operationalisierung von Bindungsmustern mittels Fragebögen. Zeitschrift für Differentielle und Diagnostische Psychologie, 1, 83–98.

Hoffman, L. (1982).Grundlagen der Familientherapie. Konzepte für die Entwicklung von Systemen. Hamburg: ISKO.

Hofmann, A. (2006). EMDR in der Therapie psychotraumatischer Belastungssyndrome (3., vollst. überarb. und erw. Aufl.). Stuttgart: Thieme.

Hollerbach, J. (2017). Kinder lernen Empathie, Gefühle und Sprache: B.A.S.E – Babywatching. In K. H. Brisch (Hrsg.), Bindung und emotionale Gewalt (S. 50–58). Stuttgart: Klett-Cotta.

Howell, B., McCormack, K., Grand, A., Sawyer, N., Zhang, X., Maestripieri, D., Hu, D., Sanchez, M. (2013). Brain white matter microstructure alterations in adolescent rhesus monkeys exposed to early life stress: associations with high cortisol during infancy. Biology of Mood & Anxiety Disorders, 3 (1), 21 Pp 1–14 https://www.ncbi.nlm.nih.gov/pmc/articles/PMC3880213/

Hülshoff, T. (2000). Das Gehirn. Funktionen und Funktionseinbußen. Eine Einführung für pflegende, soziale und pädagogische Berufe (2. Aufl.). Bern: Huber.

Hülshoff, T. (2005). Medizinische Grundlagen der Heilpädagogik. München: Reinhardt

Hüther, G. (1999). Die Evolution der Liebe. Was Darwin bereits ahnte und die Darwinisten nicht wahrhaben wollen. Göttingen: Vandenhoeck & Ruprecht.

Hüther, G., Krens, I. (2005). Das Geheimnis der ersten neun Monate. Unsere frühesten Prägungen. Düsseldorf: Patmos.

Ibrahim, J., Cosgrave, N., Woolgar, M. (2017). Childhood maltreatment and its link to borderline personality disorder features in children: A systematic review approach. Clinical Child Psychology and Psychiatry, 22 (3), 1–20.

Insel, T. (2013). Post by Former NIMH Director Thomas Insel: Tansforming Diagnosis Zugriff am 18.09.2017 unter www.nimh.nih.gov/about/directors/thomas-insel/blog/2013/transforming-diagnosis.shtml

Janssen, I., Krabbendam, L., Bak, M., Hanssen, M., Vollebergh, W., de Graaf, R., van Os, J. (2004). Childhood abuse as a risk factor for psychotic experiences. Acta Psychiatrica Scandinavica, 109, 38–45.

Juen, F. (2014). Aspekte der Mentalisierungsdiagnostik bei Kindern. Praxis der Kinderpsychologie und Kinderpsychiatrie, 63, 723–729.

Julius, H. (2003). Bindungsorganisation und kindliches Narrativ. In H. Scheuerer-Englisch, G. Suess, W. K. Pfeiffer (Hrsg.), Wege zur Sicherheit. Bindungswissen in Diagnostik und Intervention (S. 223–240). Gießen: Psychosozial-Verlag.

Kaufmann, K. (2016). System mit Perspektiven – Perspektiven im System: Bindungsstile bei SystemikerInnen und ihre Bedeutung für die Praxis der Sozialen Arbeit. Aachen: Unveröffentlichte Bachelorthesis.

Keshavan, M. S., Diwadkar, V. A., Montrose, D. M., Stanley, J. A., Pettegrew, J. W. (2004). Premorbid characterization in schizophrenia: the Pittsburg high risk study. World Psychiatry, 3 (3), 163–168.

Kirchmann, H. (2016). Bindung im höheren Lebensalter. In B. Strauß, H. Schauenburg (Hrsg.), Bindung in Psychologie und Medizin. Grundlagen, Klinik und Forschung – Ein Handbuch (S. 79–86). Stuttgart: Kohlhammer.

Kirchmann, H., Singh, S., Strauß, B. (2016). Methoden zur Erfassung von Bindungsmerkmalen. In B. Strauß, H. Schauenburg (Hrsg.), Bindung in Psychologie und Medizin. Grundlagen, Klinik und Forschung – Ein Handbuch (S. 101–121). Stuttgart: Kohlhammer.

Kirsch, H. (Hrsg.) (2014). Das Mentalisierungskonzept in der Sozialen Arbeit. Göttingen: Vandenhoeck & Ruprecht.

Kißgen, R., Franke, S. (2016). An attachment research perspective on ADHD. Neuropsychiatrie, 30, 63–68.
Kißgen, R., Krischer, M., Kummetat, V., Spiess, R., Schleiffer, R., Sevecke, K. (2009). Attachment Representation in Mothers of Children with Attention Deficit Hyperactivity Disorder. Psychopathology, 42, 201–208.
Kliewer-Neumann, J., Bovenschen, I., Roland, I., Lang, K., Spangler, G., Nowacki, K. (2015). Interviewtechnik zur Erfassung von Bindungsstörungssymptomen. Praxis der Kinderpsychologie und Kinderpsychiatrie, 64, 759–773.
Klöpper, M. (2006). Reifung und Konflikt. Säuglingsforschung, Bindungstheorie und Mentalisierungskonzept in der tiefenpsychologischen Psychotherapie. Stuttgart: Klett-Cotta.
Köhler, L. (2004). Die Bedeutung der Bindungstheorie für die therapeutische Praxis. Vortragsmanuskript. Zugriff am 11.09.2017 unter www.aeksh.de/akademie/veranst/koehler.pdf
Köhler-Saretzki, T. (2015). Die Bindungstheorie und die systemische Therapie! Freund? Feind? Beides? Keines von beiden? systhema, 1, 62–73.
König, O. (2017). Der Psychoboom der 1970er Jahre und seine Folgen. Zur Entwicklung der Psy-Wissenschaften in der Perspektive der Geschichts- und Sozialwissenschaften. Familiendynamik, 42 (2), 146–156.
Konrad, K., Firk, C., Uhlhaas, P. J. (2013). Hirnentwicklung in der Adoleszenz. Deutsches Ärzteblatt, 110, 425–431.
Korittko, A. (2006). Trauma und System: Das erstarrte Mobile. In J. Rieforth (Hrsg.), Triadisches Verstehen in sozialen Systemen. Gestaltung komplexer Wirklichkeiten (S. 192–142). Heidelberg: Carl Auer.
Korittko, A., Pleyer, K. H. (2010). Traumatischer Stress in der Familie. Systemtherapeutische Lösungswege. Göttingen: Vandenhoeck & Ruprecht.
Korsgaard, C. (1996). Creating the Kingdom of Ends. Cambridge: Cambridge University Press.
Kraft, P. B. (1998). NLP Handbuch für Anwender. NLP aus der Praxis für die Praxis. Paderborn: Junfermann.
Kreß, S., Cierpka, M., Möhler, E., Resch, F. (2012). Mütterliche Affektabstimmung von Müttern mit Missbrauchserfahrungen in der Mutter-Kind-Interaktion. Praxis der Kinderpsychologie und Kinderpsychiatrie, 61, 271–328.
Kreutz, D., Trost, A. (2014). Bindungsstile bei Professionellen der Sozialen Arbeit. In A. Trost (Hrsg.), Bindungsorientierung in der Sozialen Arbeit. Grundlagen – Forschungsergebnisse – Anwendungsbereiche (S. 225–238). Dortmund: Borgmann.
Kriz, J. (2004). Personenzentrierte Systemtheorie. Grundfragen und Kernaspekte. In A. von Schlippe, W. Kriz (Hrsg.), Personzentrierung und Systemtheorie. Perspektiven für psychotherapeutisches Handeln (S. 13–67). Göttingen: Vandenhoeck & Ruprecht.
Kriz, J. (2014). Systemtheorie ist mehr als »Autopoiese«. Eine Replik auf Allain Schmitt. Familiendynamik, 39 (3), 267–270.
Krüsmann, M. (2012). Zur Prävention berufsbedingter Traumatisierung. In S. Gahleitner, G. Hahn (Hrsg.), Übergänge gestalten – Lebenskrisen begleiten Klinische Sozialarbeit – Beiträge zur psychosozialen Praxis und Forschung (Bd. 4, S. 175–199). Bonn: Psychiatrie Verlag.
Künster, A. K., Ziegenhain, U. (2014). Elterliche Feinfühligkeit und kindliche Entwicklung – die Skala elterlicher Feinfühligkeit als Praxistool zur Beratung junger Eltern. Hebamme, 14 (3), 22–27.
Lackinger, F. (2011). Die Neurobiologie der Bindung und das Konzept der Übertragung. Vortrag. Zugriff am 20.09.2017 unter www.psychoanalyse.or.at/files/dokumente/fritz_lackinger_-_die_neurobiologie_der_bindung_und_das_konzept_der_uebertragung.pdf
Laucht, M. (2009). Vulnerabilität und Resilienz in der Entwicklung von Kindern. In K. H. Brisch, T. Hellbrügge (Hrsg.), Bindung und Trauma. Risiken und Schutzfaktoren für die Entwicklung von Kindern (S. 53–71). Stuttgart: Klett-Cotta.

Levold, T. (1984). Multidimensionales Explorationsmodell. Unveröffentlichter Forschungsbericht. Rösrath: Haus Sommerberg.
Levold, T., Wirsching, M. (Hrsg.) (2014). Systemische Therapie und Beratung – das große Lehrbuch. Heidelberg: Carl Auer.
Liddle, H. A. (1999). Theory development in a family-based therapy for adolescents drug abuse. Journal of Clinical and Child Psychology, 28 (4), 521–533.
Loth, W. (2017). Beisteuern zu hilfreichen Veränderungen – explizite Zugänge, implizite Entwicklungen. Systeme, 31 (1), 65–87.
Loth, W., Schlippe, A. von (2004). Die therapeutische Beziehung aus systemischer Sicht. Psychotherapie im Dialog, 4, 341–347.
Ludewig, K. (1992). Systemische Therapie. Grundlagen klinischer Theorie und Praxis. Stuttgart: Klett-Cotta.
Ludewig, K. (2005). Einführung in die theoretischen Grundlagen der systemischen Therapie. Heidelberg: Carl Auer.
Ludewig, K. (2014). Theorie autopoietischer Systeme – Humberto Maturana. In T. Levold, M. Wirsching (Hrsg.), Systemische Therapie und Beratung – das große Lehrbuch (S. 61–64). Heidelberg: Carl Auer.
Ludewig, K. (2015). Systemische Therapie – eine theoretische Auffrischung (Update) für Fortgeschrittene. Unveröffentlichte Präsentation.
Ludewig, K., Pflieger, K., Wilken, U., Jacobskötter, G. (1985). Entwicklung eines Verfahrens zur Darstellung von Familienbeziehungen: Das Familienbrett. Familiendynamik, 10, 235–251.
Luhmann, N. (1984). Soziale Systeme. Grundriss einer allgemeinen Theorie. Frankfurt a. M.: Suhrkamp.
Luyten, P., Fonagy, P. (2017). The Reflective Functioning Questionnaire. Zugriff am 24.07.2017 unter www.ucl.ac.uk/psychoanalysis/research/rfq
Luyten, P., Fonagy, P., Lowyck, B., Vermote, R. (2015). Beurteilung des Mentalisierens. In A. Bateman, P. Fonagy (Hrsg.), Handbuch Mentalisieren (S. 67–89). Gießen: Psychosozial-Verlag.
Luyten, P., Mayes, L. C., Nijssens, L., Fonagy, P. (2017). The parental reflective functioning questionnaire: Development and preliminary validation. PLoS ONE, 12 (5), e0176218. Zugriff am 31.01.2018 unter https://doi.org/10.1371/journal.pone.0176218 (24.7.2017).
Lyons-Ruth, K., Jacobvitz, D. (2016). Attachment Disorganization from Infancy to Adulthood. In J. Cassidy, P. R. Shaver (Eds.), Handbook of Attachment (pp. 667–695). New York: Guilford Press.
Lyotard, J. F. (1979). La condition postmoderne. Rapport sur le savoir. Paris: Les éditions de minuit.
Mah, B. L., van IJzendoorn, M. H., Out, D., Smith, R., Bakermans-Kranenburg, M. J. (2017). The Effects of Intranasal Oxytocin Administration on Sensitive Caregiving in Mothers with Postnatal Depression. Child Psychiatry & Human Development, 48 (2), 308–315.
Main, M. (2012). Aktuelle Studien zur Bindung (Orig. 1995). In G. Gloger-Tippelt (Hrsg.), Bindung im Erwachsenenalter. Ein Handbuch für Forschung und Praxis (S. 17–64). Bern: Huber.
Main, M., Kaplan, N., Cassidy, J. (1985). Security in infancy, childhood, and adulthood: A move to the level of representation. Monographs of the Society for Research in Child Development, 50, 66–104.
Main, M., Solomon, J. (1986). Discovery of a new, insecure-disorganized/disoriented attachment pattern. In T. B. Brazelton, M. Yogman (Eds.), Affective development in infancy (pp. 95–124). Norwood, NJ: Ablex.
Marvin, R., Cooper, G., Hoffman, K., Powell, B. (2002). The Circle of Security Project: Attachment-based intervention with caregiver-pre-school child dyads. Attachment & Human Development, 4, 107–124.
Maturana, H., Varela, F. (1987). Der Baum der Erkenntnis. Die biologischen Wurzeln des menschlichen Erkennens. Bern: Scherz.
Maunder, R. G., Hunter, J. J. (2001). Attachment and psychosomatic medicine: developmental contributions to stress and disease. Psychosom Medicine, 63 (4), 556–567.

McGoldrick, M., Gerson, R., Petry, S. (1990/2009). Genogramme in der Familienberatung (3., vollst. überarb. und erw. Aufl.). Bern: Huber.
Meins, E., Fernyhough, C. (2015). Mind-mindedness coding manual, Version 2.0. Unpublished manuscript. Durham, UK: Durham University.
Meins, E., Fernyhough, C., de Rosnay, M., Arnott, B., Leekam, S. R., Turner, M. (2012). Mind-Mindedness as a Multidimensional Construct: Appropriate and Nonattuned Mind-Related Comments Independently Predict Infant–Mother Attachment in a Socially Diverse Sample. Infancy, 17 (4), 393–415.
Menne, K. (2012). Erziehungsberatung im System der Hilfen zur Erziehung. Inanspruchnahme und Leistungen. In K. Menne, H. Scheuerer-Englisch, A. Hundsalz (Hrsg.), Jahrbuch für Erziehungsberatung (Bd. 9, S. 309–330). Weinheim: Beltz Juventa.
Mertens, W. (2014). Psychoanalyse im 21. Jahrhundert – eine Standortbestimmung, Stuttgart: Kohlhammer.
Mesman, J., van IJzendoorn, M., Sagi-Schwartz, A. (2016). Cross-cultural patterns of Attachment. In J. Cassidy, P. R. Shaver (Eds.), Handbook of Attachment (pp. 852–877). New York: Guilford Press.
Mikulincer, M., Shaver, P. R. (2007). Attachment in adulthood: Structure, dynamics, and change. New York: Guilford Press.
Mikulincer, M., Shaver, P. (2016). Adult Attachment and Emotion-Regulation. In J. Cassidy, P. R. Shaver (Eds.), Handbook of Attachment (pp. 507–533). New York: Guilford Press.
Miller, A. (1999). Das verbannte Wissen. Frankfurt a. M.: Suhrkamp.
Miller, G. E., Chen, E., Fok, A. K., Walker, H., Lim, A., Nicholls, E. F., Coled, S., Kobor, M. S. (2009). Low early-life social class leaves a biological residue manifested by decreased glucocorticoid and increased proinflammatory signaling. Proceedings of the National Academy of Sciences (PNAS), 106, 14716–14721.
Minuchin, S. (1977). Familie und Familientherapie. Theorie und Praxis struktureller Familientherapie. Freiburg: Lambertus.
Molina, B., Hinshaw, S., Swanson, J., Arnold, E., Vitiello, B., Jensen, P., Epstein, J., Hoza, B., Hechtman, L., Abikoff, H., Elliott, G., Greenhill, G., Newcorn, G., Wells, K., Wigal, T., Gibbons, R., Hur, K., Houck, P., MTA Cooperative Group (2009). The MTA at 8 Years: Prospective Follow-Up of Children Treated for Combined Type ADHD in a Multisite Study. Journal of the American Academy of Child and Adolescent Psychiatry, 48 (5), 484–500.
Molter, H. (2012). Vom Ende der großen Entwürfe … zum Blühen systemischer Praxis. Eine Retrospektive in Interviews auf das Jahr 1991. Familiendynamik, 37 (1), 58–64.
Müller, K. E. (2013). Stressregulation und Mitochondrienfunktion. OM – Zeitschrift für Orthomolekulare Medizin, 1, 1–6.
Nefiodow, L. (1996). Der sechste Kondratieff. Wege zur Produktivität und Vollbeschäftigung im Zeitalter der Information. Sankt Augustin: Rhein-Sieg-Verlag.
Nerin, W. F. (1989). Familienrekonstruktion in Aktion. Virginia Satirs Methode in der Praxis: eine Tagesreise ans Licht. Paderborn: Junfermann.
Ogden, P., Minton, K., Pain, C. (2006). Trauma and the body. A sensorymotor approach to psychotherapy. New York u. London: Norton & Co.
Omer, H., Schlippe, A. von (2002). Autorität ohne Gewalt. Coaching für Eltern von Kindern mit Verhaltensproblemen. »Elterliche Präsenz« als systemisches Konzept. Göttingen: Vandenhoeck & Ruprecht.
Omer, H., Schlippe, A. von (2010). Stärke statt Macht. Neue Autorität in Familie, Schule und Gemeinde. Göttingen: Vandenhoeck & Ruprecht.
Pal-Handl, K. (1998). Mutter-Kind-Interaktion bei Regulationsstörungen. Unveröffentlichte Diplomarbeit. Universität Wien: Psychologisches Institut.
Papoušek, M. (1994). Vom ersten Schrei zum ersten Wort. Anfänge der Sprachentwicklung in der vorsprachlichen Kommunikation. Bern: Huber.

Papoušek, M. (2000). Einsatz von Video in der Eltern-Säuglings-Beratung und -Psychotherapie. Praxis der Kinderpsychologie und Kinderpsychiatrie, 49, 611–627.
Papoušek, M. (2001). Intuitive elterliche Kompetenzen – Ressource in der präventiven Eltern-Säuglings-Beratung und -psychotherapie. Frühe Kindheit, 1. Zugriff am 31.01.2018 unter http://liga-kind.de/fk-101-papousek/
Papoušek, M. (2008). Vom ersten Schrei zum ersten Wort: Die Sprache des Säuglings im Entwicklungskontext der Zwiesprache mit den Eltern. In K. H. Brisch, T. Hellbrügge (Hrsg.), Der Säugling – Bindung, Neurobiologie und Gene. Grundlagen für Prävention, Beratung und Therapie (S. 168–184). Stuttgart: Klett-Cotta.
Papoušek, M. (2009). Kommunikations- und Beziehungsdiagnostik im Säuglingsalter. Kindheit und Entwicklung, 5, 136–139.
Papoušek, M., Papoušek, H. (1995). Vorsprachliche Kommunikation: Anfänge, Formen, Störungen und psychotherapeutische Ansätze. In H. Petzold (Hrsg.), Die Kraft liebevoller Blicke: Psychotherapie & Babyforschung. Bd. 2: Säuglingsbeobachtungen revolutionieren die Psychotherapie. Paderborn: Junfermann.
Pauls, H., Stockmann, P., Reichert, M. (Hrsg.) (2013). Beratungskompetenzen für die psychosoziale Fallarbeit. Ein sozialtherapeutisches Profil. Freiburg: Lambertus.
Pearson, J. L., Cohn, D. A., Cowan, P. A., Cowan, C. P. (1994). Earned- and continuous-security in adult attachment: Relation to depressive symptomatology and parenting style. Development and Psychopathology, 6, 359–373.
Penn, P. (1983). Zirkuläres Fragen. Familiendynamik, 8 (3), 198–220.
Pentz, K., Trost, A. (2015). Sekundäre Traumatisierung und Bindungsstile bei Professionellen Sozialer Arbeit. In U. Lammel, J. Jungbauer, A. Trost (Hrsg.), Klinisch-therapeutische Soziale Arbeit. Grundpositionen, Forschungsbefunde, Praxiskonzepte (S. 119–134). Dortmund: Borgmann.
Pestalozzi, H. (1815/1977). Sämtliche Werke. Bd. 24 A/19. Berlin: De Gruyter.
Petrowsky, K., Hendrik, H., Paul, S., Grande, G., Stöbel-Richter, Y., Brähler, E. (2010). Standard values and relationship-specific validity of the Bielefeld Relationship Expectations. Questionnaire (BFPE). BMC Medical Research Methodology, 10: 92. DOI: https://doi.org/10.1186/1471-2288-10-92
Petrowsky, K., Joraschky, P. (2016). Bindungsprozesse bei Angststörungen. In B. Strauß, H. Schauenburg (Hrsg.), Bindung in Psychologie und Medizin (S. 162–178). Stuttgart: Kohlhammer.
Pfaff, D. (2016). Das altruistische Hirn. Sind wir von Natur aus gut? Göttingen: Hogrefe.
Pfeiffer, F., Reuß, K. (2008). Ungleichheit und die differentiellen Erträge frühkindlicher Bildungsinvestitionen im Lebenszyklus. ZEW Discussion Paper. Zugriff am 08.10.2017 unter ftp://ftp.zew.de/pub/zew-docs/dp/dp08001.pdf
Pfeiffer, U. J., Schilbach, L., Timmermans, B., Kuzmanovic, B., Georgescu, A. L., Bente, G., Vogeley, K. (2014). Why we interact: On the functional role of the striatum in the subjective experience of social interaction. NeuroImage, 101, 124–137.
Phelps, J., Belsky, J., Crnic, K. (1998). Earned security, daily stress, and parenting: A comparison of five alternative models. Development and Psychopathology, 10 (1), 21–38.
Pleyer, K. H. (2003). Parentale Hilflosigkeit, ein systemisches Konstrukt für die therapeutische und pädagogische Arbeit mit Kindern. Familiendynamik, 28 (4), 467–491.
Pöppel, H. (1997). Grenzen des Bewusstseins. Wie kommen wir zur Zeit, und wie entsteht Wirklichkeit? Frankfurt a. M.: Insel.
Pohl, J. (2017). B.A.S.E.® – Babywatching im Seniorenheim. In: K. H. Brisch (Hrsg.), Bindung und emotionale Gewalt (S. 200–211). Stuttgart: Klett-Cotta.
Porges, S. W. (2003). The Polyvagal Theory: phylogenetic contributions to social behavior. Physiology Behavior, 79 (3), 503–513.
Porges, S. W. (2010). Die Polyvagal-Theorie: neurophysiologische Grundlagen der Therapie. Emotionen, Bindung, Kommunikation und ihre Entstehung Paderborn: Junfermann.

Porges, S. W. (2017). Die Ployvagal-Theorie und die Suche nach Sicherheit – Gespräche und Reflexionen. Lichtenau: Probst.
Ravens-Sieberer, U., Wille, N., Bettge, S., Erhart, M. (2007). Psychische Gesundheit von Kindern und Jugendlichen in Deutschland. Ergebnisse aus der BELLA-Studie im Kinder- und Jugendgesundheitssurvey (KiGGS). Bundesgesundheitsblatt, Gesundheitsforschung, Gesundheitsschutz, 50 (5/6), 871–878. DOI: 10.1007/s00103-007-0250-6
Prigogine, I., Stengers, I. (1981). Dialog mit der Natur. Neue Wege naturwissenschaftlichen Denkens. München: Piper.
Raikes, H. A., Thompson, R. A. (2005). Links between risk and attachment security: models of influence. Applied Developmental Psychology, 26, 440–455.
Read, J., Gumley, A. (2009). Bindungstheorie und Psychose. In K. H. Brisch, T. Hellbrügge (Hrsg.), Wege zu sicheren Bindungen in Familie und Gesellschaft. Prävention, Begleitung, Beratung und Psychotherapie (S. 237–278). Stuttgart: Klett-Cotta.
Read, J., Mosher, R., Bentall, R. (Eds.) (2004). Models of Madness. Psychological, social and biological approaches to schizophrenia. Hove u. New York: Brunner-Routledge.
Reich, G. (1984). Der Einfluß der Herkunftsfamilie auf die Tätigkeit von Therapeuten und Beratern. Praxis der Kinderpsychologie und Kinderpsychiatrie, 33, 61–69.
Resch, F. (2003). Schizophrenie. In B. Herpertz-Dahlmann, F. Resch, M. Schulte-Markwort, A. Warnke (Hrsg.), Entwicklungspsychiatrie. Biopsychologische Grundlagen und die Entwicklung psychischer Störungen (S. 637–667). Stuttgart: Schattauer.
Retzer, A. (1996). Familie und Psychose. Zum Zusammenhang von Familieninteraktion und Psychopathologie bei schizophrenen, schizoaffektiven und manisch-depressiven Psychosen (2. Aufl.). Stuttgart: Fischer.
Retzer, A. (2008) Systemische Psychotherapie: theoretische Grundlagen, klinische Anwendungsprinzipien. In H. J. Möller, G. Laux, H. P. Kapfhammer (Hrsg.), Psychiatrie und Psychotherapie (S. 815–840). Heidelberg: Springer.
Ricard, M. (2016). Allumfassende Nächstenliebe. Altruismus – die Antwort auf die Herausforderungen unserer Zeit. Hamburg: Edition Blumenau.
Richter, H. E. (1963). Eltern, Kind und Neurose. Psychoanalyse der kindlichen Rolle. Reinbek: Rowohlt.
Richter, H. E. (1970). Patient Familie. Entstehung, Struktur und Therapie von Konflikten in Ehe und Familie. Reinbek: Rowohlt.
Ritscher, W. (2009). Zur Geschichte der Familientherapie – eine Skizze. Kontext – Zeitschrift für Systemische Therapie und Familientherapie, 40 (1), 3–31.
Robert-Koch-Institut (2006). Erste Ergebnisse der KiGGS-Studie zur Gesundheit von Kindern und Jugendlichen in Deutschland. Berlin: Robert-Koch-Institut.
Robinson, B. (1907). The Abdominal and Pelvic Brain. Hammond: Betz.
Rohen, J., Lütjen-Drecoll, E. (2012). Funktionelle Embryologie. Die Entwicklung der Funktionssysteme des menschlichen Organismus. Stuttgart: Schattauer.
Roisman, G., Padrón, E., Sroufe, A., Egeland, B. (2002). Earned-Secure Attachment Status in Retrospect and Prospect. Child Development, 73 (4), 1204–1219.
Roth, G. (2003). Fühlen, Denken, Handeln. Wie unser Gehirn unser Verhalten steuert. Frankfurt a. M.: Suhrkamp.
Roth, G. (2015a). Wie das Gehirn die Seele macht. In NZFH (Hrsg.), Stellt die frühe Kindheit Weichen? (S. 61–65). Köln: Nationales Zentrum Frühe Hilfen (NZFH).
Roth, G. (2015b). Wie das Gehirn die Seele macht – Wie die Seele das Gehirn macht. Unveröffentlichter Vortrag. Bremen: Institut für Hirnforschung, Universität Bremen.
Roth, G., Ryba, A. (2016). Coaching, Beratung und Gehirn. Neurobiologische Grundlagen wirksamer Veränderungskonzepte. Stuttgart: Klett-Cotta.
Roth, G., Strüber, N. (2014). Wie das Gehirn die Seele macht. Stuttgart: Klett-Cotta.
Rotthaus, W. (1990). Stationäre systemische Kinder- und Jugendpsychiatrie. Dortmund: Borgmann.

Rotthaus, W. (2017). Was heißt systemisch? Zugriff am 04.05.2017 unter www.dgsf.org/service/was-heisst-systemisch/index.html
Rutter, M. (2006). Die psychischen Auswirkungen früher Heimerziehung. In K. H. Brisch, T. Hellbrügge (Hrsg.), Kinder ohne Bindung. Deprivation, Adoption und Psychotherapie. Stuttgart: Klett-Cotta.
Rutter, M., Azis-Clauson, C. (2016). Implications of Attachment Theory and Research for Child Care Politics. In J. Cassidy, P. R. Shaver (Eds.), Handbook of Attachment (pp. 983–994). New York: Guilford Press.
Sagi, A., van IJzendoorn, M. H., Scharf, M., Joels, T., Koren-Karie, N., Mayseless, O. (1997). Ecological constraints for intergenerational transmission of attachment. International Journal of Behavioral Development, 20, 287–299.
Satir, V. (1975). Selbstwert und Kommunikation. Familientherapie für Berater und zur Selbsthilfe. München: Pfeiffer.
Satir, V. (1976/89). Mein Weg zu dir. Kontakt finden und Vertrauen gewinnen. München: Kösel.
Satir, V. (2004). Kommunikation – Selbstwert – Kongruenz. Konzepte und Perspektiven familientherapeutischer Praxis. Paderborn: Junfermann.
Saunders, H., Kraus, A., Barone, L., Biringen, Z. (2015). Emotional availability: theory, research, and intervention. Frontiers in Psychology, 6, 1069.
Scharfetter, Ch. (1976/2010). Allgemeine Psychopathologie: eine Einführung (6., überarb. Aufl.). Stuttgart u. New York: Thieme.
Schauenburg, H. (2016). Bindungsapekte bei der Depression. In B. Strauß, H. Schauenburg (Hrsg.), Bindung in Psychologie und Medizin (S. 179–189). Stuttgart: Kohlhammer.
Schauenburg, H., Buchheim, A., Beckh, K., Nolte, T., Brenk-Franz, K., Leichsenring, F., Strack, M., Dinger, U. (2010). The influence of psychodynamically oriented therapists' attachment representations on outcome and alliance in inpatient psychotherapy. Psychotherapy Research, 20 (2), 193–202.
Schauenburg, H., Dinger, U., Buchheim, A. (2006). Bindungsmuster von Psychotherapeuten. Zeitschrift für Psychosomatische Medizin und Psychotherapie, 52, 358–372.
Schellong, J. (2013). Diagnostische Klassifikation von Traumafolgestörungen. In M. Sack, U. Sachsse, J. Schellong (Hrsg.), Komplexe Traumafolgestörungen. Diagnostik und Behandlung von folgenschwerer Gewalt und Vernachlässigung. Stuttgart: Schattauer.
Scher, A. (2011). Trennungsangst der Mutter als Regulator des kindlichen Schlafs. In K. H. Brisch (Hrsg.), Bindung und frühe Störungen der Entwicklung (S. 223–236). Stuttgart: Klett-Cotta.
Scherwath, C., Friedrich, S. (2012). Soziale und pädagogische Arbeit bei Traumatisierung. München: Reinhardt.
Scheuerer-Englisch, H. (1989). Das Bild der Vertrauensbeziehung bei zehnjährigen Kindern und ihren Eltern: Bindungsbeziehungen in längsschnittlicher und aktueller Sicht. Unveröffentlichte Dissertation, Universität Regensburg.
Scheuerer-Englisch, H., Suess, G., Pfeifer, W. K. (Hrsg.) (2003/2012). Wege zur Sicherheit. Bindungswissen in Diagnostik und Intervention (2. Aufl.). Gießen: Psychosozial-Verlag.
Schindler, A. (2008). Über den Unterschied zwischen Kaiserpinguinen und Suppenschildkröten. Bindungstheoretische Appetithäppchen für Systemiker. Zugriff am 31.01.2018 unter www.systemischestudien.de/fileadmin/redakteur/Bilder/ISSES/Schindler_Bindungstheorie.pdf
Schindler, A. (2016). Bindung und substanzbezogene Störungen. In B. Strauß, H. Schauenburg (Hrsg.), Bindung in Psychologie und Medizin. Grundlagen, Klinik und Forschung – Ein Handbuch (S. 201–210). Stuttgart: Kohlhammer.
Schlack, H. G. (2004). Die neuen Kinderkrankheiten. Frühe Kindheit, 6. Zugriff am 22.06.2017 unter http://liga-kind.de/fk-604-schlack/ (22.6.2017).
Schleiffer, R. (2015). Fremdplatzierung und Bindungstheorie. Weinheim u. Basel: Beltz Juventa.
Schleiffer, R., Gahleitner, S. B. (2010). Schwierige Klientel oder schwierige Helfende? Konsequenzen desorganisierter Bindungsmuster für die psychosoziale Arbeit. In S. B. Gahleitner, G. Hahn (Hrsg.), Klinische Sozialarbeit – Gefährdete Kindheit – Risiko, Resilienz, Hilfen (S. 197–213). Bonn: Psychiatrie Verlag.

Schleiffer, R., Müller, S. (2002). Die Bindungsrepräsentation von Jugendlichen in Heimerziehung. Praxis der Kinderpsychologie und Kinderpsychiatrie, 51 (10), 747–765.
Schlippe, A. von (1984). Familientherapie im Überblick. Basiskonzepte, Formen, Anwendungsmöglichkeiten. Paderborn: Junfermann.
Schlippe, A. von (1988). Der systemische Ansatz – Versuch einer Präzisierung. Zeitschrift für Systemische Therapie und Beratung, 6 (2), 81–89.
Schlippe, A. von (1991). Systemische Sichtweise und psychotherapeutische Ethik – vier Imperative. Praxis der Kinderpsychologie und Kinderpsychiatrie, 40 (10), 368–375.
Schlippe, A. von (2015). Systemisches Denken und Handeln im Wandel. Kontext – Zeitschrift für Systemische Therapie und Familientherapie, 46 (1), 6–26.
Schlippe, A. von (2016). In der Gegenwart angekommen: Mit weit gestellter Optik in die Welt blicken. In U. Borst, H. Fischer, A. von Schlippe (Hrsg.), Hahnenschrei systemischer Vernunft – Zurück-Geschaut auf 40 Jahre Familiendynamik. Sonderausgabe der Familiendynamik zum 40-jährigen Bestehen der Zeitschrift, 11–15.
Schlippe, A. von, Schweitzer, J. (1996/2007). Lehrbuch der systemischen Therapie und Beratung (10. Aufl.). Göttingen: Vandenhoeck & Ruprecht.
Schlippe, A. von, Schweitzer, J. (2012). Lehrbuch der systemischen Therapie und Beratung. Bd. I: Das Grundlagenwissen. Göttingen: Vandenhoeck & Ruprecht.
Schmidt, S. (2016). Eine systemische Sicht auf die Praxis der Achtsamkeit. Kontext – Zeitschrift für Systemische Therapie und Familientherapie, 47 (4), 335–354.
Schmitt, A. (2014). Die Mängel des systemischen Theoriegebäudes aus der Sicht eines Praktikers. Familiendynamik, 39 (2), 144–155.
Schore, A. (2007). Affektregulation und die Reorganisation des Selbst. Stuttgart: Klett-Cotta.
Schore, A. (2011). Gesundheit und Krankheit: Entwicklungspsychologische Entstehungsbedingungen. 63. Jahrestagung der Deutschen Gesellschaft für Sozialpädiatrie und Jugendmedizin (DGSPJ). Keynote, Übersetzung der Präsentationsfolien von Eva Rass.
Schore, A. (2017). All Our Sons: The Developmental Neurobiology and Neuroendocrinology of Boys at Risk. Infant Mental Health Journal, 38, 15–52.
Schultz-Venrath, U. (2017). Ressourcen oder Katastrophen in Gruppen – was fördert oder hemmt Mentalisieren in Gruppenpsychotherapien? Vortrag Internationale Bindungskonferenz Ulm, 30.9.2017, pdf-Datei.
Schultz-Venrath, U., Felsberger, H. (2016). Mentalisieren in Gruppen. Stuttgart: Klett-Cotta.
Schwark, B., Strauß, B. (2007). Die Bindungstheorie und ihre Relevanz für die Psychotherapie. Ten years later. Psychotherapeut, 6, 76–86.
Schweitzer, J., Retzer, A., Fischer, H. R. (Hrsg.) (1992). Systemische Praxis und Postmoderne. Frankfurt a. M.: Suhrkamp.
Schweitzer, J., Schlippe, A. von (2006). Lehrbuch der systemischen Therapie und Beratung. Bd. II: Das störungsspezifische Wissen. Göttingen: Vandenhoeck & Ruprecht.
Selvini Palazzoli, M., Boscolo, L., Cecchin, G., Prata, G. (1977/1996). Paradoxon und Gegenparadoxon. Ein neues Therapiemodell für die Familie mit schizophrener Störung. Stuttgart: Klett-Cotta.
Selvini Palazzoli, M., Boscolo, L., Cecchin, G., Prata, G. (1981). Hypothetisieren, Zirkularität, Neutralität. Familiendynamik, 6, 123–139.
Shalev, I., Entringer, S., Wadhwa, P. D., Wolkowitz, O. M., Puterman, E., Lin, J., Epel, E. S. (2013). Stress and telomere biology: A lifespan perspective. Psychoneuroendocrinolgy, 38 (9), 1835–1842.
Simon, F. B. (1990). Meine Psychose, mein Fahrrad und Ich. Zur Selbstorganisation der Verrücktheit. Heidelberg: Carl Auer.
Simon, F. B., Clement, U., Stierlin, H. (1983/1999). Die Sprache der Familientherapie (5. Aufl.). Stuttgart: Klett-Cotta.
Simon, F. B., Weber, G., Stierlin, H., Retzer, A., Schmidt, G. (1989). Schizoaffektive Muster: eine systemische Beschreibung. Familiendynamik, 14, 190–213.

Simons, J. (2017). Bindungskonzepte in der Individualpsychologie – eine Online-Fragebogen-Erhebung. Master-Thesis. Aachen: KatHO-NRW.

Sloterdijk, P. (2009). Du musst Dein Leben ändern. Über Anthropotechnik. Frankfurt a. M.: Suhrkamp.

Sloterdijk, P. (2017). Nach Gott. Frankfurt a. M.: Suhrkamp.

Smyke, A. T., Zeanah, C. H. (1999). Disturbances of Attachment Interview. Unpublished Manual, Tulane University.

Söder, J. (2014). Die anthropologische und ethische Dimension der Bindungsorientierung. In A. Trost (Hrsg.), Bindungsorientierung in der Sozialen Arbeit (S. 43–54). Dortmund: Borgmann.

Spangler, G., Zimmermann, P. (2002). Bindung im Lebenslauf: Determinanten, Kontinuität, Konsquenzen und künftige Perspektiven. In G. Spangler, P. Zimmermann (Hrsg.), Die Bindungstheorie. Grundlagen, Forschung und Anwendung (S. 311–334). Stuttgart: Klett-Cotta.

Spangler, G., Zimmermann, P. (1999). Attachment representation and emotion regulation in adolescence: A psychobiologicalperspective on internal working models. Attachment and Human Development, 1, 270–290.

Speck, O. (2008). Hirnforschung und Erziehung. Die pädagogische Auseinandersetzung mit neurobiologischen Erkenntnissen. München: Reinhardt.

Spitz, R. (1985). Die anaklitische Depression – eine Untersuchung der Genese psychischer Störungen in der frühen Kindheit. In G. Bittner, E. Harms (Hrsg.), Erziehung in früher Kindheit (S. 123–161). München: Piper.

Spitzer, M. (2002). Lernen – Gehirnforschung und die Schule des Lebens. spectrum,

Spork, P. (2010). Der zweite Code. Epigenetik oder: wie wir unser Erbgut steuern können. Reinbek: Rowohlt.

Sroufe, L. A. (2016). The Place of Attachment in Development. In J. Cassidy, P. R. Shaver (Eds.), Handbook of Attachment (pp. 997–1011). New York: Guilford Press.

Sroufe, L. A., Egeland, B., Carlson, E., Collins, W. A. (2005). The Development of the person: The Minnesota Study of Riosk and Adaptation from Birth to Adulthood. New York: Guilford Press.

Staabs, G. v. (1938/2004). Der Scenotest. Göttingen: Hogrefe.

Stamm, B. H. (2002). Sekundäre Traumastörungen. Wie Kliniker, Forscher und Erzieher sich vor traumatischen Auswirkungen ihrer Arbeit schützen können. Paderborn: Jungfermann.

Steele, H., Steele, M. (2008). Ten clinical uses of the AAI. In H. Steele, M. Steele (Eds.), Clinical Applications of the Adult Attachment Interview (pp. 3–30). New York: Guilford.

Stern, D. (1998a). Die Mutterschaftskonstellation. Stuttgart: Klett-Cotta.

Stern, D. (1998b). Die Lebenserfahrung des Säuglings. Stuttgart: Klett-Cotta.

Stern, D. (2007). Das Thema »Liebe«. In K. H. Brisch, T. Hellbrügge (Hrsg.), Die Anfänge der Eltern-Kind-Bindung (S. 213–218). Stuttgart: Klett-Cotta.

Stierlin, H. (1975). Von der Psychoanalyse zur Familientherapie. Stuttgart: Klett-Cotta.

Stierlin, H. (1978). Delegation und Familie. Beiträge zum Heidelberger familiendynamischen Konzept. Frankfurt a. M.: Suhrkamp.

Stierlin, H. (1988). Prinzipien der systemischen Therapie. In F. B. Simon (Hrsg.), Lebende Systeme. Wirklichkeitskonstruktionen in der Systemischen Therapie (S. 78–93). Heidelberg: Springer.

Strauß, B., Schauenburg, H. (Hrsg.) (2016). Bindung in Psychologie und Medizin. Stuttgart: Kohlhammer.

Streeck-Fischer, A. (2012). Die Entwicklungstraumastörung. In I. Özkan, U. Sachsse, A. Streeck-Fischer (Hrsg.), Zeit heilt nicht alle Wunden. Kompendium zur Psychotraumatologie (S. 109–123). Vandenhoeck & Ruprecht.

Strüber, N. (2016). Die erste Bindung. Wie Eltern die Entwicklung des kindlichen Gehirns prägen. Stuttgart: Klett-Cotta.

Suess, G., Bohlen, U., Carlson, E., Spangler, G., Frumentia Maier, M. (2016). Effectiveness of attachment based STEEP™ intervention in a German high-risk sample. Attachment & Human Development, 18 (5), 443–460.

Suess, G. J., Bohlen, U., Mali, A., Frumentia Maier, M. (2010). Erste Ergebnisse zur Wirksamkeit Früher Hilfen aus dem STEEP-Praxisforschungsprojekt »WiEge«. Bundesgesundheitsblatt, 53, 1143–1149.
Suess, G. J., Pfeifer, W. K. (Hrsg.) (1999). Frühe Hilfen. Anwendung von Bindungs- und Kleinkindforschung in Erziehung, Beratung, Therapie und Vorbeugung. Gießen: Psychosozial-Verlag.
Sullivan, R. M., Dufresne, M. M. (2006). Mesocortical dopamine and HPA axis regulation: role of laterality and early environment. Brain Research, 1076 (1), 49–59.
Sydow, K. von (2008). Bindungstheorie und systemische Therapie. Familiendynamik, 33 (3), 260–273.
Sydow, K. von (2015). Systemische Therapie. München: Reinhardt.
Taubner, S. (2015). Konzept Mentalisieren. Eine Einführung in Forschung und Praxis. Gießen: Psychosozial-Verlag.
Taubner, S., Fritsch, S., Lück, M., Vesterling, C., Böhmann, J., Stumpe, A. (2014). Mentalisierung und Bindungstransmission. Praxis der Kinderpsychologie und Kinderpsychiatrie, 63 (9), 699–722.
Taubner, S., Schröder, P., Nolte, T., Zimmermann, L. (2016). Bindung und Mentalisierung in der Adoleszenz. In B. Strauß, H. Schauenburg (Hrsg.), Bindung in Psychologie und Medizin. Grundlagen, Klinik und Forschung – Ein Handbuch. Stuttgart: Kohlhammer.
Taubner, S., Volkert, J. (2017). Mentalisierungsbasierte Therapie für Adoleszente (MBT-A). Göttingen: Vandenhoeck & Ruprecht.
Taylor, Ch. (1992). Negative Freiheit? Zur Kritik des neuzeitlichen Individualismus. Frankfurt a. M.: Suhrkamp.
Teicher, M. H., Samson, J. A. (2016). Annual Research Review: enduring neurobiological effects of childhood abuse and neglect. Journal of Child Psychology and Psychiatry, 75 (3), 241–266.
Teilhard de Chardin, P. (1959/2000). Der Mensch im Kosmos. München: Beck.
Teilhard de Chardin, P. (1967). Die lebendige Macht der Evolution. Olten: Walter.
Tenzer, E. (2014). M. Tomasello im Interview. Psychologie heute, 41 (7), 34–37.
Textor, M. (1985). Integrative Familientherapie. Eine systematische Darstellung der Konzepte, Hypothesen und Techniken amerikanischer Therapeuten. Berlin u. a.: Springer.
Tomasello, M. (1999). The cultural origins of human cognition. Cambridge, MA: Harvard University Press.
Tomasello, M. (2010). Warum wir kooperieren. Berlin: Suhrkamp.
Trautmann-Voigt, S., Moll, M. (2011). Bindung in Bewegung. Konzept und Leitlinien für eine psychodynamisch fundierte Eltern-Säuglings-Kleinkind-Psychotherapie. Gießen: Psychosozial-Verlag.
Trost, A. (1993). Systemische Kurzzeittherapie in der Kinder- und jugendpsychiatrischen Praxis – erste Ergebnisse. Unveröffentlichter Vortrag. XXIII. Wissenschaftliche Tagung der Deutschen Gesellschaft für Kinder- und Jugendpsychiatrie. Köln.
Trost, A. (1994). Halt-Suche: Hilfe für tyrannische Kinder und verzweifelte Kinder. In H. Trapmann (Hrsg.), Zerrissene Kindheit. Kritische Fragen – Beispiele aus der Arbeit (S. 196–221). Köln: Katholische Fachhochschule Nordrhein-Westfalen.
Trost, A. (1995). A Systemic Approach in Day Care Child Psychiatry: Clinical Settings and Results. Unveröffentlicher Vortrag beim 10. Kongress der European Society for Child- and Adolescent Psychiatry – ESC.
Trost, A. (1998). TZI und systemische Therapie – spielend kreative Lösungen (er-finden). Themenzentrierte Interaktion, 12 (2), 61–87.
Trost, A. (2002). BINDEN – HALTEN – LÖSEN: Ein mehrdimensionales Entwicklungs- und Balancemodell für die seelische Gesundheit von Kindern, Jugendlichen und Familien In H. Kretz (Hrsg.), Lebendige Psychohygiene 2000plus (S. 253–292). München: Eberhard-Verlag.
Trost, A. (2005). Entwicklungsstörungen und Kinder- und Jugendpsychiatrie. In A. Trost, W. Schwarzer (Hrsg.), Psychiatrie, Psychosomatik und Psychotherapie für psycho-soziale und pädagogische Berufe (3. Aufl., S. 69–138). Dortmund: Borgmann.

Trost, A. (2006). Bindung anbieten, Halt geben, Lösungen finden: Ein etwas anderes Modell für die Beratung mit TZI. In U. Sauer-Schiffer, M. Ziemons (Hrsg.), In der Balance liegt die Chance. Themenzentrierte Interaktion in Bildung und Beratung (S. 65–90). Münster: Waxmann.

Trost, A. (2008a). Drogenkranke Mütter und ihre Säuglinge: Frühe Beziehungen und ihre Bedeutung für die Prävention psychischer Störungen. In M. Franz, B. West-Leuer (Hrsg.), Bindung – Trauma – Prävention. Entwicklungschancen bei Kindern und Jugendlichen als Folge ihrer Beziehungserfahrungen (S. 219–255). Gießen: Psychosozial-Verlag.

Trost, A. (2008b). …beziehungsweise lernen – Zu den neurobiologischen Grundlagen von Lernprozessen. In Ch. Leyendecker (Hrsg.), Gemeinsam Handeln statt Behandeln – Aufgaben und Perspektiven der Komplexleistung Frühförderung (S. 193–200). München: Reinhardt.

Trost, A. (2012). Drogenkranke Mütter und ihre Säuglinge – Interaktionsverhalten und Einstellungen. Die Bedeutung früher Interaktionsprozesse für die kindliche Entwicklung. In K. H. Brisch (Hrsg.), Bindung und Sucht (S. 110–138). Stuttgart: Klett-Cotta.

Trost, A. (Hrsg.) (2014). Bindungsorientierung in der Sozialen Arbeit. Grundlagen – Forschungsergebnisse – Anwendungsbereiche. Dortmund: Borgmann.

Trost, A. (2015a). Ich kooperiere, also bin ich …. Mensch! – Evolutions- und Bindungswissen für die Friedenpädagogik. In N. Frieters-Reermann, G. Lang-Wojtasik (Hrsg.), Friedenpädagogik und Gewaltfreiheit (Schriften der KatHO-NRW, Bd. 21, S. 119–136). Opladen: Budrich.

Trost, A. (2015b). »Alles Bindung, oder was?« Bindungsorientierung in der Klinisch-therapeutischen Sozialen Arbeit. Power-Point-Präsentation. Zugriff am 30.01.2018 unter https://www.katho-nrw.de/fileadmin/primaryMnt/Aachen/Bilder/Fachtagungen/Klinisch-therapeutische_Soziale_Arbeit/Trost_Bindungsorientierung_in_der_Klinisch-therapeutischen_Sozialen_Arbeit.pdf

Trost, A. (2016a). Entwicklungsstörungen und Kinder- und Jugendpsychiatrie. In A. Trost, W. Schwarzer (Hrsg.), Psychiatrie, Psychosomatik und Psychotherapie für psycho-soziale und pädagogische Berufe (6. Aufl., S. 71–154). Dortmund: Borgmann.

Trost, A. (2016b). Binden – Halten – Lösen: Die Begegnung mit den Bindungsstilen der KlientInnen und Behandler als Schlüssel zur Veränderung. Vortrag bei der DGSF-Jahrestagung 2016. Unveröffentlichter Vortrag.

Trost, A., Kreutz-Kielwein, D. (i. V.). Bindungsstile bei Studierenden und Professionellen helfender Berufe.

Trost, A., Landers, S. (2017). Entwicklung einer gesunden Eltern-Kind-Beziehung. Konzept und Erkenntnisse aus der SAFE-Evaluationsstudie. In K. H. Brisch (Hrsg.), Bindung und emotionale Gewalt (S. 19–24). Stuttgart: Klett-Cotta.

Trost, A., Schwarzer, W. (Hrsg.) (2013). Psychiatrie, Psychosomatik und Psychotherapie für psychosoziale und pädagogische Berufe (5. Aufl.). Dortmund: Borgmann.

Trost, A., Wienand, F. (2000). Praxis der lösungsorientierten Kurztherapie mit Familien in der kinder- und jugendpsychiatrischen Praxis. Forum der Kinder- und Jugendpsychiatrie und Psychotherapie, 10 (2), 85–96.

Tschacher, W., Storch, M. (2010). Embodiment und Körperpsychotherapie. In C. Künzler, R. Böttcher, R. Hartmann, M.-H. Nussbaum (Hrsg.), Körperzentrierte Psychotherapie im Dialog. Grundlagen, Anwendungen, Integration: der IKP-Ansatz von Yvonne Maurer (S. 161–176). Heidelberg: Springer.

Urban, M., Hartmann, H.-P. (Hrsg.) (2005). Bindungstheorie in der Psychiatrie. Göttingen: Vandenhoeck & Ruprecht.

Van der Hart, O., Nijenhuis, E. R. S., Steele, K. (2008). Das verfolgte Selbst. Strukturelle Dissoziation und die Behandlung chronischer Traumatisierung. Paderborn: Junfermann.

Van IJzendoorn, M. H. (1995). Adult attachment representations, parental responsiveness, and infant attachment: A meta-analysis of the predictive validity of the Adult attachment Interview. Psychological Bulletin, 117, 387–403.

Van IJzendoorn, M., Bakermans-Kranenburg, M., Ebstein, R. (2010). Methylation Matters in Child Development: Toward Developmental Behavioral Epigenetics. Child Development Perspectives, 5 (4), 305–310.

Van IJzendoorn, M., Sagi-Schwarz, A. (2008). Cross-cultural patterns of attachment: Universal and contextual determinants. In J. Cassidy, P. R. Shavwer (Eds.), Handbook of attachment: Theory, research and clinical applications (pp. 713–734). New York: Guilford Press.
Verhage, M. L., Schuengel, C., Madigan, S., Fearon, R. M., Oosterman, M., Cassibba, R., Bakermans-Kranenburg, M. J., van IJzendoorn, M. H. (2016). Narrowing the transmission gap: A synthesis of three decades of research on intergenerational transmission of attachment. Psychological Bulletin, 142 (4), 337–366.
Vetere, A. (2015). Der bindungsorientierte narrative Ansatz in der systemischen Psychotherapie – Hintergründe und Anregungen für die Praxis. Psychotherapie im Dialog, 3, 66–70.
Vrontou, S., Wong, A., Rau, K., Koerber, K., Anderson, J. (2013). Genetic identification of C fibres that detect massage-like stroking of hairy skin in vivo. Nature, 493, 669–673.
Vuksanovic, N. (2013). Die Aktivität der Hypothalamus-Hypophysen-Nebennierenrinden-Achse bei Aufmerksamkeitsdefizit- und Hyperaktivitätsstörungen (ADHS). Unveröffentlichte Dissertation. LMU München.
Vuksanovic, N. (2015). Traumatische Erfahrungen, Stress und ADHS. In K. H. Brisch (Hrsg.), Bindung und Psychosomatik (S. 135–170). Stuttgart: Klett-Cotta.
Wagner, E., Russinger, U. (2016). Emotionsbasierte Systemische Therapie. Intrapsychische Prozesse verstehen und behandeln. Stuttgart: Klett-Cotta.
Welter-Enderlin, R. (1998). Was hat Säuglingsforschung mit Therapie und Beratung zu tun? In R. Welter-Enderlin, B. Hildenbrand (Hrsg.), Gefühle und Systeme. Die emotionale Rahmung beraterischer und therapeutischer Prozesse (S. 213–227). Heidelberg: Carl Auer.
Welter-Enderlin, R. (2003). Die wunderbaren-wunderlichen Entwicklungen der systemischen Therapie. Kontext – Zeitschrift für Systemische Therapie und Familientherapie, 34 (3), 209–224.
Welter-Enderlin, R., Hildenbrandt, B. (Hrsg.) (1998). Gefühle und Systeme. Die emotionale Rahmung beraterischer und therapeutischer Prozesse. Heidelberg: Carl Auer.
Werner, E. E. (1989). Vulnerable, but invincible. New York: Adams, Bannister and Cox.
White, M., Epston, D. (1992). Die Zähmung der Monster. Die emotionale Rahmung beraterischer und therapeutischer Prozesse. Heidelberg: Carl Auer.
Wieland, S. (2014). Heranwachsende mit desorganisiertem Bindungsmuster verstehen und behandeln – ein Klassifizierungssystem. In K. H. Brisch (Hrsg.), Bindung und Jugend. Individualität, Gruppen und Autonomie (S. 171–204). Stuttgart: Klett-Cotta.
Wienand, F. (2016). Projektive Diagnostik bei Kindern, Jugendlichen und Familien. Grundlagen und Praxis – ein Handbuch. Stuttgart: Kohlhammer.
Wienands, A. (Hrsg.) (2017). System und Körper. Kreative Methoden in der systemischen Praxis. Göttingen: Vandenhoeck & Ruprecht.
Wilson, D., Sperber, D. (2012). Meaning and Relevance. Cambridge: Cambridge University Press.
Winnicott, D. W. (1953). Transitional objects and transitional phenomena. International Journal of Psychoanalysis, 34, 89–97.
Winnicott, D. W. (1960). Theory of the Parent-Infant-Relationship. International Journal of Psychoanalysis, 41, 585–595.
Winnicott, D. W. (1984). Reifungsprozesse und fördernde Umwelt. Frankfurt a. M.: Suhrkamp.
Wulff, E. (1968). Vietnamesische Lehrjahre. Sechs Jahre als deutscher Arzt in Vietnam 1961–1967. Frankfurt a. M.: Suhrkamp.
Wurmser, H. (2007). Einfluss der Stress-Belastung der Mutter. In K. H. Brisch, T. Hellbrügge (Hrsg.), Die Anfänge der Eltern-Kind-Bindung. Schwangerschaft, Geburt und Psychotherapie (S. 129–156). Stuttgart: Klett-Cotta.
Yudowsky, S. (2016). Vorwort. In J. Allan, P. Fonay, A. Bateman, Mentalisieren in der psychotherapeutischen Praxis (S. 7–14). Stuttgart: Klett-Cotta.
Zach, U. (2012). Bindungsdiagnostik im Vorschulalter. In M. Stokowy, N. Sahhar (Hrsg.), Bindung und Gefahr. Das dynamische Reifungsmodell der Bindung und Anpassung (S. 57–86). Gießen: Psychosozial-Verlag.

Zeanah, C. H. (1996). Beyond Insecurity: A Reconceptualization of Attachment Disorders of Infancy. Journal of Consulting and Clinical Psychology, 64, 42–52.

Zeanah, C. H., Barton, M. L. (1989). Introduction: Internal representations and parent-infant relationship. Infant Mental Health Journal, 10 (3), 135–141.

Zeanah, C. H., Benoit, D. (1995). Clinical Applications of a Parent Perception Interview. In K. Minde (Ed.), Infant Psychiatry (pp. 539–554). Philadelphia, MA: Saunders.

Zegers, M. A., Schuengel, C., van IJzendoorn, M. H., Janssens, J. M. (2006). Attachment representations of institutionalized adolescents and their professional caregivers: predicting the development of therapeutic relationships. The American journal of orthopsychiatry, 325–334.

Zeifman, D., Hazan, C. (2016). Pair Bonds as Attachments. In J. Cassidy, P. R. Shaver (Eds.), Handbook of Attachment (pp. 416–434). New York: Guilford Press.

Zellmer, S. (2012). Kontinuität der Bindung: Bindungsentwicklung vom Vorschulalter bis zur mittleren Kindheit. Saarbrücken: AV Akademikerverlag.

Ziegenhain, U. (1999). Die Stellung von mütterlicher Sensitivität bei der transgenerationalen Übermittlung von Bindungsqualität. Praxis der Kinderpsychologie und Kinderpsychiatrie, 48, 86–100.

Ziegenhain, U., Fries, M., Bütow, B., Derksen, B. (2006). Entwicklungspsychologische Beratung für junge Eltern. Grundlagen und Handlungskonzepte für die Jugendhilfe. Weinheim: Juventa.

Zimmermann, P., Becker-Stoll, F., Mohr, C. (2012). Bindungsrepräsentation im Jugendalter. In G. Gloger-Tippelt (Hrsg.), Bindung im Erwachsenenalter. Ein Handbuch für Forschung und Praxis (S. 251–286). Bern: Huber.

Zimmermann, P., Iwanski, A. (2014). Bindung und Autonomie im Jugendalter. In K. H. Brisch (Hrsg.), Bindung und Jugend. Individualität, Gruppen und Autonomie (S. 12–35). Stuttgart: Klett-Cotta.

Zimmermann, P., Scheuerer-Englisch, H. (2003). Das Bindungsinterview für die späte Kindheit (BISK): Leitfragen und Skalenauswertung. In H. Scheuerer-Englisch, G. Suess, W. K. Pfeiffer (Hrsg.), Wege zur Sicherheit. Bindungswissen in Diagnostik und Intervention (S. 241–276). Gießen: Psychosozial-Verlag.

Zubin, J., Spring, B. (1977). Vulnerability: A new view on schizophrenia. Journal of Abnormal Psychology, 86, 103–123.

Anhänge: Skalen zur Interaktions- und Bindungsdiagnostik

Die hier aufgeführten Verfahren wurden im Text besprochen und dienen zur Information und Erläuterung. Ohne eine lizenzierte Fortbildung können sie nicht für eine exakte Diagnostik eingesetzt werden, bilden allerdings hilfreiche Wahrnehmungsraster, die als Anregung für die systemische Gesprächsführung geeignet sind.

Anhang 1: Ainsworth-Feinfühligkeitsskala
(nach Aisworth, 1977, 1978)

Die Skala erfasst die Feinfühligkeit der Bezugsperson auf den Dimensionen Wahrnehmung, Interpretation des kindlichen Verhaltens, angemessene Reaktion und Promptheit der Reaktion.

9 Sehr feinfühlig
Diese Mutter ist ausnehmend gut auf die Signale des Kindes eingestellt und reagiert auf sie prompt und angemessen. Sie ist in der Lage, die Dinge vom Standpunkt des Babys aus zu sehen. Die Wahrnehmungen seiner Signale und Kommunikationen sind durch ihre eigenen Bedürfnisse und Abwehrreaktionen nicht verzerrt. Sie erkennt die Signale des Babys und seine Kommunikationen mit großer Fertigkeit und kennt die Bedeutung selbst subtiler, minimaler und wenig offensichtlicher Merkmale. Sie gewährt nahezu immer dem Baby, was es an Bedürfnissen zeigt, vielleicht aber nicht unter allen Umständen. Wenn sie das Gefühl hat, dass es vielleicht besser ist, nicht auf sein Verlangen einzugehen (z. B. wenn es zu aufgeregt ist, stark fordernd oder etwas verlangt, was es nicht haben soll), ist sie feinfühlig genug, seine Kommunikationen zu bestätigen und ihm eine akzeptable Alternative anzubieten. Sie hat gute, in sich abgeschlossene Interaktionen mit dem Baby, sodass die Transaktionen reibungslos abgeschlossen werden und beide, Mutter und Baby, zufrieden sind. Schließlich sind die Verhaltensweisen zeitlich auf die Signale und Kommunikationen des Babys abgestimmt.

7 Feinfühlig

Auch diese Mutter interpretiert die Kommunikationen ihres Babys richtig und reagiert auf sie prompt und angemessen, aber mit geringerem Einfühlungsvermögen als Mütter mit einem höheren Punktwert. Sie ist nicht ganz so auf die subtileren Verhaltensweisen des Babys eingestimmt wie die sehr feinfühlige Mutter. Oder vielleicht, weil sie nicht so gut in der Lage ist, ihre Aufmerksamkeit zwischen dem Baby und anderen Anforderungen zu teilen, mögen ihr manche Signale entgehen. Die klaren und eindeutigen Signale des Babys werden allerdings weder übersehen noch falsch interpretiert. Diese Mutter kann sich in die Lage des Kindes hineinversetzen und die Dinge von seinem Standpunkt aus betrachten. Ihre Wahrnehmungen des kindlichen Verhaltens sind nicht verzerrt. Ihre Reaktionen sind nicht in gleicher Weise beständig, prompt und in feinfühliger Weise angemessen wie die von Müttern mit höheren Punktwerten – vielleicht weil ihre Wahrnehmung etwas weniger empfindlich ist –, aber obwohl es gelegentliche »Missverständnisse« geben kann, sind die Eingriffe und Interaktionen der Mutter niemals ernsthaft ohne Beziehung zum Tempo, Zustand und den Kommunikationen des Babys.

5 Unbeständig feinfühlig

Diese Mutter kann zu manchen Gelegenheiten außerordentlich feinfühlig sein, aber es gibt einige Perioden, in denen sie gegenüber den Kommunikationen des Babys blind erscheint. Diese Unbeständigkeit in der Feinfühligkeit kann aus einer Reihe von Gründen auftreten, das Ergebnis ist aber in jedem Falle, dass sie in ihrem feinfühligen Umgang mit dem Baby Lücken zu haben scheint. Zu manchen Zeiten oder im Hinblick auf einige Aspekte der Erfahrungen des Babys ist sie feinfühlig, aber im Hinblick auf andere nicht. Mitunter erlebt sie das Baby als sehr aufmerksam, dann wieder als unzulänglich. Oder ihre Wahrnehmung des Verhaltens des Kindes ist in der einen oder anderen Hinsicht verzerrt, obwohl sie in anderen wichtigen Aspekten richtig ist. Sie ist prompt und angemessen gegenüber seinen Kommunikationen zu gewissen Zeiten und in den meisten Fällen, aber entweder unangemessen oder langsam zu anderen Zeiten oder in anderen Zusammenhängen. Im Großen und Ganzen ist sie jedoch häufiger feinfühlig als weniger feinfühlig. Besonders bemerkenswert ist, dass eine Mutter, die bei so vielen Gelegenheiten so feinfühlig ist, bei anderen Gelegenheiten blind sein kann.

3 Weniger feinfühlig

Diese Mutter reagiert häufig auf die Kommunikationen des Babys unangemessen und/oder langsam, obwohl sie zu anderen Gelegenheiten in ihrem Verhalten die Fähigkeit zur Interaktion mit dem Baby erkennen lässt. Ihre geringe Feinfühligkeit scheint verbunden mit der Unfähigkeit, die Dinge vom Standpunkt des Babys aus zu sehen. Sie ist vielleicht zu häufig mit anderen Dingen beschäftigt und deshalb für die Signale und Kommunikationen des Babys unzugänglich. Oder sie nimmt die Signale falsch wahr und interpretiert sie falsch aufgrund ihrer eigenen Bedürfnisse und Abwehrreaktionen. Oder sie erkennt recht gut, was das Baby kommuniziert, aber sie ist nicht geneigt, ihm zu gewähren, was es möchte, weil es für sie unbequem ist, sie dafür nicht in Stimmung ist oder das Baby nicht verwöhnen will. Sie mag eine sonst richtige Verhaltensweise so lange verzögern, dass sie nicht mehr zum Zustand des Babys, zu seiner Stimmung oder Aktivität passt. Oder sie reagiert mit anscheinender Angemessenheit auf die Kommunikationen des Babys, bricht dann aber die Transaktion ab, bevor das Baby befriedigt ist, sodass ihre Interaktionen verzettelt, aufgesplittert bzw. unvollständig erscheinen oder ihre Reaktionen oberflächlich, beiläufig, halbherzig, ungeduldig wirken. Trotz solch klarer Evidenz geringer Feinfühligkeit ist diese Mutter nicht so beständig oder überzeugend blind wie die Mütter mit noch niedrigeren Punktewerten: Wenn die Bedürfnisse des Babys, seine Stimmungen und Aktivitäten nicht zu sehr abweichen von den Bedürfnissen, Stimmungen und Haushaltsverpflichtungen der Mutter oder wenn das Baby in hohem Maße unter Distress steht oder sehr kräftig, bestimmt und zwingend in seinen Kommunikationen ist, kann diese Mutter ihr eigenes Verhalten und ihre Ziele verändern und in diesem Zusammenhang eine gewisse Feinfühligkeit in ihrem Umgang mit dem Kind entwickeln und zeigen.

1 Fehlende Feinfühligkeit

Die völlig uneinfühlsame Mutter gehorcht nahezu ausschließlich ihren eigenen Bedürfnissen, Stimmungen und Aktivitäten. Ihre Eingriffe und Kontaktaufnahmen sind bestimmt oder beeinflusst von Signalen. die von ihr selbst kommen. Wenn sich diese mit Signalen des Babys vermischen, dann ist das oft nur reiner Zufall. Das bedeutet nicht, dass die Mutter nie auf die Signale des Babys reagiert; manchmal tut sie das, wenn die Signale stark und lang genug sind und oft genug wiederholt werden. Die Antwortverzögerung ist uneinfühlsam. Weil in der Regel ein Widerspruch besteht zwischen den eigenen Bedürfnissen und Aktivitäten der Mutter und den Signalen des Babys, ignoriert oder verzerrt die Mutter, die im Wesentlichen ihren eigenen Signalen gehorcht, routinemäßig die Bedeutung des Verhaltens ihres Babys. Wenn die Mutter auf seine Signale reagiert, dann sind die Verhaltensweisen in charakteristischer Weise unangemessen oder sie sind aufgesplittert und unvollständig.

Anhang 2: Beurteilungsskala für eine Mutter-Kind-Spielsituation

(Pal-Handl, 1998, S. 96–101; nach Chatoor et al., 1997)

Wechselseitige Bezogenheit (dyadische Reziprozität): Skala 1

MUTTER	keine	ein bisschen	ziemlich viel	sehr viel	Punkteanzahl
1. Setzt Kind so, dass Kontakt möglich ist.	0	1	2	3	
2. Sieht aufmerksam und mit Freude dem Spiel des Kindes zu.	0	1	2	3	
3. Spricht mit dem Kind.	0	1	2	3	
4. Zeigt dem Kind mit Blicken, Sprache oder Lächeln ihre Anteilnahme.	0	1	2	3	
5. Macht positive Bemerkungen zu ihrem Kind.	0	1	2	3	
6. Beteiligt sich im spielerischen Geben und Nehmen am Spiel.	0	1	2	3	
7. Macht ermutigende und positive Bemerkungen über das Spiel.	0	1	2	3	
8. Erscheint fröhlich.	0	1	2	3	
9. Erscheint traurig.	3	2	1	0	
KIND	keine	ein bisschen	ziemlich viel	sehr viel	
10. Sieht die Mutter an.	0	1	2	3	
11. Spricht zu der Mutter.	0	1	2	3	
12. Lächelt die Mutter an.	0	1	2	3	
13. Spielt mit der Mutter.	0	1	2	3	
14. Erscheint fröhlich.	0	1	2	3	
15. Vermeidet den Augenkontakt zur Mutter.	3	2	1	0	
Wechselseitige Bezogenheit Zwischensumme (1)					

Anhang 2: Beurteilungsskala für eine Mutter-Kind-Spielsituation

Unempfänglichkeit der Mutter für die kindlichen Bedürfnisse: Skala 2

MUTTER	keine	ein bisschen	ziemlich viel	sehr viel	Punkte-anzahl
16. Setzt Kind so, dass keine Unterstützung ihrerseits während des Spiels möglich ist.	0	1	2	3	
17. Hält das Kind steif.	0	1	2	3	
18. Setzt und hält das Kind so, dass es sich nicht normal und frei bewegen kann.	0	1	2	3	
19. Geht mit dem Kind abrupt und grob um.	0	1	2	3	
20. Erscheint unbeteiligt an den Aktivitäten des Kindes.	0	1	2	3	
21. Erscheint distanziert.	0	1	2	3	
Unempfänglichkeit der Mutter Zwischensumme (2)					

Konflikt in der Paarbeziehung (dyadischer Konflikt): Skala 3

MUTTER	keine	ein bisschen	ziemlich viel	sehr viel	Punkte anzahl
22. Scheint besorgt.	0	1	2	3	
23. Erscheint ungehalten, zornig.	0	1	2	3	
24. Macht negative oder kritische Bemerkungen über das Kind.	0	1	2	3	
25. Macht negative oder kritische Bemerkungen über das Spiel des Kindes.	0	1	2	3	
KIND	keine	ein bisschen	ziemlich viel	sehr viel	
26. Erscheint leidend.	0	1	2	3	
27. Erscheint ungehalten, zornig.	0	1	2	3	
Konflikt in der Paarbeziehung Zwischensumme (3)					

Aufdringlichkeit der Mutter: Skala 4

MUTTER	keine	ein bisschen	ziemlich viel	sehr viel	Punkteanzahl
28. Fasst das Kind übermäßig oft an.	0	1	2	3	
29. Zeigt dem Kind, wie man mit dem Spielzeug spielt.	0	1	2	3	
30. Sagt dem Kind, was es tun bzw. nicht tun soll.	0	1	2	3	
31. Kontrolliert das Spiel, ohne auf kindliche Signale zu achten.	0	1	2	3	
32. Wartet, bis das Kind Interaktionen initiiert.	3	2	1	0	
Aufdringlichkeit der Mutter Zwischensumme (4)					

Anhang 3: Cooperative Principle: Conversational Maxims (Grice)

(Grice, 1975/1989, S. 26)

»Make your contribution such as it is required, at the stage at which it occurs, by the accepted purpose or direction of the talk exchange in which you are engaged.«

The conversational maxims can be thought of as precisifications of the cooperative principle that deal specifically with communication.
- **Maxim of Quantity: Information.** Make your contribution as informative as is required for the current purposes of the exchange. Do not make your contribution more informative than is required.
- **Maxim of Quality: Truth.** Do not say what you believe to be false. Do not say that for which you lack adequate evidence.
- **Maxim of Relation: Relevance.** Be relevant.
- **Maxim of Manner: Clarity** (›be perspicuous‹). Avoid obscurity of expression. Avoid ambiguity. Be brief (avoid unnecessary prolixity). Be orderly.

Anhang 4: AAI-Fragen in Kurzform
(Gloger-Tippelt, 2012, S. 436–439)

1. *Orientierung auf die Familie:* Wo lebten Sie, wie oft ist Ihre Familie umgezogen, womit verdiente die Familie den Lebensunterhalt? Sind die Großeltern bekannt? Oder schon gestorben, als die Eltern jung waren (Welches Alter? Wissen Sie irgendetwas über diese Großeltern?) ... Lebten andere Personen im elterlichen Haushalt? ... Leben die Geschwister weit verstreut oder in der Nähe?

2. Bitte versuchen Sie einmal, Ihre Beziehung zu Ihren Eltern zu beschreiben, als Sie ein kleines Kind waren ... Beginnen Sie mit Ihren frühesten Erinnerungen.

3. Fünf Adjektive, die Ihre Beziehung zur Mutter in der Kindheit beschreiben
So früh wie möglich zurückgehen bis zum Alter von fünf bis zwölf Jahren. Schreiben Sie die genannten Adjektive auf und fragen Sie in der gegebenen Reihenfolge nach Erinnerungen und Trennungen, bevor Sie zum nächsten Adjektiv weitergehen. Wenn ein detailliert beschriebenes spezifisches Ereignis angegeben wird, fragen Sie kurz nach einem zweiten. Wenn ein schlecht beschriebenes Ereignis angegeben wird, fragen Sie auch nach einem zweiten Ereignis. Wenn ein weiteres Adjektiv für das erste Adjektiv genannt wird, wiederholen Sie die Befragung noch einmal.

4. Fünf Adjektive, die Ihre Beziehung zum Vater in der Kindheit beschreiben
Nachfragen wie oben

5. Elternteil, der Ihnen am nächsten stand? Warum? Wieso nicht der andere Elternteil in gleicher Weise?

6. Wenn Sie als Kind durcheinander oder beunruhigt waren oder sich nicht wohlgefühlt haben.
Pause
a. Wenn unglücklich? ... Beispiel?
b. Wenn körperlich verletzt? ... Beispiel?
c. Wenn krank? ... Was passierte dann?

7. Erste Trennung? Wie reagiert? Wie reagierten die Eltern? Weitere Trennungen?

8a. Fühlten Sie sich als Kind jemals abgelehnt? Wie alt waren Sie damals? Was getan? Haben die Eltern gemerkt, dass er/sie Sie abgelehnt hat? Warum, glauben Sie, haben sie sich so verhalten?

8b. Hatten Sie jemals Angst oder machten Sie sich Sorgen als Kind?

9. Haben Ihre Eltern Sie jemals in irgendeiner Weise bedroht, … vielleicht um Sie zu disziplinieren oder einfach nur zum Spaß?
Wählen Sie ein Beispiel für eine Bestrafung aus, die für die Herkunft des Probanden typisch sein könnte. Ist Ihnen das jemals passiert?

Manche Eltern berichten davon, dass sie damit bedroht wurden, verlassen oder zu Hause rausgeworfen zu werden. Manche haben auch Erinnerungen an irgendeine Form von Missbrauch. Passierte Ihnen oder anderen Personen in Ihrer Familie etwas Derartiges? Wie alt? Wie oft? Wie schwer? Haben Sie das Gefühl, dass diese Erfahrung Sie heute als Erwachsener beeinflusst? Beeinflusst es die Art und Weise, wie Sie mit Ihrem eigenen Kind umgehen?

10. Wie glauben Sie, haben sich diese Erlebnisse mit Ihren Eltern auf Ihre Persönlichkeit als Erwachsener ausgewirkt? Gibt es irgendetwas, insgesamt gesehen, an Ihren Kindheitserlebnissen, durch das Sie sich in Ihrer Entwicklung zurückgesetzt fühlen?

11. Warum, glauben Sie, haben sich Ihre Eltern in Ihrer Kindheit so verhalten, wie sie es taten?

12. Gab es noch andere »elternähnliche« Erwachsene außer Ihren Eltern, denen Sie als Kind nahestanden? Oder andere Erwachsene, die besonders wichtig waren, jedoch ohne die Aufgaben der Eltern zu übernehmen? *(Alter? … Lebte im Haushalt? Versorgungsaufgaben? Wieso wichtig?)*

13. Tod von Eltern, anderen nahestehenden geliebten Personen (Geschwistern) als Kind? … Alter? … Umstände? … Wie reagiert in dieser Zeit? … überraschend oder erwartet? … Gefühle in jener Zeit? … Haben sich die Gefühle in Bezug auf diesen Tod über die Zeit hinweg verändert? … bei Beerdigung dabei? Wie war das? (Bei Verlust von Eltern oder Geschwistern, welche?) … Wirkung auf den hinterbliebenen Elternteil? … Wirkung auf Sie/Ihre Persönlichkeit als Erwachsener? … Einfluss auf Ihren Umgang mit Ihrem eigenen Kind?

13a. Andere Verluste durch Todesfälle in der Kindheit?
Fragen wie oben

13b. Wichtige Verluste durch Todesfälle im Erwachsenenalter?
Fragen wie oben

14. Andere Erlebnisse, die Sie als potenziell traumatisch einschätzen?
Klären Sie, inwieweit es sich um ziemlich überwältigende und unmittelbar bedrohliche Ereignisse handelt. Fragen Sie nach, wahlweise je Interview.

15. Gab es viele Veränderungen in Ihrer Beziehung zu Ihren Eltern von Ihrer Kindheit bis zum Erwachsenenalter?

16. Wie ist Ihre Beziehung zu Ihren Eltern heute als Erwachsener? Haben Sie viel Kontakt mit den Eltern? Wie ist die Beziehung augenblicklich? Gibt es Anlass zur Unzufriedenheit oder Zufriedenheit?

17. Wie fühlen Sie sich jetzt, wenn Sie von Ihrem Kind (oder von einem vorgestellten Kind) getrennt sind? ... Machen Sie sich jemals Sorgen um Ihr Kind?
Nachdem Sie genug Zeit zum Antworten gegeben haben, fügen Sie die Nachfrage an:

18. Wenn Sie drei Wünsche für Ihr Kind (oder Ihr vorgestelltes Kind) frei hätten, wenn es 20 Jahre älter ist als heute, wie würden diese lauten? Ich denke teilweise daran, was für eine Zukunft Sie sich für Ihr Kind wünschen. Nehmen Sie sich etwas Zeit, um darüber nachzudenken.

19. Gibt es irgendetwas Bestimmtes, von dem Sie das Gefühl haben, Sie hätten es durch Ihre Kindheitserfahrungen gelernt? Ich denke hier an etwas, von dem Sie glauben, dass Sie es durch die Art Ihrer Kindheit mitbekommen haben.

20. In die Zukunft schauen: Was hoffen Sie, wird Ihr Kind (oder Ihr vorgestelltes Kind) einmal durch seine Erfahrung mit Ihnen als Eltern gelernt haben?

(Mit freundlicher Genehmigung der Autorin und des Hogrefe-Verlages.)

Anhang 5: Bielefelder Fragebogen zu Partnerschaftserwartungen (BFPE)

(Höger u. Buschkämper, 2002, S. 7)

NAME bzw. CODE _____   DATUM_____
GESCHLECHT: m/w _____   ALTER_____

Jeder Mensch, der mit einem Partner oder einer Partnerin eine Beziehung führt, macht sich Gedanken darüber, was er oder sie von seiner/m bzw. ihrem/r Partner/-in erwartet. In diesem Fragebogen werden Sie nach Ihren Erwartungen gefragt, die Sie in bezug auf Ihren Partner bzw. Ihre Partnerin haben: Was Sie sich von ihm oder ihr wünschen oder auch befürchten, mit welchen Reaktionen Sie auch bei sich selbst rechnen usw.

Leben Sie zurzeit nicht in einer Partnerbeziehung, dann füllen Sie bitte den Fragebogen dahingehend aus, was auf Sie am ehesten in einer Partnerschaft zutreffen würde.

Sie finden unten eine Reihe von Aussagen und Gedanken, die Ihnen in diesem Zusammenhang durch den Kopf gehen könnten. Bitte lesen Sie diese der Reihe nach durch und beurteilen Sie jeweils, inwieweit diese Aussagen und Gedanken auch für Sie zutreffen, ob sie Ihnen vertraut oder fremd vorkommen. Je nachdem, in welchem Maße dies der Fall ist, kreuzen Sie bitte *eine* der vorgegebenen Antwortmöglichkeiten an.

Die Antwortmöglichkeiten sind:
0 = trifft überhaupt nicht zu
1 = trifft kaum zu
2 = trifft etwas zu
3 = trifft überwiegend zu
4 = trifft genau zu

Kreuzen Sie Ihre Antwort bitte eindeutig an, und machen Sie keine Kreuze zwischen oder neben die Zahlen. Bitte lassen Sie keine der Fragen aus und entscheiden Sie sich immer nur für *eine* der vorgegebenen Antwortmöglichkeiten. Denken Sie nicht zu lange nach, sondern versuchen Sie, möglichst spontan zu antworten.

1.	Mein Partner/meine Partnerin und ich haben viele gemeinsame Interessen.	0	1	2	3	4
2.	An sich fällt es mir leicht, mit meinem Partner/meiner Partnerin über das zu sprechen, was in mir vorgeht.	0	1	2	3	4
3.	Manchmal kommt mir der Gedanke, dass es meinem Partner/meiner Partnerin zu viel sein könnte, mich so wie ich bin zu ertragen.	0	1	2	3	4
4.	Der Gedanke, mein Partner/meine Partnerin könnte mich tiefergehend auf meine Gefühle ansprechen, ist mir eher unangenehm.	0	1	2	3	4
5.	Bei aller Zuneigung, ein Rest von Distanz meinem Partner/meiner Partnerin gegenüber bleibt von mir aus eigentlich immer.	0	1	2	3	4
6.	Wenn ich mich über meinen Partner/meine Partnerin ärgere, hüte ich mich davor, es ihm/ihr zu zeigen.	0	1	2	3	4
7.	Es fällt mir leicht, gegenüber meinem Partner/meiner Partnerin über meine Gefühle zu sprechen.	0	1	2	3	4
8.	Wenn sich mein Partner/meine Partnerin einmal nicht genug um mich kümmert, bedrückt mich das sehr.	0	1	2	3	4
9.	Ich befürchte, dass mein Partner/meine Partnerin auf Distanz zu mir gehen könnte, wenn er/sie wüsste, was wirklich in mir vorgeht.	0	1	2	3	4
10.	Im Gespräch mit meinem Partner/meiner Partnerin rede ich lieber über sachliche Themen als über persönliche.	0	1	2	3	4
11.	Vor allem wenn es mir schlecht geht, bin ich sehr darauf angewiesen, dass mein Partner/meine Partnerin sich mir besonders zuwendet und auf mich eingeht.	0	1	2	3	4
12.	Wenn mich mein Partner/meine Partnerin auf meine Gefühle anspricht, weiß ich öfters nicht recht, was ich sagen soll.	0	1	2	3	4
13.	Ich fürchte, dass mein großes Bedürfnis nach Zuwendung meinem Partner/meiner Partnerin zu viel werden könnte.	0	1	2	3	4
14.	Wenn ich von meinem Partner/meiner Partnerin getrennt bin (Reise, beruflich bedingt usw.), macht mich das unruhig und nervös.	0	1	2	3	4
15.	Ich kann mich meinem Partner/meiner Partnerin gegenüber leicht öffnen.	0	1	2	3	4
16.	Bei der Trennung von meinem Partner/meiner Partnerin würde für mich eine Welt zusammenbrechen.	0	1	2	3	4

17.	Wenn mein Partner/meine Partnerin liebevoll zu mir ist, können mir schon mal Zweifel kommen, ob er/sie das auch wirklich so meint.	0	1	2	3	4
18.	Ehrlich gesagt: am liebsten wäre es mir, wenn sich mein Partner/meine Partnerin möglichst viel Zeit nur für mich nehmen und sich fast ausschließlich um mich kümmern würde.	0	1	2	3	4
19.	Mich kann Kummer so sehr lähmen, dass mein Partner/meine Partnerin dann auf mich zugehen und mir weiterhelfen müsste.	0	1	2	3	4
20.	Mir könnte schon einmal der Gedanke kommen, dass mein Partner/meine Partnerin mich am liebsten los sein möchte.	0	1	2	3	4
21.	Manchmal denke ich, dass ich meinem Partner/meiner Partnerin mehr Zuneigung entgegenbringe als er/sie mir.	0	1	2	3	4
22.	Mir ist es wichtig, dass mein Partner/meine Partnerin, auch wenn wir nicht zusammen sind, in Gedanken möglichst viel bei mir ist.	0	1	2	3	4
23.	Selbst meinem Partner/meiner Partnerin gegenüber behalte ich doch manches lieber für mich allein.	0	1	2	3	4
24.	Ich kann schon mal auf den Gedanken kommen, dass mich mein Partner/meine Partnerin nur in dem Maße mag, in dem ich seinen/ihren Erwartungen entspreche.	0	1	2	3	4
25.	So wie ich mich kenne, bin ich meinem Partner/meiner Partnerin gegenüber eher zurückhaltend mit dem, was ich ihm/ihr von mir zeige.	0	1	2	3	4
26.	Auch bei einer vorübergehenden Trennung: Mit dem Abschied komme ich nur schwer klar.	0	1	2	3	4
27.	Ich muss aufpassen, dass ich meinen Partner/meine Partnerin mit meinen großen Wünschen nach Zuwendung nicht irritiere.	0	1	2	3	4
28.	In der Beziehung zu meinem Partner/meiner Partnerin erlebe ich öfters heftig wechselnde Gefühle: innige Nähe und Fremdheit, Vertrauen und starke Eifersucht.	0	1	2	3	4
29.	Eigentlich hänge ich mit meinen Gefühlen mehr an meinem Partner/meiner Partnerin, als mir selber lieb ist.	0	1	2	3	4
30.	Mir fällt es relativ leicht, mit meinem Partner/meiner Partnerin über mich und meine Gefühle, Wünsche und Bedürfnisse zu sprechen.	0	1	2	3	4
31.	So wie ich mich selber einschätze, kann ich mir kaum vorstellen, dass mich mein Partner/meine Partnerin akzeptieren kann.	0	1	2	3	4

Vielen Dank für Ihre Mitarbeit!

Anhang 6: The Reflective Functioning Questionnaire (RFQ)
(Kurzform, Forschungsversion; Fonagy et al., 2016)

Der RFQ ist in dieser Form und als Langform (54 Items) auf der Seite von Peter Fonagy des University College London in vielen Sprachen downloadbar: www.ucl.ac.uk/psychoanalysis/research/rfq

Bitte bearbeiten Sie die folgenden acht Aussagen, indem Sie jedes Mal die eine Antwortmöglichkeit auswählen und neben die Aussage schreiben, von der Sie meinen, dass sie Sie am besten beschreibt; 1 wenn Sie gar nicht zustimmen, 7 wenn Sie völlig zustimmen. Die Mitte, d. h. wenn Sie neutral oder unentschlossen sind, ist die 4. Denken Sie nicht zu viel darüber nach – Ihre spontanen Antworten sind gewöhnlich die besten. Vielen Dank!

Benutzen Sie die folgende Skala von 1-7:

Stimme gar nicht zu						Stimme völlig zu
1	2	3	4	5	6	7

1. ___ Ich finde die Gedanken anderer verwirrend.
2. ___ Ich weiß nicht immer, warum ich tue, was ich tue.
3. ___ Wenn ich wütend werde, sage ich Dinge, ohne wirklich zu wissen, warum ich sie sage.
4. ___ Wenn ich wütend werde, sage ich Dinge, die mir später leidtun.
5. ___ Wenn ich mich unsicher fühle, verhalte ich mich auf eine Weise, die andere irritieren kann.
6. ___ Manchmal tue ich Dinge, ohne wirklich zu wissen warum.
7. ___ Ich weiß immer, was ich fühle.
8. ___ Starke Gefühle machen es mir oft schwer, klare Gedanken zu fassen.

Person- und Sachregister

AAI (Adult Attachment Interview) 143–147, 149–152, 154, 160–162, 191, 239, 266, 317
AAO 225
ACE-Studie 82, 85, 87
Achtsamkeit 219, 226, 232, 237
ADHS 39, 180, 184, 188, 191 f.
Adler, Alfred 198
Adoleszenz 22, 73, 134, 137, 140, 142–144, 167, 188
Adult Attachment Interview 143, 145, 178, 226
Adult Attachment Projective Picture System 151
Affektabstimmung 96, 105 f., 223
Affekte 69, 72, 98, 106, 117, 123 f., 126 f., 149, 178, 219, 224 f., 227, 229, 231, 233–235, 242
affektive Kommunikation 22, 121, 175, 222
affektive Rahmung 14
Ainsworth, Mary 96, 104, 107, 109, 162, 223, 226, 311
Allen, Jon 130, 280
Als-ob-Modus 125 f., 235
ambivalent 112, 156, 164, 180, 187, 193, 246, 251, 268
ambivalent-anklammernd 155
ambivalent-verschlossen 155, 269
Amygdala 65, 74, 76, 185
ANT (Attachment Narrative Therapy) 238, 240
Äquivalenzmodus 125 f., 231, 235
Arbeitsmodell 119, 132 f., 138 f., 151, 154, 242
Asymmetrie 18, 55, 221, 265
Attachment-Based Family Therapy 241
Autopoiese 36, 50, 299

Bakermans-Kranenburg, Marian J. 52, 62, 143, 146, 149 f., 157, 264
Balken (Corpus callosum) 55, 67, 81, 85
Bartholomew, Kim 152
B.A.S.E.®-Babywatching 262 f.
Basissinne 56
Bateson, Gregory 20, 26, 34, 189, 236
Bauchhirn 48
bedingt-sicher 156
Beebe, Beatrice 123
Belohnungssystem 75 f., 80, 87, 188
Belsky, Jay 53
Bertalanffy, Ludwig von 27
Berührung 19, 50, 55, 98, 224
BFPE (Bielefelder Fragebogen zu Partnerschaftserwartungen) 154, 156, 268, 320
Bindungsdiagnostik 23, 102, 119 f., 139, 184, 226
Bindungsinterview für die späte Kindheit 140
Bindungsmuster 106, 109, 121
Bindungsprävention 24, 266
Bindungssystem 15, 75, 82, 87, 106, 108 f., 113, 123, 129, 135, 137, 140, 145, 152, 154, 157, 162, 179, 181, 217, 228, 230 f., 268
Bindungstheorie 11, 13 f., 17, 118, 123, 129, 132, 151, 158, 161, 167, 184, 195 f., 234, 238, 261, 281, 287, 289
Bindungstrauma 86, 167, 172, 174, 187, 227, 280
Bindungsunsicherheit 15, 87, 142, 147, 151, 188, 249
Bindungsverhalten 14, 22, 97, 105, 109, 113, 134, 138, 140, 142, 144, 151, 159, 164 f., 170, 175 f., 178, 181 f., 186, 192, 216, 237

Bindungswissenschaft 20, 167, 285, 289
Biringen, Zeynep 104f., 226
Borderline 62, 187, 229, 249
Boszormenyi-Nagy, Ivan 18, 27, 29, 292
Bowlby, John 13f., 19, 96, 119, 132f., 139, 151, 157, 167, 184, 223, 288
Brisch, Karl Heinz 20, 181, 262
Buber, Martin 196f., 293

Cecchin, Gianfranco 33, 233, 286
Chatoor, Irene 104, 226
Ciompi, Luc 197
Circle of Security 261
Cohn, Ruth 19, 25, 215, 240, 287
Containing 99f., 124, 221, 265
Containment 22, 99, 283
CoS (Circle of Security) 262
Crittenden, Patricia McKinsey 120f.

Dallos, Rudi 81, 159, 237–240
Dell, Paul 34, 41
Desorganisation 81, 137, 148f., 164, 175, 178
Desorganisiertes 113, 170, 176
Diagnostisches Interview zur Eltern-Säuglingsbeziehung 151
Dissoziation 126, 166, 179
Disturbances of Attachment Interview 181, 227
DNA 51f.
DNS 51
Double-Bind 26

Egeland, Byron 260
Embodi 224f.
Emotion 37, 47f., 63, 157
Emotionsregulation 143, 287
Empathie 11, 75, 77, 122, 127, 229, 241, 263, 279
enterische Nervensystem 48
Entwicklungsfenster 70f., 85
Entwicklungsförderung 168, 286
Entwicklungstraumatisierung 167, 169
Epigenetik 51ff.
epistemisch 228, 230
epistemisches Vertrauen 280
Erickson, Martha 260
Erwachsenen-Bindungs-Projektiv 151
Exploration, 15, 116, 188
explorieren 15, 110
Expressed Emotions 190

Familienbrett 226f., 239
Familientherapie 26–28
Feinfühligkeit 93, 96, 99, 104–106, 112, 116, 130, 134, 138, 161, 163, 260, 263f.
Fernsinne 56
Fischer, Gottfried 165
Fonagy, Peter 122f., 125, 128, 130, 227, 229, 233
Feud, Sigmund 25, 106, 165, 198
Frisch, Max 44

Gedächtnis 55, 63, 76, 78–80, 95, 100, 119, 121, 287
  deklaratives 79
  prozedurales 79
Gegenübertragung 218–220
Genogramm 29, 227, 244–246
Genom 51f.
Gergen, Kenneth 40
Geschichtenergänzungsverfahren zur Bindung (GEV-B) 139
Glasersfeld, Ernst von 38, 42
Gliazellen 54f., 74
Gloger-Tippelt, Gabriele 138, 162, 176, 226
Good enough 98, 144, 171
Grossarth-Maticek, Ronald 82
Großhirnrinde 49, 57, 61, 65, 67, 69, 73, 79f.
Grossmann, Karin 19, 109f., 116f., 138, 145, 157, 160
Guggenmos, Josef 117
Gute-Großmutter-Übertragung 94, 221f., 264, 282

Haken, Hermann 40
Haltung 16, 21, 23, 42f., 46, 89f., 102, 125, 141, 147, 149, 194–196, 198, 214, 221, 225f., 230, 233, 235–237, 258, 280
Hippocampus 65, 74f., 80, 84, 185
Hirnentwicklung 22, 49f., 53, 281
Holding 98f., 213f., 221, 249
Hören 56f.
humanistische Psychotherapie 25
Humankapital 16

Identitätsentwicklung 143
Impulskontrolle 14, 66, 76f., 108, 117, 138, 184
integratives Gedächtnis 81
intergenerational 159
intrusiv 188, 220

intrusive 102
intuitiven elterliche Kompetenzen 97

Jugendhilfe 15, 19, 47, 66, 68, 176, 179, 182, 188, 264

Kißgen, Rüdiger 191
konstruktivistische 33, 37, 43, 50, 147
Kooperation 19, 24, 40, 42, 89, 106, 115, 117, 127, 147, 198 f., 220, 251 f., 257, 279, 283 f., 288
Körpersprache 93, 222, 224
Kybernetik 2. Ordnung 33

limbisch 171, 185, 223
limbisches System 63, 79 f., 157
Ludewig, Kurt 17, 37
Luhmann, Niklas 17, 21, 38, 215
Lyotard, Jean-François 43, 45

Main, Mary 113, 145–147, 151, 161, 164, 175
Markieren 123, 227
Maturana, Humberto 21, 34, 36, 195, 281
MBT (Mentalisierungsbasierte Therapie) 229, 231 f., 307
Mehrgenerationale Familientherapie 28
Menschenbild 23, 195 f.
Mentalisieren 121–124, 127–131, 222, 228, 230–234, 265, 280
Mentalisierungsbasierte Therapie 229
Mentalisierungsentwicklung 22, 123 f., 128, 160 f., 227
Metakognition 81, 129 f., 237
Metamodell 236 f.
Mikulincer, Mario 152
Minuchin, Salvador 27 f.
Missbrauch 81, 85, 100, 102, 114, 137, 146, 148, 165 f., 279, 318
Misshandlung 81, 101 f., 114, 137, 148, 166, 175, 180, 190, 193
Molter, Haja 286
Mutter-Kind-Beziehung 13, 103 f., 169, 220, 245, 249, 285, 292
Mutterschaftskonstellation (MK) 93, 159, 221

Narrative 43 f., 158 f., 238 f.
Neokortex 54, 57, 66 f., 78
Neurobiologie 48, 81, 86, 89, 189, 281, 285, 302
Neuvola 282

Oxytocin 55, 61 f., 75, 86 f., 93

Papoušek, Mechthild 19, 97 f., 102, 105, 279
Parasympathikus 59 f.
Perspektive 13, 23, 29 f., 112, 125, 129, 134 f., 158 f., 161, 177, 196, 199, 238, 242, 249, 256, 265, 284
phylogenetisch 23, 55, 61, 89, 122, 216
Pleyer, Karl Heinz 17 f., 172
Polyvagal-Theorie 59
Posttraumatische Belastungsstörung 150, 166
präokkupiert 148
Prävention 62, 83, 185, 260, 264, 266, 279, 282
Prigogine 41
projektive Identifizierung 218
protektive Faktoren 169
Psychodynamik 20, 25
psychoneuronale Grundsysteme 70, 74
Psychose 34, 183, 189 f.
psychosoziale Anpassung 143
Pubertät 54, 73, 137, 140, 142

Read, John 190 f.
Reaktive Bindungsstörung 179
rechte Hemisphäre 67, 95, 218
Reflective Functioning Questionnaire (RFQ) 229
Reptiliengehirn 59
Research Domain Criteria 23, 183
Resilienz 14, 16, 141, 160, 278, 284
Resonanz 11, 20, 52, 57, 102, 123, 196, 198, 231, 240
Resonanzprozess 94–96
Ressourcenorientierung. 45, 237
Riedesser, Peter 165
Roth, Gerhard 62 f., 79 f., 85
Rotthaus, Wilhelm 17

SAFE® (Sichere Ausbildung für Eltern) 262 f.
Satir, Virginia 19, 27, 30 f., 223, 236 f.
Säugetiergehirn 63
Schlippe, Arist von 21, 41, 46, 197, 279
Schore, Allan 71, 94, 218
Schweitzer, Jochen 21, 41, 45 f.
Sehen 57
sekundäre Traumatisierung 268
Selbstberuhigung 22, 61, 64, 75 f., 86
Selbstwert 30, 125, 133, 143, 187, 193, 217, 242

Selbstwirksamkeit 67, 97, 109, 117, 119, 173, 175, 224, 242, 253
Selvini Palazzoli, Mara 31 f.
Separation-Anxiety-Test 139
Shaver, Phillip R. 152
sichere Basis 14, 106, 133, 178, 181, 188, 213, 219 f., 222, 230–232, 238, 251, 265
Spielfeinfühligkeit 115–117
Steele, Miriam 162, 179
Stern, Daniel 93, 96, 221, 282
Stierlin, Helm 17, 26, 29
STEEP™ (Steps Toward Effective and Enjoyable Parenting) 260, 262, 268, 307
Stresseinwirkung 22, 84
Stress-Toleranzfenster 186
Stressverarbeitung 22, 70, 74, 76, 81, 86
Sucht 15, 100 f., 114, 175, 182, 188, 222, 262
Sydow, Kirsten von 265
Sympathikus 59 f., 84, 186
systemische Arbeit 46, 243
systemische Familientherapie 31
systemisch 11, 16, 20 f., 23, 25, 28 f., 32, 41, 43, 45 f., 48 f., 140, 156, 174, 193, 195, 214, 220, 223–226, 230 f., 233 f., 237 f., 243, 265, 267 f., 270, 280 f., 285, 289
Systemtheorie 13 f., 21, 35

Teilhard de Chardin, Pierre 11
teleologischer Modus 124, 126, 235
Theory of Mind (ToM) 129
therapeutischen Beziehung 14, 216
Tomasello, Michael 125, 198 f., 288
Transmission Gap 161
Trauma 23, 149, 165–167, 191, 263
traumatisiert 175, 222
Trennungsangst 181, 186
Triadische Interaktion 118

unsicher-abwehrend 135, 147
unsicher-ambivalent 110, 237
unverarbeiteter Bindungsmodus 148
unverarbeiteter Bindungsstatus 177, 220

Vagus 60 f., 186
van IJzendoorn, Marinus 52, 62, 143, 146, 149 f., 157, 161–163, 176, 264
Varela, Francisco 17, 21, 34, 37, 195, 281
vermeidend 147
vermeidend-verschlossen 156, 269
Vernachlässigung 81, 101, 114, 137, 146, 167 f., 172, 175, 177, 180, 182, 185, 190, 192, 242
Vetere, Arlene 81, 159, 237 f., 240
Vulnerabilität 71, 189, 264 f., 267, 299

zirkuläres Fragen 227, 231, 233, 237

Verzeichnis der Abbildungen und Tabellen

Abbildungen

Abb. 1: Michelangelo: »Die Erschaffung Adams«
Abb. 2: Querschnitt Gehirn (Spektrum der Wissenschaft; modifiziert nach Roth, 2015)
Abb. 3: ACE-Pyramide (Centers for Disease Control and Prevention, 2014)
Abb. 4: Bindungsunsicherheit und Krankheit (Ditzen u. Heinrichs, 2016, S. 129; nach Maunder u. Hunter, 2001)
Abb. 5: Die Mutterschaftskonstellation
Abb. 6: Rechtshemisphärische Resonanz (Schore, 2011)
Abb. 7: Containing und Aufbau des Selbst (nach Schultz-Venrath, 2017; vgl. Bateman u. Fonagy, 2015)
Abb. 8: Dyadische Regulation
Abb. 9: Bindung und Exploration
Abb. 10: Organisiertes Bindungsverhalten (Gloger-Tippelt u. König, 2009, S. 13)
Abb. 11: Preschool Assessment of Attachment (PAA) (Zach, 2012, S. 66; modifiziert nach Crittenden, 1994)
Abb. 12: Die vier Wahrnehmungsmodi der Realität (nach Bolm, 2015)
Abb. 13: Vektorgrafik zur AAI-Metaanalyse AAI (Bakermans-Kranenburg u. van IJzendoorn, 2009, S. 244, Fig. 3)
Abb. 14: Modell der Bindungsaktivierung von Mikulincer und Shaver (2007; aus Asendorpf, 2016, S. 332)
Abb. 15: Verteilung der Dimensionen im BFPE (Höger u. Buschkämper, 2008, S. 285)
Abb. 16: Co-traumatische Prozesse (Korittko u. Pleyer, 2010, S. 206)
Abb. 17: Desorganisation und Containing (Schultz-Venrath, 2017)
Abb. 18: Prozessbeisteuerung (Loth u. Schlippe, 2004, S. 342)
Abb. 19: Das Binden-Halten-Lösen-Modell

Abb. 20: Konzept der affektiven Rahmung (nach Welter-Enderlin u. Hildenbrand, 1998, S. 217 ff.)
Abb. 21: Genogramm der Familie B.
Abb. 22: Erstes Familiengespräch vor der Aufnahme in die Tagesklinik (nach Trost, 2016a, S. 134)
Abb. 23: Zweites Familienvorgespräch (nach Trost, 2016a, S. 136)
Abb. 24: Drittes Familienvorgespräch (nach Trost, 2016a, S. 137)
Abb. 25: Verantwortungsebenen in der Behandlung (nach Trost, 2016a, S. 140)
Abb. 26: Ebenen der therapeutisch-heilpädagogischen Arbeit (nach Trost, 2016a, S. 142)
Abb. 27: Der Kreis der Sicherheit (Marvin, Cooper, Hoffman u. Powell, 2002; www.circleofsecurity.org, 14.10.17)
Abb. 28: Vergleich Bindungsstile Systemiker/-innen versus deutsche Bevölkerung
Abb. 29: Distanz zu Clustern: BA-Studierende Soziale Arbeit (Aachen, 1. Erhebung) versus Systemiker/-innen
Abb. 30: Distanz zu Clustern: MA-Studierende Ehe-Familien-Lebensberatung versus Systemiker/-innen

Tabellen

Tab. 1: Entwicklung der Bindung (nach Ainsworth et al., 1978, S. 23–27)
Tab. 2: Der Fremde-Situation-Test
Tab. 3: Auswirkungen von Bindungsverhaltensmustern (gemäß Fremde-Situation-Test, 12–18 Monate)
Tab. 4: Bindungsstile der untersuchten Kohorten im Vergleich zur Repräsentativstichprobe der deutschen Bevölkerung
Tab. 5: Alters- und Geschlechtsverteilung systemische Studienteilnehmende

Abkürzungsverzeichnis

AAI	Adult Attachment Interview
AAO	eine bestimmte Haltung (A wie »Aufmerksam sein!«, A wie »Augen auf!«, O wie »Ohren auf!«)
AAP	Adult Attachment Projective Picture System (das Erwachsenen-Bindungs-Projektiv)
ABFT	Attachment-Based Family Therapy
ACE	Adverse Childhood Experiences Study
ACTH	Hormon, das die Nebennierenrinde stimuliert
ADHS	Aufmerksamkeitsdefizit-Hyperaktivitätsstörung
ANT	Attachment Narrative Therapy
BASA	BA-Studierende Soziale Arbeit
B.A.S.E.®-Babywatching	Baby-Beobachtung im Kindergarten und in der Schule gegen Aggression und Angst zur Förderung von Sensitivität und Empathie
BELLA-Studie	Modul zur psychischen Gesundheit und Lebensqualität des bundesweiten Kinder- und Jugendgesundheitssurveys (KiGGS) des Robert Koch-Instituts in Berlin
BEPE	Bielefelder Fragebogen zu Partnerschaftserwartungen
BISK	Bindungsinterview für die späte Kindheit
BPS	Borderline-Persönlichkeitsstörung
CoS	Circle of Security (dt. Der Kreis der Sicherheit)
CoS-P	Circle of Security-Parenting
CRH/CRF	Corticotropin Releasing Hormone/Factor
D	desorganisiertes Bindungsmuster
DAI	Disturbances of Attachment Interview
DGSF	Deutsche Gesellschaft für Systemische Therapie, Beratung und Familientherapie
DIESB	Diagnostisches Interview zur Eltern-Säuglingsbeziehung (engl. Working Model of the Child Interview)
DNS	Desoxyribonukleinsäure (engl. DNA)
Ds	dismissing; unsicher-abwehrende, distanzierte Bindungsrepräsentation
DSM	Diagnostic and Statistical Manual of Mental Disorders (dt. Diagnostischer und statistischer Leitfaden psychischer Störungen)
E	entangled, d. h. verwickelt; verstrickte, präokkupierte Bindungsrepräsentation
EAS	Emotional Availability Scales / Skalen zur emotionalen Verfügbarkeit
EE	Expressed Emotions
EEG	Elektroenzephalografie
EFL	Ehe-, Familien- und Lebensberatung

EMDR	Eye Movement Desensitization and Reprocessing (dt. Desensibilisierung und Verarbeitung durch Augenbewegung)
ENS	enterisches Nervensystem (»Bauchhirn«)
F	free; sicher-autonome Bindungsrepräsentation
FS	Fremde Situation
FST	Fremde-Situation-Test
GABA	Gamma-Amino-Buttersäure
GAIMH	Gesellschaft für seelische Gesundheit in der frühen Kindheit
GEV-B	Geschichtenergänzungsverfahren zur Bindung
hCG	humane Choriongonadotropin
HPA-Achse	Hypothalamus-Hypophysen-Nebennierenrinden-Achse
ICD	International Statistical Classification of Diseases and Related Health Problems (dt. Internationale statistische Klassifikation der Krankheiten und verwandter Gesundheitsprobleme)
IP	Individualpsychologie
KiGGS-Studie	Langzeitstudie des Robert Koch-Instituts (RKI) zur Gesundheit der Kinder und Jugendlichen in Deutschland
MBFT/MBF-T	Mentalisierungsbasierte Familientherapie
MBT	Mentalisierungsbasierte Therapie
MK	Mutterschaftskonstellation
MRI	Mental Research Institute
NGST	Neuronale Gruppenselektionstheorie
NIMH	US-National Institute for Mental Health
NLP	Neurolinguistisches Programmieren
NZFH	Nationales Zentrum Frühe Hilfen
PAA	Preschool Assessment of Attachment
PEP	Prozess- und Embodimentfokussierte Psychologie
PI	Projektive Identifizierung
PISA-Studie	Programme for International Student Assessment (dt. Programm zur internationalen Schülerbewertung)
PTBS	Posttraumatische Belastungsstörung
PTSD	Posttraumatic Stress Disorder
RDoC	Research Domain Criteria
RFQ	The Reflective Functioning Questionnaire
RNS	Ribonukleinsäure
RSFS	Reflective Self Functioning Scale
S.A.	Soziale Arbeit
SAFE®	Sichere Ausbildung für Eltern
SAT	Separation-Anxiety-Test
SeF	Skala elterlicher Feinfühligkeit
SG	Systemische Gesellschaft – Deutscher Verband für systemische Forschung, Therapie, Supervision und Beratung
SMS	Short Message Service
SSW	Schwangerschaftswoche
STEEP™	Steps Toward Effective and Enjoyable Parenting
ToM	Theory of Mind
TZI	Themenzentrierte Interaktion
U	unresolved; unverarbeiteter Bindungsmodus; auch: ungelöstes Trauma
VSF	Väterliche Spielfeinfühligkeit
ZNS	zentrales Nervensystem